Beck-Rechtsberater

Arbeitsrecht für Vorgesetzte

dtv

Beck-Rechtsberater

Arbeitsrecht

für Vorgesetzte

Rechte und Pflichten bei der
Mitarbeiterführung

Von Prof. Dr. Dr. h.c. Wolfgang Hromadka, Passau

3. Auflage

Deutscher Taschenbuch Verlag

www.dtv.de
www.beck.de

Originalausgabe

Deutscher Taschenbuch Verlag GmbH & Co. KG,
Friedrichstraße 1a, 80801 München
© 2012. Redaktionelle Verantwortung: Verlag C.H. Beck oHG
Druck und Bindung: Druckerei C.H. Beck, Nördlingen
(Adresse der Druckerei: Wilhelmstraße 9, 80801 München)
Satz: ottomedien, Darmstadt
Umschlaggestaltung: Design Concept Krön, Puchheim,
unter Verwendung eines Fotos von Fotolia
ISBN 978-3-423-50648-9 (dtv)
ISBN 978-3-406-62363-9 (C. H. Beck)

9 783406 623639

Vorwort

Dieses Buch ist für Führungskräfte geschrieben. Führungskräfte benötigen nach der Rückdelegation von Verantwortung mehr Arbeitsrechtskenntnisse als je zuvor. Natürlich erfordert erfolgreiche Personalführung mehr als arbeitsrechtliches Wissen; ohne gründliche Kenntnisse in diesem Gebiet ist sie aber nicht denkbar. Arbeitsrecht ist das ethische Minimum des Arbeitslebens. Man muss es „im Hinterkopf haben" bei jeder Entscheidung, die sich auf Mitarbeiter auswirken kann – und welche Entscheidung kann das nicht? Arbeitsrecht ist zu einem riesigen, engmaschigen Netz geworden, das der Gesetzgeber über die Arbeitsbeziehungen gelegt hat und an dem er immer noch knüpft. Vorgesetzte müssen nicht jede Einzelheit kennen. Dafür gibt es Fachleute in den Personal- und Rechtsabteilungen und in den Verbänden. Sie müssen aber so weit informiert sein, dass sie entscheiden können, wann der Fachmann einzuschalten ist. Diese Information will ihnen das vorliegende Bändchen geben. Der Zielrichtung entsprechend beschränkt sich die Auswahl auf das, was für den Betriebsalltag von Bedeutung ist.

Passau, im Januar 2012   *Wolfgang Hromadka*

Inhaltsübersicht

Inhaltsverzeichnis

Abkürzungsverzeichnis

BddW	Blick durch die Wirtschaft (Zeitschrift)
BEEG	Bundeselterngeld- und Elternzeitgesetz
Begr.	Begründung
Beil.	Beilage
BetrVG	Betriebsverfassungsgesetz
BG	Berufsgenossenschaft
BGB	Bürgerliches Gesetzbuch
BGBl	Bundesgesetzblatt
BGH	Bundesgerichtshof
BGHSt	Entscheidungen des Bundesgerichtshofs in Strafsachen
BGHZ	Entscheidungen des Bundesgerichtshofs in Zivilsachen
BGV	Berufsgenossenschaftliche Verordnung
BKK	Betriebskrankenkasse
BSG	Bundessozialgericht
BSGE	Entscheidungen des Bundessozialgerichts
BT-Drs.	Verhandlungen des Deutschen Bundestages, Drucksachen
BUrlG	Bundesurlaubsgesetz
BVerfG	Bundesverfassungsgericht
BVerfGE	Entscheidungen des Bundesverfassungsgerichts, Amtliche Sammlung
BVerwG	Bundesverwaltungsgericht
DA	Dienstanweisung
DAK	Deutsche Angestellten-Krankenkasse
DB	Der Betrieb (Zeitschrift)
d. h.	das heißt
DöD	Der öffentliche Dienst (Zeitschrift)
EA	Einigungsamt
EfzG	Entgeltfortzahlungsgesetz
EGr	Entgeltgruppe
entspr.	entsprechend
EStG	Einkommensteuergesetz
EuGH	Europäischer Gerichtshof
EUV	Vertrag über die Europäische Union

n. F.	neue Fassung
n. v.	nicht veröffentlicht
NJW	Neue Juristische Wochenschrift (Zeitschrift)
Nr.	Nummer
NZA	Neue Zeitschrift für Arbeitsrecht (Zeitschrift)
NZA-RR	NZA-Rechtsprechungsreport (Zeitschrift)
NZV	Neue Zeitschrift für Verkehrsrecht (Zeitschrift)
OLG	Oberlandesgericht
OLGR	OLG-Report
OVG	Oberverwaltungsgericht
OWiG	Gesetz über Ordnungswidrigkeiten
PflegeZG	Pflegezeitgesetz
RAG	Reichsarbeitsgericht
Rn.	Randnummer
Rspr.	Rechtsprechung
S.	Seite/siehe
SAE	Sammlung arbeitsrechtlicher Entscheidungen (Zeitschrift)
SGB	Sozialgesetzbuch
SozR	Sozialrecht (Loseblattsammlung)
SprAuG	Sprecherausschußgesetz
std. Rspr.	ständige Rechtsprechung
StGB	Strafgesetzbuch
str.	streitig
TVG	Tarifvertragsgesetz
TzBfG	Teilzeit- und Befristungsgesetz
u. a.	unter anderem
Urt.	Urteil
u. U.	unter Umständen
ütZ	übertarifliche Zulage
VersR	Versicherungsrecht (Zeitschrift)
vgl.	vergleiche
VO	Verordnung
z. B.	zum Beispiel
Ziff.	Ziffer
ZTR	Zeitschrift für Tarif-, Arbeits- und Sozialrecht des öffentlichen Dienstes

Literaturhinweise

Arbeitsrechtslexikon, Spiegelhalter, Hans Joachim (Hrsg.), Bd. 1, Stand März 2011.

Ascheid, Reiner/Preis, Ulrich/Schmidt Ingrid (Hrsg.), Kündigungsrecht, 3. Aufl. 2007 (APS/Bearbeiter).

Baeck, Ulrich/Deutsch, Markus, Arbeitszeitgesetz, 2. Aufl. 2004.

Bauer, Jobst-Hubertus/Röder, Gerhard, Taschenbuch zur Kündigung, 2. Aufl. 2000.

Bauer/Göpfert/Krieger, AGG-Kommentar, 3. Aufl. 2011.

Buchner, Herbert/Becker, Ulrich, Mutterschutzgesetz und Bundeserziehungsgeldgesetz, 8. Aufl. 2008.

Cramer/Fuchs/Hirsch/Ritz, SGB IX – Kommentar zum Recht schwerbehinderter Menschen, 6. Aufl. 2011.

Dölling, Dieter, Handbuch der Korruptionsprävention, 2007.

Dörner/Luczak/Wildschütz, Handbuch des Fachanwalts: Arbeitsrecht, 9. Aufl. 2011.

Dornbusch/Fischermeier/Löwisch, Fachanwaltskommentar Arbeitsrecht, 4. Aufl. 2011.

Erfurter Kommentar zum Arbeitsrecht, Dieterich, Thomas u. a., 11. Aufl. 2011 (ErfK/Bearbeiter).

Däubler/Wedde, Arbeitnehmerdatenschutzrecht, Kommentar, 2011.

Fischer, Thomas, Strafgesetzbuch und Nebengesetze, 58. Aufl. 2011.

Fitting, Karl/Engels, Gerd/Schmidt, Ingrid/Trebinger, Yvonne/Linsenmaier, Wolfgang: Betriebsverfassungsgesetz, 25. Aufl. 2010 (Fitting).

Gemeinschaftskommentar zum KSchG und zu sonstigen kündigungsschutzrechtlichen Vorschriften, 9. Aufl. 2009 (KR/Bearbeiter).

Göhler, Erich, Ordnungswidrigkeitengesetz, 15. Aufl. 2009.

Hess, Harald/Schlochauer, Ursula/Worzalla, Michael/Glock, Dirk, Kommentar zum Betriebsverfassungsgesetz, 7. Aufl. 2008 (HSWG/Bearbeiter).

Hromadka, Wolfgang/Sieg, Rainer, SprAuG, Kommentar zum Sprecherausschussgesetz, 2. Aufl. 2010.

Hromadka, Wolfgang/Maschmann, Frank, Arbeitsrecht Bd. 1, Individualarbeitsrecht, 5. Aufl. 2011; Bd. 2, Kollektivarbeitsrecht + Arbeitsstreitigkeiten, 5. Aufl. 2010.

Hromadka, Wolfgang/Schmitt-Rolfes, Günter, Der unbefristete Arbeitsvertrag, 2006.

Karlsruher Kommentar zum Gesetz über Ordnungswidrigkeiten, 3. Aufl. 2006 (KK-OWiG/Bearbeiter).

Knorr, Gerhard/Bichlmeier, Gerd/Kremhelmer, Hans, Handbuch des Kündigungsrechts, 4. Aufl. 1998.

Krause, Horst/Zander, Ernst, Arbeitssicherheit, Bd. 2, Stand März 2011.

Küttner, Personalbuch, 18. Aufl. 2011.

Lauterbach, Herbert/Watermann, Friedrich, Unfallversicherung, SGB VII, 4. Aufl., Stand November 2010 (Lauterbach/Bearbeiter).

Laux/Schlachter, Teilzeit- und Befristungsgesetz, 2. Aufl. 2011.

Leipziger Kommentar zum Strafgesetzbuch, Laufhütte, Heinrich/Rissing-van Saan, Ruth/Tiedemann, Klaus, 12. Aufl. 2007, Bd. 1 (LK/Bearbeiter).

Löwisch, Manfred/Kaiser, Dagmar, Betriebsverfassungsgesetz, 6. Aufl. 2010.

Meisel, Peter G., Arbeitsrecht für die betriebliche Praxis, 10. Aufl. 2002.

Münchener Handbuch zum Arbeitsrecht, Richardi, Reinhard/Wlotzke Otfried (Hrsg.), Bd. 1 u. 2, 3. Aufl. 2009 (MünchArbR/Bearbeiter).

Neumann, Dirk/Biebl, Josef, Arbeitszeitgesetz, 15. Aufl. 2008.

Neumann, Dirk/Fenski, Martin, Bundesurlaubsgesetz, 10. Aufl. 2011.

Niesel, Klaus/Brand, Jürgen, Sozialgesetzbuch, Arbeitsförderung, SGB III, 5. Aufl. 2010.

Palandt, Bürgerliches Gesetzbuch, 71. Aufl. 2012 (Palandt/Bearbeiter).

Preis, Ulrich, Der Arbeitsvertrag, 4. Aufl. 2011.

Richardi, Reinhard/Dörner, Hans-Jürgen/Weber, Christoph, Personalvertretungsrecht, 3. Aufl. 2008.

Schanz, Günther/Gretz, Cornelia/Hanisch, Detlef/Justus, Angelika, Alkohol in der Arbeitswelt, 1995.

Schaub, Günter, Arbeitsrechts-Handbuch, 13. Aufl. 2009 (Schaub/
Bearbeiter).

Schmitt, Entgeltfortzahlungsgesetz und Aufwendungsausgleichsge-
setz, 6. Aufl. 2007.

Schönke, Adolf/Schröder, Horst, Strafgesetzbuch, 28. Aufl. 2010.

Schüren/Hamann, Arbeitnehmerüberlassungsgesetz, 4. Aufl. 2010.

Spinnarke, Jürgen, Sicherheitstechnik, Arbeitsmedizin, Arbeitsplatzgestaltung, Eine Einführung in das Recht der Arbeitssicherheit,
2. Aufl. 1990.

Stahlhacke, Eugen/Preis, Ulrich/Vossen, Reinhard, Kündigung und
Kündigungsschutz im Arbeitsverhältnis, 10. Aufl. 2010.

1. Kapitel

Von der Bewerbung bis zur Einstellung

I. Personalanforderung

Die Suche nach einem neuen Mitarbeiter oder einer neuen Mitarbeiterin beginnt für den Vorgesetzten in der Regel mit Papierkrieg. Er hat eine „Personalanforderung" an die Personalabteilung zu richten, die im Allgemeinen einer Reihe von Genehmigungen bedarf, mitunter bis hin zur Geschäftsführung oder dem Vorstand. Dabei werden **neue Planstellen** in der Regel genauer geprüft als **Ersatzeinstellungen,** die Einstellung teuerer und qualifizierter Mitarbeiter kritischer als die von Mitarbeitern mit einfachen, weniger gut dotierten Tätigkeiten.

Spätestens, wenn die Anforderung genehmigt ist, wird die Personalabteilung eine **Tätigkeitsbeschreibung** und ein **Anforderungsprofil** erbitten oder gemeinsam mit dem Vorgesetzten erarbeiten. Tätigkeitsbeschreibung und Anforderungsprofil dienen als Unterlagen für die Personalsuche, vor allem zur Erstellung einer Anzeige oder eines Aushangs im Rahmen der internen Stellenausschreibung.

II. Personalsuche

1. Interne Stellenausschreibung

Der **Arbeitgeber muss Stellen,** die er besetzen will, an sich nicht **intern ausschreiben.** Etwas anderes gilt, **wenn der Betriebsrat das verlangt.** Das Verlangen des Betriebsrats kann sich auf alle Tätigkeiten oder auf bestimmte Arten beziehen (§ 93 BetrVG);[1] eine Beschränkung auf einzelne Tätigkeiten sieht das Gesetz nicht vor. Arbeitgeber und Betriebsrat können Abweichendes vereinbaren. In der Regel wird man die Stellen ausschreiben, für die mit Bewerbern aus dem Betrieb zu rechnen ist.

Die interne Stellenausschreibung schließt nicht aus, dass der Arbeitgeber die Stelle gleichzeitig nach außen ausschreibt. Allerdings sollte die **externe Ausschreibung** keine anderen, jedenfalls **keine geringeren Anforderungen** enthalten als die interne. Bewirbt sich nämlich ein Mitarbeiter aus dem Betrieb und wird seine Bewerbung wegen der höheren Anforderungen in der internen Stellenausschreibung zugunsten eines Bewerbers von außen, der nur die geringeren aus der Stellenanzeige erfüllt, abgelehnt, dann kann der Betriebsrat die Zustimmung zur Einstellung des externen Bewerbers verweigern. Im Übrigen ist der Arbeitgeber **bei der Festlegung der Anforderungen frei.**[2] Er muss den Arbeitsplatz allerdings auch als **Teilzeitarbeitsplatz** ausschreiben, wenn er sich dafür eignet (§ 7 Abs. 1 TzBfG), und er muss die Stelle **geschlechtsneutral** ausschreiben (§ 11 i. V. m. § 1 AGG). Dazu reicht es aus, wenn es in einer salvatorischen Klausel heißt: „Bewerber(innen) senden ihre Unterlagen an . . .". Nicht als Auswahlkriterium verwendet werden darf grundsätzlich auch das Alter („Wir sind ein junges Team und suchen eine/n Mitarbeiter/in, der/die zu uns passt", § 1 AGG; zulässig dagegen die Kennzeichnung einer Stelle als „Junior"- oder „Senior"-Position; hier wird nicht auf das Alter, sondern auf eine Hierarchieebene hingewiesen[3]). Ausschreibungen, die nicht geschlechts- oder altersneutral sind, können darauf hindeuten, dass Bewerber, die die Voraussetzungen nicht erfüllen, diskriminiert werden sollen. Das kann nicht unbeträchtliche Entschädigungsansprüche auslösen (§ 15 Abs. 1, 2 AGG). Diese Grundsätze gelten auch für die externe Suche.[4]

Die **Erfahrungen** mit der internen Stellenausschreibung sind durchweg **gut.** Sie aktiviert den innerbetrieblichen Arbeitsmarkt und gibt Mitarbeitern die Möglichkeit, ihre Fähigkeiten und Kenntnisse im Betrieb bestmöglich zu verwerten. Zu unerwünschter Fluktuation hat sie nicht geführt; der Vorteil liegt vor allem auf psychologischem Gebiet.

2. Externe Stellenausschreibung

Die externe Suche erfolgt zumeist durch eine **Anzeige in einer Tages- oder Wochenzeitung.** Gehobene Positionen werden in der Regel in überregionalen Tageszeitungen ausgeschrieben, mittlere und einfache in regionalen, mitunter auch in Postwurfzeitungen. Bestimmte Berufsgruppen lesen bevorzugt den Stellenmarkt in einer Wochenzeitung oder in einem Fachblatt. Die Größe der Anzeige richtet sich im Allgemeinen nach der Bedeutung der Position.

3. Agentur für Arbeit

Die Aussichten, über die Agentur für Arbeit den gewünschten Mitarbeiter zu finden, sind nicht schlecht. Durch zielgruppenspezifische Maßnahmen und Schwerpunktaktivitäten (z. B. Werbe- und Vermittlungsaktionen und Ausbau der Online-Informationen[5]) soll die Vermittlungsquote weiter gesteigert werden. Allerdings wird den Agenturen für Arbeit nur etwa ein Drittel der offenen Stellen gemeldet.

Die Agentur für Arbeit bietet sozusagen **allgemeine und besondere Dienste** für Arbeitssuchende an. Im Normalfall wendet man sich an die örtlich zuständige Agentur für Arbeit, die die Stelle nicht nur selbst zu besetzen versucht, sondern auch an Agenturen für Arbeit bundesweit weitermeldet. Für **Führungspersonal** ist die Zentrale Auslandsvermittlung (ZAV) in Bonn zuständig. Die Management-Vermittlung National vermittelt **obere Führungskräfte** in Deutschland, die Management-Vermittlung International Führungskräfte aus dem Ausland und in das Ausland. Als obere Führungskräfte werden Arbeitnehmer mit einem Jahreseinkommen ab etwa 60.000 € angesehen. Zu der Management-Vermittlung National gehört das Büro Führungskräfte, das Positionen des Top-Managements, d. h. Führungskräfte der ersten und zweiten Ebene (Vorstandsmitglieder, Geschäftsführer, Direktoren), vermittelt. Für das Bundesgebiet ist die Zentrale in Bonn (Villemombler-Str. 76, 53123 Bonn, Tel. 0228/7 13-0) zuständig. An zahlreichen Hochschulorten gibt es für die Vermittlung von **Akademikern und gleichqualifizierten Fach- und Führungskräften** besondere Vermittlungseinrichtungen (Hochschulteams).

Der Auftrag eines Arbeitgebers auf Vermittlung eines Arbeitnehmers bedarf keiner Form. Ist die Stelle der Agentur für Arbeit nicht – etwa von einer Betriebsbesichtigung her – bekannt, so sollte sie möglichst genau beschrieben werden. Die Agentur für Arbeit speichert die gemeldete Stelle in einem EDV-System und veröffentlicht sie – je nach Wunsch des Arbeitgebers – mit dessen Namen oder mit einer Kennziffer. Bewerber erhalten von der offenen Stelle Kenntnis durch den **Arbeitsvermittler.** Sie können sich aber auch mit Hilfe der sogenannten **Selbstinformationseinrichtungen (SIE)** selbst über die angebotenen Stellen informieren. Informationen über freie Stellen erhalten Bewerber entweder vor Ort in den Berufsinformationszentren der Agenturen für Arbeit oder online in der „Jobbörse" über www.arbeitsagentur.de. Mit Hilfe der dort befindlichen Adresse können Bewerber sich unmittelbar mit dem Arbeitgeber in Verbindung setzen; bei den verschlüsselten Stellen hilft der Arbeitsvermittler. Gleiche Möglichkeiten hat der Arbeitgeber über den **Arbeitgeber-Service.** Hier werden Arbeitssuchende ohne Namensnennung mit ihrem Bewerberprofil veröffentlicht.

Kostenlos sind auch die Suchaufträge und eine eventuelle Vermittlung; etwas anderes kann allenfalls bei der Vermittlung von Arbeitnehmern aus dem Ausland gelten.

Vermittlungsvorschläge der Agentur für Arbeit können nach Wahl des Arbeitgebers entweder zunächst durch Vorlage der Bewerbungsunterlagen oder sogleich durch persönliche Vorstellung des Bewerbers unter Vorlage des sogenannten „Vermittlungsvorschlags" geprüft werden. Umgekehrt kann sich auch der Bewerber Informationen über die Stelle besorgen und dann von sich aus Kontakt mit dem Arbeitgeber aufnehmen.

Dem Arbeitgeber entstehen durch einen Vermittlungsauftrag **keinerlei Verpflichtungen** gegenüber der Agentur für Arbeit oder einem Bewerber. Selbst die Kosten für die Vorstellung muss er nur unter den allgemeinen Voraussetzungen erstatten (siehe unter VIII.). Im Übrigen können bei Erforderlichkeit **Vorstellungskosten von der Agentur für Arbeit** übernommen werden (§§ 45 ff. SGB III). Umgekehrt können Arbeitgeber zur Eingliederung von förderungsbedürftigen Arbeitnehmern, d. h. von Arbeitnehmern, die ohne die Leistung nicht oder nicht dauerhaft in den Arbeitsmarkt eingegliedert werden können, Zuschüsse zu den Arbeitsentgelten zum Ausgleich von Minderleistungen erhalten (§§ 217 ff. SGB III). So können etwa **Eingliederungszuschüsse** erbracht werden bei einer besonderen Einarbeitung, bei erschwerter Vermittlung – gedacht ist an Langzeitarbeitslose, Schwerbehinderte und sonstige Behinderte – und für ältere Arbeitnehmer (§ 421f SGB III).

Stellt der Arbeitgeber einen Bewerber ein, der ihm von der Agentur für Arbeit vermittelt wurde, so sollte er dieser eine kurze Nachricht geben, indem er den **„Vermittlungsvorschlag"** entsprechend ausfüllt. Lehnt der Arbeitgeber einen von der Agentur für Arbeit vorgeschlagenen Bewerber ab, so sollte er ihr die Gründe nennen, damit sie ihre Bemühungen entsprechend ausrichten und zugleich prüfen kann, ob sich der Stellenbewerber ordnungsgemäß vorgestellt hat. Unterlässt der Arbeitgeber die Benachrichtigung, so treffen ihn allerdings keinerlei Rechtsnachteile. Umgekehrt haftet die Agentur für Arbeit nicht, wenn ein angekündigter Bewerber sich nicht vorstellt. Nimmt der Bewerber die angebotene Arbeit nicht an oder tritt er sie nicht an, ohne für sein Verhalten einen wichtigen Grund zu haben, so tritt bei erstmaliger Ablehnung eine **Sperrzeit** von drei Wochen ein, bei einer weiteren Ablehnung eine Sperrzeit von sechs Wochen, in allen übrigen Fällen eine Sperrzeit von zwölf Wochen (§ 144 Abs. 4 SGB III). Gibt ein Arbeitsloser Anlass für Sperrzeiten von insgesamt mindestens 21 Wochen, so erlischt der Anspruch auf Arbeitslosengeld oder Arbeitslosenhilfe (§ 147 Abs. 1 Nr. 2 SGB III).

4. Personalberater

Mitunter wird die Personalabteilung auch einen Personalberater einschalten. Personalberater sind zumeist nur im Führungskräftebereich tätig. Für ihre Tätigkeit verlangen sie bis zu einem Drittel eines Jahresgehalts zuzüglich der Kosten. Personalberater dürfen Mitarbeiter am Arbeitsplatz ansprechen. Allerdings ist nur eine erste kurze Kontaktaufnahme gestattet. Personalberater dürfen den Mitarbeiter nach seinem Interesse an einer neuen Stelle fragen, diese Stelle kurz beschreiben und gegebenenfalls ein Treffen außerhalb des Unternehmens vereinbaren.[6] Sie dürfen ihn aber nicht am Arbeitsplatz umwerben.[7]

Die Einschaltung von Personalberatern muss sich schon aus Kostengründen **auf Ausnahmefälle beschränken,** etwa wenn eine Führungskraft plötzlich ausfällt oder wenn keine Nachwuchsführungskraft aufgebaut werden konnte. Besteht kein Dauerkontakt zu einem Personalberater, so ist auch nicht ganz auszuschließen, dass er bei der Beratung Führungskräfte des Unternehmens kennenlernt und bei anderer Gelegenheit im Interesse anderer Kunden anspricht.

5. Empfehlungen, Eigenbewerbungen

Empfehlungen durch Mitarbeiter sind zweischneidig. Es besteht immer die Gefahr, dass sich der Auswählende unter einem gewissen Druck sieht, den Vorgeschlagenen einzustellen. Andererseits übernimmt der Empfehlende – ungewollt und manchmal auch unbewusst – eine gewisse Bürgenstellung, auf die man ihn gegebenenfalls hinweisen kann.

Eigenbewerbungen von Stellensuchenden sind nicht selten. Vielfach sind es recht aktive Arbeitnehmer, die Initiative auch auf anderen Gebieten entfalten. Findet sich unter ihnen nicht der Wunschkandidat, dann wird man versuchen, auf andere Weise, etwa durch Schaltung von Anzeigen, den Kandidatenkreis zu erweitern.

6. Wege zur Stellenbesetzung[8]

Suchweg	beschrittener Suchweg	Erfolgsquote
Eigene Stellenanzeigen	45%	55%
Über Mitarbeiter, persönliche Kontakte	40%	69%
Arbeitsagenturen (direkter Kontakt/Internet)	39%	31%
Initiativbewerbungen/Bewerberlisten	31%	46%
Interne Stellenausschreibung	20%	11%
Private Arbeitsvermittlung	12%	36%
Inserate von Bewerbern	6%	16%
Praktika	5%	39%

III. Vorauswahl

Die Vorauswahl erfolgt anhand der eingereichten Unterlagen. Zu den **Bewerbungsunterlagen** gehören ein **Lebenslauf,** der heute in der Regel tabellarisch erstellt wird, die **Abschlusszeugnisse von Schulen und Hochschulen, Zeugnisse über Abschlussprüfungen, die Arbeitszeugnisse, ein Anschreiben,** in dem kurz die Beweggründe für die Bewerbung geschildert werden, **und ein** (neueres) **Lichtbild;** in dem Verlangen nach einem Lichtbild sehen manche einen Verstoß gegen das Antidiskriminierungsrecht (siehe dazu Kapitel 16 – Diskriminierungsverbot). Worauf Personalleiter Wert legen, zeigt das folgende Schaubild.

Stellenwert von Zeugnissen, Methoden der Vorauswahl von Bewerbern und ihre Bedeutung in den Augen des Personalchefs							
	Bewertung in Prozent der Gesamtzahl						
Methoden	gar keine	geringe	geringe mittel	mittel	mittel große	große	sehr große
Formale Analyse der Bewerbungsunterlagen	0,0	10,0	30,0	33,3	10,0	16,7	0,0
Bewerbungsschreiben	6,7	0,0	20,0	53,3	20,0	0,0	0,0
Lichtbild	50,0	33,3	6,7	10,0	0,0	0,0	0,0
Lebenslauf	0,0	0,0	0,0	20,0	26,6	36,7	16,7
Zeugnisse	0,0	0,0	0,0	13,3	20,0	53,4	13,3
Referenzen	23,3	13,3	16,7	23,3	20,0	0,0	3,4
Sprache und Stil	3,3	6,7	13,3	6,7	30,0	40,0	0,0
Handschrift	86,7	3,3	0,0	3,3	6,7	0,0	0,0
Zusätzlich eingeholte Informationen	33,3	13,3	10,0	3,3	26,7	6,7	6,7

(Quelle: Dr. Burkhard Block: „Die Eignungsprofilierung von Führungspersonen des mittleren Managementbereiches zur Auslese externer Bewerber", Studienverlag Dr. N. Brockmeyer, Bochum, 1981)

1. Anschreiben

Stil und Form des Anschreibens sagen natürlich manches über den Bewerber aus („Sie suchen . . . Ich kann Ihnen mitteilen, dass ich genau der Richtige dafür bin.“). Früher pflegte man handschriftliche Anschreiben zu verlangen; heute hat sich das maschinen(computer)geschriebene Anschreiben durchgesetzt. Vor (amateur)grafologischen (Kurz)Schlüssen sei gewarnt.

2. Zeugnisse

Die Noten in Schulzeugnissen hängen ab vom Schultyp, vom Zeitgeist, von regionalen Besonderheiten, an den Universitäten auch von Usancen einzelner Fakultäten: in Medizin und Chemie gibt es viele „sehr gut“, in der Rechtswissenschaft so gut wie überhaupt keine. Die Noten treffen **Aussagen nur zu Kenntnissen und** allenfalls zu **Fertigkeiten,** sie besagen **nichts zu Verhalten und außerfachlichen Fähigkeiten.**

Arbeitszeugnisse gibt es in zwei Varianten: als einfaches und als qualifiziertes Zeugnis (§ 109 GewO). Das **einfache Zeugnis** erstreckt sich nur auf **Art und Dauer der Beschäftigung:** Herr/Frau … war in der Zeit vom … bis … als … bei uns beschäftigt. Das **qualifizierte Zeugnis** enthält **darüber hinaus** Angaben über die **Leistungen und die Führung** im Dienst. Der Arbeitnehmer kann zwischen dem einfachen und dem qualifizierten Zeugnis wählen; da aus dem einfachen Zeugnis negative Schlüsse gezogen werden können, wird er sich dafür nur entscheiden, wenn ein qualifiziertes Zeugnis für ihn nachteilig wäre. Hat der Arbeitgeber dem Arbeitnehmer allerdings ein **Zwischenzeugnis** erteilt, dann darf das Endzeugnis davon nur abweichen, wenn Leistung und/oder Verhalten in einem eventuellen Zwischenzeitraum das rechtfertigen.[9]

Der klassische Aufbau eines Zeugnisses sieht folgendermaßen aus:

Zeugnis

(1) Angaben zur Person. Sie dienen der Identifikation.

(2) Angaben über die rechtliche Dauer des Arbeitsverhältnisses (nicht der Beschäftigung; Fehlzeiten sind daraus also nicht ersichtlich[10]).

(3) Angaben zur Tätigkeit. Die Tätigkeit ist so vollständig und so genau zu beschreiben, dass sich künftige Arbeitgeber ein klares Bild von den früheren Tätigkeiten und von den Einsatzmöglichkeiten machen können.[11]

(4) Angaben zu Leistungen und zur Führung (nur im qualifizierten Zeugnis).
(5) Beendigungsgrund (nur auf Wunsch).
(6) Grußformel (üblich, aber nicht obligatorisch).[12]
(7) Datum und Unterschrift eines dem Arbeitnehmer im Rang übergeordneten Vertreters des Arbeitgebers.[13]

Im Übrigen ergeben sich Form und Inhalt des Zeugnisses aus seiner Funktion: Es soll dem Arbeitnehmer bei der Bewerbung um eine andere Stelle als Ausweis dienen und dem Arbeitgeber, an den der Arbeitnehmer sich wegen einer Stelle wendet, eine Unterlage für die Beurteilung verschaffen. Die Belange des Arbeitnehmers sind gefährdet, wenn er unter-, die eines künftigen Arbeitgebers, wenn der Arbeitnehmer überbewertet wird. Das **Zeugnis muss** deshalb **wahr sein** und alle wesentlichen Tatsachen und Bewertungen enthalten, die für die Gesamtbeurteilung von Bedeutung sind und an denen ein künftiger Arbeitgeber ein berechtigtes und verständiges Interesse haben kann.[14] Außerdem muss es **klar und verständlich** formuliert sein. Es darf keine Merkmale oder Formulierungen enthalten, die den Zweck haben, eine andere als aus der äußeren Form oder aus dem Wortlaut ersichtliche Aussage über den Arbeitnehmer zu treffen (§ 109 Abs. 2 GewO). Schließlich soll es **von verständigem Wohlwollen getragen** sein und das Fortkommen nicht unnötig erschweren. Allerdings darf es nicht zu positiv ausfallen; der Arbeitgeber macht sich schadensersatzpflichtig, wenn ein anderer Arbeitgeber den Arbeitnehmer im Vertrauen auf die Richtigkeit des Zeugnisses einstellt und dadurch geschädigt wird.[15] Innerhalb dieser Grenzen obliegt es dem Arbeitgeber, das Zeugnis zu formulieren; er ist frei hinsichtlich Wortwahl und Satzstellung.[16]

Der Zielkonflikt zwischen wahrheitsgemäßer und wohlwollender Beurteilung schlägt sich naturgemäß in der **Zeugnissprache** nieder. Auf negative Aussagen wird im Allgemeinen ganz verzichtet. Der Grad der (Un)Zufriedenheit spiegelt sich in der Art und Weise wider, in der positive Angaben gemacht oder nicht gemacht werden.

Das gilt vor allem, wenn Aussagen durch Nicht-Aussagen, d. h. durch **Unterlassen von Angaben,** gemacht werden, die nach der Verkehrsanschauung eigentlich zu erwarten wären.[17] So ist es beispielsweise beredt, wenn Angaben zum Verhalten fehlen oder wenn bei einem Forscher, einem Konstrukteur oder einem Werbefachmann nichts zur Kreativität gesagt wird, bei einer Direktionssekretärin nichts zur Vertrauenswürdigkeit und/oder Selbstständigkeit, bei einem Kassierer nichts zur Ehrlichkeit oder bei einer Führungskraft nichts zur Mitarbeiterführung (Motivation der Mitarbeiter, Einfluss auf deren Leistung, Durchsetzungsvermögen).[18] Der Leser sollte sich deshalb vor der Lektüre eines Zeugnisses immer überlegen, was er einem guten Mitarbeiter in das Zeugnis geschrieben hätte, und dann vergleichen.

Negative Wertungen können weiter zum Ausdruck kommen durch die Reihenfolge von Aussagen – Unwichtiges vor Wichtigem –, durch die Betonung von Selbstverständlichem („Er/Sie war jederzeit pünktlich"), durch Einschränkung („Die Aufgaben, die wir ihm übertragen haben, erledigte er/sie . . ."), durch mehrdeutige Ausdrucksweise („Er/Sie führte die ihm/ihr übertragenen Aufgaben mit großem Fleiß und Interesse aus." BAG: „hat sich bemüht" = kein Erfolg[19]) oder durch (schroffe) Kürze. Ob die Formulierung „Wir haben ihn/sie als . . . kennengelernt" abwertend gemeint ist,[20] ergibt sich wohl nur aus dem Zusammenhang. Widersprüche im Zeugnis deuten mitunter auf einen Kompromiss hin, etwa auf einen Vergleich in einem Kündigungsschutzprozess.[21]

Häufig finden sich **Noten**, sei es bei der Beurteilung einzelner Leistungen und/oder des Verhaltens, sei es als abschließende Gesamtnote. Dabei haben sich für die **Leistungsbeurteilung** die in der nachfolgend abgedruckten Tabelle aufgeführten Notenstufen durchgesetzt.

Die Zeugnisformulierung	entspricht der Benotung
. . . hat die ihm übertragenen Arbeiten stets zu unserer vollsten Zufriedenheit erledigt	sehr gute Leistung (1)
. . . hat die ihm übertragenen Arbeiten zu unserer vollsten Zufriedenheit erledigt	sehr gute bis gute Leistung (1–2)
. . . hat die ihm übertragenen Arbeiten zu unserer vollen Zufriedenheit erledigt	befriedigende Leistung (3)
. . . hat die ihm übertragenen Arbeiten stets zu unserer Zufriedenheit erledigt	befriedigende bis ausreichende Leistung (3–4)

Die Zeugnisformulierung	entspricht der Benotung
... hat die ihm übertragenen Arbeiten zu unserer Zufriedenheit erledigt	ausreichende Leistung (4)
... hat die ihm übertragenen Arbeiten im Großen und Ganzen zu unserer Zufriedenheit erledigt	mangelhafte Leistung (5)
... hat sich stets bemüht, die ihm übertragenen Arbeiten zu unserer Zufriedenheit zu erledigen	mangelhafte bis ungenügende Leistung (5–6)
... hat sich bemüht, die ihm übertragenen Arbeiten zu unserer Zufriedenheit zu erledigen	ungenügende Leistung (6)

Die **Zwischennoten** gewinnt man dadurch, dass man **das „stets" weglässt.** Eine Tätigkeit, die durchgehend ohne jegliche Beanstandung, aber auch ohne jegliches Lob geblieben ist, ist als **Durchschnitt** mit **„zu unserer vollen Zufriedenheit"** oder mit **„stets zu unserer Zufriedenheit"** zu bewerten. Im Streitfall trägt der Arbeitgeber die Beweislast für unter-, der Arbeitnehmer für überdurchschnittliche Leistungen.[22]

Für die **Verhaltensbeurteilung** lauten die **Noten**

Sein Verhalten gegenüber Vorgesetzten, Kollegen, Mitarbeitern und Kunden war	
stets vorbildlich	sehr gut (1)
vorbildlich (oder: stets einwandfrei)	gut (2)
einwandfrei	befriedigend (3)
ohne Tadel	unterdurchschnittlich (4).[23]

Eine Beurteilung steckt häufig auch in der **Grußformel.** Bei einem guten Mitarbeiter lautet sie etwa: „Wir danken ihm/ihr für die geleistete Arbeit und wünschen ihm/ihr für die Zukunft alles Gute";[24] bei besonders guten Leistungen gehört auch das Bedauern über den Weggang dazu („Wir bedauern sein/ihr Ausscheiden sehr, ...").[25] Bei einem weniger guten Mitarbeiter heißt es einfach: „Wir danken ihm für die geleistete Arbeit" oder „Wir wünschen ihm für die Zukunft alles Gute". Fehlt die Schlussformel ganz, so lässt das auf tiefe Verärgerung und im Zweifel auf Beendigung des Arbeitsverhältnisses durch den Arbeitgeber schließen.[26] Nach Ansicht des BAG hat der Arbeitnehmer aber keinen Anspruch darauf, dass sich der Arbeitgeber für die Leistungen bedankt, ihm für die Zukunft alles

Gute wünscht und bei besonders guten Leistungen sein Bedauern über den Weggang zum Ausdruck bringt.[27] Die Art der **Beendigung** des Arbeitsverhältnisses (ordentliche/außerordentliche Kündigung durch Arbeitgeber/Arbeitnehmer, Aufhebungsvertrag) und der Grund für die Beendigung sollen nur auf Wunsch des Arbeitnehmers in das Zeugnis aufgenommen werden können.[28]

Das Zeugnis muss auch **seiner Form nach gehörig** sein. Es muss sauber und ordentlich geschrieben sein und darf keine Flecken, Radierungen, Verbesserungen, Durchstreichungen oder ähnliches enthalten. Durch die äußere Form darf nicht der Eindruck erweckt werden, der ausstellende Arbeitgeber distanziere sich vom buchstäblichen Wortlaut seiner Erklärung.[29] Der Briefkopf kann mit Schreibmaschine oder Personalcomputer geschrieben werden. Verwendet ein Unternehmen einen Firmenbogen, dann reicht es nicht aus, wenn das Zeugnis nur mit einem der Unterschrift beigefügten Firmenstempel versehen ist.[30] Schließt das Zeugnis mit dem in Maschinenschrift angegebenen Namen des Ausstellers und seiner Funktion, so ist es von diesem persönlich zu unterzeichnen.[31]

In der nachfolgenden Übersicht finden sich beispielhaft einige **Formulierungen und** ihre **Deutungen.** Sie entstammen dem kleinen Buch von M. Lucas, Arbeitszeugnisse richtig deuten, 21. Aufl. 2001, das die Quintessenz der Auswertung vieler Zeugnisse wiedergibt.

Zeugnisformulierung und ihre Bedeutung

Die Zeugnisformulierung	bedeutet tatsächlich
Er war immer mit Interesse bei der Sache.	Man kann lediglich feststellen, dass er Interesse hatte, nicht aber, dass er irgendwelche Leistungen zu bieten hätte.
Er war ein gutes Vorbild durch Pünktlichkeit.	Schlechte Leistungen. Das einzig Bemerkenswerte ist eine Selbstverständlichkeit.
Er zeigte ein gutes Einfühlungsvermögen für die Belange der Belegschaft.	Es soll zum Ausdruck gebracht werden, dass er sich während der Arbeitszeit mit besonderem Eifer um die Kolleginnen gekümmert hat.
Er hat zur Verbesserung des Betriebsklimas beigetragen.	Der Mitarbeiter hatte gegen einen Schluck Alkohol nichts einzuwenden.
Er zeigte für seine Arbeit Verständnis.	Er hat nur das Allernotwendigste gearbeitet; er war faul.

Die Zeugnisformulierung	bedeutet tatsächlich
Er ist immer gut mit seinem Vorgesetzten ausgekommen.	Er hat sich seinem Vorgesetzten um jeden Preis angepasst.
Er hat alle Arbeiten ordnungsgemäß erledigt.	Keine Eigeninitiative. Er ist ein typischer Bürokrat.
Er erledigte alle Arbeiten mit großem Interesse.	Er war zwar eifrig, aber nicht besonders tüchtig.
Er war ein umgänglicher Kollege.	Die meisten Kollegen mochten ihn nicht.
Er war tüchtig und wusste sich gut zu verkaufen.	Ein unangenehmer Wichtigtuer.
Er hat sich bemüht, seinen Aufgaben gerecht zu werden.	Er tat zwar, was er konnte. Das war jedoch zu wenig.
Er hat unseren Erwartungen entsprochen.	Durchgehend schlechte Leistungen wurden gezeigt.
Er hatte den Blick für das Wesentliche.	Er hatte eine stark ausgeprägte Zielstrebigkeit.
Er hatte persönliches Format.	Eine hohe Wertschätzung wird dem Mitarbeiter entgegengebracht.
Er besaß die Fähigkeit, Mitarbeiter zielgerecht zu motivieren.	Er besaß eine gute Personalführungsfähigkeit.

Trotz der von der Rechtsprechung herausgearbeiteten Regeln bleiben für den Zeugnisleser **Unsicherheiten.** Vor allem bei Zeugnissen aus kleineren Unternehmen kann er nicht sicher sein, dass der dortige Personalreferent die Zeugnisregeln perfekt beherrscht. Das gilt natürlich auch für manchen Sachbearbeiter in mittleren und größeren Unternehmen. Im Übrigen macht sich jeder Mensch seine eigenen Vorstellungen vom richtigen Zeugnis. Am ehesten kann man Restzweifel dadurch klären, dass man den früheren Arbeitgeber um zusätzliche Auskünfte bittet.

3. Auskunft

Der neue Arbeitgeber ist berechtigt, von einem früheren Arbeitgeber **Auskünfte** über den Bewerber **einzuholen,** es sei denn, der Bewerber steht noch in einem ungekündigten Arbeitsverhältnis oder er hat die Einholung von Auskünften untersagt. **Der frühere Arbeitgeber ist berechtigt, Auskünfte zu erteilen,** wiederum vorausgesetzt,

dass der Bewerber ihm das nicht untersagt hat. Zur Auskunft verpflichtet ist er, wenn ihn das nicht unbillig belastet und wenn der
Bewerber ein berechtigtes Interesse daran hat.[32] Die Auskünfte können (natürlich) über die Angaben im Zeugnis hinausgehen. Sie dürfen sich jedoch nur auf Leistung und Verhalten des Arbeitnehmers
beziehen.[33] Der frühere Arbeitgeber kann insbesondere Weglassun-
gen und zweideutige Wendungen erläutern. Fraglich ist, ob er einmalige Vorkommnisse schildern darf, die das Arbeitsverhältnis nicht
geprägt haben und die deshalb nicht in ein Zeugnis gehören.

Nicht berechtigt ist der alte Arbeitgeber, dem neuen **Einblick in die
Personalakte oder in den Arbeitsvertrag zu geben.**[34] Der Bewerber
kann von dem früheren Arbeitgeber Mitteilung darüber verlangen,
welche Auskünfte er gegeben hat.[35]

4. Einladung zum Vorstellungsgespräch

Nach Abschluss der Vorauswahl werden die Bewerber, die geeignet
erscheinen, zu einem Vorstellungsgespräch eingeladen. Zumeist geschieht das durch die Personalabteilung, die den Termin mit dem
Fachvorgesetzten abstimmt. Zur Vorbereitung auf das Gespräch
wird häufig ein **Fragebogen** mitgeschickt. Dieser Fragebogen dient
der systematischen Erfassung der wichtigsten Daten des Bewerbers,
soweit sie für das Arbeitsverhältnis von Bedeutung sind. Er ermöglicht einen schnellen Überblick und einen raschen Quervergleich
mit den Unterlagen der anderen Bewerber. Der Fragebogen darf nur
zulässige Fragen enthalten, d. h. nur Fragen, die der Bewerber auch
in einem Vorstellungsgespräch beantworten müsste (siehe unten
IV. 2.). Um sicherzustellen, dass keine unzulässigen Fragen aufgenommen werden, hat der Gesetzgeber den Fragebogen mitbestimmungspflichtig gemacht (§ 94 Abs. 1 BetrVG). Das gilt auch für
biografische Fragebögen.[36]

IV. Vorstellungsgespräch

Den Ausschlag für oder gegen eine Einstellung **gibt** letzten Endes
immer **der persönliche Eindruck.** Für das Gespräch sollte man sich

Zeit nehmen, und man sollte vor allem den Bewerber reden lassen. Untersuchungen zeigen immer wieder, dass bei Einstellungsgesprächen in aller Regel der Interviewer wesentlich mehr spricht als der Bewerber und dass der Bewerber zum Schluss mehr über das Unternehmen und den Interviewer weiß als dieser über den Bewerber. Zur Vorbereitung auf das Gespräch empfehlen sich Überlegungen zu den Informationen, die man haben möchte; bei dem Gespräch selbst kann eine Checkliste hilfreich sein (**strukturiertes Interview**).[37]

Bei dem Interview sollte man sich vor Augen halten, dass die Entscheidung pro oder contra bereits in den ersten Minuten fällt, auch wenn der Interviewer sich dessen nicht bewusst ist. Entspricht der Bewerber im Laufe des Gesprächs dem (ersten) Eindruck, so wird der Interviewer sich bestätigt fühlen; entspricht er ihm nicht, so besteht die Gefahr, dass er einen schlechten Tag des Bewerbers vermutet und dass er ihm „an sich" mehr oder weniger zutraut. Dem kann man nur entgegensteuern, indem man sich diese psychischen Abläufe bewusst macht und indem man sicherstellt, dass sich auch ein zweiter oder dritter Mitarbeiter den Bewerber „ansieht".

Sehr umstritten ist, wie weit **das Informationsrecht des Arbeitgebers** geht. Die Rechtsprechung wägt ab zwischen dem Interesse des Arbeitgebers, den „richtigen" Arbeitnehmer zu finden, und dem Interesse des Arbeitnehmers, nicht über Gebühr ausgeforscht zu werden. Sie unterscheidet dabei zwischen Mitteilungspflichten (ohne Befragen) und Auskunftspflichten (auf Befragen).[38]

1. Mitteilungspflichten

Von sich aus muss der Arbeitnehmer **mitteilen,** wenn er die angebotene Arbeit nicht leisten kann oder wenn er zumindest bei Arbeitsbeginn nicht dazu in der Lage ist.[39] Ein Fahrer, der Lastwagen über 7,5 t fahren soll, muss den Arbeitgeber auch ohne entsprechende Frage darauf hinweisen, wenn er den entsprechenden Führerschein nicht hat; ein Arbeitnehmer, dem aufgrund einer Wettbewerbsabrede mit seinem bisherigen Arbeitgeber eine Konkurrenztätigkeit untersagt ist, muss ihn auf die Karenzklausel aufmerksam machen; ein Behinderter, der die vorgeschlagene Arbeit nicht zu leisten vermag oder dessen eingeschränkte Leistungsfähigkeit für den vorgesehenen Arbeitsplatz von entscheidender Bedeutung ist, auf die Behinderung.[40] Ohne Befragen mitzuteilen ist, wenn die Arbeit am vorgesehenen Tag etwa wegen einer bereits beantragten Kur,[41] wegen eines festen Operationstermins, wegen einer ansteckenden Krankheit oder wegen Strafhaft[42] nicht angetreten werden kann. Eine **Schwangere** braucht dagegen selbst dann **nicht** auf die Schwangerschaft hinzuweisen, wenn sie eine Vertretung übernimmt und wenn die Vertretung gerade in die Zeit ihres Beschäftigungsverbots fällt.[43]

2. Auskunftspflichten

Der **Arbeitgeber darf** nach Umständen **fragen,** die sich auf den Arbeitsplatz oder auf die in Aussicht genommene Arbeit beziehen. Die erfragten Tatsachen müssen objektiv geeignet sein, das Vertragsrisiko nicht unwesentlich zu erhöhen. Unzulässig sind Fragen, die gegen das Persönlichkeitsrecht verstoßen, d. h. die den Bewerber in seiner ganzen Persönlichkeit erfassen[44] oder die seinen Intimbereich betreffen.[45] Diskriminierungsverbote (§ 1 AGG) müssen immer beachtet werden. Im Grenzbereich ist vieles streitig. Im Einzelnen gilt Folgendes (in alphabetischer Reihenfolge):

Aids: ja

Ausbildung: ja

beruflicher Werdegang: ja

Gehalt beim bisherigen Arbeitgeber: ja, wenn der Bewerber das bisherige Gehalt als Mindestgehalt fordert oder wenn die Gehaltshöhe Aussagen über die bisherige Tätigkeit und/oder über die Qualifikation des Bewerbers zulässt;[46] letzteres wird praktisch immer der Fall sein.

Gewerkschaftszugehörigkeit: nein, Ausnahme: Arbeitgeberverbände, Gewerkschaften und ihnen nahe stehende Tendenzunternehmen sowie bei leitenden Angestellten.[47]

Familienverhältnisse: ja

Heirat, geplante: nein

HIV-Infizierung: bei erhöhtem Risiko für Mitarbeiter oder Kunden.

Krankheit: chronische Leiden ja, wenn sie entweder die Leistung am vorgesehenen Arbeitsplatz nicht unerheblich beeinträchtigen oder wenn immer wieder in nicht unerheblichem Umfang mit Fehlzeiten zu rechnen ist.[48]

Parteizugehörigkeit: nein, außer bei Tendenzträgern in Tendenzunternehmen (z. B. Presse).

Pfändungen: nein (hier kann der Arbeitgeber Kostenerstattung verlangen); siehe aber auch Vermögensverhältnisse.

Religion: nein, außer bei Tendenzträgern in Tendenzunternehmen (kirchliche Organisationen, Presse). Sehr fraglich bei Scientology-Mitgliedschaft.[49]

Schwangerschaft: nein (§§ 1, 2 Abs. 1 Ziff. 1, § 3 Abs. 1 S. 2 AGG).[50]

Schwerbehinderteneigenschaft: nein (§§ 1, 2 Abs. 1 Ziff. 1 AGG), ja für Fragen nach körperlichen und geistigen Fähigkeiten, die für die Tätigkeit erforderlich sind.

Sucht: Alkohol, Drogen ja, Rauchen nein.

Staatsangehörigkeit: nur im Zusammenhang mit Aufenthalts- und Arbeitserlaubnis.

Vermögensverhältnisse: ja bei Führungskräften und bei Vertrauensstellung (Leiter der Finanzbuchhaltung, Kassierer, Innenrevisor).[51]

Verwandtschaftsverhältnisse: ja bei Arbeitnehmern in Vertrauensstellung (z. B. Forschung und Entwicklung), wenn der Ehegatte oder Verwandte in einem Konkurrenzunternehmen arbeiten und konkrete Anhaltspunkte für die Gefahr des Verrats von Betriebsgeheimnissen bestehen.[52]

Vorstrafen: ja, wenn für das konkrete Arbeitsverhältnis von Bedeutung (Kassierer, Einkäufer, Lagerverwalter: Vermögensdelikte; Fahrer: Verkehrsdelikte; Ausbilder: Sittlichkeitsdelikte).[53] Je höher die Position, desto wichtiger ist die Unbescholtenheit. Nicht angegeben

werden müssen Verurteilungen, die nicht in das Führungszeugnis
aufzunehmen sind. Das sind Verurteilungen zu Geldstrafen von
nicht mehr als 90 Tagessätzen oder zu Freiheitsstrafen von nicht
mehr als drei Monaten sowie Verurteilungen, die mindestens fünf
Jahre, bei Freiheitsstrafen auf Bewährung drei Jahre zurückliegen
(§§ 32 Abs. 2 Nr. 5, 34 Abs. 1 Nr. 1 b, 3 BZRG). In Zweifelsfällen
kann der Arbeitgeber ein **Führungszeugnis** verlangen; dasselbe gilt
für besonders herausgehobene Positionen und für Vertrauensstel-
lungen. Über ein **Ermittlungsverfahren** oder über ein Hauptverfah-
ren muss der Bewerber Auskunft geben, wenn es Zweifel an seiner
persönlichen Eignung begründen kann.[54]

Weltanschauung: nein.

Benötigt der Arbeitgeber im Rahmen des Arbeitsverhältnisses Daten, die er bei der Einstellung nicht abfragen darf, so kann und muss
er sie sich **später** gesondert geben lassen. Das gilt etwa für die Reli-
gionszugehörigkeit (wegen der Lohnsteuer) und für die Gewerkschaftszugehörigkeit, wenn der Arbeitgeber tarifliche Leistungen
nur an tarifgebundene Arbeitnehmer erbringt.

Stellt der Arbeitgeber **unzulässige Fragen,** so darf der Arbeitnehmer
die **Antwort verweigern.** Darüber hinaus gibt ihm die Rechtsprechung das **Recht zur Lüge,** weil eine Antwortverweigerung negative
Schlüsse zulässt.[55] Beantwortet der Arbeitnehmer eine zulässigerweise gestellte Frage falsch oder verschweigt er eine Tatsache, die er
ohne Befragen von sich aus mitteilen müsste, und wäre es bei ord-
nungsgemäßem Verhalten nicht zu dem Arbeitsvertrag gekommen,
so kann der Arbeitgeber den Vertrag wegen arglistiger Täuschung
anfechten (§ 123 BGB). Dieses **Anfechtungsrecht** ist deshalb wichtig, weil der Arbeitsvertrag unmittelbar mit der Anfechtung endet
und weil hier kein Kündigungsschutz (auch kein Mutterschutz) ein-
greift; auch der Betriebsrat ist nicht zu beteiligen.

V. Tests, grafologische Gutachten

Tests sind zulässig, soweit sie geeignet sind, die Eignung des Bewerbers für die vorgesehene Tätigkeit festzustellen und soweit sie den

Bewerber nicht unangemessen ausforschen.[56] Erforderlich ist immer die Einwilligung, die im Zweifel durch Mitmachen beim Test erteilt wird. Außerdem muss dem Bewerber erläutert werden, was mit dem Test erkundet werden soll und wie das Verfahren abläuft; der Test muss wissenschaftlich anerkannt sein (keine „selbstgestrickten" Tests), und er muss fachkundig durchgeführt werden.

Unter Berücksichtigung dieser Anforderungen sind **zulässig:**

- Arbeitsproben
- Leistungstests
- Assessment-Center
- analytische Intelligenztests (IST)
- bei Führungskräften auch Persönlichkeitstests.

Unzulässig sind vor allem quantitative Intelligenztests (Messung des IQ); sie sagen nichts über die Eignung für die konkrete Tätigkeit aus.

Zulässig sind auch **grafologische Gutachten.** Das BAG geht davon aus, dass ein Bewerber zustimmt, wenn er auf Anforderung handgeschriebene Unterlagen (Anschreiben oder Lebenslauf) zusendet.[57] Untersuchungen haben gezeigt, dass die meisten Bewerber heute bei der Bitte um handgeschriebene Unterlagen nicht an grafologische Gutachten denken, sondern lediglich an eine Schönschriftprobe. Man sollte deshalb eine ausdrückliche Einwilligung einholen.[58]

VI. Ärztliche Untersuchung

Die **Einstellung kann von** einer ärztlichen **Untersuchung,** sei es durch den Werksarzt, sei es durch einen anderen vom Arbeitgeber oder Arbeitnehmer zu benennenden Arzt, **abhängig gemacht werden.**[59] Die **Untersuchung** ist **freiwillig,** der Arbeitnehmer kann seine Einwilligung jederzeit zurückziehen, und d. h. auch, er kann die Untersuchung jederzeit abbrechen. Der Arzt unterliegt der **Schweigepflicht.** Er darf dem Arbeitgeber nur mitteilen, ob der Arbeitnehmer **für die vorgesehene Tätigkeit geeignet, nicht geeignet oder bedingt geeignet** ist; bei bedingter Eignung sind die Bedingungen zu nennen: nicht schwer heben oder tragen, nicht in gebückter Haltung arbeiten usw. Nicht mitgeteilt werden darf die Diagnose.[60] Auch hier kann es sich der Bewerber anders überlegen und seine Einwilligung zur Weitergabe des Ergebnisses zurückziehen. Die **Kosten** der Untersuchung hat der **Arbeitgeber** zu tragen, sofern nichts anderes vereinbart ist.

In zwei Fällen ist eine **Untersuchung** vor Beschäftigungsbeginn **Pflicht: bei Jugendlichen und** bei bestimmten Tätigkeiten **im Lebensmittelgewerbe und in Kantinen** (hier durch das Gesundheitsamt, §§ 2 Abs. 2, 32 ff. JArbSchG, 42 f. IfSG).

VII. Abbruch von Verhandlungen

Vor Vertragsschluss steht es beiden Seiten frei, die Verhandlungen ohne Angabe von Gründen wieder zu beenden. **Schadensersatzpflichtig** macht sich aber, wer der anderen Seite begründete Hoffnung auf einen Vertragsschluss macht, die er dann enttäuscht. So schuldet beispielsweise der Arbeitgeber Schadensersatz, der einem Bewerber sagt, der Vertrag sei nur noch eine Formsache, er solle oder könne ruhig schon kündigen, und wenn der Arbeitnehmer dadurch seine alte Stelle verliert.[61] Ähnliches gilt, wenn dem Bewerber durch ein solches Verhalten ein anderes Angebot entgeht.

Kommt es zu keinem Vertrag, so sind dem Bewerber die **Unterlagen** – unbeschädigt – **zurückzugeben.** Eventuell gespeicherte Daten sind zu löschen.[62] Abweichendes kann vereinbart werden. Nicht verwehrt ist es dem Arbeitgeber, einen Vermerk über die Tatsache der Bewerbung und über den Grund für die Ablehnung zu machen.

VIII. Vorstellungskosten

Die **Kosten** der Vorstellung hat der **Arbeitgeber** zu tragen, **wenn** er den **Bewerber zur Vorstellung aufgefordert** hat, sonst der Bewerber;[63] der Bewerber kann unter den Voraussetzungen der §§ 45 f. SGB III einen Zuschuss von der Agentur für Arbeit erhalten. Abweichende Vereinbarungen sind zulässig. Eine Aufforderung liegt noch nicht in der Zeitungsanzeige oder in dem Vermittlungsauftrag an die Agentur für Arbeit; es muss sich um eine Aufforderung an den konkreten Bewerber handeln. Fraglich kann sein, wann eine Aufforderung vorliegt. Entscheidendes Kriterium ist, ob der Arbeitgeber den Wunsch nach einer Vorstellung geäußert hat oder nur seine Zustimmung zum Wunsch des Arbeitnehmers. Bringt der Arbeitgeber die Erwartung zum Ausdruck, dass der Arbeitnehmer sich gelegentlich einmal vorstellt, dann hat er ihn aufgefordert; erklärt er sich damit einverstanden, dass der Arbeitnehmer „gelegentlich einmal vorbeischaut", dann nicht.[64] Um Zweifeln vorzubeugen, sollte immer eine Vereinbarung getroffen werden.

Dasselbe gilt für Art und Umfang der Kosten. Ist nichts vereinbart, so sind **die notwendigen Fahrt-, Verpflegungs- und Unterkunftskosten** zu erstatten. Ist das Unternehmen in zumutbarer Weise mit öffentlichen Verkehrsmitteln zu erreichen, so ist von deren Benutzung auszugehen;[65] von der Stelle, die zu besetzen ist, hängt es ab, ob eine Fahrkarte 1. (in der Regel AT-Angestellte) oder 2. Klasse zu bezahlen ist und ob das Flugzeug benutzt werden darf (obere Führungskräfte). Gibt es in dem Unternehmen eine Reisekostenordnung (Dienstreiseordnung), kann diese zugrunde gelegt werden. Natürlich steht es dem Bewerber frei, mit dem Kraftfahrzeug anzureisen; er hat dann aber nur Anspruch auf Kostenerstattung in Höhe der Bahnkarte. Nach der Reisekostenordnung richtet sich auch die Höhe der Kostenerstattung für Verpflegung und für eine notwendige Unterkunft. Gibt es keine Reisekostenordnung, so kann man die Steuersätze zugrunde legen. **Nicht** erstattungspflichtig ist ein **Verdienstausfall.** Der Bewerber hat bei gekündigtem Arbeitsverhältnis Anspruch auf bezahlte Freistellung zur Stellensuche gegenüber seinem bisherigen Arbeitgeber (§§ 616, 629 BGB).

IX. Mitbestimmung des Betriebsrats

Mitbestimmungspflichtige Einstellung

Zu beschäftigende Personen	Mitbestimmungspflichtige Einstellung
Arbeitnehmer des Beschäftigungsunternehmens	
Neueinstellung	ja
Verlängerung eines befristeten Arbeitsvertrages	ja, außer bei Probearbeitsverhältnis
nicht unerhebliche Verlängerung der Arbeitszeit[66]	ja
Versetzung in einen anderen Betrieb	ja
Arbeitnehmer eines anderen Unternehmens	
Leiharbeitnehmer	ja (§ 14 Abs. 3 AÜG)
Fremdfirmenarbeitnehmer	grundsätzlich nein, aber Anspruch auf Unterrichtung
Kein Arbeitnehmer	
freier Mitarbeiter	wie Fremdfirmenarbeitnehmer
Tätigkeit aufgrund Vereinsrechts	wenn das Beschäftigungsunternehmen einen Teil der Arbeitgeberstellung (= Weisungsrecht) übernimmt

Vor Abschluss des Arbeitsvertrags hat der Arbeitgeber **in Unternehmen mit mehr als 20 Arbeitnehmern** die **Zustimmung des Betriebsrats** zu der geplanten Einstellung einzuholen (§ 99 BetrVG). Eine Einstellung, die das Mitbestimmungsrecht des Betriebsrats auslöst, liegt sowohl vor beim erstmaligen Abschluss eines Arbeitsvertrags als auch bei jedem weiteren Arbeitsvertrag, sei es nach einer Unterbrechung eines Arbeitsverhältnisses, sei es im Anschluss an einen befristeten oder bedingten Arbeitsvertrag (Aushilfsvertrag, Erreichen der Altersgrenze). Etwas anderes gilt nur bei Ablauf eines befristeten Probearbeitsverhältnisses, wenn der Betriebsrat von der Absicht zur Festanstellung bei Bestehen der Probezeit unterrichtet worden war,[67] und bei einvernehmlicher Rücknahme einer Kündigung; im letzteren Fall fehlt es schon an einer Einstellung.

Das Mitbestimmungsverfahren (§§ 99–101 BetrVG) beginnt mit der **Unterrichtung des Betriebsrats** durch den Arbeitgeber. Die Mitteilung ist an den Vorsitzenden oder bei Verhinderung an dessen Stellvertreter zu richten (§ 26 Abs. 2 S. 2 BetrVG); ist die Aufgabe zulässigerweise an einen Personalausschuss delegiert, dann an dessen Vorsitzenden oder Vertreter; sind beide nicht erreichbar, an ein sonstiges Betriebsratsmitglied.[68]

Der Arbeitgeber hat dem Betriebsrat die erforderlichen **Bewerbungsunterlagen vorzulegen und zur Beschlussfassung zu überlassen,**[69] längstens für eine Woche. Zu den Bewerbungsunterlagen zählen vor allem die Unterlagen, die der Bewerber einreicht – insbesondere Anschreiben, Lebenslauf mit Lichtbild, Zeugnisse –, aber auch die, die anlässlich einer Bewerbung vom Bewerber oder vom Arbeitgeber erstellt werden, wie Personalfragebogen, Tests oder Arbeitsproben, und bei Leiharbeitnehmern der Arbeitnehmerüberlassungsvertrag (§§ 12 Abs. 1, 14 Abs. 3 AÜG). **Nicht dazu gehören das polizeiliche Führungszeugnis und das Ergebnis einer ärztlichen Untersuchung.**[70] Der Arbeitgeber muss nur die Unterlagen vorlegen, die er selbst hat; er braucht keine zusätzlichen Unterlagen zu besorgen.[71]

Vorzulegen sind die **Unterlagen aller Bewerber,**[72] obwohl der Betriebsrat kein Mit-Auswahlrecht hat. Überträgt der Arbeitgeber die Vorauswahl einem Personalberater, so braucht er nur die Unterlagen der Bewerber vorzulegen, die der Personalberater als geeignet empfiehlt.[73]

Der Arbeitgeber hat dem Betriebsrat **Auskunft über die Person der Bewerber** zu geben (§ 99 Abs. 1 S. 1 BetrVG). Gemeint sind vor allem Zusatzinformationen, die dem Arbeitgeber im Rahmen des Vorstellungsgesprächs bekannt geworden sind. Der Arbeitgeber ist nicht verpflichtet, dem Betriebsrat den Bewerber vorzustellen; der Betriebsrat hat auch kein Recht, am Einstellungsgespräch teilzunehmen.[74]

Weiter hat der Arbeitgeber dem Betriebsrat **Auskunft über die Auswirkungen der geplanten Maßnahme** zu geben; insbesondere muss er ihm den in Aussicht genommenen Arbeitsplatz und die vorgesehene Eingruppierung – nicht das vereinbarte Entgelt – mitteilen (§ 99 Abs. 1 S. 2 BetrVG).[75] Der Betriebsrat soll in die Lage versetzt werden zu beurteilen, ob einer der Zustimmungsverweigerungsgründe in Betracht kommt.

Schließlich ist formell die **Zustimmung** des Betriebsrats zur Einstellung **einzuholen** (§ 99 Abs. 1 S. 1, Abs. 3 BetrVG). Damit beginnt die Wochenfrist zu laufen, innerhalb derer der Betriebsrat die Zustimmung verweigern kann.

Der Betriebsrat hat drei Möglichkeiten zu reagieren:

- Er kann **der Einstellung zustimmen.** Der Arbeitgeber ist dann zur Einstellung, genauer: zur Beschäftigung[76] des Arbeitnehmers berechtigt.

- Der Betriebsrat kann **die Frist,** innerhalb derer er widersprechen könnte, **verstreichen lassen,** ohne etwas zu unternehmen. Mit Ablauf der Frist gilt die Zustimmung als erteilt (§ 99 Abs. 3 S. 2 BetrVG).

- Der Betriebsrat kann **die Zustimmung verweigern.** Die Verweigerung ist nur wirksam, wenn sie dem Arbeitgeber unter Angabe von Gründen schriftlich[77] innerhalb einer Woche mitgeteilt wird (§ 99 Abs. 2, Abs. 3 S. 1 BetrVG). Als **Gründe** kommen in Betracht, dass

  – die personelle Maßnahme **gegen ein Gesetz,** eine Verordnung, eine Unfallverhütungsvorschrift oder gegen eine Bestimmung in einem Tarifvertrag oder in einer Betriebsvereinbarung oder gegen eine gerichtliche Entscheidung oder eine behördliche Anordnung **verstoßen** würde (Nr. 1). Rechtsvorschriften in diesem Sinne sind solche, die der Einstellung entgegenstehen,[78] wie vor allem Beschäftigungsverbote in Gesetzen und Unfallverhütungsvorschriften oder Besetzungsregelungen in Tarifverträgen. Ein Zustimmungsverweigerungsrecht besteht beispielsweise, wenn der Arbeitgeber nicht geprüft hat, ob der Arbeitsplatz mit einem Schwerbehinderten besetzt werden kann,[79] wenn ein Tarifvertrag die Beschäftigung von Arbeitnehmern unterhalb einer bestimmten Wochenarbeitszeit verbietet[80] oder wenn der Arbeitgeber bei der

Auswahl nach der Gewerkschaftszugehörigkeit differenziert hat.[81] Sonstige Gesetzesverstöße – falsche Eingruppierung, unzulässige Befristung[82] – berechtigen nicht zur Zustimmungsverweigerung. Erst recht kann der Betriebsrat nicht widersprechen, wenn er die Einstellung oder irgendwelche Vertragsbedingungen für unzweckmäßig hält.[83]

– die personelle Maßnahme **gegen eine Auswahlrichtlinie verstoßen** würde (Nr. 2). Gemeint sind nur formell zwischen Arbeitgeber und Betriebsrat vereinbarte Auswahlrichtlinien nach § 95 BetrVG, nicht einseitig vom Arbeitgeber aufgestellte Richtlinien oder Kriterien.[84]

– die durch Tatsachen begründete **Besorgnis** besteht, **dass** infolge der personellen Maßnahme im Betrieb beschäftigte **Arbeitnehmer gekündigt werden oder sonstige Nachteile erleiden,** ohne dass dies aus betrieblichen oder persönlichen Gründen gerechtfertigt ist (Nr. 3). Mit Kündigung ist der Ausspruch der Kündigung gemeint, nicht die Tatsache, dass ein gekündigter Arbeitnehmer, der im Kündigungsschutzprozess obsiegt, möglicherweise nicht weiterbeschäftigt werden kann – darauf hat er einen Anspruch[85] –, mit Nachteil jeder Verlust einer Rechtsposition oder einer rechtserheblichen Anwartschaft innerhalb des Arbeitsverhältnisses (Versetzung, Kurzarbeit usw., nicht der Verlust einer tatsächlichen Aufstiegschance).[86] Als Nachteil gilt bei unbefristeter Einstellung auch die Nichtberücksichtigung eines gleich geeigneten befristet Beschäftigten. Voraussetzung ist in allen Fällen, dass die Kündigung oder der Nachteil nicht aus persönlichen oder betrieblichen Gründen gerechtfertigt ist. Der Betriebsrat kann also beispielsweise widersprechen, wenn der Arbeitgeber aus betrieblichen Gründen einen Arbeitnehmer entlassen und an seiner Stelle einen anderen, möglicherweise besser qualifizierten einstellen will, nicht aber, wenn er einen Mitarbeiter aus Gründen in seinem Verhalten oder in seiner Person kündigen und für ihn einen Ersatz einstellen möchte.

– **der betroffene Arbeitnehmer** durch die personelle Maßnahme **benachteiligt wird,** ohne dass dies aus betrieblichen oder in der Person des Arbeitnehmers liegenden Gründen gerechtfertigt ist (Nr. 4). Dieser Fall ist bei Bewerbern kaum denkbar.

- **eine interne Stellenausschreibung unterblieben** ist, wenn der Betriebsrat sie allgemein oder für bestimmte Arten von Tätigkeiten verlangt hat (Nr. 5). Eine Stellenausschreibung ist auch dann „unterblieben", wenn der Arbeitgeber intern höhere Anforderungen gestellt hat als bei einer gleichzeitigen externen Ausschreibung.[87] Kein Widerspruchsrecht besteht, wenn der Arbeitgeber einen externen Bewerber oder einen Bewerber, der sich erst nach Ablauf der Ausschreibungsfrist beworben hat, vorzieht[88] oder wenn die Ausschreibung unterbleibt und feststeht, dass kein Mitarbeiter des Betriebs für die Stelle in Betracht gekommen wäre.[89]

- die durch Tatsachen begründete **Besorgnis** besteht, **dass der für die personelle Maßnahme in Aussicht genommene Bewerber oder Arbeitnehmer den Betriebsfrieden** durch gesetzwidriges Verhalten oder durch grobe Verletzung der in § 75 Abs. 1 BetrVG enthaltenen Grundsätze, insbesondere durch rassistische oder fremdenfeindliche Betätigung, **stören würde** (Nr. 6). Dafür müssen konkrete Anhaltspunkte vorliegen; vage Vermutungen genügen nicht.[90]

Ein **Arbeitsvertrag,** der **ohne Zustimmung des Betriebsrats** abgeschlossen wird, ist **wirksam,** der **Arbeitgeber darf den Arbeitnehmer aber nicht beschäftigen.**[91] Der Arbeitnehmer hat Anspruch auf das vereinbarte Entgelt, wenn der Arbeitgeber ihn nicht ausdrücklich darauf aufmerksam gemacht hat, dass die Zustimmung des Betriebsrats (noch) aussteht, oder wenn er sie ihm als reine Formsache hingestellt hat. Beschäftigt der Arbeitgeber den Arbeitnehmer trotz Zustimmungsverweigerung, so kann der Betriebsrat beim Arbeitsgericht beantragen, dem Arbeitgeber aufzugeben, dass er die Weiterbeschäftigung unterlässt. Kommt der Arbeitgeber der Anordnung nicht nach, so hat das Arbeitsgericht gegen ihn für jeden Tag der Zuwiderhandlung ein Zwangsgeld von bis zu 250,00 € festzusetzen (§ 101 BetrVG).

Der Arbeitgeber kann, wenn der Betriebsrat die Zustimmung zu einer Einstellung ordnungsgemäß verweigert, **beim Arbeitsgericht**

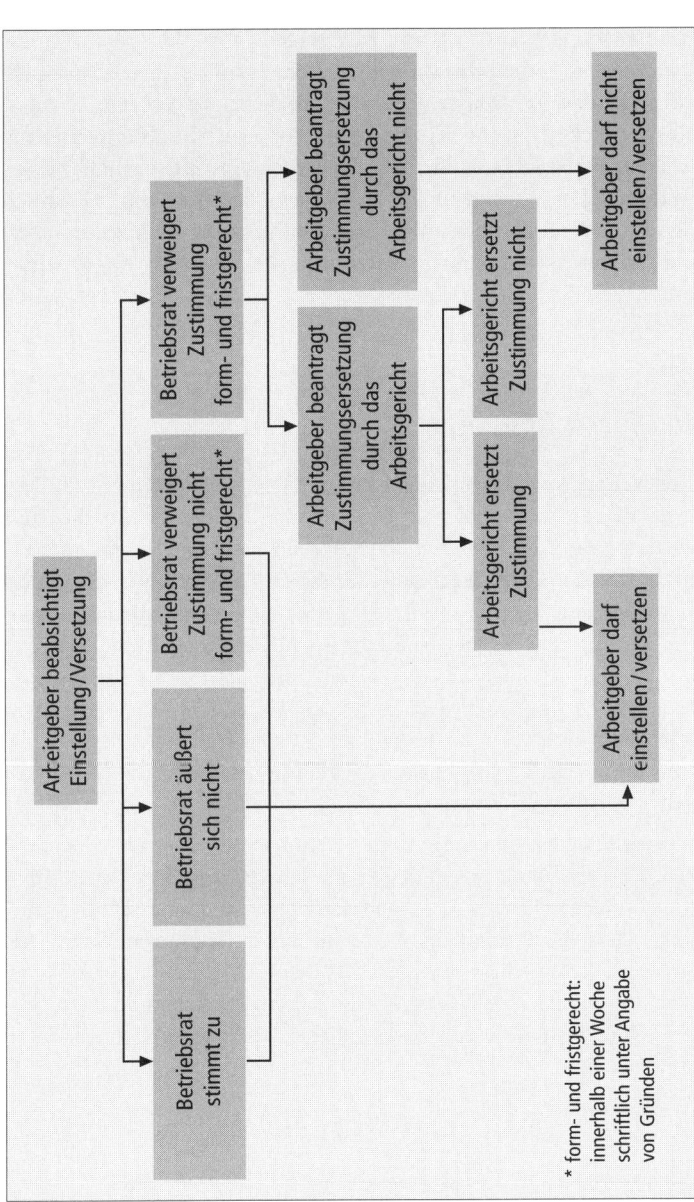

Abb. 1: Mitbestimmung bei Einstellungen und Versetzungen

* form- und fristgerecht: innerhalb einer Woche schriftlich unter Angabe von Gründen

beantragen, **die Zustimmung zu ersetzen** (§ 99 Abs. 4 BetrVG). Er kann den Bewerber **vorläufig einstellen,** bevor der Betriebsrat sich geäußert oder obwohl er die Zustimmung verweigert hat, falls das aus sachlichen Gründen dringend erforderlich ist, beispielsweise weil ein besonders qualifizierter Bewerber sonst „abspringt"[92] oder wenn in einer Vierergruppe zwei Plätze zu besetzen sind.[93] Er muss den Betriebsrat darüber unverzüglich informieren und, wenn dieser die Dringlichkeit bestreitet, auch dazu die Ersetzung der Zustimmung beim Arbeitsgericht beantragen. Zu Einzelheiten vgl. § 100 BetrVG.

X. Vertragsschluss

Den Vertrag schließt im Allgemeinen die Personalabteilung ab. Dabei hält sie sich an die im Unternehmen geltenden Regeln. Aus Gründen der Gleichbehandlung bleibt ihr nicht viel Spielraum. Zumeist werden Vertragsmuster verwendet. Diese unterliegen der Kontrolle nach dem Recht der **Allgemeinen Geschäftsbedingungen** (§§ 307 ff. BGB). Vereinbarungen zu Tätigkeit, Entgelt und Arbeitszeit dürfen nicht gegen Gesetze verstoßen und nicht sittenwidrig sein (§§ 134, 138 BGB). Nebenabreden dürfen nicht unangemessen sein, d. h. sie müssen auch den berechtigten Interessen der Arbeitnehmer Rechnung tragen. Alle Abreden müssen klar und verständlich („transparent") sein.

Auf die Vertragsgestaltung ist große Sorgfalt zu verwenden. Der Arbeitsvertrag soll u. U. auch noch nach Jahren Grundlage der Rechtsbeziehungen zwischen Arbeitgeber und Arbeitnehmer sein. Schriftform ist nicht erforderlich, aber dringend zu empfehlen, zumal der Arbeitgeber ohnedies verpflichtet ist, dem Arbeitnehmer spätestens einen Monat nach dem vereinbarten Beginn des Arbeitsverhältnisses eine **Niederschrift** über die wesentlichen Vertragsbedingungen auszuhändigen (§ 2 Abs. 1 S. 1 NachwG, Ausnahme: Aushilfen bis zu 1 Monat, § 1 NachwG).

XI. Musterarbeitsvertrag[94]

Arbeitsvertrag
zwischen
(Firma, Anschrift)
und
Herrn/Frau ... (Anschrift)

§ 1 Beginn des Arbeitsverhältnisses und Tätigkeit
Herr/Frau ... wird ab ... als ... für ... in ... tätig sein.

§ 2 Probezeit
Die Zeit vom ... bis ... gilt als Probezeit. In dieser Zeit kann der Arbeitsvertrag beiderseits mit einer Frist von ... gekündigt werden.

§ 3 Versetzung
Der Arbeitgeber ist berechtigt, dem Arbeitnehmer aus betrieblichen oder persönlichen Gründen auch eine andere gleichwertige Tätigkeit, die seinen Kenntnissen und Fähigkeiten entspricht, im selben oder in einem anderen Betrieb des Unternehmens innerhalb Deutschlands zu übertragen.

§ 4 Arbeitszeit
Die wöchentliche Arbeitszeit beträgt ... Stunden.

§ 5 Überstunden, Überstundenvergütung
(1) Der Arbeitnehmer verpflichtet sich, bei Bedarf bis zu ... Überstunden je Woche zu leisten.
(2) Er erhält für Überstunden, soweit sie angeordnet sind, ein Entgelt in Höhe von 1/x des Bruttomonatsentgelts. Überschreitungen der vereinbarten regelmäßigen Arbeitszeit um bis zu ... Stunden je Monat sind mit dem laufenden Entgelt abgegolten.

§ 6 Kurzarbeit
Der Arbeitgeber ist berechtigt, die Arbeitszeit vorübergehend ohne Entgeltausgleich zu verringern, wenn die gesetzlichen Voraussetzungen für die Gewährung von Kurzarbeitergeld vorliegen. Die Verringerung ist dem Arbeitnehmer spätestens 14 Tage vorher anzuzeigen, es sei denn, dass dringende betriebliche Gründe eine schnellere Verringerung erfordern.

§ 7 Vergütung
(1) Herr/Frau ... erhält für seine/ihre Tätigkeit ein Entgelt von ... € brutto monatlich. Das Entgelt setzt sich wie folgt zusammen:

Entgelt Tarifgruppe E 5	... €
übertarifliche Zulage	... €
gesamt	... €

... überweist das Entgelt bis zum Monatsende auf ein Konto von Herrn/Frau ...
(2) Die Höhe des nicht tariflichen Entgelts ist vertraulich zu behandeln.

§ 8 Übertarifliche und außertarifliche Zulagen
Über- und außertarifliche Zulagen können aus wirtschaftlichen Gründen, insbesondere zur (nachhaltigen) Sicherung oder Wiederherstellung der Wettbewerbsfähigkeit des Unternehmens, bei einer Änderung der Umstände, die für die Gewährung maßgebend waren, vor allem bei einer Änderung der Tätigkeit oder der Leistung des Arbeitnehmers, sowie bei einer Änderung des Entgeltsystems ganz oder teilweise widerrufen werden. Sie sind auf Erhöhungen des tariflichen Entgelts anrechenbar.

§ 9 Sonderzuwendung
Das Unternehmen prüft in jedem Jahr unter Berücksichtigung des Geschäftsergebnisses, ob, in welcher Höhe und unter welchen Voraussetzungen eine Sonderzuwendung gewährt werden kann. Bei der Sonderzuwendung handelt es sich um eine freiwillige Leistung des Unternehmens, auf die auch bei wiederholter Gewährung kein Rechtsanspruch für die Zukunft entsteht.

§ 10 Urlaub
Der Arbeitnehmer hat in jedem Kalenderjahr Anspruch auf bezahlten Erholungsurlaub von ... Werktagen.

§ 11 Entgeltfortzahlung bei Krankheit
Bei unverschuldeter Arbeitsunfähigkeit infolge Krankheit zahlt der Arbeitgeber das Entgelt entsprechend den gesetzlichen (und tariflichen) Bestimmungen fort. Zur Zeit sind das 100 % des laufenden Entgelts für 6 Wochen.

§ 12 Arbeitsverhinderung
(1) Der Arbeitnehmer ist verpflichtet, den zuständigen Vorgesetzten unverzüglich über jede Art von Arbeitsverhinderung, deren Grund und voraussichtliche Dauer sowie über deren Beendigung zu unterrichten.
(2) Bei Arbeitsunfähigkeit infolge Krankheit von mehr als 3 Kalendertagen hat der Arbeitnehmer dem Arbeitgeber spätestens an dem auf den 3. Kalendertag folgenden Arbeitstag eine ärztliche Bescheinigung über die Arbeitsunfähigkeit und über deren voraussichtliche Dauer vorzulegen. Der Arbeitgeber ist berechtigt, die ärztliche Bescheinigung früher zu verlangen. Dauert die Arbeitsunfähigkeit länger, als in der Bescheinigung angegeben, so ist eine neue ärztliche Bescheinigung vorzulegen.

§ 13 Nebentätigkeit

Nebentätigkeiten, die berechtigte Interessen des Arbeitgebers beeinträchtigen können, sind dem Arbeitgeber vor der Übernahme schriftlich mitzuteilen. Nebentätigkeiten, die derartige Interessen beeinträchtigen, dürfen nur mit schriftlicher Zustimmung des Arbeitgebers ausgeübt werden.

§ 14 Verschwiegenheitspflicht

Der Arbeitnehmer ist verpflichtet, über Betriebs- und Geschäftsgeheimnisse sowie über Angelegenheiten, die der Arbeitgeber als vertraulich bezeichnet hat oder die offensichtlich vertraulich sind, gegenüber Unbefugten Stillschweigen zu bewahren. Das gilt auch nach Beendigung des Arbeitsverhältnisses, soweit dadurch das berufliche Fortkommen des Arbeitnehmers nicht behindert wird.

§ 15 Abtretung, Verpfändung, Pfändung

(1) Ansprüche auf Entgelt können nur mit schriftlicher Zustimmung des Arbeitgebers abgetreten oder verpfändet werden. Bei berechtigtem Interesse des Arbeitnehmers wird der Arbeitgeber die Zustimmung erteilen.

(2) Der Arbeitnehmer trägt die Kosten für Abtretung, Verpfändung und Pfändung. Der Arbeitgeber kann für jede Abtretung, Verpfändung und Pfändung eine Pauschale in Höhe von ... € verlangen, sofern er nicht nachweist, dass ein nicht unwesentlich höherer, oder der Arbeitnehmer nachweist, dass kein oder ein nicht unwesentlich geringerer Aufwand entstanden ist. Die Pauschale wird bei einer dauerhaften Änderung der Kosten angepasst.

§ 16 Vertragsstrafe

(1) Der Arbeitnehmer schuldet dem Arbeitgeber eine Vertragsstrafe in Höhe eines Bruttomonatsentgelts (*bei kürzerer als einmonatiger Kündigungsfrist:* in Höhe des Entgelts, das der Arbeitnehmer bei ordnungsgemäßer Kündigung verdient hätte, höchstens aber ein Bruttomonatsentgelt), wenn er das Arbeitsverhältnis nicht antritt oder vertragswidrig beendet oder wenn er eine Vertragsverletzung begeht, die den Arbeitgeber zu einer außerordentlichen Kündigung berechtigt.

(2) Die Geltendmachung eines weitergehenden Schadens wird dadurch nicht ausgeschlossen.

§ 17 Kündigung

Der Arbeitsvertrag kann beiderseits mit den gesetzlichen [und tariflichen] Fristen gekündigt werden. Die verlängerten Kündigungsfristen bei längerer Betriebszugehörigkeit gelten auch für den Arbeitnehmer. Die Kündigung bedarf der Schriftform.

§ 18 Altersgrenze

Das Arbeitsverhältnis endet mit Ablauf des Monats, in dem Herr/Frau ... erstmals eine Rente wegen Alters beziehen kann oder in dem ihm/ihr der Bescheid eines Rentenversicherungsträgers über die Gewährung einer auf länger als zwei Jahre befristeten Rente wegen voller Erwerbsminderung zugeht.

§ 19 Verweisung auf Tarifvertrag

(1) Im Übrigen gelten die jeweiligen Bestimmungen des Tarifvertrags, in dessen Geltungsbereich die meisten Arbeitsverhältnisse in dem Betrieb fallen, bei gleichem Geltungsbereich die Bestimmungen des Tarifvertrags, an den die meisten Arbeitnehmer in dem Betrieb gebunden sind. Zur Zeit ist der xy-Tarifvertrag der anwendbare Tarifvertrag.

(2) Bei einem Wechsel des Tarifvertrags, insbesondere bei einem Wechsel in eine andere Branche oder bei Wechsel in den Tarifvertrag mit einer anderen Gewerkschaft, wird der Arbeitgeber den Arbeitnehmer unverzüglich unterrichten.

(3) Geänderte Bestimmungen des anwendbaren Tarifvertrags werden nicht zum Inhalt des Arbeitsvertrags, wenn der Arbeitgeber innerhalb eines Monats nach dem Inkrafttreten widerspricht.

§ 20 Verfallfristen

Ansprüche aus dem Arbeitsverhältnis verfallen, wenn sie nicht binnen drei Monaten nach Fälligkeit schriftlich geltend gemacht werden.

§ 21 Schriftform, Ausschluss betrieblicher Übungen

(1) Änderungen und Ergänzungen dieses Vertrags sind unverzüglich schriftlich niederzulegen.

(2) Auch eine wiederholte Gewährung von Leistungen oder Vergünstigungen begründet keinen Anspruch auf Gewährung auf Dauer, sofern der Arbeitgeber einen solchen Anspruch nicht ausdrücklich zusagt.

XII. Kündigung vor Dienstantritt

Das Arbeitsverhältnis kann grundsätzlich von beiden Seiten bereits vor Dienstantritt **ordentlich oder** aus wichtigem Grund **außerordentlich** gekündigt werden. Eine ordentliche Kündigung ist nur dann ausgeschlossen, wenn das ausdrücklich vereinbart ist oder sich zweifelsfrei aus den Umständen ergibt, etwa bei Vereinbarung einer Vertragsstrafe bei Nichtantritt der Arbeit. Die **Kündigungsfrist** beginnt im Zweifel mit Zugang der Kündigungserklärung.[95]

2. Kapitel

Der „richtige" Vertrag

Die **klassische Art,** die benötigte Arbeitsleistung zu beschaffen, ist der **Abschluss eines unbefristeten Vollzeitarbeitsverhältnisses.** Unter dem Druck des Wettbewerbs ist diese Form in den letzten Jahren aber zunehmend durch andere Gestaltungen ergänzt worden. 25,5 % der Arbeitnehmer sind in atypischen Arbeitsverhältnissen beschäftigt (Teilzeit, geringfügige Beschäftigung, befristeter Arbeitsvertrag, Zeitarbeit); 1997 waren es erst 17,5 %.

Als Vorfrage ist zu klären, ob die benötigte Leistung nicht günstiger von außerhalb zugekauft wird. Das kann buchstäblich durch Kaufvertrag geschehen. In Frage kommt aber auch, wenn die Leistung erst erbracht, ein Werk erst erstellt werden muss, ein Dienst- oder Werkvertrag. Dienst- und Werkvertrag können mit einer Person abgeschlossen werden, die sozusagen ihr eigener Unternehmer ist; diese Person pflegt man, wenn sie nicht – wie etwa ein Handwerker – einen Betrieb hat, als **freien Mitarbeiter** zu bezeichnen. Beschäftigt ein Unternehmer, mit dem ein Dienst- oder Werkvertrag besteht, eigene Mitarbeiter, so bezeichnet man ihn als **Fremdfirma** oder **Subunternehmer.** Die vertraglichen Beziehungen zum freien Mitarbeiter und zur Fremdfirma sind also dieselben; der Unterschied liegt darin, dass der freie Mitarbeiter seine Leistungen in Person und ohne Hilfskräfte erbringt, der Subunternehmer mit Hilfe seiner Arbeitnehmer.

> **BEISPIEL:** Ein selbstständiger Programmierer, der für ein Unternehmen ein Programm erstellen soll, ist ein freier Mitarbeiter, ein Software-Haus, das damit beauftragt wird, eine Fremdfirma.

Fällt die Entscheidung, das Produkt in eigener Regie herzustellen, dann wird das im Normalfall durch eigene Arbeitnehmer geschehen. Für Auftragsspitzen kommt aber auch die Beschäftigung von Leiharbeitnehmern in Betracht. **Leiharbeitnehmer** sind Arbeitnehmer eines anderen Unternehmens, des sogenannten Verleihers, die ihre Arbeitspflicht beim Entleiher erfüllen. Der Entleiher kann sie wie eigene Arbeitskräfte einsetzen; er erhält dazu das Weisungsrecht.

> **BEISPIEL:** Um rasch einen Auftrag fertigzustellen, muss die Konstruktionsgruppe verstärkt werden. Zu diesem Zweck wird ein Konstrukteur „ausgeliehen".

Auch wenn eigene Arbeitnehmer eingesetzt werden, muss das keineswegs im unbefristeten Vollzeitarbeitsverhältnis geschehen. Ist nicht absehbar, ob ein Dauerbedarf besteht, so kommt ein **befristetes Arbeitsverhältnis** in Betracht; wird keine volle Arbeitskraft benötigt, ein **Teilzeitarbeitsverhältnis.** Beide haben ihre rechtlichen Besonderheiten.

Die Abgrenzung dieser – allesamt zulässigen – Vertragstypen bereitet in der Praxis nicht unbeträchtliche Schwierigkeiten. Sie muss aber vorgenommen werden, weil für jeden Vertragstyp andere Spielregeln gelten und weil eine **falsche Einordnung** erhebliche rechtliche **Folgen** haben kann. Dabei sind die Grundstrukturen verhältnismäßig einfach.

I. Arbeitnehmer/freier Mitarbeiter

Es kommt darauf an, ob jemand als **Selbstständiger,** insbesondere in einem Dienst- oder Werkvertrag („freier Mitarbeiter"), tätig wird **oder** ob er **Arbeitnehmer** ist. Ist er Arbeitnehmer, so ist danach zu

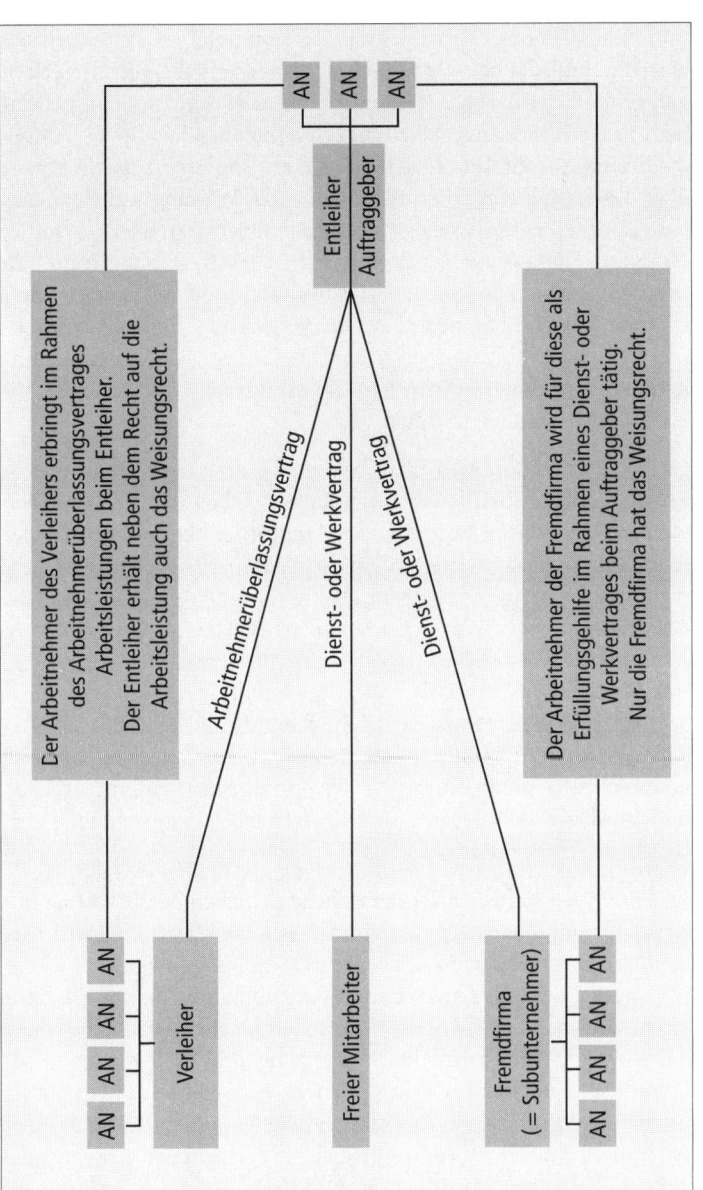

Abb. 2: Abgrenzung Arbeitnehmer, freier Mitarbeiter, Fremdfirma, Leiharbeit

unterscheiden, ob er Arbeitnehmer des Auftraggebers, Arbeitnehmer einer Fremdfirma oder Arbeitnehmer eines Verleihers ist. Im ersten Fall gelten keine Besonderheiten; er hat seine Arbeitspflicht bei seinem Unternehmen zu erfüllen; das Unternehmen hat ihm gegenüber das Weisungsrecht. Im zweiten Fall hat er seine Arbeitspflicht gegenüber der Fremdfirma zu erfüllen; sie hat das Weisungsrecht. Im letzten Fall erfüllt er die Arbeitspflicht, die ihm dem Verleiher gegenüber obliegt, bei dem Entleiher; der Entleiher hat das Weisungsrecht. Ein freier Mitarbeiter, der in einem Dienst- oder Werkvertrag tätig wird, ist zwar selbstständig, bedarf er aber vergleichbar einem Arbeitnehmer sozialen Schutzes, dann gelten für ihn als **„arbeitnehmerähnliche Person"** einige arbeitsrechtliche und sozialversicherungsrechtliche Vorschriften (siehe unten V.).

In der Praxis kommt es nicht selten vor, dass freie Mitarbeiter – bewusst oder unbewusst – wie (eigene) Arbeitnehmer behandelt werden. Der Vorteil liegt auf der Hand: man hat den Nutzen der Arbeitgeberstellung, ohne deren Lasten (Sozialversicherung, Kündigungsschutz usw.) zu tragen. Das Recht beugt dem auf einfache Art und Weise vor: Wer sich wie ein Arbeitgeber geriert, wird zum Arbeitgeber. Der freie Mitarbeiter wird Arbeitnehmer seines Auftraggebers,[1] ebenso der Mitarbeiter der Fremdfirma (vgl. § 10 Abs. 1 S. 1 AÜG).[2] Im letzten Fall wird die Fremdfirma zugleich zum Verleiher, und damit kann, wenn sie keine Arbeitnehmerüberlassungserlaubnis hat, außerdem gegen den unmittelbar Verantwortlichen und gegebenenfalls gegen dessen Vorgesetzten eine Geldbuße verhängt werden (siehe unten VI.).

Im Folgenden soll zunächst der Arbeitsvertrag von dem Vertrag mit einem freien Mitarbeiter abgegrenzt werden. Zwar sind auch die Heimarbeiter und die Einfirmenvertreter Selbstständige. Für sie gilt aber bezüglich der Abgrenzung mutatis mutandis dasselbe wie für die freien Mitarbeiter. Die Ausführungen beschränken sich deshalb auf diese. Sodann wird die Abgrenzung des Vertrags mit einer Fremdfirma von der Leiharbeit erörtert. Hier geht es im Grundsatz um dieselbe Problematik, nur dass gefragt werden muss, ob das Unternehmen eine Dienst- oder Werkleistung erbringt oder ob es einen Arbeitnehmer zur Arbeitsleistung überlässt.

Freie Mitarbeiter erbringen eine Leistung für ein Unternehmen, den Auftraggeber, im Rahmen eines (selbstständigen) Dienst- oder Werkvertrags, **Arbeitnehmer** im Rahmen eines Arbeitsvertrags. Der Arbeitsvertrag ist ein Unterfall des Dienstvertrags (vgl. §§ 621 f. BGB). Deshalb sind zunächst Dienst- und Werkvertrag voneinander abzugrenzen.

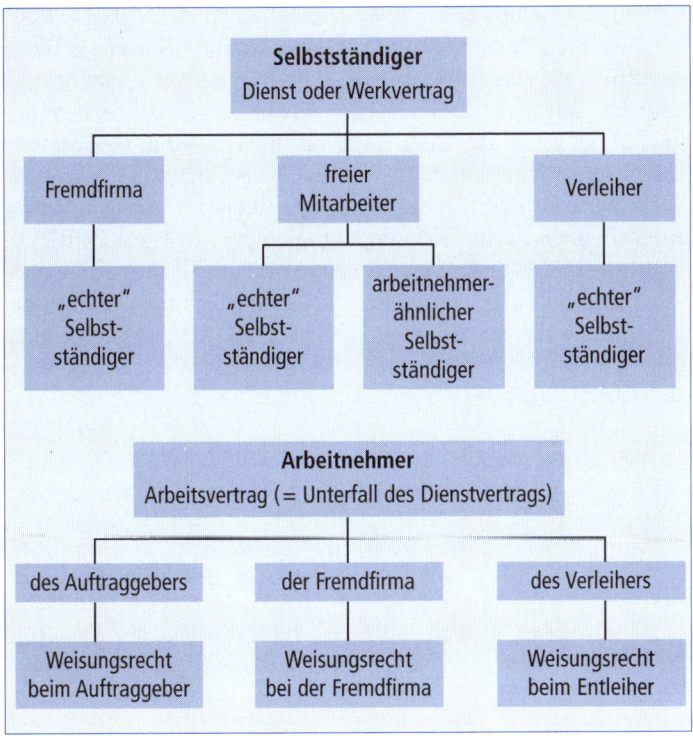

Abb. 3: Abgrenzung Selbstständiger/Arbeitnehmer

II. Dienst- oder Werkvertrag

Dienst- und Werkvertrag sind die beiden Vertragstypen des Bürgerlichen Rechts für die Erbringung entgeltlicher Arbeitsleistungen. Der Unterschied zwischen beiden liegt darin, dass die vertragliche Leistung im **Dienstvertrag** in einer zielgerichteten Tätigkeit besteht, in einem **Sich-Bemühen** (§ 611 BGB), während beim **Werkvertrag** ein **Erfolg** geschuldet wird (§ 631 BGB). Der Werkunternehmer schuldet ein mangelfreies Werk; notfalls muss er nacherfüllen (§§ 634 Nr. 1, 635 BGB); tut er das nicht (rechtzeitig) oder kann er das nicht, so kann der Besteller den Mangel selbst beseitigen und Ersatz der erforderlichen Aufwendungen verlangen, von dem Vertrag zurücktreten oder die Vergütung mindern (§ 634 Nr. 2, 3 BGB). Der Dienstnehmer dagegen braucht nicht nachzubessern; er kann, auch wenn es nicht zu dem gewünschten Erfolg gekommen ist, die volle Vergütung verlangen. Allerdings macht er sich schadensersatzpflichtig, wenn er nicht die versprochene, hilfsweise die (berufs)übliche Leistung erbringt.

BEISPIEL: Der Vertrag mit einem Bewachungsunternehmen ist ein Dienstvertrag, ebenso der Vertrag über die Wartung einer Anlage. Das Bewachungsunternehmen hat Anspruch auf die Vergütung, auch wenn es einem Einbrecher gelingt, die Kasse zu leeren; das Wartungsunternehmen, auch wenn es trotz der Wartung zu einer Betriebsstörung kommt. Anders ist es nur, wenn es an der notwendigen Sorgfalt gefehlt hat; dann ist der Schaden zu ersetzen. Eine Nachbesserung kommt schon aus der Natur der Sache nicht in Betracht. Die Verträge über die Errichtung einer Werkshalle oder über die Reinhaltung der Büros sind Werkverträge. Hat die Halle Mängel, sind die Büros nicht richtig gereinigt, so muss das Unternehmen so lange nachbessern, bis der Mangel beseitigt ist. Gelingt das nicht (§ 636 BGB) oder wird Nachbesserung verweigert (§ 635 Abs. 3 BGB), so kann der Besteller vom Vertrag zurücktreten oder die Vergütung mindern.

III. Arbeitsvertrag

Dem Dienstvertrag und dem **Arbeitsvertrag als Unterfall des Dienstvertrags** ist gemeinsam, dass sie Verträge über Tätigkeiten sind und dass kein bestimmter Erfolg geschuldet wird.

Der Unterschied liegt darin, dass der Dienstnehmer (z. B. Arzt, Anwalt) seine Leistungen selbstständig erbringt, während der **Arbeitnehmer** nach den **Weisungen** eines anderen, des Arbeitgebers, handelt. Der Dienstnehmer ist Unternehmer, er verwertet seine Leistungen selbst; der Arbeitnehmer ist **persönlich abhängig;** er hilft einem anderen (Handlungs**gehilfe**!), der das Ergebnis „vermarktet". Da der Arbeitnehmer einem anderen hilft, muss er sich nach dessen Weisungen bezüglich Inhalt, Zeit und Ort der Arbeit richten (§ 106 S. 1 GewO); er ist **in** dessen **Arbeitsorganisation eingegliedert.**

BEISPIEL: Der Arbeitgeber – konkret: der Vorgesetzte – kann bestimmen, in welcher zeitlichen Reihenfolge seine Sekretärin ihre Arbeit erledigt: Post bringen – schreiben – telefonieren – Termine vereinbaren. Dagegen kann der Auftraggeber dem Inhaber eines Bewachungsunternehmens nicht sagen, was er im Einzelnen zu tun hat, und er kann schon gar nicht dessen Arbeitnehmern Weisungen erteilen.

IV. Abgrenzungskriterien

Freie Mitarbeiter sind Personen, die für ein Unternehmen Leistungen im Rahmen eines Dienst- oder Werkvertrags erbringen. Beim Dienstvertrag schulden sie, wie gesagt, nur die Tätigkeit i. S. eines Sich-Bemühens, beim Werkvertrag einen Erfolg. Im Gegensatz zu den Arbeitnehmern sind freie Mitarbeiter Selbstständige, d. h. das Unternehmen hat ihnen gegenüber kein Weisungsrecht. Das **Weisungsrecht** ist **das ausschlaggebende Abgrenzungskriterium; alle anderen Kriterien,** die verwendet werden, haben nur die Funktion von **Indizien,** mit deren Hilfe festgestellt werden soll, ob der Arbeitgeber ein Weisungsrecht hat. Dabei wird nicht auf die Bezeichnung des Vertrags abgestellt, sondern auf den Willen der Parteien, wie er sich im Allgemeinen in der tatsächlichen Durchführung äußert. Entscheidend ist, ob der Arbeitgeber Weisungen erteilen darf, d. h. ob er „innerhalb eines bestimmten zeitlichen Rahmens über die Arbeitsleistung ... verfügen kann", nicht, wie der Vertrag überschrieben ist.[3] Auch der als „freie Mitarbeit" bezeichnete Vertrag kann also Arbeitsvertrag sein.

Die **Abgrenzung** ist **häufig schwierig.** Der Unternehmer kann dieselbe Arbeit von Mitarbeitern im Dienst- oder Werkvertrag oder im Arbeitsvertrag verrichten lassen. Er kann einen Mitarbeiter der Entwicklungsabteilung mit einem Forschungs- oder Entwicklungsauftrag betrauen, oder er kann den Auftrag „nach draußen vergeben", d. h. durch einen Selbstständigen erledigen lassen. Dabei muss der Selbstständige nicht außerhalb des Betriebs arbeiten; er kann seinen Auftrag auch im Betrieb erledigen und dabei mit Arbeitnehmern des Betriebs zusammenarbeiten. Als Faustformel kann man sagen, dass umso mehr für einen Arbeitsvertrag spricht, je mehr der „freie Mitarbeiter" wie ein eigener Arbeitnehmer behandelt wird. Darüber hinaus fehlt es bei bloßen Hilfsarbeiten in der Regel an der erforderlichen Selbstständigkeit (vgl. § 84 Abs. 1 S. 2 HGB). Für freie Mitarbeit kommen nur Tätigkeiten in Betracht, in denen der Betreffende nicht auf Weisungen angewiesen ist. Das können auch einfache Tätigkeiten sein, beispielsweise die Pflege der Grünanlagen im Betrieb. Im Einzelnen gilt folgendes:

Kann der Unternehmer die **Art und Weise der Arbeitsausführung** bestimmen, insbesondere auch die Reihenfolge der einzelnen Schritte, und setzt er den Beschäftigten auch zu anderen als den im „Auftrag" umschriebenen Arbeiten ein, dann wird fast immer ein Arbeitsvertrag vorliegen.

Dasselbe gilt, wenn der Unternehmer – unabhängig von technischen und organisatorischen Notwendigkeiten – bestimmen kann, **wann** der Betreffende seine Arbeit zu erbringen hat. Unschädlich ist es dagegen, wenn der Mitarbeiter ein Büro im Gebäude des Unternehmens um eine bestimmte Uhrzeit verlassen muss, etwa weil es dann geschlossen wird oder weil er auf die Öffnungszeiten der EDV-Anlage angewiesen ist, sofern er sich die Arbeit innerhalb der vorgegebenen Zeit frei einteilen, also seine Arbeitsstätte – falls dem nicht aus der Natur der Arbeit folgende Zwänge entgegenstehen (laufender Versuch) – jederzeit verlassen kann.

Ein starkes Indiz für Arbeitnehmereigenschaft ist die **Eingliederung in die betriebliche Organisation.** Das Indiz wird im Allgemeinen zur Gewissheit, wenn der „freie Mitarbeiter" in einer Gruppe von Arbeitnehmern mit gleicher Tätigkeit mitarbeitet und wenn er von deren Vorgesetzten die Arbeit „zugeteilt" bekommt. Andererseits ist freie Mitarbeiterstellung nicht deswegen ausgeschlossen, weil der freie Mitarbeiter auf die Zusammenarbeit mit Arbeitnehmern des Unternehmens angewiesen ist.[4]

Hat der „freie Mitarbeiter" ein eigenes Büro, einen Betrieb oder ähnliches, dann spricht das für Selbstständigkeit. Arbeit in Räumen des Unternehmens schließt Selbstständigkeit nicht aus, vor allem, wenn sie aus technischen oder organisatorischen Gründen dort erbracht werden muss oder sinnvollerweise erbracht wird (Benutzung des Labors, der EDV-Anlage usw.). Kann der Unternehmer unabhängig von technischen oder sonstigen Notwendigkeiten den **Arbeitsort** bestimmen, so spricht viel für Arbeitnehmereigenschaft.

Kein sicheres Indiz ist die **Dauer der Beschäftigung.** Es gibt sowohl auf kurze Zeit befristete Arbeitsverträge als auch langfristige Verträge mit Selbstständigen (z. B. Verträge mit Anwälten oder Steuerberatern). Dasselbe gilt für die **Vergütung.** Ein monatliches Entgelt spricht nicht notwendig für ein Arbeitsverhältnis.

Auch wenn einzelne Indizien vorliegen, bleibt eine **abschließende Wertung** nicht erspart. Entscheidend ist letzten Endes immer, ob der Arbeitgeber Weisungen erteilen kann, ob er also unabhängig von technischen oder sonstigen Notwendigkeiten bestimmen kann, was der Mitarbeiter wann wie und wo zu tun hat. Dass der Unternehmer bei qualifizierter Tätigkeit unter Umständen gar nicht so viele Weisungsmöglichkeiten hat, weil sie aus der Natur der Sache heraus selbstständig verrichtet werden muss (Forscher, Entwicklungsingenieur), schadet nicht; entscheidend ist das Weisungs**recht,** das sich etwa darin äußert, dass der Unternehmer verlangen kann, eine Arbeit oder ein Forschungsvorhaben abzubrechen oder etwas anderes zwischendurch zu erledigen.

Keine Arbeitnehmer sind die sogenannten **1-Euro-Jobber.** „Arbeitsgelegenheiten mit Mehraufwandsentschädigung" nach § 16 Abs. 3 S. 2 SGB II begründen ein von Rechtssätzen des öffentlichen Rechts geprägtes Rechtsverhältnis.[5] Dennoch ist die „Einstellung" von 1-Euro-Jobbern mitbestimmungspflichtig (§ 99 BetrVG).[6]

V. Rechtsfolgen bei freier Mitarbeit

Liegt **freie Mitarbeit** vor, so gelten die **Vorschriften über den Dienst- oder über den Werkvertrag.** Arbeitsrecht ist nicht anwendbar; **Ausnahmen** gelten **für arbeitnehmerähnliche freie Mitarbeiter.** Das bedeutet beispielsweise:

Für die **Befristung** eines Dienstvertrags bedarf es keines sachlichen Grundes.

Der freie Mitarbeiter hat Anspruch auf **Urlaub** nur, wenn das vereinbart ist.

Die Entgeltfortzahlung bei **Krankheit** kann abbedungen werden (§ 616 BGB).

Das Arbeitszeitgesetz mit seinen **Arbeitszeitbeschränkungen** gilt nicht.

Tarifverträge und **Betriebsvereinbarungen** sind unanwendbar.

Es besteht **kein Kündigungsschutz.**

Das **Betriebsverfassungsrecht** gilt nicht. Freie Mitarbeiter zählen also bei den Kennziffern für das Betriebsverfassungsgesetz (z. B. Betriebsrat ab fünf Arbeitnehmern, Mitbestimmung in personellen Angelegenheiten ab 20 Arbeitnehmern) nicht mit. Der Betriebsrat hat sie nicht zu vertreten. Sie haben kein Recht, an Betriebsversammlungen teilzunehmen oder die Sprechstunde des Betriebsrats aufzusuchen.

Der Arbeitgeber hat den Betriebsrat über die Beschäftigung freier Mitarbeiter allerdings zu unterrichten. Er schuldet dabei die Angaben, die der Betriebsrat benötigt, um feststellen zu können, ob er bei der Einstellung mitzubestimmen hat.[7] Der Betriebsrat hat bei der Einstellung mitzubestimmen, wenn freie Mitarbeiter in den Betrieb eingegliedert werden, um zusammen mit den schon im Betrieb beschäftigten Arbeitnehmern den arbeitstechnischen Zweck des Betriebs durch weisungsgebundene Tätigkeit zu verwirklichen.[8]

Für Streitigkeiten zwischen freien Mitarbeitern und ihren Auftraggebern sind die **Zivilgerichte** zuständig.

Freie Mitarbeiter sind **nicht lohnsteuerpflichtig.** Sie haben die Einnahmen als Einkünfte aus selbstständiger Tätigkeit selbst zu versteuern.

Für **arbeitnehmerähnliche freie Mitarbeiter,** d. h. für freie Mitarbeiter, die wirtschaftlich abhängig und vergleichbar einem Arbeitnehmer sozial schutzbedürftig sind (§ 12 a Abs. 1 Nr. 1 TVG), gelten einige **Besonderheiten:** Sie haben Anspruch auf bezahlten Urlaub (§§ 1, 2 S. 2 BUrlG), und auf sie sind das Arbeitsschutzgesetz (§ 2 Abs. 2 Nr. 3), das Pflegezeitgesetz (§§ 1 ff., 7 Abs. 1 Nr. 3) und das Allgemeine Gleichbehandlungsgesetz (§ 6 Abs. 1 S. 1 Ziff. 3) anwendbar. Für Streitigkeiten mit ihren Auftraggebern sind die Arbeitsgerichte zuständig (§ 5 Abs. 1 S. 2 ArbGG). Letzteres gilt für Einfirmenvertreter allerdings nur, wenn sie monatlich nicht mehr als 1.000 € erhalten (§ 5 Abs. 3 ArbGG).

Freie Mitarbeiter, die im Zusammenhang mit ihrer selbstständigen Tätigkeit regelmäßig keinen versicherungspflichtigen Arbeitnehmer beschäftigen, dessen Arbeitsentgelt aus diesem Beschäftigungsverhältnis regelmäßig 400 € im Monat übersteigt, und die auf Dauer und im Wesentlichen nur für einen Auftraggeber tätig sind, unterliegen der Rentenversicherungspflicht (§ 2 S. 1 Nr. 9 SGB VI); sie sind aber **nicht kranken-, pflege- und arbeitslosenversicherungspflichtig.** Die Beiträge zur Rentenversicherung haben sie allein aufzubringen und zu zahlen.

Freier Mitarbeiter	
Arbeitsrecht	unanwendbar, Ausnahme für arbeitnehmerähnliche freie Mitarbeiter: Urlaub, Arbeitsschutz, Pflegezeit, Schutz vor Diskriminierung, Klage vor dem Arbeitsgericht
Sozialversicherungs- recht	nicht beitragspflichtig, Ausnahme: arbeitnehmerähnliche freie Mitarbeiter in der Rentenversicherung (kein Arbeit- geberanteil)
Steuerrecht	nicht lohnsteuerpflichtig (Einkünfte aus selbstständiger Tätigkeit)

VI. Fremdfirma/Leiharbeit

Was über die Beziehungen zwischen freien Mitarbeitern und ihren Auftraggebern gesagt wurde, gilt grundsätzlich auch für das Verhält- nis von Auftraggebern zu Subunternehmern. Der Sache nach ist der freie Mitarbeiter ein Subunternehmer mit der Besonderheit, dass er die Dienst- oder Werkleistung allein und in Person erbringt. Das Problem beim **Subunternehmer** ist die Abgrenzung vom Verleiher. Zu prüfen ist ein Doppeltes:

■ ob zwischen dem Subunternehmer und dem Auftraggeber ein Dienst- oder Werkvertrag vorliegt oder ein Arbeitnehmerüber- lassungsvertrag, d. h. ob der Subunternehmer eine Dienstleis- tung oder ein Werk schuldet oder die Gestellung von Arbeits- kräften, und, wenn ersteres,

■ ob die Mitarbeiter des Subunternehmers, die im Rahmen des Dienst- oder Werkvertrags tätig werden, als Arbeitnehmer des Subunternehmers oder des Auftraggebers behandelt werden, d. h. ob der Subunternehmer oder der Auftraggeber die Weisun- gen erteilt.

Schuldet der Subunternehmer keine Dienstleistung und kein Werk, sondern Überlassung von Arbeitnehmern, oder schuldet er zwar eine Dienstleistung oder ein Werk, behandelt aber der Auftraggeber Arbeitnehmer des Subunternehmers wie eigene Arbeitnehmer, dann liegt Arbeitnehmerüberlassung vor, und das hat, wie gesagt, erheb- liche Konsequenzen.

Damit kommt es auf die Abgrenzung zwischen Dienst- und Werkvertrag einerseits und Arbeitnehmerüberlassungsvertrag andererseits an. Das BAG hat dazu folgenden Leitsatz aufgestellt: „Beim drittbezogenen Personaleinsatz aufgrund eines Dienst- oder Werkvertrages organisiert der Unternehmer (Arbeitgeber) die zur Erreichung eines wirtschaftlichen Erfolges notwendigen Handlungen selbst und bedient sich dabei seiner Arbeitnehmer als Erfüllungsgehilfen; er bleibt für die Erfüllung der im Vertrag mit dem Dritten vorgesehenen Dienste oder für die Herstellung des dem Dritten vertraglich geschuldeten Werkes verantwortlich. Dagegen liegt Arbeitnehmerüberlassung vor, wenn der Arbeitgeber dem Dritten geeignete Arbeitskräfte überlässt, die der Dritte nach eigenen betrieblichen Erfordernissen in seinem Betrieb nach seinen Weisungen einsetzt.[9]"

Die **Bundesagentur für Arbeit** hat Durchführungsanweisungen zum Arbeitnehmerüberlassungsgesetz erlassen, in denen sie die einzelnen Abgrenzungskriterien auflistet.

Für den **Werkvertrag** nennt sie

- Vereinbarung und Erstellung eines qualitativ individualisierbaren und dem Werkunternehmer zurechenbaren Werkergebnisses
- unternehmerische Dispositionsfreiheit des Werkunternehmers gegenüber dem Besteller
- Weisungsrecht des Werkunternehmers gegenüber seinen im Betrieb des Bestellers tätigen Arbeitnehmern, wenn das Werk dort zu erstellen ist
- Tragen des Unternehmerrisikos, insbesondere der Gewährleistung, durch den Werkunternehmer
- erfolgsorientierte Abrechnung der Werkleistung.[10]

Für den Dienstvertrag nennt sie

- Erbringung der Dienstleistung in eigener Verantwortung und nach eigenem Plan (Organisation der Dienstleistung, zeitliche Disposition, Zahl und Eignung der Erfüllungsgehilfen)
- Möglichkeit, die Dienstleistung gegenständlich zu umschreiben

- keine Integration in die Betriebsorganisation des Unternehmens bei der Ausführung.[11]

Wichtigstes Beispiel ist der Bewachungsvertrag.[12] In Betracht kommen aber auch sonstige gegenständlich begrenzte Dienstleistungen, wie etwa die Überprüfung und Bereinigung von Adressenmaterial[13] oder die Wartung von Anlagen.

Um zu **vermeiden, dass Fremdfirmenleute als Leiharbeitnehmer gelten,** sind folgende Regeln zu beachten:

- Die fremden Arbeitskräfte dürfen **nicht** in die Arbeitsabläufe oder in den Produktionsprozess **eingegliedert** werden.[14]

- Ihnen dürfen **keine Weisungen** in Bezug auf die Art und Weise, wie sie arbeiten, sowie auf ihren Arbeitseinsatz (Arbeitszeit, Überstunden, Urlaub, Freizeit, Anwesenheitskontrolle) erteilt werden. Ausnahme: betriebsspezifische Hinweise (z. B. auf Gefahrenquellen im Betrieb) und Hinweise zur Auftragsausführung (z. B. zum Umfang der vorzunehmenden Reparatur).

- **Ergänzungen oder Änderungen** des Auftrages müssen **unmittelbar mit der Fremdfirma** oder deren Bevollmächtigten im Betrieb abgestimmt werden.

- Die **Fremdfirma muss** das für die Ausführung des Auftrags typischerweise benötigte **Werkzeug** und die Arbeitsmaterialien selbst **mitbringen.** Ausnahmsweise können ihr für den Auftrag benötigtes Spezialwerkzeug oder Spezialmaterialien zur Verfügung gestellt werden.

- Die fremden Arbeitskräfte dürfen **nicht mit eigenen Arbeitnehmern** zu gemeinsamen Arbeitsgruppen **zusammengefasst** werden.

- Soweit ihre Tätigkeiten mit denjenigen eigener Arbeitnehmer vergleichbar sind, sind sie **räumlich getrennt** unterzubringen.[15]

„Echte" Fremdfirmenleute sind also dadurch gekennzeichnet, dass das **Unternehmen nichts mit ihnen zu tun** hat. Entscheidend ist, dass die Fremdfirma die versprochene Leistung erbringt; mit wem sie das macht, ist ihre Sache. Von Bedeutung ist die Zahl der auf dem Werksgelände tätigen Fremdfirmenleute allenfalls für den

Werkschutz und für die Mitarbeiter betrieblicher Sozialeinrichtungen, wenn mit der Fremdfirma deren Benutzung vereinbart ist. Selbst für die Einhaltung der Sicherheitsvorschriften ist die Fremdfirma selbst verantwortlich. Allerdings gilt auch ihr gegenüber die allgemeine Verkehrssicherungspflicht, und sie ist auf eventuelle betriebsspezifische Gefahren hinzuweisen. Der Betriebsrat hat gegenüber Fremdfirmenleuten keinerlei Mitwirkungsrechte. Er kann lediglich Vorlage des Vertrags mit der Fremdfirma verlangen, um festzustellen, ob keine (verbotene) Arbeitnehmerüberlassung vorliegt, und er kann verlangen, dass ihm die am Werkstor geführten Kontrolllisten vorgelegt werden, aus denen sich die Einsatzzeiten der Fremdfirmenleute ergeben.[16]

Werden Fremdfirmenleute unter Missachtung dieser Regeln **wie Leiharbeitnehmer behandelt** und hat die Fremdfirma – wie in der Regel – keine Erlaubnis zur Arbeitnehmerüberlassung, **so wird der Mitarbeiter der Fremdfirma** ab dem Zeitpunkt, in dem er wie ein Leiharbeitnehmer behandelt wird, **Arbeitnehmer des Unternehmens, in dem er tätig ist.** Inhalt und Dauer des Arbeitsverhältnisses bestimmen sich nach den im Unternehmen geltenden Regelungen. Das Unternehmen hat ihm die Tätigkeit zu belassen, die er als Fremdfirmenmitarbeiter wahrgenommen hat.[17]

Die unmittelbar Verantwortlichen können mit einer **Geldbuße** bis 25.000 € (bei Fahrlässigkeit 12.500 €) belegt werden; dasselbe gilt für deren Vorgesetzte, wenn sie ihrer Aufsichtspflicht nicht ordnungsgemäß nachgekommen sind.[18] Bei einer rechtskräftigen Verurteilung zu einem Bußgeld über 200 € erfolgt eine **Eintragung in das Gewerbezentralregister.**[19]

Um diese misslichen Folgen zu vermeiden, kann es sich empfehlen, dass die Fremdfirma eine **Erlaubnis zur Arbeitnehmerüberlassung** erwirbt. Auf diese Erlaubnis hat sie einen Anspruch; sie kann nur aus den in § 3 AÜG genannten Gründen versagt werden.

VII. Teilzeitarbeit

1. Begriffsbestimmung

Teilzeitbeschäftigt sind die Arbeitnehmer, deren **regelmäßige Wochenarbeitszeit kürzer** ist **als die vergleichbarer vollzeitbeschäftigter Arbeitnehmer.** Ist keine regelmäßige Wochenarbeitszeit vereinbart, so ist auf die Arbeitszeit abzustellen, die im Durchschnitt eines Jahres oder eines sonstigen zwischen einer Woche und einem Jahr liegenden Zeitraums regelmäßig zu leisten ist. Vergleichbar sind vollzeitbeschäftigte Arbeitnehmer mit derselben Art von Arbeitsverhältnissen und der gleichen oder einer ähnlichen Tätigkeit im selben Betrieb; gibt es in dem Betrieb keinen vollzeitbeschäftigten Arbeitnehmer, so ist auf den anwendbaren Tarifvertrag abzustellen, hilfsweise auf den Wirtschaftszweig (§ 2 TzBfG). Auf den Umfang der Verkürzung kommt es nicht an – bei der 40-Stunden-Woche ist auch eine 39-Stunden-Woche Teilzeitarbeit –, ebensowenig auf die Art und Weise der Verkürzung (sieben statt acht Stunden täglich, 30 Stunden oder drei Tage je Woche oder abwechselnd in der einen Woche drei, in der anderen zwei Tage, drei Wochen im Monat oder nur die ersten beiden Monate im Quartal). Teilzeitarbeit liegt auch vor, wenn geplant und mit einer gewissen Regelmäßigkeit Perioden der Tätigkeit für den Arbeitgeber unterbrochen werden durch Zeitabschnitte, in denen der Arbeitnehmer anderweitig oder gar nicht beschäftigt wird.[20] Die Art und Weise der Verkürzung hat lediglich Auswirkungen auf die Berechnung der Vergütung, der Entgeltfortzahlung, des Urlaubs usw.

2. Diskriminierungsverbot

Teilzeitbeschäftigte Arbeitnehmer dürfen wegen der Teilzeitarbeit nicht schlechter behandelt werden als vergleichbare vollzeitbeschäftigte Arbeitnehmer, es sei denn, dass sachliche Gründe eine unterschiedliche Behandlung rechtfertigen. Sie haben grundsätzlich pro rata Anspruch auf dieselben Leistungen (Entgelt, Gratifikationen, Urlaub, Jubiläumsgeld, Altersversorgung) wie Vollzeitkräfte (§ 4

Abs. 1 TzBfG). **Sachliche Gründe für** eine **Ungleichbehandlung** sind beispielsweise Arbeitsleistung, Qualifikation, Berufserfahrung, soziale Lage, Arbeitsplatzanforderungen, aber auch eine geringere Belastung oder eine geringere Erfahrung infolge der verkürzten Arbeitszeit. So ist es beispielsweise zulässig, Vollzeitkräfte zu 50% ihrer Arbeitszeit an Bildschirmen zu beschäftigen und Teilzeitkräfte zu 75%,[21] oder eine längere Frist für eine Beförderung vorzusehen, die an die Erfahrung anknüpft, wenn das Erfahrungswissen nach Ablauf der Zeit bei Vollzeitbeschäftigten regelmäßig nicht unwesentlich höher ist.[22] Ein absolutes Verbot, neben der Teilzeitarbeit einer weiteren Beschäftigung nachzugehen, ist nichtig.[23]

3. Besonderheiten für Teilzeitarbeitnehmer

Die rechtlichen Unterschiede halten sich in engen Grenzen: Teilzeitbeschäftigte brauchen – ebenso wie Vollzeitbeschäftigte – **Überstunden** nur zu leisten, wenn das ausdrücklich oder stillschweigend vereinbart ist.[24] An einer stillschweigenden Vereinbarung wird es häufig fehlen, wenn die Teilzeitarbeit gerade auf ihren Wunsch zurückgeht. Eine Ausnahme gilt in Notfällen (vgl. § 14 ArbZG). Überstundenzuschläge fallen erst bei Überschreiten der betriebsüblichen Arbeitszeit an.[25] Zu **Rufbereitschaft** sind Teilzeitkräfte unter denselben Voraussetzungen verpflichtet wie Vollzeitkräfte.[26] Zur **Urlaubsberechnung** sind die Arbeitstage, an denen Voll- bzw. Teilzeitkräfte zu arbeiten haben, in Beziehung zu setzen. Ergeben sich dabei Bruchteile von Urlaubstagen, so hat es damit sein Bewenden.[27] Anspruch auf **Freistellung aus persönlichen Gründen** (Erkrankung eines Kleinkindes, Geburt, Todesfall) haben Teilzeitkräfte dann, wenn das Ereignis auf einen Tag mit Arbeitspflicht fällt. Arztbesuche sind, soweit möglich, in die arbeitsfreie Zeit zu legen.

Für Teilzeitbeschäftigte, deren Arbeitsentgelt bestimmte Höchstgrenzen nicht übersteigt (sogenannte **400-Euro-Jobs**), gibt es einige Sonderregelungen im Sozialversicherungs- und im Steuerrecht;[28] im Arbeitsrecht stehen sie den anderen Teilzeitbeschäftigten gleich. Sie haben Anspruch auf das Tarifentgelt, und sie sind in die zutreffende Tarifgruppe einzugruppieren.[29] Das Entgelt darf nicht mit Rücksicht auf eine Brutto-für-Nettozahlung geringer bemessen werden als für sonstige Arbeitnehmer. Gegebenenfalls ist es entsprechend anzuheben und die Arbeitszeit so weit zu verkürzen, dass die Geringverdienergrenze nicht überschritten wird.[30]

Teilzeitkräfte mit einer regelmäßigen wöchentlichen Arbeitszeit von nicht mehr als 20 Stunden sind bei der Feststellung der Zahl der beschäftigten Arbeitnehmer für das KSchG (mehr als 10) mit 0,5 und bei nicht mehr als 30 Stunden mit 0,75 zu berücksichtigen (§ 23 Abs. 1 S. 2, 3 KSchG). Wird diese Zahl durch andere Arbeitnehmer erreicht, so genießen sie selbst den normalen Kündigungsschutz. Bei der Kündigung vollzeitbeschäftigter Arbeitnehmer sind teilzeitbeschäftigte Arbeitnehmer und bei der Kündigung teilzeitbeschäftigter Arbeitnehmer vollzeitbeschäftigte Arbeitnehmer in die **Sozialauswahl** einzubeziehen, wenn der Arbeitgeber lediglich insgesamt die Zahl der zu leistenden Arbeitsstunden verringern will; anders, wenn er sich dafür entscheidet, die Arbeit durch Voll- oder Teilzeitkräfte leisten zu lassen.[31]

4. Stellenausschreibung, Information über freie Arbeitsplätze

Der Arbeitgeber hat einen Arbeitsplatz, den er inner- oder außerbetrieblich ausschreibt, auch als **Teilzeitarbeitsplatz** auszuschreiben, wenn er sich dafür eignet. Er muss einen Arbeitnehmer, der ihm den Wunsch nach einer Verringerung oder Verlängerung seiner Arbeitszeit angezeigt hat, über entsprechende freie Plätze im Unternehmen informieren (§ 7 Abs. 1, 2 TzBfG).

5. Anspruch auf Verringerung der Arbeitszeit

Ein Arbeitnehmer, dessen Arbeitsverhältnis **länger als sechs Monate** bestanden hat und der bei einem Arbeitgeber tätig ist, der in der Regel **mehr als 15 Arbeitnehmer** beschäftigt, kann verlangen, dass seine vertraglich vereinbarte Arbeitszeit verringert wird. Diesen Anspruch muss er spätestens **drei Monate vor dem gewünschten Beginn** geltend machen (§ 8 Abs. 1, 2, 7 TzBfG). Der Antrag muss auf eine bestimmte unbefristete Verringerung der Arbeitszeit gerichtet sein; sonst ist er unwirksam.[32] Außerdem soll der Arbeitnehmer dabei, d.h. spätestens im Rahmen der Erörterung mit dem Arbeitgeber,[33] die gewünschte Verteilung der Arbeitszeit angeben (§ 8 Abs. 2 S. 1 TzBfG). Arbeitgeber und Arbeitnehmer müssen versuchen, eine einvernehmliche Lösung zu finden.[34] Gelingt das nicht, so hat der Arbeitgeber der Verringerung der Arbeitszeit zuzustimmen und ihre Verteilung entsprechend den Wünschen des Arbeitnehmers festzulegen, soweit betriebliche Gründe nicht entgegenstehen (§ 8 Abs. 4 S. 1 TzBfG). Überlässt der Arbeitnehmer dem Arbeitgeber die Festlegung der Lage der Arbeitszeit, so entscheidet dieser nach billigem Ermessen (§ 106 GewO).

Ein **betrieblicher Grund** liegt vor, wenn die Verringerung der Arbeitszeit die Organisation, den Arbeitsablauf oder die Sicherheit im Betrieb wesentlich beeinträchtigt oder unverhältnismäßige Kosten verursacht. Es genügt, dass der Arbeitgeber rational nachvollziehbare Gründe hat. Dringende betriebliche Gründe sind nicht erforderlich. Sie müssen jedoch **hinreichend gewichtig** sein.[35]

Die Prüfung erfolgt in drei Schritten:[36]

In einem **ersten Schritt** ist zu prüfen, ob überhaupt und wenn ja, welches **Organisationskonzept** der Arbeitszeitregelung zugrunde liegt. Organisationskonzept ist das Konzept, mit dem die unternehmerische Aufgabenstellung im Betrieb verwirklicht werden soll. Dazu gehören z. B. die Festlegung der Belegschaftsstärke und damit das Kontingent an Arbeitsstunden und die Verteilung der Aufgaben auf die Mitarbeiter oder das Ziel, möglichst jeden Kunden von ein und demselben Mitarbeiter betreuen zu lassen. Kein Organisationskonzept ist der Wunsch, die Arbeitsabläufe bestmöglich und effizient zu gestalten.[37]

In einem **zweiten Schritt** ist zu prüfen, **inwieweit die Arbeitszeitregelung dem Arbeitszeitverlangen des Arbeitnehmers entgegensteht.** Dabei ist auch der Frage nachzugehen, ob durch eine Änderung von betrieblichen Abläufen oder des Personaleinsatzes der als erforderlich angesehene Arbeitszeitbedarf mit dem Arbeitszeitwunsch des Arbeitnehmers zur Deckung gebracht werden kann. Dabei kommt es vor allem darauf an, ob es dem Arbeitgeber möglich ist, eine Ersatzkraft für die ausfallende Arbeitszeit zu finden. Das kann ein vorhandener Teilzeitmitarbeiter sein, der bereit ist, die Stunden zusätzlich zu übernehmen, oder ein Bewerber von außerhalb. Um festzustellen, ob sich ein Arbeitnehmer findet, muss der Arbeitgeber bei der Agentur für Arbeit nachfragen und den Arbeitsplatz inner- und außerbetrieblich ausschreiben.[38] Dabei darf er keine höheren fachlichen Anforderungen stellen als die üblichen.[39] Eine Ausschreibung kann entbehrlich sein, wenn die Suche keine Aussicht auf Erfolg verspricht.[40] Der Arbeitnehmer kann nur eine Verringerung „seiner" Arbeitszeit verlangen. Er kann also nicht verlangen, dass der Arbeitgeber eine Vollzeitkraft einstellt und dafür Überstunden bei anderen Arbeitnehmern abbaut. Er kann den Arbeitgeber auch nicht darauf verweisen, dass er den Ausfall durch Überstunden, Leiharbeit oder Vergabe an eine Fremdfirma ausgleicht. Unerheblich ist, welche Gründe der Arbeitnehmer für sein Verlangen hat.[41]

Kann das Arbeitszeitverlangen des Arbeitnehmers nicht mit dem organisatorischen Konzept und der daraus folgenden Arbeitszeitregelung in Übereinstimmung gebracht werden, so ist in einem **dritten Schritt** zu prüfen, **ob die** in § 8 Abs. 3 S. 2 TzBfG genannten **betrieblichen Belange oder das betriebliche Organisationskonzept** und die ihr zugrunde liegende unternehmerische Aufgabenstellung **wesentlich beeinträchtigt werden.**

Eine **wesentliche Beeinträchtigung des Organisationskonzepts** liegt nicht vor, wenn das Konzept selbst bei Vollzeitarbeit nicht verwirklicht werden kann, etwa wenn der Arbeitgeber Kunden zwar möglichst immer von demselben Mitarbeiter betreut sehen möchte, die Öffnungszeit aber 62 Stunden beträgt bei einer Normalarbeitszeit von 37,5 Stunden.[42] Schon gar nicht reicht die unternehmerische Zielsetzung aus, die Aufgaben sollten von einer Vollzeitkraft erledigt werden; das gilt auch für Leitungsfunktionen.[43] Dagegen ist die Arbeitsorganisation wesentlich beeinträchtigt, wenn ein Mitarbeiter nur noch montags bis donnerstags von 8.45 Uhr bis 15.00 Uhr arbeiten möchte und das Geschäft nach 16.00 Uhr und samstags am stärksten ist[44] oder wenn die Verkürzung der Arbeitszeit eines Pharmareferenten zu einer Verringerung des Betreuungsaufwands für die Kunden führt.[45] Eine störungsfreie zweijährige Teilung eines Vollzeitarbeitsplatzes während der Elternzeit kann ein Indiz für eine Teilbarkeit sein.[46]

Unverhältnismäßige Kosten fallen an, wenn ein zusätzlicher teurer PC-Arbeitsplatz eingerichtet[47] oder wenn ein weiterer Dienstwagen angeschafft werden muss[48] oder wenn eine Bezirkskundenberaterin, die statt 39 nur noch 10 Stunden arbeiten möchte, 5 Stunden zur eigenen Information benötigt[49] oder ein Pharmareferent bei Arbeitszeitverkürzung statt 9%, wie bisher, 40% seiner Arbeitszeit für Fortbildungsveranstaltungen braucht.[50] Hinnehmen muss der Arbeitgeber dagegen im Allgemeinen zusätzliche Kosten, die mit der Personalverwaltung zusammenhängen, und Kosten, die durch die Einarbeitung einer Ersatzkraft anfallen.[51]

Der Arbeitnehmer hat nicht nur Anspruch auf Verkürzung der Arbeitszeit, sondern auch auf Neuverteilung. Dabei ist er nicht an das bisherige Arbeitszeitmodell gebunden. In Frage kommt z.B. auch eine Tätigkeit von neun Stunden an vier Tagen in der Woche. Der Arbeitgeber kann dem Wunsch auf Neuverteilung dieselben betrieblichen Gründe entgegenhalten wie der gewünschten Verkürzung. Hat die gewünschte Neuverteilung Auswirkungen auf das kollektive System der betriebsüblichen Arbeitszeit, dann kann dem Verlangen eine Betriebsvereinbarung oder eine Regelungsabrede entgegenstehen.[52]

Der Arbeitgeber hat dem Arbeitnehmer seine Entscheidung spätestens **einen Monat vor dem Beginn der gewünschten Verringerung schriftlich mitzuteilen.** Ist es zu keiner Einigung über die Verringerung, ihren Umfang und/oder über die Verteilung der Arbeitszeit gekommen, so wird die Arbeitszeit entsprechend dem Wunsch des Arbeitnehmers verringert und auf die von ihm gewünschten Tage festgelegt, wenn die Mitteilung nicht, zu spät oder nicht schriftlich erfolgt (§ 8 Abs. 5 S. 1–3 TzBfG). Lehnt der Arbeitgeber die Verringerung der Arbeitszeit oder die vom Arbeitnehmer gewünschte Lage form- und fristgerecht ab, so bleibt dem Arbeitnehmer nur der Weg der **Klage.** Eine einseitige Änderung wäre nach entsprechender Abmahnung ein Grund zur Kündigung.

Der Arbeitgeber kann die vereinbarte oder kraft Gesetzes festgelegte Verteilung der Arbeitszeit wieder ändern, wenn das betriebliche Interesse daran das Interesse des Arbeitnehmers an der Beibehaltung erheblich überwiegt und wenn er die **Änderung** spätestens einen Monat vorher angekündigt hat (§ 8 Abs. 5 S. 4 TzBfG). Der Arbeitnehmer kann eine Verringerung und eine andere Verteilung frühestens nach zwei Jahren noch einmal verlangen, nachdem der Arbeitgeber einer Verringerung zugestimmt oder sie berechtigt abgelehnt hat (§ 8 Abs. 6 TzBfG).[53]

6. Verlängerung der Arbeitszeit

Der Arbeitgeber hat einen teilzeitbeschäftigten Arbeitnehmer, der ihm den Wunsch nach einer Verlängerung seiner vertraglich vereinbarten Arbeitszeit angezeigt hat, bei der Besetzung eines entsprechenden freien Arbeitsplatzes bei gleicher Eignung **bevorzugt zu berücksichtigen,** es sei denn, dass dringende betriebliche Gründe oder Arbeitszeitwünsche anderer teilzeitbeschäftigter Arbeitnehmer entgegenstehen (§ 9 TzBfG). Um einen entsprechenden Arbeitsplatz handelt es sich im Regelfall, wenn er der vereinbarten Tätigkeit und der dafür erforderlichen Eignung und Qualifikation entspricht.[54] Der Arbeitgeber ist frei zu entscheiden, wie er einen erhöhten Bedarf deckt, ebenso, welchem Arbeitnehmer er gegebenenfalls die Verlängerung anbietet.[55] Vollzeitarbeitnehmer können sich nicht auf § 9 TzBfG berufen.[56]

7. Mitbestimmung des Betriebsrats

Der Betriebsrat ist **über Teilzeitarbeit** im Betrieb und im Unternehmen zu **unterrichten,** insbesondere über vorhandene Teilzeitarbeitsplätze und über die Umwandlung von Teilzeitarbeitsplätzen in Vollzeitarbeitsplätze oder umgekehrt (§ 7 Abs. 3 TzBfG). Bei der **Einstellung** hat er mitzubestimmen. Die Einstellung als Teilzeitarbeitnehmer an sich gibt dem Betriebsrat kein Zustimmungsverweigerungsrecht, sofern nicht in einem Tarifvertrag oder in Auswahlrichtlinien etwas anderes vereinbart ist (z. B. keine Teilzeitarbeit unter 20 Stunden).[57] Anders dürfte es sein, wenn der Arbeitgeber einen Vollzeitarbeitnehmer einstellen will, obwohl ein Teilzeitarbeitnehmer den Wunsch nach Vollzeitarbeit geäußert hat.[58] Die **Dauer der**

Arbeitszeit des Teilzeitarbeitnehmers ist **mitbestimmungsfrei,** ihre **Lage mitbestimmungspflichtig** (§ 87 Abs. 1 Nr. 2 BetrVG): Der Betriebsrat kann mitbestimmen bei der Festlegung der Mindestdauer der täglichen Arbeitszeit, bei der Festlegung der Höchstzahl von Tagen in der Woche, an denen teilzeitbeschäftigte Arbeitnehmer beschäftigt werden sollen, bei der Festlegung der Mindestzahl arbeitsfreier Samstage, bei der Regelung der Frage, ob die tägliche Arbeitszeit in einer oder mehreren Schichten geleistet werden soll, bei der Festlegung der Dauer der Pausen,[59] bei der Frage, ob Teilzeitkräfte zu festen Zeiten oder bei Bedarf beschäftigt werden sollen,[60] ob sich die Arbeitszeiten mit den Ladenschlusszeiten decken[61] usw. Schließlich unterfällt der Mitbestimmung auch die Anordnung von **Überstunden** für Teilzeitkräfte, sofern es um einen kollektiven Tatbestand geht (§ 87 Abs. 1 Nr. 3 BetrVG).[62] Bei den **Schwellenwerten des Betriebsverfassungsgesetzes** sind teilzeitbeschäftigte wie vollzeitbeschäftigte Arbeitnehmer zu zählen.[63]

VIII. Befristeter Arbeitsvertrag

1. Grundsatz

Die Befristung eines Arbeitsvertrags ist **zulässig**, wenn sie durch einen **sachlichen Grund** gerechtfertigt ist. Das gilt sowohl für die kalendermäßige Befristung: „vom 1. bis 31. 5." oder „ab 1. 5. für zwei Monate" als auch für die Zweckbefristung: „für die Dauer der Elternzeit", „bis zur Genesung von Frau N. N."

Eine **kalendermäßige Befristung** ist auch **ohne sachlichen Grund zulässig,** wenn sie die Dauer von **zwei Jahren** nicht übersteigt. Bis zu dieser Gesamtdauer sind **bis zu drei Verlängerungen** zulässig. Eine Verlängerung liegt nur vor, wenn die Vereinbarung noch während der Laufzeit des zu verlängernden Vertrages getroffen und lediglich die Vertragsdauer geändert wird, nicht aber die übrigen Vertragsbedingungen.[64] Nicht ausgeschlossen ist dagegen eine Änderung der Vertragsbedingungen (Tätigkeit, Entgelt, Arbeitszeit) während der Laufzeit eines befristeten Vertrags. Unschädlich ist es auch, wenn die Vertragsbedingungen an die zur Zeit der Verlängerung geltende Rechtslage angepasst werden oder wenn der Arbeitgeber einem Anspruch des Arbeitnehmers auf Erhöhung der Arbeitszeit nach § 9 TzBfG Rechnung trägt.[65] Das Gesetz sieht von dieser Regelung nur eine Ausnahme vor: für **neugegründete Unternehmen** in den ersten 4 Jahren nach der Gründung; auch diese Ausnahme gilt nicht für Neugründungen im Zusammenhang mit einer Umstrukturierung von Unternehmen und Konzernen (§ 14 Abs. 2 a TzBfG).

Aus einer entsprechenden Zusage kann sich ein Anspruch auf Verlängerung ergeben, nicht dagegen aus dem Gedanken des Vertrauensschutzes oder aus dem Gleichbehandlungsgrundsatz.[66]

2. Sachgründe

Ein **sachlicher Grund** liegt insbesondere vor, wenn

- **der betriebliche Bedarf an der Arbeitsleistung nur vorübergehend besteht.** Es muss sich um einen konkreten (Zusatz)Bedarf handeln, dessen Wegfall mit hinreichender Sicherheit zu erwarten ist. Die bloße Unsicherheit über die künftige Entwicklung des Arbeitskräftebedarfs genügt nicht.[67] Eine Projektbefristung setzt eine von der Daueraufgabe des Arbeitgebers abgrenzbare vorübergehende Zusatzaufgabe voraus (also nicht z. B. die Erstellung eines Bauwerks in einem Bauunternehmen).[68] Ob das Ende durch einen festen Termin bestimmt wird, wie etwa beim Schlussverkauf, oder ob es aus dem Zweck folgt, wie bei der Einführung eines EDV-Systems, ist gleichgültig. Gleichgültig ist auch, ob der Arbeitnehmer für die gesamte Dauer des Schlussverkaufs eingestellt wird oder nur für drei Tage; allerdings darf das Arbeitsverhältnis nicht für eine längere Zeit abgeschlossen werden, als der Bedarf besteht[69] (zuzüglich der erforderlichen Einarbeitungszeit, vgl. § 21 Abs. 2 BEEG). Die absolute Dauer ist dagegen kein Problem. Es kommen auch durchaus Befristungen von mehreren Jahren in Betracht.

- **die Befristung im Anschluss an eine Ausbildung oder ein Studium erfolgt, um den Übergang des Arbeitnehmers in eine Anschlussbeschäftigung zu erleichtern.** Damit soll vor allem eine weitere befristete Beschäftigung eines ehemaligen Werkstudenten bei demselben Arbeitgeber ermöglicht werden. Zulässig ist aber nur der einmalige Abschluss eines befristeten Arbeitsvertrags,[70] auch nicht dessen Verlängerung. Zu Auszubildenden, Praktikanten und Volontären siehe unten 3.

- **der Arbeitnehmer zur Vertretung eines anderen Arbeitnehmers beschäftigt wird.** Nicht erforderlich ist, dass der Vertreter die Arbeit des Vertretenen übernimmt. Der Arbeitgeber kann die Arbeit des ausgefallenen Mitarbeiters einem besser geeigneten Mitarbeiter übertragen und dem Vertreter dessen Arbeit zuweisen.[71] Die Aushilfskraft muss aber zumindest mittelbarer Vertreter des zu vertretenden Arbeitnehmers sein. Es genügt nicht, die freiwerdenden Mittel zu verwenden, um durch die Aushilfskraft ganz andere, nicht im Zusammenhang damit stehende Aufgaben verrichten zu lassen.[72] Der Arbeitgeber ist frei, einen Vertreter für die gesamte voraussichtliche Dauer der Arbeitsverhinderung des Vertretenen zu bestellen oder nur für einen Teil davon. Solange der Vertretungsbedarf besteht, kann er immer wieder befristete Verträge abschließen. **Unzulässig sind Daueraushilfen** mit befristeten Verträgen; hier muss man einen Springer einstellen.[73] Bestehen Zweifel an der Rückkehr des Vertretenen, dann sollte man die Sachgrundbefristung durch eine kalendermäßige Befristung ergänzen („bis zur Rückkehr von Herrn/Frau N. N., längstens aber bis . . .") [74]

- **die Eigenart der Arbeitsleistung die Befristung rechtfertigt.** Hier ist vor allem an Arbeitsverhältnisse mit programmgestaltenden Mitarbeitern von Funk und Fernsehen und mit Solisten (Schauspieler, Sänger usw.) zu denken.

- **die Befristung zur Erprobung erfolgt.** Die Dauer der Befristung muss sich am Zweck der Erprobung ausrichten. Sie darf also die Zeit nicht überschreiten, die voraussichtlich zur Erprobung erforderlich ist. Im Allgemeinen werden sechs Monate ausreichen.[75] Kann der Arbeitgeber die Fähigkeiten des Arbeitnehmers aufgrund einer Vorbeschäftigung ausreichend beurteilen, so ist eine Befristung nicht gerechtfertigt.[76] Umgekehrt kann ein befristetes Probearbeitsverhältnis verlängert werden, wenn der Arbeitgeber den Arbeitnehmer ohne sein Verschulden in der vorgesehenen Zeit nicht beurteilen kann (z. B. längere Krankheit des Arbeitnehmers).

- **in der Person des Arbeitnehmers liegende Gründe die Befristung rechtfertigen.** Das können sein

  - **soziale Gründe:** damit ein Arbeitnehmer Berufserfahrung sammeln kann oder um seine Vermittlungschancen auf dem Arbeitsmarkt zu verbessern. Der „soziale Überbrückungszweck" muss der ausschlaggebende Sachgrund sein; er fehlt, wenn betriebliche Interessen im Vordergrund stehen.[77]

  - **Gründe, die dem Arbeitnehmer objektiv** (befristete Aufenthalts- oder Arbeitserlaubnis) **oder nach seiner Lebensplanung** (bis zur Aufnahme eines Studiums oder bis zum Umzug) **nicht erlauben, über einen bestimmten Termin hinaus tätig zu werden.**

  - **der Wunsch des Arbeitnehmers;** dieser Wunsch muss sich auf die Befristung beziehen, nicht auf den Vertrag.[78]

  Die Gründe sollten vor Vertragsschluss durch den Arbeitnehmer dokumentiert werden, denn den sozialen Zweck muss der Arbeitgeber ggf. beweisen.[79]

- **der Arbeitnehmer aus Haushaltsmitteln vergütet wird, die haushaltsrechtlich für eine befristete Beschäftigung** mit vorübergehenden Aufgaben[80] **bestimmt sind, und er entsprechend beschäftigt wird** (betrifft den öffentlichen Dienst).

- **die Befristung auf einem gerichtlichen Vergleich beruht.**

- Zulässig bleiben auch sonstige, den Wertungsmaßstäben des § 14 Abs. 1 TzBfG entsprechende Befristungsgründe,[81] wie eine **Wiedereinstellungszusage**, mit deren Geltendmachung in absehbarer Zeit zu rechnen ist,[82] **Arbeitsbeschaffungsmaßnahmen** und Strukturanpassungsmaßnahmen nach dem SGB III[83] oder die **Altersgrenze,** sowie die in Sondergesetzen geregelten Gründe, wie Vertretung bei **Elternzeit** (§ 21 BEEG), nicht dagegen die Gewährung eines Eingliederungszuschusses für ältere Arbeitnehmer nach § 218 Abs. 1 Nr. 3 SGB III[84] oder die Förderung der Aus- und Weiterbildung schwerbehinderter Menschen nach § 235a Abs. 1 SGB III.[85]

3. Vorbeschäftigung

Die sogenannte **erleichterte Befristung,** d. h. die Befristung ohne Sachgrund für die Dauer von höchstens zwei Jahren, ist nur zulässig, wenn das Ende eines vorangegangenen Arbeitsverhältnisses **mehr als drei Jahre** zurückliegt (§ 14 Abs. 2 S. 2 TzBfG).[86] Unmittelbar an ein befristetes Arbeitsverhältnis – sei es mit, sei es ohne Sachgrund – angeschlossen werden kann ein befristetes Arbeitsverhältnis mit Sachgrund. Das Ausbildungsverhältnis,[87] ein berufsvorbereitendes Praktikum ohne Arbeitsvertrag[88] und ein Volontariat, in dem lediglich Aufwendungen erstattet werden, gelten nicht als Arbeitsverhältnis i. S. d. § 14 Abs. 2 S. 2 TzBfG.[89]

Befristeter Arbeitsvertrag		
zuerst	danach	Zulässigkeit
ohne Sachgrund	ohne Sachgrund	erst nach drei Jahren, Ausnahme: Verlängerung (höchstens dreimal) bis zu einer Gesamtdauer von zwei Jahren
mit Sachgrund	ohne Sachgrund	erst nach drei Jahren
ohne Sachgrund	mit Sachgrund	sofort
mit Sachgrund	mit Sachgrund	sofort

4. Ältere Arbeitnehmer

Arbeitsverträge mit Arbeitnehmern, die das 52. Lebensjahr vollendet haben und mindestens vier Monate beschäftigungslos gewesen sind, Transferkurzarbeitergeld bezogen oder an einer öffentlich geförderten Beschäftigungsmaßnahme teilgenommen haben, können ohne sachlichen Grund bis zu einer Dauer von fünf Jahren befristet werden; bis zu dieser Gesamtdauer ist auch eine mehrfache Verlängerung zulässig (§ 14 Abs. 3 TzBfG).

5. Form

Die Befristung eines Arbeitsvertrags bedarf der **Schriftform** (§ 14 Abs. 4 TzBfG), ebenso dessen Verlängerung[90] und die befristete Weiterbeschäftigung während eines Kündigungsschutzprozesses.[91] Der Vertrag selbst kann mündlich abgeschlossen werden. Bei einem zweckbefristeten Vertrag ist die Vereinbarung über den Zweck formbedürftig.[92] Die Vereinbarung über die Befristung muss auf derselben Urkunde von beiden Parteien unterschrieben werden (§ 126 Abs. 2 S. 1 BGB). Fehlt es an der Schriftform, so gilt der befristete Arbeitsvertrag als auf unbestimmte Zeit geschlossen (§ 16 S. 1 TzBfG). Durch die nachträgliche Überreichung eines schriftlichen Vertrags wird die Befristung nur ganz ausnahmsweise dann wirksam, wenn die Parteien den mündlich abgeschlossenen unbefristeten Vertrag übereinstimmend zu einem befristeten machen wollen.[93] Anders ist es, wenn der Arbeitgeber die Vertragsbeziehung vom Abschluss eines schriftlichen Arbeitsvertrags abhängig macht; dann kommt es durch die vorherige Arbeitsaufnahme nicht zu einem unbefristeten Arbeitsvertrag.[94]

6. Rechte und Pflichten

Arbeitnehmer im befristeten Vertrag haben dieselben Rechte und Pflichten wie Arbeitnehmer im unbefristeten Vertrag. Sie dürfen wegen der Befristung **nicht schlechter behandelt** werden als vergleichbare unbefristet beschäftigte Arbeitnehmer, es sei denn, dass sachliche Gründe eine unterschiedliche Behandlung rechtfertigen (§ 4 Abs. 2 S. 1 TzBfG). Das heißt, sie haben grundsätzlich – pro rata temporis – Anspruch auf dieselben Leistungen wie vollzeitbeschäftigte Arbeitnehmer. Allerdings entsteht bei einer Einstellung auf weniger als vier Wochen kein Anspruch auf **Entgeltfortzahlung** (§ 3 Abs. 3 Nr. 1 EfzG) und bei einer Einstellung auf weniger als einen Monat kein Anspruch auf **Urlaub** (§ 5 Abs. 1 BUrlG). Der Arbeitgeber hat befristet beschäftigte Arbeitnehmer über unbefristete freie Arbeitsplätze zu unterrichten; ein Aushang am Schwarzen Brett oder eine Information in der Werkszeitung genügt (§ 18 TzBfG).

7. Kündigung eines befristeten Arbeitsvertrags

Ein befristeter Arbeitsvertrag ist **ordentlich** nur kündbar, wenn das vereinbart ist (§ 15 Abs. 3 TzBfG). Ausnahmsweise kann das befristete Arbeitsverhältnis auch vor dem vereinbarten Ende gekündigt werden, wenn die Befristung mangels Schriftform unwirksam oder wenn das Befristungsende nicht hinreichend bestimmbar ist.[95] Ist die Befristung aus einem anderen Grund unwirksam, so kann der Arbeitnehmer das Arbeitsverhältnis von Anfang an kündigen, der Arbeitgeber erst zum vereinbarten Ende (§ 16 TzBfG). Bei Aushilfsverträgen bis zu 3 Monaten kann die Kündigungsfrist durch Vertrag bis auf Null abgekürzt werden (§ 622 Abs. 5 S. 1 Nr. 1 BGB); dasselbe gilt bei länger dauernden Aushilfsverhältnissen in den ersten 3 Monaten. Immer zulässig bleibt die **außerordentliche** Kündigung aus wichtigem Grund (§ 626 BGB).

8. Beendigung durch Fristablauf oder Zweckerreichung

Ist keine Kündigung vereinbart oder ist von der Kündigungsmöglichkeit kein Gebrauch gemacht worden, so endet der befristete Arbeitsvertrag mit Ablauf der vereinbarten Zeit oder mit Zweckerreichung. Der zweckbefristete Vertrag endet jedoch frühestens zwei Wochen nach Zugang der schriftlichen Unterrichtung des Arbeitnehmers durch den Arbeitgeber über den Zeitpunkt der Zweckerreichung (§ 15 Abs. 1 und 2 TzBfG).

9. Verlängerung des Arbeitsverhältnisses

Wird das Arbeitsverhältnis nach Ablauf der Zeit, für die es eingegangen ist, oder nach Zweckerreichung mit Wissen des Arbeitgebers fortgesetzt, so gilt es als auf unbestimmte Zeit verlängert, wenn nicht der Arbeitgeber unverzüglich widerspricht (§ 15 Abs. 5 TzBfG). Nicht als Fortsetzung anzusehen ist eine versehentliche Entgeltfortzahlung bei Arbeitsbefreiung.[96]

10. Klagefrist

Will der Arbeitnehmer geltend machen, dass die Befristung eines Arbeitsvertrags rechtsunwirksam ist, so muss er innerhalb von **drei**

Wochen nach dem vereinbarten Ende Klage beim Arbeitsgericht auf Feststellung erheben, dass das Arbeitsverhältnis aufgrund der Befristung nicht beendet ist (§ 17 S. 1 TzBfG). Tut er das nicht, so gilt die Befristung als wirksam.

11. Mitbestimmung des Betriebsrats

Die **Einstellung** eines befristet beschäftigten Arbeitnehmers bedarf der Zustimmung des Betriebsrats, auch wenn es sich nur um ganz kurzfristige Tätigkeiten handelt (§ 99 BetrVG). Der Betriebsrat darf die Zustimmung nicht deshalb verweigern, weil er die Befristung für unzulässig hält.[97] Im Übrigen gelten für die Mitbestimmungsrechte keine Besonderheiten. Bei den **Kennziffern** für Betriebsratsgröße usw. zählen Arbeitnehmer in befristeten Arbeitsverträgen mit, wenn und soweit sie regelmäßig während mindestens 6 Monaten im Jahr beschäftigt werden und wenn und soweit auch in Zukunft mit ihrer Beschäftigung zu rechnen ist.[98] Beim **Auslaufen** des befristeten Arbeitsverhältnisses braucht der Betriebsrat nicht angehört zu werden. Soll ein befristetes Arbeitsverhältnis **fortgesetzt** oder ein neues befristetes Arbeitsverhältnis begründet werden, so ist wieder die Zustimmung des Betriebsrats erforderlich. Etwas anderes gilt bei der Festanstellung nach einem befristeten **Probearbeitsverhältnis,** wenn der Betriebsrat schon vorher darauf hingewiesen wurde.[99] Hat sich der befristet (oder bedingt) Beschäftigte um einen freien Dauerarbeitsplatz beworben, so kann der Betriebsrat die Zustimmung zu der unbefristeten Einstellung eines gleich geeigneten Bewerbers von außerhalb verweigern, es sei denn, dass diese Einstellung aus betrieblichen oder persönlichen Gründen gerechtfertigt ist (§ 99 Abs. 3 Nr. 2 BetrVG).[100] Über die Anzahl der befristet beschäftigten Arbeitnehmer und ihren Anteil an der Gesamtbelegschaft des Betriebs und des Unternehmens ist der Betriebsrat zu informieren (§ 20 TzBfG).

IX. Bedingter Arbeitsvertrag

Zulässig sind auch auflösend bedingte Arbeitsverträge, d. h. Arbeitsverträge, deren Beendigung von einem **ungewissen äußeren Ereignis** abhängig gemacht wird („Das Arbeitsverhältnis endet von selbst, wenn die Erlaubnisbehörde die Zustimmung zur Beschäftigung entzieht"). Für bedingte Arbeitsverträge gelten dieselben Grundsätze wie für (zweck)befristete Arbeitsverträge (§ 21 TzBfG, zu den Besonderheiten bei der Zweckbefristung § 14 Abs. 2, § 15 Abs. 2, 5 TzBfG).

X. Abrufarbeit

Benötigt ein Unternehmen **aufgrund wechselnden Arbeitsanfalls** immer wieder **unterschiedliche Mengen an Arbeit** und soll der Bedarf durch (eigene) Arbeitnehmer und nicht durch freie Mitarbeiter, Fremdfirmen oder Leiharbeitnehmer gedeckt werden, so kommen folgende Gestaltungsmöglichkeiten in Betracht:

Das Unternehmen schließt mit einem Arbeitnehmer einen (unbefristeten Arbeits)Vertrag ab, aufgrund dessen dieser zur Arbeitsleistung auf Abruf verpflichtet ist (– **„echte" Abrufarbeit**). Dieser Arbeitsvertrag muss eine **bestimmte Dauer der Arbeitszeit** vorsehen; fehlt es daran, so gilt eine wöchentliche Arbeitszeit von zehn Stunden als vereinbart. **Offen** bleiben kann die **Lage der Arbeitszeit.** Der Arbeitnehmer ist zur Arbeitsleistung allerdings nur verpflichtet, wenn der Arbeitgeber ihm die Lage seiner Arbeitszeit jeweils mindestens vier Tage im Voraus mitgeteilt hat. Im Übrigen ist der Arbeitgeber, wenn nichts anderes vereinbart ist, gehalten, den Arbeitnehmer jeweils für mindestens drei aufeinander folgende Stunden zur Arbeitsleistung in Anspruch zu nehmen (§ 12 Abs. 1 S. 4 TzBfG). Diese Zeit ist auch dann zu vergüten, wenn er ihn nicht beschäftigen kann (§ 615 Abs. 1 BGB).

Das Unternehmen vereinbart mit einem Arbeitnehmer **Bedarfsarbeit,** d. h. es schließt mit ihm einen Vertrag, bei dem die **Dauer**

der Arbeitszeit offen bleibt. Die Schwankungsbreite kann 25% nach oben oder 20% nach unten betragen.[101] Der unterschiedliche Prozentsatz stellt sicher, dass die Arbeitszeit immer um dieselbe Stundenzahl schwanken kann (32 Stunden + 25% = 32 Stunden + 8 Stunden = 40 Stunden; 40 Stunden – 20% = 40 Stunden – 8 Stunden = 32 Stunden).

Das Unternehmen schließt für jeden Bedarfsfall einen neuen **befristeten Arbeitsvertrag** ab. Ist beabsichtigt, immer wieder derartige befristete Verträge zu vereinbaren, so empfiehlt es sich, in einem **Rahmenvertrag** die Bedingungen (Entgelt, Arbeitszeit, Kündigungsmöglichkeit und -fristen usw.) für diese Einsätze festzulegen und in den Einzelverträgen darauf Bezug zu nehmen.[102] Der Rahmenvertrag selbst ist im Gegensatz zum Abrufarbeitsvertrag kein Arbeitsvertrag; er sagt nur, was gilt, wenn ein Arbeitsvertrag abgeschlossen wird. Der Arbeitnehmer ist infolgedessen aufgrund des Rahmenvertrags weder unmittelbar zur Arbeitsleistung noch zum Abschluss von Verträgen über Arbeitsleistungen verpflichtet, auch wenn ihm aus finanziellen Gründen vielleicht nichts anderes übrig bleibt.

Eine Mehrzahl befristeter Arbeitsverträge ist zulässig, wenn der Bedarf, d. h. der Umfang der benötigten Arbeitsleistung, so schwankt, dass für einen vernünftig bemessenen Ausgleichszeitraum (etwa einen Monat) keine feste Arbeitsdauer angegeben werden kann. Fällt Arbeit in zwar schwankendem Umfang, aber voraussehbar immer wieder an, so kommen befristete Verträge im Allgemeinen nicht in Betracht. Das gilt sowohl, wenn vorhersehbar immer wieder ein zusätzlicher Bedarf an Arbeitskräften entsteht, wenn beispielsweise eine Messegesellschaft regelmäßig Aushilfen für Ausstellungen und Messen benötigt,[103] als auch bei regelmäßigem Anfall einer bestimmten Menge Arbeit, etwa wenn die Fehlzeiten infolge Krankheit und Urlaub nicht durch intensivere Arbeit der Kollegen, Überstunden oder ähnliches aufgefangen werden können und die Vertreter praktisch als Springer (Daueraushilfen) eingesetzt werden.

Fehlt es bei mehreren nacheinander abgeschlossenen befristeten Verträgen auch nur einmal an einem konkreten Arbeitsbedarf, so entsteht wegen des dreijährigen Anschlussverbots bei sachgrundlos befristeten Verträgen (§ 14 Abs. 2 S. 2 TzBfG) ein unbefristeter Arbeitsvertrag. Dieser Vertrag kann erst zum vereinbarten Ende ordentlich gekündigt werden, sofern nichts anderes vereinbart ist (§ 16 S. 1 TzBfG). Die befristeten Verträge, die aufgrund des Rahmenvertrags abgeschlossen werden, werden zusammengerechnet, wenn sie in engem zeitlichem und sachlichem Zusammenhang miteinander stehen. Dabei kommt es insbesondere auf Anlass und Dauer der Unterbrechung sowie auf die Art der Weiterbeschäftigung an.[104] Entsteht wegen der Zusammenrechnung ein länger als sechs Monate währendes Arbeitsverhältnis, so hat der Arbeitnehmer Kündigungsschutz (§ 1 Abs. 1 KSchG).

Nach Ansicht des BAG muss der Arbeitgeber bei Rahmenverträgen über Abrufarbeit die **Zustimmung des Betriebsrats** vor Abschluss des Rahmenvertrags einholen; die einzelnen Tätigkeiten seien dann nicht mitbestimmungspflichtig.[105]

XI. Telearbeit

Unter Telearbeit versteht man eine auf programmgesteuerte Arbeitsmittel gestützte Tätigkeit, die regelmäßig ganz oder teilweise („alternierende Telearbeit") außerhalb der zentralen Arbeitsstätte des Arbeits- oder Auftraggebers an einem Arbeitsplatz ausgeübt wird, der mit der Zentrale durch elektronische Kommunikationsmittel verbunden ist. Die Telearbeit kann in der Wohnung des Telearbeiters, in einem Nachbarschaftsbüro, in einem Satellitenbüro oder ohne ständige Anwesenheit an einem festen Arbeitsplatz („mobiler Telearbeiter") verrichtet werden. **Nachbarschaftsbüros** sind Räumlichkeiten, die mehrere Arbeit- oder Auftraggeber oder mehrere Telearbeiter gemeinsam unterhalten und die von mehreren Telearbeitern genutzt werden; **Satellitenbüros** sind Zweigstellen von Unternehmen, die ebenfalls der Benutzung durch Telearbeiter dienen.[106] Telearbeit kann in allen Rechtsformen geleistet werden, in denen Leistungen für andere erbracht werden: vor allem in einem Arbeitsvertrag oder in einem Dienst- oder Werkvertrag. Je nach Ausgestaltung kann der Telearbeiter **Arbeitnehmer, Heimarbeiter** oder ein sonstiger **Arbeitnehmerähnlicher oder ein**

„echter" **Selbstständiger** sein; im Allgemeinen sind Telearbeiter Arbeitnehmer.

Für Telearbeit gibt es **keine** eigenen **gesetzlichen Regelungen.** Telearbeitnehmer sind der Sache nach „Außenarbeiter" (vgl. § 5 Abs. 1 S. 1 BetrVG). Die Besonderheiten sind rein tatsächlicher Art; sie ergeben sich daraus, dass die Arbeit nicht oder nur teilweise im Betrieb geleistet wird. Diesen Besonderheiten ist durch entsprechende Gestaltung des **Arbeitsvertrags** Rechnung zu tragen:[107] Auch ohne ausdrückliche Vereinbarung hat der Arbeitgeber grundsätzlich die Aufwendungen für einen häuslichen Arbeitsplatz zu erstatten (§ 670 BGB entspr.).[108] Umstritten ist, inwieweit **Arbeitsschutzvorschriften** anwendbar sind, wenn die Arbeit in der Wohnung des Telearbeitnehmers geleistet wird (vgl. § 3 ArbSchG). Da die Interessenlage in etwa der bei Heimarbeit entspricht, wird man sich an §§ 12, 16 HAG orientieren können. Zur Kontrolle der Einhaltung muss der Arbeitgeber sich entsprechende Rechte im Arbeitsvertrag ausbedingen. **Der Zutritt zur Wohnung** des Arbeitnehmers ist auch bei vertraglicher Gestattung gegen dessen Willen nur im Klagewege durchsetzbar. Vertreter der staatlichen Aufsichtsbehörden haben ein Zutrittsrecht, wenn eine Gefahr i. S. d. Art. 13 Abs. 3 GG vorliegt.[109]

3. Kapitel

Ein „Neuer" kommt

I. Unterrichtung über den Arbeitsplatz

Der **erste Arbeitstag** beginnt mit einer Verpflichtung des Arbeitgebers, und das bedeutet im Betriebsalltag, mit Arbeit für den Vorgesetzten. Er hat den „Neuen" vor Beginn der tatsächlichen Beschäftigung über seine Aufgaben und über die Verantwortung sowie über die Art der Tätigkeit und ihre Einordnung in den Arbeitsablauf des Betriebs zu unterrichten (§ 81 Abs. 1 S. 1 BetrVG). Er muss ihm also Arbeitsplatz, Arbeitsgerät und Materialien zeigen und erklären, ihn, soweit erforderlich, in seine Tätigkeit einweisen, ihn mit der Verantwortung für Personen (bei Vorgesetztenstellung), Sachwerte und Arbeitsergebnisse vertraut machen, ihm in groben Zügen den Produktionsprozess erläutern (vom Rohstoff oder Halbzeug zum Endprodukt) und ihn über die organisatorische Einordnung (Über- und Unterstellung) unterrichten. Eine allgemeine Information im Verlaufe des Bewerbergesprächs genügt ebensowenig wie die Aushändigung einer Broschüre, so nützlich beide auch sein mögen.[1]

II. Sicherheitsbelehrung

Der Arbeitgeber, und d. h. im Zweifel wieder der Vorgesetzte, hat den neuen Mitarbeiter ebenfalls vor Beginn der Beschäftigung darüber hinaus über die **Unfall- und Gesundheitsgefahren,** denen er bei der Beschäftigung ausgesetzt ist, sowie über die Maßnahmen und

Einrichtungen zur Abwendung dieser Gefahren zu belehren (Sicherheitsbelehrung, § 81 Abs. 1 S. 2 BetrVG). Er muss ihn informieren über sicherheitsgerechte Arbeit an gefährlichen Maschinen und Geräten, er muss ihm Sicherheitseinrichtungen einschließlich persönlicher Schutzausrüstungen zeigen und erklären und ihn zu ihrer Benutzung anhalten, über gefährliche Einwirkungen am Arbeitsplatz belehren, ihm Warnsignale erläutern und die Personen benennen, die bei Unfällen oder Gefahrenlagen zu unterrichten sind.[2]

III. Erprobung

Die Tätigkeit in den ersten Wochen und Monaten dient der gegenseitigen Erprobung, und zwar sowohl, was die Arbeit anlangt, als auch hinsichtlich der Zusammenarbeit: der Einfügung in die Gruppe und in den Betrieb. Die Erprobung sollte **unter möglichst wirklichkeitsnahen Bedingungen** geschehen. Der Neue sollte so rasch wie möglich mit den Arbeiten betraut werden, die er später wahrzunehmen hat. Der Vorgesetzte sollte Arbeitsergebnis und Arbeitsverhalten regelmäßig kontrollieren und auch die Mitarbeiter zur Prüfung heranziehen, die mit ihm zusammenzuarbeiten haben. Eine Fehlentscheidung ist für den Neuen tragisch und kostet das Unternehmen Geld und unter Umständen manchen Ärger. Wird der Vorgesetzte sich nicht ganz schlüssig, so sollte er die Personalabteilung einschalten. Die Personalabteilung kann mit Zustimmung des neuen Mitarbeiters eine Auskunft vom früheren Arbeitgeber einholen oder einen Eignungstest veranlassen. Ist die Unklarheit trotzdem nicht zu beheben, sollte man sich **im Zweifel wieder voneinander trennen.** Aus menschlichen Gründen wird das allerdings vor allem dann schwerfallen, wenn ein neuer Mitarbeiter eine gute Stelle aufgegeben hat und auf dem Arbeitsmarkt wenig Chancen bestehen, eine gleichwertige zu finden.

IV. Kündigung in der Probezeit

Für die Kündigung in der Probezeit ist zu unterscheiden zwischen einem unbefristeten Arbeitsverhältnis mit vorgeschalteter Probezeit und einem befristeten Probearbeitsverhältnis. **Das unbefristete Arbeitsverhältnis mit vorgeschalteter Probezeit ist der Normalfall.** Die Dauer der Probezeit ist Sache der Vereinbarung; häufig sehen Tarifverträge Obergrenzen vor. Beim **befristeten Probearbeitsverhältnis** (dazu Kapitel 2 VIII. 2.) muss sich die Dauer an der vorgesehenen Tätigkeit orientieren. In der Regel sind sechs Monate angemessen, denn neben der Leistung ist auch das Verhalten (Pünktlichkeit, Zuverlässigkeit, soziales Verhalten) zu erproben. Branchenüblichkeit oder Persönlichkeit des Arbeitnehmers können längere oder kürzere Probezeiten rechtfertigen.[3] Unbefristete Arbeitsverhältnisse mit vorgeschalteter Probezeit können jederzeit mit einer Frist von zwei Wochen (§ 622 Abs. 3 BGB) gekündigt werden, sofern nichts anderes vereinbart ist, befristete nur bei entsprechender Vereinbarung (§ 15 Abs. 3 TzBfG).

Ob für die Kündigung ein Grund erforderlich ist, hängt nicht davon ab, ob sie in der Probezeit erfolgt, sondern ob sie in der Sechs-Monats-Frist des Kündigungsschutzgesetzes (§ 1 Abs. 1 KSchG) ausgesprochen wird. **In den ersten sechs Monaten** eines Arbeitsverhältnisses **gibt es keinen Kündigungsschutz.** Das gilt sowohl dann, wenn die Probezeit kürzer ist (sechs Wochen, drei Monate), als auch bei längerer Probezeit (ein Jahr). Entscheidend ist also nicht die Dauer der Probezeit, sondern der Ablauf der Sechs-Monats-Frist nach dem Kündigungsschutzgesetz. Eine „grundlose" Kündigung kann **bis zum letzten Tag der Sechs-Monats-Frist** ausgesprochen werden. Dabei genügt allerdings nicht die Absendung des Schreibens; erforderlich ist der Zugang während der Frist (siehe Kapitel 19 X.). Ausgeschlossen ist die Kündigung einer **Frau im Mutterschutz,** d. h. während der Schwangerschaft und vier Monate nach der Entbindung, sowie eines Arbeitnehmers in **Elternzeit,** sofern die oberste Arbeitsbehörde nicht ausnahmsweise zustimmt (§ 9 MuSchG, § 18 BEEG). Dagegen kann **Schwerbehinderten** in den ersten sechs

Monaten ohne weiteres gekündigt werden; die Kündigung ist dem Integrationsamt lediglich innerhalb von vier Tagen anzuzeigen (§ 90 Abs. 1 Nr. 1, Abs. 3 SGB IX). Unwirksam ist auch eine **missbräuchliche Kündigung,** d. h. eine Kündigung, die aus einem sachlich zu missbilligenden Grund ausgesprochen wird, etwa weil ein Arbeitnehmer der Gewerkschaft angehört oder weil er ihm zustehende Rechte geltend gemacht hat.

Die **Kündigungsfrist in der Probezeit** beträgt, sofern die Probezeit nicht länger als sechs Monate dauert, **zwei Wochen;** danach gilt die allgemeine Grundkündigungsfrist von vier Wochen zum 15. oder zum Ende eines Kalendermonats. Die Kündigungsfrist kann durch Tarifvertrag abgekürzt, durch Tarif- oder Arbeitsvertrag umgekehrt auch verlängert werden. Die Fristen für die Arbeitnehmer dürfen nicht länger sein als die für den Arbeitgeber (§ 622 Abs. 3, 6 BGB). Mit den kurzen Fristen kann bis zum letzten Tag der Probezeit gekündigt werden. Es schadet nicht, wenn die Frist erst nach der Probezeit abläuft.[4]

Der Mitarbeiter muss **über den Kündigungsgrund nicht unterrichtet** werden, sofern nicht in einem Tarifvertrag, einer Betriebsvereinbarung (Arbeitsordnung) oder einem Arbeitsvertrag etwas anderes vorgesehen ist. Das ist zumeist nicht der Fall. In der Regel wird man ihn aber wenigstens pauschal informieren („…passen nicht zueinander..", „…unseren Erwartungen nicht entsprochen…")

Keinen Einfluss hat die Probezeit auf die Anhörung des Betriebsrats. Der **Betriebsrat ist vor jeder Kündigung zu hören** (§ 102 Abs. 1 S. 1 BetrVG). Das gilt **auch** für eine Kündigung **in der Probezeit.** Für die Anhörung gelten dieselben Regeln wie bei sonstigen Kündigungen (siehe Kapitel 19 VII.). Dem Betriebsrat ist also der Grund für die Kündigung zu nennen (§ 102 Abs. 1 S. 2 BetrVG), obwohl es eines rechtfertigenden Grundes i. S. d. Kündigungsschutzgesetzes nicht bedarf. Ihm muss beispielsweise mitgeteilt werden, dass der Arbeitnehmer sich nicht bewährt hat, dass er nicht mit den Kollegen oder die Kollegen nicht mit ihm zurechtgekommen sind oder ähnliches. Eine **Kündigung ohne Anhörung** des Betriebsrats oder ohne zureichende Unterrichtung über den Kündigungsgrund ist **unwirksam** (§ 102 Abs. 1 S. 3 BetrVG).

Will sich ein Vorgesetzter in der Probezeit mit der kürzeren Kündigungsfrist oder in der Sechs-Monats-Frist ohne Grund von einem Arbeitnehmer trennen, so ist darauf zu achten, dass genügend Zeit für die Anhörung des Betriebsrats bleibt. Der Betriebsrat ist nicht verpflichtet, sofort zu entscheiden. Er hat eine Woche Zeit (§ 102 Abs. 2 BetrVG). Diese Woche muss innerhalb der Probezeit oder der Sechs-Monats-Frist eingeplant werden.

V. Verlängerung der Probezeit

Hat sich der „Neue" in der Probezeit nicht bewährt und will der Arbeitgeber ihm eine zweite Chance geben, so kann er mit ihm ein **zweites befristetes Probearbeitsverhältnis** vereinbaren. Dasselbe gilt, wenn die Probezeit nicht ausgereicht hat, um den Probanden beurteilen zu können.[5] Die Gründe dafür müssen allerdings in der Art der Arbeit oder in der Person des Arbeitnehmers liegen (z. B. längere Krankheit). Kann der Neue nicht beurteilt werden, weil der Vorgesetzte, wie leider nicht selten, sich nicht genügend um ihn gekümmert hat, so kommt ein zweites Probearbeitsverhältnis nur in Ausnahmefällen – dringende betriebliche Gründe, die einer Einarbeitung entgegenstanden – in Betracht.

Bei einem **unbefristeten Arbeitsvertrag** mit vorgeschalteter Probezeit lässt sich eine Verlängerung dadurch erreichen, dass man den Arbeitsvertrag vor Ablauf der Sechs-Monats-Frist, d. h. vor Eintritt des Kündigungsschutzes, mit einer „überschaubaren, längeren" Frist – im entschiedenen Fall vier Monate – kündigt und für den Fall der Bewährung eine Wiedereinstellungszusage gibt. Statt zu kündigen kann man auch einen Aufhebungsvertrag abschließen.[6]

VI. „Einfühlungsverhältnis"

Einfühlungsverhältnisse dienen einem ersten, unverbindlichen Kennenlernen; sie sind der Probezeit vorgeschaltet. Einfühlungsverhältnisse begründen **kein Arbeitsverhältnis** und damit auch keine Vergütungspflicht, sofern nicht ausdrücklich etwas anderes vereinbart ist. Umgekehrt trifft den Probanden weder eine Anwesenheits- noch eine Arbeitspflicht, er muss keine Dienstzeiten einhalten, der „Arbeitgeber" hat kein Direktionsrecht.[7] Einfühlungsverhältnisse sollten nicht länger als eine, höchstens zwei Wochen dauern, und sie sollten vor allem nicht zur Beschaffung billiger Arbeitskräfte missbraucht werden.

VII. Festanstellung

Ist der Arbeitnehmer **auf unbestimmte Zeit** eingestellt worden und sind lediglich die ersten Wochen oder Monate als Probezeit vereinbart, so geht die Probezeit von selbst in die „Festanstellung" über. Einer besonderen Vereinbarung oder auch nur einer Mitteilung bedarf es nicht. Üblich ist es, den Mitarbeiter davon zu unterrichten, dass er die Probezeit bestanden hat. Übergeht der Vorgesetzte das Ende der Probezeit mit Schweigen, so ist das rechtlich zwar ohne Bedeutung, wirkt im Allgemeinen aber nicht sehr motivierend.

Ein **befristetes Probearbeitsverhältnis** läuft mit Ende der Probezeit aus. Der Arbeitgeber ist mangels anderer Abrede selbst dann nicht zum Abschluss eines unbefristeten Arbeitsvertrags verpflichtet, wenn der Arbeitnehmer sich bewährt hat. Etwas anderes gilt ausnahmsweise, wenn er einer Arbeitnehmerin erklärt hat, sie habe „die Probezeit bestanden", und wenn er ihr dann keinen festen Arbeitsvertrag gibt, weil sie mittlerweile schwanger ist.[8] Der Festanstellungsvertrag ist rechtlich ein neuer Arbeitsvertrag; er bedarf aber nicht der Zustimmung des Betriebsrats, wenn dieser schon vorher auf die Absicht der Festanstellung bei Bewährung hingewiesen wurde.[9]

4. Kapitel

Weisungsrecht

I. Inhalt

Das Weisungsrecht ist das Recht des Arbeitgebers zur **Konkretisierung der Arbeitspflicht.** Der Unternehmer hat die Leitungs- und Organisationsmacht[1] – genauer: das Leitungs- und Organisationsrecht –, er kann **Richtlinien** aufstellen, **allgemeine Weisungen und Weisungen für den Einzelfall** erteilen. Das Weisungsrecht im Einzelfall wird durch den Vorgesetzten ausgeübt.

Das Weisungsrecht unterscheidet den Arbeitsvertrag vom Dienstvertrag; es macht aus dem selbstständigen Dienstnehmer den abhängigen Arbeitnehmer. Seine Legitimation findet es im Vertrag. Der Arbeitnehmer verpflichtet sich, Leistungen zu erbringen, die der Arbeitgeber nach Art und Umfang und nach der Art und Weise der Erledigung spezifizieren darf. Die Pflicht, Weisungen nachzukommen, ist der **Preis,** den der Arbeitnehmer **für die Abnahme des wirtschaftlichen Risikos,** d. h. des Risikos, das Arbeitsergebnis auf dem Markt verwerten zu können, durch den Unternehmer zahlt. Wenn der Unternehmer das Risiko für die Verkäuflichkeit der Produkte tragen soll, dann muss er die Möglichkeit haben, Erzeugnisse nach seinen Vorstellungen herzustellen. Der Arbeitnehmer ist, selbst in höchsten Positionen, immer Gehilfe des Arbeitgebers; etwas altertümelnd, aber sachlich durchaus zutreffend, bezeichnet das HGB deshalb den kaufmännischen Angestellten als Handlungsgehilfen (§ 59 HGB).

Das Weisungsrecht bezieht sich, da es dem Unternehmer helfen soll, das Unternehmen nach seinen Vorstellungen zu leiten und zu organisieren, immer (nur) auf die Tätigkeit im weitesten Sinne (§ 106 S. 1, 2 GewO), insbesondere auf

- **die Arbeit selbst:** Art (z. B. auch Bereitschaftsdienst, Rufbereitschaft oder Überstunden),[2] Umfang, Reihenfolge, Methode, Ort und Zeit, organisatorische Eingliederung, Grundsätze oder Anordnungen zu Führung und Zusammenarbeit, die Anordnung, an einer Schulung teilzunehmen, die zur Verrichtung der geschuldeten Arbeit erforderlich ist, oder die Anordnung, einen Dienstwagen selbst zu fahren oder Kollegen mitzunehmen[3]

- **das Verhalten bei der Arbeit:** Genuss von Alkohol, Rauchen, Lärm (Singen, Radiohören), Kleidung (Weisung an einen Mitarbeiter im Verkauf eines Möbelhauses gehobenen Genres, in Gegenwart von Kunden nicht in Jeans, Turnschuhen, mit offenem Kragen, ohne Krawatte und ohne Sakko aufzutreten[4]), Benutzung von Arbeitsschutzmitteln, Auskunft über den Stand der Arbeit und über die Durchführung

- **das Verhalten im Betrieb:** Aufenthalt im Betrieb, Mitbringen fremder Personen, Verkehr, Fotografieren und Filmen, Verteilung von Druckschriften, parteipolitische Betätigung, Verkauf von Waren auf dem Werksgelände

- **den Umgang mit den Betriebs- und Arbeitsmitteln:** Kontrollen, Ordnung und Sauberkeit, Anzeige drohender Schäden, Aufenthalt im Werk, Schutz vor Schäden, Benutzen zu privaten Zwecken[5]

- **ausnahmsweise außerdienstliches Verhalten:** kein Alkoholgenuss vor der Arbeit bei sensiblen Tätigkeiten (Piloten, Werkschutz- und Bewachungspersonal, § 5 BGV C 7), keine Schädigung des Unternehmens.

Nicht dem Weisungsrecht unterfallen insbesondere **das Entgelt und die Dauer der Arbeitszeit.**[6] Das Entgelt ist die vereinbarte Gegenleistung; die Arbeitszeit bestimmt die „Portion" an Leistung, die der Arbeitnehmer zu erbringen hat, und damit ebenfalls die Gegenleistung. Allerdings kann sich der Arbeitgeber auch insoweit vertraglich das Recht einräumen lassen, die Vertragsbedingungen einseitig zu bestimmen, sei es, indem er sich von vornherein einen Spielraum vorbehält („Die Höhe der Erfolgsbeteiligung wird jährlich vom Vorstand im Anschluss an die Hauptversammlung festgelegt"), sei es, dass er einen Widerrufsvorbehalt vereinbart („Wir gewähren Ihnen eine übertarifliche Zulage, die unter folgenden Voraussetzungen widerrufen werden kann: ..."). Solche Leistungsbestimmungsrechte sind aber nicht mit dem Vertrag vorgegeben; sie müssen ausdrücklich vereinbart werden (zur Arbeitszeit siehe Kapitel 2 X., zum Entgelt Kapitel 7 V. 3.).

II. Umfang

Der Umfang des Weisungsrechts **richtet sich nach dem Vertrag.** Die äußerste Grenze hinsichtlich Art und Umfang bestimmen die vereinbarte Tätigkeit und die vereinbarte Dauer der Arbeitszeit. Soll diese Grenze überschritten werden, bedarf es einer Versetzungsklausel und einer Vereinbarung, dass der Arbeitnehmer bei Bedarf Überstunden zu leisten hat.[7] Sehr frei ist der Arbeitgeber bei der Bestimmung der Lage der Arbeitszeit.[8] Ist nichts vereinbart, kann er sie nach billigem Ermessen festlegen (§ 106 S. 1 GewO). Dasselbe gilt nach der Rechtsprechung für den Arbeitsort (Näheres dazu in Kapitel 5 V.).[9]

Das Weisungsrecht kann durch Tarifvertrag und durch Betriebsvereinbarung erweitert werden. Gesetz, Tarifvertrag und Betriebsvereinbarungen schränken das Weisungsrecht aber auch vielfältig ein; die Geschichte des Arbeitsrechts ist weithin die Geschichte der Einschränkung des Weisungsrechts. Der Gesetzgeber hat Einschränkungen teils selbst vorgenommen, etwa durch Regeln über die Gestaltung der Arbeitsstätten, den Umgang mit gefährlichen Arbeitsstoffen, über Dauer und Lage der täglichen Arbeitszeit und der Pausen; teils fördert er sie durch die Bindung von Weisungen an das Mitbestimmungsrecht des Betriebsrats, vor allem bei Fragen der Ordnung des Betriebs und des Verhaltens der Arbeitnehmer im Betrieb, bei der Versetzung, bei der Lage der Arbeitszeit und bei Überstunden (siehe unten VI. sowie Kapitel 5 VIII., Kapitel 6 VI., Kapitel 7 VI.).

III. Ausübung

Der Arbeitgeber hat das Weisungsrecht **nach billigem Ermessen** auszuüben (§ 106 S. 1 GewO), d. h. er muss die wesentlichen Umstände des Einzelfalles abwägen und die beiderseitigen Interessen angemessen berücksichtigen[10] (z. B. Arbeitgeber braucht Arbeitnehmer als VN-Leiter in einem Betrieb – Arbeitnehmer muss bei einem Umzug in ein anderes Bundesland mit seinen drei Kindern Schulprobleme befürchten). Dabei hat er auf Behinderungen des Arbeitnehmers angemessen Rücksicht zu nehmen (§ 106 S. 3 GewO). Die Interessen des Arbeitnehmers wiegen umso schwerer, je stärker er in seiner beruflichen Tätigkeit, in seinem Ansehen, in der Gestaltung seiner Lebenszeit betroffen ist. Anordnungen zu einer bestimmten Reihenfolge der Arbeit – bei der Sekretärin: erst Diktat, dann Telefonate, dann Ablage – werden kaum einmal berechtigte Interessen des Arbeitnehmers entgegenstehen; bei der Versetzung vom Außen- in den Innendienst oder bei einer Verlegung der Arbeitszeit sieht es anders aus. Im Übrigen ist der Gleichbehandlungsgrundsatz zu beachten.

Das **Weisungsrecht** des Arbeitgebers **erlischt nicht** durch bloßen Zeitablauf.[11] Es soll gerade die Anpassung an neue Bedürfnisse ermöglichen. Der Arbeitgeber kann das Weisungsrecht auch noch nach Jahren ausüben, und er kann Weisungen immer wieder ändern.

BEISPIELE:
- Versetzung einer Verkäuferin nach achtjähriger Tätigkeit aus der Kinderabteilung in die Herrenabteilung.[12]
- Versetzung einer kaufmännischen Angestellten nach siebenjähriger Tätigkeit aus der Buchhaltung in die Arbeitsvorbereitung.[13]
- Betrauung einer Küchenhilfe nach zehnjähriger Tätigkeit als Kaffeeköchin mit anderen Küchenarbeiten.[14]
- Widerruf einer Vorarbeiterfunktion nach sieben Jahren.[15]
- Einführung von Wechselschichtarbeit statt fester Arbeitszeit in Normalschicht nach sieben Jahren.[16]

- Änderung der Arbeitszeit, obwohl in dem Betrieb 20 Jahre lang zu einer bestimmten Zeit gearbeitet worden war.[17]
- Nach sechs Jahren Versetzung an einen anderen Ort.[18]
- Verbot des Radiohörens nach 20-jähriger Duldung, weil sich die Umstände geändert haben.[19]

Es ist lediglich darauf zu achten, dass das billige Ermessen gewahrt bleibt. Dabei wird die **Zeit** im Allgemeinen zugunsten des Arbeitnehmers zu berücksichtigen sein. Auch hier ist aber zu unterscheiden. Es ist etwas anderes, ob der Arbeitnehmer nach 15 Jahren an einen anderen Ort umziehen muss oder ob er in eine andere Filiale am selben Ort versetzt wird.

IV. Erlöschen

Das Leistungsbestimmungsrecht **erlischt ausnahmsweise, wenn** sich das Vertragsverhältnis auf eine bestimmte Tätigkeit oder auf eine bestimmte Art und Weise der Ausübung dieser Tätigkeit **konkretisiert** hat.[20] Die Konkretisierung erfolgt **durch ausdrückliche oder stillschweigende Vertragsänderung.** Eine stillschweigende Vertragsänderung liegt vor, wenn Umstände den Schluss rechtfertigen, dass der Arbeitnehmer künftig nur noch mit einer bestimmten Tätigkeit beschäftigt werden oder dass diese Tätigkeit für die Zukunft in einer bestimmten Art und Weise ausgeübt werden soll. Solche Umstände können etwa eine Ausbildung sein, der sich der Arbeitnehmer auf Anraten des Arbeitgebers unterzieht, vor allem wenn die Ausbildung auf eigene Kosten erfolgt und die Chancen auf dem allgemeinen Arbeitsmarkt nicht wesentlich erhöht, oder der Bescheid eines Personalsachbearbeiters an einen baulustigen Arbeitnehmer, er brauche mit dem Einsatz an einem anderen Ort nicht zu rechnen. Zu einer Konkretisierung kommt es nach der Rechtsprechung auch bei einer Beförderung, wenn kein sachlicher Grund (Erprobung, Vertretung, Entscheidung über Beibehaltung der Stelle noch offen) für die befristete Übertragung einer höherwertigen Tätigkeit bestand.[21] Die **Vertragsänderung kann, selbst wenn der Vertrag Schriftform vorsieht, mündlich erfolgen.** Ob der Bescheid eines Vorgesetzten zu einer Vertragsänderung ausreicht, hängt von den Umständen des Einzelfalles ab (Vertretungsmacht, interne Zuständigkeit, Kenntnis des Arbeitnehmers von den Zuständigkeiten, Üblichkeit im Unternehmen).[22] Zurückhaltung auf Seiten des Vorgesetzten ist geboten, denn unter Umständen kann sich der Mitarbeiter auf die Grundsätze der Anscheinsvollmacht berufen.

V. Unzulässige Weisungen

Unzulässige Weisungen, d. h. Weisungen, die nicht durch den Arbeitsvertrag oder eine sonstige Vorschrift gedeckt sind oder die gegen eine Norm verstoßen, braucht der Arbeitnehmer **nicht zu befolgen.** So braucht er nicht zu einem Gespräch zu erscheinen, das einzig dem Zweck dient, ihn zu einer Vertragsänderung zu bewegen, erst recht nicht, wenn er dieses Ansinnen bereits abgelehnt hat.[23] Bei unsicherer Rechtslage ist das Nichtbefolgen von Weisungen für den Arbeitnehmer nicht ohne **Risiko.** Stellt sich heraus, dass er kein Leistungsverweigerungsrecht hatte, dann verliert er nicht nur den Anspruch auf das Entgelt, sondern er läuft auch Gefahr, wegen Arbeitsverweigerung abgemahnt und in schwerwiegenden Fällen sogar entlassen zu werden. **In Grenzfällen** empfiehlt sich deshalb eine **Befolgung unter Vorbehalt.** Kein Leistungsverweigerungsrecht hat der Arbeitnehmer, wenn er eine Weisung für unzweckmäßig hält.

VI. Mitbestimmung des Betriebsrats

Weisungen sind nicht generell mitbestimmungspflichtig. Es kommt immer darauf an, ob ein Mitbestimmungstatbestand verwirklicht ist. Im Folgenden geht es um das Mitbestimmungsrecht bei Weisungen im Zusammenhang mit Fragen der **Ordnung des Betriebs und des Verhaltens der Arbeitnehmer im Betrieb** (§ 87 Abs. 1 Nr. 1 BetrVG).

Mit der Ordnung des Betriebs und dem Verhalten der Arbeitnehmer im Betrieb ist das Verhalten der Arbeitnehmer gemeint, soweit die Ordnung des Betriebs davon berührt wird. **Mitbestimmungspflich-**

tig sind also Maßnahmen, die sich auf das Ordnungsverhalten der Arbeitnehmer beziehen, d. h. auf die Sicherung des ungestörten Arbeitsablaufs und die Gestaltung des Zusammenlebens und Zusammenwirkens der Arbeitnehmer im Betrieb, wie bspw. entsprechende Vorschriften in einem Verhaltenskodex (**„Ethikrichtlinien"**),[24] **mitbestimmungsfrei** Maßnahmen, die das Verhalten der Arbeitnehmer ohne Bezug zur betrieblichen Ordnung betreffen, weil es sich entweder auf die Arbeitsleistung, d. h. das Arbeits- oder Leistungsverhalten der Arbeitnehmer bezieht oder in sonstiger Weise lediglich das Verhältnis Arbeitnehmer/Arbeitgeber betrifft.[25] Mitbestimmungsfrei ist auch die Geltendmachung von Ansprüchen aus der Sachherrschaft des Arbeitgebers an den Betriebs- und Arbeitsmitteln. Auch bei der an sich mitbestimmungspflichtigen Frage der betrieblichen Ordnung entfällt ein Mitbestimmungsrecht, wenn die Angelegenheit durch eine Norm – Gesetz, Verordnung, Tarifvertrag – oder durch einen Verwaltungsakt abschließend geregelt ist, wenn dem Arbeitgeber also kein Spielraum für eine Regelung mehr bleibt.[26] Kein Mitbestimmungsrecht besteht schließlich bei Weisungen, die nur einen Arbeitnehmer betreffen; mitbestimmungspflichtig sind generelle Maßnahmen.[27]

Mitbestimmungsfrei sind damit vor allem

- Maßnahmen, die den **Zutritt zum Betrieb** ermöglichen, z. B. die Einführung einer codierten Ausweiskarte,[28]

- Maßnahmen, die dem **Schutz des Eigentums oder des Vermögens des Arbeitgebers** dienen, wie Rauchverbote bei Brandgefahr, Verbot des Tragens von Pfennigabsätzen, das Verbot, das Diensttelefon, den Internetanschluss oder den Dienstwagen privat zu nutzen oder private Elektrogeräte an das betriebliche Stromnetz anzuschließen, Anordnungen zum Aufräumen und Sauberhalten des Arbeitsplatzes und zur sorgsamen Behandlung von Betriebs- und Arbeitsmitteln,

- die **Organisation und die Gestaltung des Betriebs und der Arbeit,** etwa die Einführung von Bildschirmgeräten oder die Umwidmung eines Aufzugs in einen Besucheraufzug,[29] die Bildung von Arbeitsgruppen (anders die Grundsätze über die Durchführung von Gruppenarbeit, § 87 Abs. 1 Nr. 13 BetrVG), der Erlass von Richtlinien über Führung und Zusammenarbeit oder Regelungen über die gegenseitige Vertretung,

- die **Konkretisierung der Arbeitspflicht** hinsichtlich Gegenstand, Ort, Zeit, Reihenfolge und Art und Weise der Arbeit,[30]

- Maßnahmen, die der **Kontrolle der Arbeitsleistung** dienen, etwa Qualitätskontrollen, die Kontrolle der Arbeit durch Vorgesetzte oder durch arbeitsbegleitende Papiere, in die der Arbeitnehmer selbst die verrichtete Tätigkeit und die dafür benötigte Zeit einträgt (Tätigkeitsberichte, Arbeitszeitbelege), das Verlangen von Auskünften über die Erfüllung der Arbeitspflicht (Gründe für häufige Fehlzeiten), der Hinweis auf bestehende Pflichten (Geheimhaltung) oder der Einsatz von Privatdetektiven.[31] **Mitbestimmungspflichtig** sind Kontrollmaßnahmen, bei denen **technische Einrichtungen** (Fernseh- oder Filmkameras, Abhörgeräte, Telefonabhör- oder Datenerfassungsgeräte, Stempeluhren, Produktografen, Fahrtenschreiber, Datensichtgeräte in Verbindung mit entsprechender Software) benutzt werden (§ 87 Abs. 1 Nr. 6 BetrVG).

Mitbestimmungspflichtig sein können vor allem

- Regelungen über **Kontrollen, die sich nicht nur auf die Arbeitsleistung beziehen,** wie Anwesenheits-, Pünktlichkeits- und Torkontrollen, die Einführung und Ausgestaltung von Passierscheinen und Werksausweisen,[32] Regelungen über das Verlassen des Betriebs während der Pausen, über An- und Abmeldung am Arbeitsplatz, über das Ausfüllen von Formularen bei Arztbesuch, über formalisierte Krankengespräche[33] und über die Vorlage des Attests vom ersten Tag an.[34]

- **Kleiderordnungen,[35] Ordnungen über Haar- und Barttracht, Rauch-, Alkohol-, Lärm- (Sing)Verbote, Anordnungen zum Radiohören,** es sei denn, dem Arbeitgeber wird durch eine Vorschrift ein bestimmtes Verhalten aufgegeben (Arbeitssicherheit, Hygiene), die Maßnahme ist zum Schutz von Leib, Leben oder Sachmitteln des Arbeitgebers oder der Arbeitnehmer erforderlich (Rauchverbot in explosionsgefährdetem Betrieb), der Arbeitnehmer kann seine Arbeitsleistung sonst nicht ordnungsgemäß erbringen (Rauchen im Krankenzimmer, Schalterbeamter einer Bank in Turnschuhen).

- **Benutzungsregelungen** für Sozialeinrichtungen, Sozialräume und Parkplätze.[36]

- **Regelungen über das Verhalten im Betrieb,** z. B. über den Aufenthalt im Betrieb, über das Mitbringen fremder Personen, Verkehrsregelungen, über Fotografieren und Filmen, über parteipolitische Betätigung, über die Verteilung von Druckschriften, über den Verkauf von Waren durch Arbeitnehmer, über die Einsicht in Personalakten und die Behandlung eingebrachter Sachen.[37]

Mitbestimmungspflichtige Weisungen, die **ohne** – vorherige – **Zustimmung** des Betriebsrats ergehen, sind unwirksam. Der Arbeitnehmer braucht sie nicht zu befolgen. Eine Ausnahme gilt nur in Notfällen.

5. Kapitel

Arbeits- und Beschäftigungspflicht

I. Art der Arbeit

Die Art der zu leistenden Arbeit **bestimmt sich nach dem Arbeitsvertrag.** Sie kann eng oder weit umschrieben werden:

> **BEISPIEL:**
> – Herr . . . ist als kaufmännischer Angestellter in unserem Unternehmen tätig. Er wird außertariflich bezahlt.
> – Herr . . . ist als Betriebsingenieur in unserem Unternehmen tätig.
> – Herr . . . ist als Leiter der Verkaufsniederlassung Ixstadt tätig.

Im ersten Fall hat sich der Angestellte zu allen kaufmännischen Tätigkeiten im gesamten Unternehmen verpflichtet, gleichgültig in welcher Abteilung und in welchem Betrieb. Einzige Bedingung ist, dass ihm Aufgaben übertragen werden, die über der höchsten tariflich geregelten Aufgabe liegen. Im zweiten Fall kann der Angestellte nur als Betriebsingenieur beschäftigt werden, nicht also beispielsweise in einem Konstruktionsbüro oder in der Materialwirtschaft, wohl aber ebenfalls in allen Betrieben des Unternehmens. Im dritten beschränkt sich der Einsatz auf die Leitung der Verkaufsniederlassung Ixstadt.

Erweiterungen, Einschränkungen oder eine Konkretisierung können sich ergeben aus dem Berufsbild, aus der tariflichen Eingruppierung, aus einem Organisationsplan oder aus einer Stellenbeschreibung, die dem Arbeitsvertrag beigefügt werden, oder einfach aus der Übung in der Branche, im Beruf, im Betrieb oder am Ort. Wird die Arbeit nur ganz allgemein umschrieben oder erklärt sich der Arbeitnehmer bereit, jede ihm innerhalb des Betriebes übertragene Arbeit zu übernehmen, so muss er jede Arbeit im Rahmen der vereinbarten Vergütungsgruppe verrichten, die billigem Ermessen entspricht und bei Vertragsschluss vorhersehbar war.[1]

Bei enger Umschreibung im Arbeitsvertrag sind **Versetzungsklauseln** üblich:

> Wir sind berechtigt, Ihnen aus betrieblichen oder persönlichen Gründen eine andere gleichwertige Tätigkeit, die Ihren Kenntnissen und Fähigkeiten entspricht, (auch in einem anderen Betrieb unseres Unternehmens und auch an einem anderen Ort in der Bundesrepublik Deutschland) zuzuweisen.

Die Versetzungsklauseln **konterkarieren enge Festlegungen.** Von ihrem Umfang hängt es ab, inwieweit eine Änderung der Tätigkeit in Betracht kommt. Wird eine Versetzung beispielsweise nur aus betrieblichen Gründen vorbehalten, so kann einem Arbeitnehmer bei Krankheit keine andere Arbeit, die er trotz seiner Erkrankung noch verrichten könnte, übertragen werden.

Wird die vereinbarte Tätigkeit horizontal durch die Arbeitsaufgabe (kaufmännischer Angestellter, Sachbearbeiter, Sachbearbeiter Verkauf Südostasien) umschrieben, so findet sie vertikal ihre Grenze im vereinbarten Entgelt. Dem Arbeitnehmer können **nur gleichwertige Tätigkeiten** übertragen werden, d. h. Tätigkeiten, die dieselbe Vergütung nach sich ziehen. Im Tarifbereich wird das eine Tätigkeit im Rahmen derselben Tarifgruppe sein, im AT-Bereich eine Tätigkeit mit etwa gleichem Arbeitswert. Wegfall von Leistungen, die Aufwendungen ersetzen oder Erschwernisse abgelten sollen, schadet nicht. **Unzulässig ist die Zuweisung einer geringerwertigen Tätigkeit auch dann, wenn das Entgelt unverändert belassen wird.**[2] Etwas anderes gilt nur bei der vorübergehenden Übertragung einer anderen Tätigkeit (Urlaubs- oder Krankheitsvertretung[3]) und für Nebenarbeiten.[4] Will der Arbeitgeber sich das Recht vorbehalten, dem Arbeitnehmer auch geringerwertige Tätigkeit (mit gleichem oder geringerem Entgelt) zu übertragen, dann muss er das vereinbaren. Das ist zwar nicht üblich, aber – in engen Grenzen – auch nicht verboten.

Zur geschuldeten Tätigkeit gehören auch die üblichen **Nebenarbeiten,** sofern sie in einem inneren, unmittelbaren Zusammenhang mit der Haupttätigkeit stehen („Zusammenhangstätigkeiten").[5] Von Führungskräften kann die Auswahl und das Anlernen neuer Mitarbeiter erwartet werden, sie haben in Verbänden mitzuwirken, die Unternehmensinteressen vertreten, Auswärtstermine wahrzunehmen (Dienstreisen); Sekretärinnen haben – anders als Schreibkräfte in einem Zentralsekretariat – Besucher zu empfangen und zu bewirten; Sachbearbeiter, wenn das im Unternehmen üblich ist, Botengänge durchzuführen und Kopien zu fertigen; Arbeiter ihre Maschinen zu säubern und instandzuhalten; Kraftfahrer ihre Fahrzeuge zu warten und zu pflegen sowie kleinere Reparaturen vorzunehmen; alle Mitarbeiter, an Schulungs- und Fortbildungsmaßnahmen teilzunehmen, die sie bezüglich ihrer Arbeit auf dem neuesten Stand halten. In Notfällen, d. h. bei Unglücksfällen, Naturkatastrophen usw., sind, soweit zumutbar, alle unaufschiebbaren Arbeiten zu verrichten, um vom Unternehmen Schaden abzuwenden (vgl. § 14 ArbZG). Nicht zu den Notfällen zählen voraussehbare betriebliche Engpässe.

Die **Bestimmung der konkreten Tätigkeit** im Rahmen der vereinbarten Arbeitsaufgabe geschieht **durch Weisung** (§ 106 GewO). Rechtlich macht es keinen Unterschied, ob der Arbeitgeber sich einen weiten Rahmen vorbehält und ihn konkretisiert oder ob er den Rahmen enger steckt und ihn dann aufgrund einer entsprechenden (Versetzungs)Klausel wieder ändert. In beiden Fällen kommt es darauf an, was vereinbart ist. Liegt die Tätigkeit nicht im Rahmen des Vereinbarten, so bedarf es einer Änderung des Vertrags, sei es im Einvernehmen (§ 311 Abs. 1 BGB), sei es durch Änderungskündigung (§ 2 KSchG).

II. Versetzung, Umsetzung

Als **Versetzung** pflegt man die nicht nur vorübergehende Zuweisung eines anderen Arbeitsplatzes oder Arbeitsbereichs, d. h. die Änderung der Tätigkeit nach Art, Umfang, Eingliederung in die betriebliche Organisation und/oder nach dem Ort zu bezeichnen. Eine

„kleine" Versetzung bezeichnet man häufig als **Umsetzung. Beförderung** ist die Zuweisung eines höherwertigen Aufgabengebiets, vor allem einer Tätigkeit, die in der betrieblichen Organisation höher angesiedelt ist. Von **Abstellungen** spricht man manchmal bei vorübergehenden Versetzungen, von **Abordnungen** vor allem, wenn sie mit einem Betriebswechsel (und das bedeutet in der Regel zugleich einem Ortswechsel) verbunden sind (z. B. ins Ausland).

Die Begriffe kommen aus dem **Beamtenrecht.** Dort bedeutet Versetzung die dauernde Zuweisung eines anderen Aufgabengebiets (Arbeitsbereichs) bei einer anderen Behörde, Umsetzung die Zuweisung eines anderen Aufgabengebiets innerhalb derselben Behörde und Abordnung die vorübergehende Zuweisung eines Aufgabengebiets in einer anderen Behörde unter Aufrechterhaltung des Beschäftigungsverhältnisses zur abordnenden Behörde.[6]

Das Individualarbeitsrecht kennt die Begriffe Versetzung und Umsetzung nicht (anders das Betriebsverfassungsrecht, siehe unten VIII.). Rechtlich kommt es nur darauf an, ob der Arbeitgeber dem Arbeitnehmer nach dem Arbeitsvertrag eine andere Arbeit oder eine Arbeit an einem anderen Ort oder in einer anderen Einheit zuweisen kann oder ob es dazu einer Änderung des Vertrags bedarf. Im ersten Fall kann er die Änderung einseitig kraft Weisungsrechts vornehmen (§ 106 GewO), im zweiten braucht er die Zustimmung des Arbeitnehmers, die er notfalls durch eine Änderungskündigung erzwingen kann. **Entscheidend ist** also, **welche Rechte der Vertrag dem Arbeitgeber einräumt.**

Für das **Weisungsrecht** gilt das unter § 4 Gesagte. Eine **einvernehmliche Änderung** ist rechtlich ein **(Änderungs)Vertrag** (§ 311 Abs. 1 BGB). Der Arbeitnehmer kann das Angebot des Arbeitgebers ausdrücklich oder stillschweigend annehmen. Letzteres kann durch bloßes Weiterarbeiten geschehen, wenn sich die Änderung unmittelbar im Arbeitsverhältnis auswirkt.[7] Nimmt der Arbeitnehmer also eine Versetzung hin, zu der der Arbeitgeber nach dem Vertrag nicht befugt ist, so kann darin die stillschweigende Zustimmung zu einer Vertragsänderung liegen.

BEISPIEL: Der Arbeitgeber entzieht dem Akkordanten einer Maurer-kolonne die Fugen- und Putzarbeiten. Dieser führt die Maurerarbeiten trotzdem weiter aus.

Ist der Arbeitnehmer zu einer einvernehmlichen Änderung nicht bereit, so bleibt dem Arbeitgeber nur die **Änderungskündigung** (§ 2 KSchG). Kündigung (§ 623 BGB) und Änderungsangebot[8] be-dürfen der Schriftform. Der Arbeitnehmer hat drei Möglichkeiten zu reagieren: Er kann die Änderung doch noch annehmen; dann ist die Kündigung hinfällig. Er kann die Änderung ablehnen; dann wird die Änderungskündigung zur Beendigungskündigung. Er kann das Angebot unter dem Vorbehalt annehmen, dass die Änderung

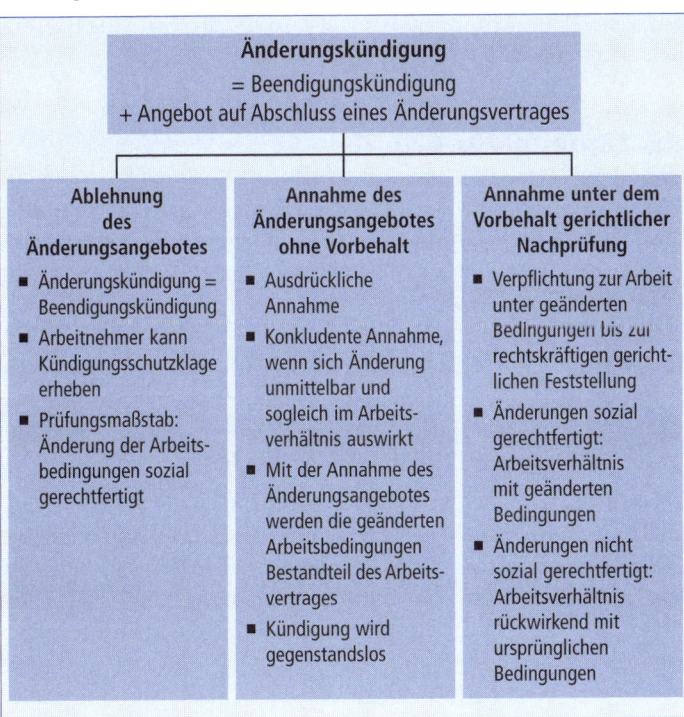

Änderungskündigung

= Beendigungskündigung
+ Angebot auf Abschluss eines Änderungsvertrages

Ablehnung des Änderungsangebotes	Annahme des Änderungsangebotes ohne Vorbehalt	Annahme unter dem Vorbehalt gerichtlicher Nachprüfung
■ Änderungskündigung = Beendigungskündigung ■ Arbeitnehmer kann Kündigungsschutzklage erheben ■ Prüfungsmaßstab: Änderung der Arbeits-bedingungen sozial gerechtfertigt	■ Ausdrückliche Annahme ■ Konkludente Annahme, wenn sich Änderung unmittelbar und sogleich im Arbeits-verhältnis auswirkt ■ Mit der Annahme des Änderungsangebotes werden die geänderten Arbeitsbedingungen Bestandteil des Arbeits-vertrages ■ Kündigung wird gegenstandslos	■ Verpflichtung zur Arbeit unter geänderten Bedingungen bis zur rechtskräftigen gericht-lichen Feststellung ■ Änderungen sozial gerechtfertigt: Arbeitsverhältnis mit geänderten Bedingungen ■ Änderungen nicht sozial gerechtfertigt: Arbeitsverhältnis rückwirkend mit ursprünglichen Bedingungen

Abb. 4: Änderungskündigung

der Bedingungen nicht sozial ungerechtfertigt ist; dann muss er mit Ablauf der Kündigungsfrist zu den neuen Bedingungen weiterarbeiten. Die Annahme unter Vorbehalt muss er dem Arbeitgeber innerhalb der Kündigungsfrist, spätestens vor Ablauf von drei Wochen nach Zugang erklären (§ 2 S. 2 KSchG).[9] Im zweiten und im dritten Fall kann er – innerhalb von drei Wochen nach Zugang der Kündigung – Kündigungs- bzw. Änderungsschutzklage erheben. Das Gericht prüft dann, ob ein Grund für die Änderung der Arbeitsbedingungen vorliegt und ob dem Arbeitnehmer die neuen Bedingungen zumutbar sind.[10] Kommen mehrere Arbeitnehmer für eine Versetzung in Frage, so muss der Arbeitgeber sie dem anbieten, dem sie eher zumutbar ist.[11] Sind diese Voraussetzungen erfüllt, dann ist die Kündigung wirksam. Im zweiten Fall scheidet der Arbeitnehmer aus dem Unternehmen aus, im dritten erhält sein Arbeitsvertrag den neuen Inhalt.

III. Umfang der Arbeit

Der Arbeitnehmer hat während der vereinbarten Arbeitszeit **unter angemessener Anspannung seiner Kräfte und Fähigkeiten ständig zu arbeiten,** soweit er sich dadurch nicht gesundheitlich schädigt; er muss keinen Raubbau mit seiner Gesundheit treiben. Die Pflicht zu ständiger konzentrierter Arbeit gilt **auch** für **Mitarbeiter in Leistungslohn.**[12] Ein Leistungslöhner, der mehr leisten kann, darf seine Leistung nicht so einrichten, dass er nicht über einen bestimmten Akkordbetrag oder eine bestimmte Prämie hinauskommt, oder „feiern", wenn er den Höchstbetrag erreicht hat.

Da sich der Umfang der **Leistungspflicht nach subjektiven Maßstäben** bestimmt, hat der Arbeitnehmer je nach Leistungsfähigkeit mehr oder weniger als die Normalleistung zu erbringen. Ein Mehr gibt ihm keinen Anspruch auf höhere Vergütung, ein Weniger dem Arbeitgeber kein Recht zur Kürzung des Entgelts. Erst bei erheblicher Minderleistung – etwa ein Drittel – kommt eine personenbedingte Kündigung in Betracht. Was der Arbeitgeber hinnehmen muss, hängt von den Umständen des Einzelfalles ab. Es ist ein Unterschied, ob der Arbeitgeber schon bei der Einstellung von der verringerten Leistungsfähigkeit wusste oder nicht, und weiter, ob eine Leistungsminderung altersbedingt bei einem langjährigen Mitarbeiter auftritt oder ob es um einen Jüngeren mit wenigen Dienstjahren geht. Leistet der Arbeitnehmer weniger, als er könnte (und wozu er demnach verpflichtet ist), dann kann der Arbeitgeber Schadensersatz verlangen und mit diesem Anspruch gegen den Entgeltanspruch des Arbeitnehmers aufrechnen; außerdem kommt, in der Regel nach entsprechender Abmahnung, eine verhaltensbedingte Kündigung in Betracht.[13]

Soll die Arbeitsleistung einen **bestimmten Umfang** haben oder soll der Arbeitnehmer in einer **bestimmten Geschwindigkeit** arbeiten (z. B. Gruppenarbeit), so muss der Arbeitgeber das mit ihm **vereinbaren.** Die Vereinbarung kann auch konkludent erfolgen; sie kann sich vor allem aus der Branchen- oder Betriebsüblichkeit ergeben (Fließarbeit oder Mitarbeit in einer bestimmten Kolonne). Vorübergehend ist der Arbeitnehmer auch ohne ausdrückliche Vereinbarung zur Erledigung eines größeren Pensums verpflichtet (Urlaubs- und Krankheitsvertretung, Anfahren eines neuen Betriebs, Aufbau einer neuen Produktlinie). Das gilt natürlich erst recht in Notfällen (vgl. § 14 ArbZG).

IV. Güte der Arbeit

Der Arbeitnehmer hat die geschuldete Arbeit unter Anspannung seiner Fähigkeiten **sorgfältig und konzentriert** zu verrichten.[14] Er „muss tun, was er soll, und zwar so gut, wie er kann."[15] Ein objektiver Maßstab, vor allem ein Mindestmaß an Sorgfalt, kann vereinbart werden. Das kann stillschweigend geschehen und geschieht auch häufig, etwa durch Vereinbarung einer bestimmten Vergütung oder durch Übernahme einer Tätigkeit, für die ein **Mindeststandard** üblich ist (Facharbeiter, Sekretärin, Werksarzt).[16] Vereinbart werden kann auch, dass nur Arbeitsergebnisse einer bestimmten Qualität bezahlt werden oder dass die Vergütung bei geringerer Qualität entsprechend gemindert wird (z. B. bei Akkord oder Qualitätsprämie). Kann der Arbeitnehmer die vereinbarte Leistung nicht erbringen oder liegt seine Leistung erheblich unter der vergleichbarer Arbeitnehmer, so kommt eine personenbedingte Kündigung in Betracht; verletzt er schuldhaft seine Leistungspflicht, so kann er abgemahnt und es kann ihm gegebenenfalls verhaltensbedingt gekündigt werden; außerdem macht er sich schadensersatzpflichtig. Der Arbeitnehmer muss auch ohne ausdrückliche Weisung nachzubessern versuchen, allerdings nur innerhalb der Arbeitszeit; „nachsitzen" muss er nicht.

Reißt über längere Zeit hin im Betrieb oder in der Abteilung Schlendrian ein, so führt das nicht zur Konkretisierung der Arbeitspflicht auf mindere Qualität. Der Arbeitgeber kann jederzeit wieder die geschuldete Leistung verlangen. Er kann aber nicht ohne weiteres, um ein Exempel zu statuieren, einem Arbeitnehmer kündigen. Vorher bedarf es zumindest einer kollektiven Abmahnung; das kann ganz allgemein durch Aushang am Schwarzen Brett geschehen, wenn die Arbeitnehmer Gelegenheit hatten, davon Kenntnis zu nehmen. Schadensersatzansprüche sind, wenn der Schlendrian geduldet wurde, grundsätzlich ausgeschlossen.

V. Ort

Ort und organisatorische Einheit (Betrieb, Unternehmen), in der der Arbeitnehmer seine Dienste zu verrichten hat, bestimmen sich nach dem Arbeitsvertrag. Inwieweit eine Tätigkeit auch im Ausland vereinbart werden kann, hängt von den Umständen des Einzelfalles ab (Land, Beruf, Stellung in der Hierarchie, Unternehmensstruktur). Streitig ist, ob eine Versetzung in ein anderes Konzernunternehmen nur auf Zeit[17] oder auch auf Dauer[18] vereinbart werden kann.

Haben die Parteien nichts vereinbart, so galt als Arbeitsort bisher grundsätzlich der **Einstellungsbetrieb.** Zum Einstellungsbetrieb gehören alle Betriebsteile, also beispielsweise auch andere Filialen,[19] nicht dagegen andere Betriebe am selben Ort, auch nicht Nebenbetriebe. Das BAG geht jetzt davon aus, dass der Arbeitgeber den Einsatzort, wenn eine Vereinbarung fehlt, kraft seines Direktionsrechts im Rahmen billigen Ermessens bestimmen kann (§ 106 S. 1 GewO).[20] Grenzen sind räumlich die Bundesrepublik Deutschland und organisatorisch das Unternehmen. Schon bisher kann der Arbeitgeber vom Arbeitnehmer eine Tätigkeit außerhalb des Betriebs dann verlangen, wenn die Arbeitsaufgabe das erfordert. Das gilt etwa für Kundendienstmitarbeiter, Außenmonteure, Bauarbeiter, Lastwagen- oder Verkaufsfahrer. Zumindest bei Führungskräften gehören Dienstreisen – auch in das Ausland – zur vereinbarten Tätigkeit.

VI. Versetzungskosten

Entstehen dem Arbeitnehmer bei einer Versetzung Kosten (Fahrtkosten, Kosten für doppelte Haushaltsführung, Umzugskosten), so **sind** sie **im Zweifel vom Arbeitgeber zu tragen.**[21] Ist nichts vereinbart, so sind die Steuersätze zugrundezulegen.

VII. Beschäftigungspflicht

Der Arbeitnehmer hat nicht nur die Pflicht, sondern auch das **Recht zu arbeiten.** Der Arbeitgeber muss ihn beschäftigen, sofern nicht überwiegende schutzwerte Interessen entgegenstehen. Solche Interessen liegen in der Regel (nur) vor, wenn der Arbeitgeber Grund zu einer außerordentlichen Kündigung hat und dem Arbeitnehmer ordentlich oder außerordentlich mit Auslauffrist kündigt; auch dann ist grundsätzlich das Entgelt weiterzuzahlen. Inwieweit eine **Freistellung vereinbart** werden kann, ist streitig (siehe Kapitel 19 XII. 1.).

Kann der Arbeitnehmer aus Gründen in seiner Person, insbesondere **wegen Krankheit, seine bisherige Tätigkeit nicht mehr ausüben**, dann kann er von dem Arbeitgeber die **Umsetzung auf einen leidensgerechten Arbeitsplatz** verlangen, wenn dem keine betrieblichen Gründe, zu denen auch wirtschaftliche Erwägungen zählen können, oder die Rücksichtnahmepflicht gegenüber anderen Arbeitnehmern entgegenstehen. Betriebliche Gründe werden in der Regel nicht entgegenstehen, wenn ein entsprechender Arbeitsplatz frei ist und der Arbeitgeber Bedarf für die Tätigkeit hat. Ist kein Arbeitsplatz frei, so muss der Arbeitgeber einen Arbeitsplatztausch vornehmen, wenn er aufgrund seines Direktionsrechts einen leidensgerechten Arbeitsplatz frei machen kann und wenn die Versetzung des Arbeitnehmers auf dem leidensgerechten Arbeitsplatz billigem Ermessen entspricht. Keine Pflicht zum Austausch besteht, wenn der Betriebsrat nicht zustimmt (§ 99 Abs. 1 BetrVG).[22]

Schwerbehinderte haben Anspruch auf behinderungsgerechte Beschäftigung, d. h. auf eine Beschäftigung, für die sie nach ihren Kenntnissen und Fähigkeiten unter Berücksichtigung ihrer Behinderung in der Lage sind (§ 81 Abs. 4 SGB IX). Dieser Anspruch besteht auch, wenn ein schwerbehinderter Arbeitnehmer arbeitsunfähig erkrankt ist und er nach ärztlicher Empfehlung stufenweise seine berufliche Tätigkeit wieder aufnehmen will.[23] Die behinderungsgerechte Beschäftigung muss dem Arbeitgeber allerdings zumutbar sein; ein Anspruch auf Schaffung eines zusätzlichen Arbeitsplatzes besteht nicht.[24]

VIII. Mitbestimmung des Betriebsrats

In Unternehmen mit mehr als 20 wahlberechtigten Arbeitnehmern sind Versetzungen mitbestimmungspflichtig; der Betriebsrat hat ein **eingeschränktes Zustimmungsverweigerungsrecht,** d. h. er kann aus bestimmten, im Gesetz im Einzelnen aufgeführten Gründen einer Versetzung widersprechen (§ 99 Abs. 1 S. 1, Abs. 2 BetrVG). **Versetzung i. S. d. Betriebsverfassungsrechts** ist die Zuweisung eines anderen Arbeitsbereichs, die voraussichtlich die Dauer von einem Monat überschreitet oder die mit einer erheblichen Änderung der Umstände verbunden ist, unter der die Arbeit zu leisten ist (§ 95 Abs. 3 S. 1 BetrVG). Der betriebsverfassungsrechtliche Begriff der Versetzung deckt sich nicht mit dem individualrechtlichen. Eine Versetzung i. S. d. Betriebsverfassungsrechts kann sowohl dann vorliegen, wenn der Arbeitgeber den Arbeitnehmer kraft Weisungsrechts versetzen kann, als auch, wenn er dazu das Einverständnis braucht.

Soll also ein Arbeitnehmer versetzt werden, so ist in **zwei Schritten** vorzugehen: Es ist zunächst zu prüfen, ob individualrechtlich ein

Recht zur Versetzung besteht. Steht fest, dass der Arbeitgeber den Arbeitnehmer versetzen kann, dann ist zu prüfen, ob eine Versetzung i. S. d. Betriebsverfassungsrechts vorliegt. Wenn ja, ist die Zustimmung des Betriebsrats einzuholen. Das gilt auch, wenn es zur Versetzung einer Änderungskündigung bedarf; in diesem Falle ist der Betriebsrat zusätzlich zur Kündigung anzuhören (§ 102 BetrVG). Ist eine individualrechtliche Versetzung nicht zugleich eine Versetzung i. S. d. Betriebsverfassungsrechts, dann kann der Arbeitgeber sie mitbestimmungsfrei vornehmen (vgl. dazu das Beispiel und das Schaubild im Kapitel 20 vor I.).

Der **Arbeitsbereich** i. S. d. § 99 BetrVG wird durch Art und Ort der Tätigkeit und durch die Eingliederung in die betriebliche Organisation bestimmt.[25] Der Begriff ist weiter als der des Arbeitsplatzes.[26] Geringfügige Änderungen sind nicht gemeint. Die **Art der Arbeit** ändert sich, wenn dem Arbeitnehmer eine andere Arbeitsaufgabe zugewiesen wird, beispielsweise wenn er innerhalb eines Warenhauses aus einem Substitutenbereich mit eigener Warengruppe in einen anderen umgesetzt wird.[27] Die bloße Erweiterung oder Verkleinerung des Aufgabenbereichs genügt nicht, wenn dadurch nicht ein grundlegend abweichender und damit neuer Aufgabenbereich entsteht.[28] Unter **Änderung des Ortes** ist vor allem der Wechsel in einen anderen Betrieb des Unternehmens, z. B. in eine andere Filiale,[29] zu verstehen, nicht die Umsetzung aus einem Büro oder aus einer Produktionshalle in eine andere. Dabei ist es gleichgültig, ob der Wechsel auf Zeit[30] oder auf Dauer erfolgen soll.[31] **Änderung der organisatorischen Eingliederung** meint den Wechsel aus einer bis zu einem gewissen Grad in sich geschlossenen Einheit mit in der Regel eigenem Fach- und Disziplinarvorgesetztem in eine andere,[32] z. B. aus der Forschung in die Produktion. Auch hier genügen nicht die Zuweisung einer Sekretärin zu einem anderen Vorgesetzten innerhalb derselben Arbeitsgruppe, organisatorische Änderungen innerhalb dieser Gruppe oder die Zuordnung der gesamten Gruppe zu einer anderen organisatorischen Einheit.

Keine Versetzung ist die **Änderung von Lage und/oder Dauer der Arbeitszeit,** also etwa der Wechsel von Voll- in Teilzeitarbeit[33] oder von einer Schicht in eine andere,[34] auch nicht bei Wechsel von Normal- in Wechselschicht.[35] Hier kann aber das Mitbestimmungsrecht bei der Lage der Arbeitszeit in Betracht kommen (§ 87 Abs. 1 Nr. 2 BetrVG).

Die Änderung muss die **Dauer eines Monats** voraussichtlich überschreiten oder mit einer **erheblichen Änderung der Arbeitsumstände** verbunden sein (§ 95 Abs. 3 S. 1 BetrVG). Die üblichen Urlaubs- und Krankheitsvertretungen sind also im Normalfall mitbestimmungsfrei.

Die **Monatsfrist** beginnt am Tag der Versetzung. Sieht es anfangs so aus, als dauere die Versetzung keinen Monat, muss sie dann aber verlängert werden und dauert sie von diesem Augenblick an voraussichtlich wiederum nicht länger als einen Monat, dann bleibt sie mitbestimmungsfrei. Das gilt auch, wenn sie ein weiteres Mal verlängert werden muss. Die vergangene Zeit wird also nicht zu der noch zu erwartenden hinzugezählt. Die Versetzung wird jedoch in dem Augenblick mitbestimmungspflichtig, in dem abzusehen ist, dass sie von nun an noch länger als einen Monat dauern wird.[36]

Umstände, unter denen die Arbeit zu leisten ist, sind Arbeitsablauf und Arbeitsumgebung, wie Wechsel von Innen- in Außendienst, von Normal- in Wechselschicht, vom Einzel- in ein Zentralsekretariat oder – wegen der damit verbundenen Mehrarbeit – die Abordnung in eine andere Filiale zur Aushilfe bei der Eröffnung;[37] nach Ansicht des BAG genügt auch eine wesentlich längere Fahrtzeit zum neuen Arbeitsort.[38]

Keine Versetzung ist die Bestimmung des jeweiligen Arbeitsplatzes, **wenn Arbeitnehmer** nach der Eigenart ihres Arbeitsverhältnisses **üblicherweise nicht ständig an einem bestimmten Arbeitsplatz beschäftigt werden** (§ 95 Abs. 3 S. 2 BetrVG). Das gilt etwa für Montagetrupps, Reparaturschlosser, „Springer", Auszubildende, die im Rahmen ihres Ausbildungsplans verschiedene Abteilungen oder Betriebe durchlaufen,[39] aber auch für Laboranten, die „ihrem" Chemiker zu einem Großversuch in das Technikum folgen. Werden Arbeitnehmer regelmäßig an verschiedenen Maschinen eingesetzt, um entsprechende Kenntnisse zu erwerben oder zu erhalten, so ist auch das keine Versetzung.

Vor jeder Versetzung i. S. d. Betriebsverfassungsrechts ist der Betriebsrat zu **unterrichten.** Ihm ist **Auskunft** über die Person des oder – bei mehreren in Frage kommenden Personen – der Beteiligten über den in Aussicht genommenen Arbeitsplatz und die vorgesehene Eingruppierung zu **geben** (§ 99 Abs. 1 S. 1 BetrVG). Der Arbeitgeber hat ihm die **Unterlagen vorzulegen,** die er zu der Beurteilung braucht, ob ein Zustimmungsverweigerungsrecht besteht. Bei einer Versetzung aus betrieblichen Gründen werden zu den Auskünften auch Sozialdaten gehören, bei Beförderung nach einem Auswahlverfahren eventuelle Testergebnisse. Der Betriebsrat kann **nicht** verlangen, dass ihm der **Arbeitsvertrag vorgelegt** oder dass ihm **Einblick in die Personalakten** gewährt wird.

Der Arbeitgeber hat die **Zustimmung** des Betriebsrats **einzuholen** (§ 99 Abs. 1 S. 1 BetrVG). Das gilt auch, wenn der Arbeitnehmer mit der Versetzung einverstanden ist oder wenn sie auf seinen Wunsch erfolgt.[40] Kein Mitbestimmungsrecht besteht lediglich, wenn ein Arbeitnehmer auf eigenen Wunsch oder seinen Wünschen entsprechend mit seinem Einverständnis auf Dauer in einen anderen Betrieb versetzt wird.[41] Ist zu einer Versetzung eine Änderungskündigung erforderlich, so ist der Betriebsrat auch dazu anzuhören (§ 102 BetrVG). Beide Verfahren können miteinander verbunden werden.

Der Betriebsrat hat **dieselben Reaktionsmöglichkeiten wie bei der Einstellung:** er kann zustimmen, die Frist verstreichen lassen oder die Zustimmung verweigern (§ 99 BetrVG). Auch die Verweigerungsgründe sind dieselben (§ 99 Abs. 2 BetrVG). Von praktischer Bedeutung sind vor allem die Nrn. 3 und 4. Der Betriebsrat kann widersprechen, wenn die Besorgnis besteht, dass der Betroffene oder dass andere Arbeitnehmer ungerechtfertigte Nachteile erleiden. Dazu kann auch eine tatsächliche Erschwerung der Arbeit von nicht unerheblichem Gewicht für die in der Abteilung verbleibenden Arbeitnehmer gehören.[42]

Ohne Zustimmung des Betriebsrats darf der Arbeitgeber den Arbeitnehmer nicht versetzen. Will er es dennoch tun, so muss er die **Zustimmung durch das Arbeitsgericht ersetzen lassen** (§ 99 Abs. 4 BetrVG). **In Ausnahmefällen** hat er das Recht, einen Arbeitnehmer **vorläufig** zu **versetzen.** Es gilt sinngemäß dasselbe wie bei Einstellungen (§ 100 BetrVG). Sinnvollerweise wird man für Eilfälle mit dem Betriebsrat im Voraus Absprachen treffen. Dem Betriebsrat bleibt es unbenommen, sich für den Einzelfall eine abweichende Entscheidung vorzubehalten. Der Arbeitnehmer braucht einer Versetzungsanordnung, die unter Verletzung des Mitbestimmungsrechts ergeht, nicht nachzukommen; er hat, soweit nicht ausnahmsweise die Voraussetzungen für eine Suspendierung vorliegen, Anspruch auf Weiterbeschäftigung an seinem alten Arbeitsplatz.[43]

6. Kapitel

Arbeitszeit

I. Begriffe von A–Z und Vorbemerkung

Arbeitsbereitschaft ist die Zeit wacher Achtsamkeit im Zustand der Entspannung im Betrieb oder an einem sonst vom Arbeitgeber bestimmten Ort in der Nähe des Betriebes.

Arbeitstage sind Kalendertage, an denen nach dem Arbeitsvertrag Arbeit zu leisten ist.

Arbeitszeit ist die Zeit vom Beginn bis zum Ende der Arbeit ohne die Ruhepausen. Im Bergbau unter Tage zählen die Ruhepausen zur Arbeitszeit (§ 2 Abs. 1 ArbZG).

Bereitschaftsdienst ist die Zeit, in der der Arbeitnehmer sich im Betrieb oder an einem sonst vom Arbeitgeber bestimmten Ort zu einem jederzeitigen Einsatz bereitzuhalten hat, wenn erfahrungsgemäß mit einer Inanspruchnahme zu rechnen ist.

Betriebspausen sind Unterbrechungen der Arbeit aus technischen oder organisatorischen Gründen.

Mehrarbeit ist die über die regelmäßige gesetzliche hinausgehende Arbeitszeit.

Nachtarbeit i. S. d. ArbZG ist jede Arbeit, die mehr als 2 Stunden der Nachtzeit umfasst (§ 2 Abs. 4 ArbZG).

Nachtarbeitnehmer i. S. d. ArbZG sind Arbeitnehmer, die aufgrund ihrer Arbeitszeitgestaltung normalerweise Nachtarbeit in Wechselschicht zu leisten haben oder Nachtarbeit an mindestens 48 Tagen im Kalenderjahr leisten (§ 2 Abs. 5 ArbZG).

Nachtzeit i. S. d. ArbZG ist die Zeit von 23.00 bis 6.00 Uhr, in Bäckereien und Konditoreien die Zeit von 22.00 bis 5.00 Uhr (§ 2 Abs. 3 ArbZG).

Rufbereitschaft ist die Zeit, in der der Arbeitnehmer sich an einem von ihm selbst bestimmten Ort außerhalb des Betriebs aufhält, um, sobald es notwendig ist, die Arbeit aufzunehmen, ohne dass er ständig den Arbeitsablauf verfolgen müsste.

Ruhepausen sind im Voraus feststehende Zeiten der Arbeitsunterbrechung von mindestens 15 Minuten Dauer, in denen der Arbeitnehmer sich auch nicht zur Arbeitsleistung bereitzuhalten hat (vgl. § 4 ArbZG).

Ruhezeit ist die Zeit nach Beendigung der täglichen Arbeitszeit, in der der Arbeitnehmer weder Arbeit noch Arbeitsbereitschaft leistet (vgl. § 5 Abs. 1 ArbZG).

Schichtzeit ist die tägliche Arbeitszeit unter Hinzurechnung der Ruhepausen (§ 4 Abs. 2 JArbSchG).

Überstunden sind Arbeitszeiten, die vorübergehend die vereinbarte regelmäßige Arbeitszeit überschreiten (vgl. § 17 Abs. 3 BBiG).

Wegezeit ist die Zeit, die für den Weg von der Wohnung zur Arbeitsstätte und zurück benötigt wird.

Werktage sind alle Kalendertage, die nicht Sonn- oder gesetzliche Feiertage sind (§ 3 Abs. 2 BUrlG).

Zu unterscheiden sind Dauer und Lage der Arbeitszeit. Die **Dauer** meint den Zeitraum, innerhalb dessen der Arbeitnehmer dem Arbeitgeber seine Arbeitskraft zur Verfügung zu stellen hat, d. h. den zeitlichen Umfang der Arbeitsleistung (wie lange?), die **Lage** Beginn und Ende der Arbeitszeit einschließlich des Beginns und des Endes der Pausen, d. h. die Verteilung der Arbeitszeit auf die Tage, die Wochen und die Monate (wann?). Auch bei der Verteilung der Arbeitszeit auf die einzelnen Zeiteinheiten wird teilweise von Dauer gesprochen (am Montag 8 Stunden, in der letzten Woche im Monat 40 Stunden). Trotzdem ist die Lage der Arbeitszeit gemeint, wenn es um die Verteilung des (pro Woche – so im Normalfall –, pro Monat oder pro Jahr) vereinbarten Arbeitszeitvolumens geht.

Bei Dauer und Lage der Arbeitszeit stellen sich jeweils **vier Fragen:**

- Wie lange (Dauer) und wann (Lage) **muss** ein Arbeitnehmer arbeiten?

- Wie lange und wann **darf** ein Arbeitnehmer arbeiten?

- Welche Auswirkungen hat eine Verlängerung oder Verkürzung der Arbeitszeit oder die Arbeit zu anderer als der normalen Arbeitszeit auf die **Vergütung?**

- Hat der **Betriebsrat** mitzubestimmen?

II. Dauer der Arbeitszeit

1. Wie lange muss gearbeitet werden?

Die Dauer der Arbeitszeit, d. h. die Dauer der Zeit, zu der der Arbeitnehmer arbeiten, der Arbeitgeber den Arbeitnehmer beschäftigen muss, **richtet sich nach dem Arbeitsvertrag.** Häufig verweisen Arbeitsverträge auf die tarifliche oder auf die betriebliche Arbeitszeit. Mit der tariflichen ist die im **Tarifvertrag** geregelte, mit der betrieblichen die in einer **Betriebsvereinbarung** geregelte oder die **betriebsübliche Arbeitszeit** gemeint; betriebsüblich ist im Zweifel wiederum die tarifliche Arbeitszeit. Ist nichts vereinbart, so ist die betriebsübliche Arbeitszeit als vereinbart anzusehen.[1]

Tarifvertragliche Regelungen verstehen sich häufig als Höchstarbeitszeitregelungen. Es ist fraglich, ob derartige Regelungen, sofern sie nicht dem Schutz eines wichtigen Gutes wie der Gesundheit dienen (beispielsweise bei besonders beschwerlichen Tätigkeiten), wirksam sind. Sie beschränken (in unzulässiger Weise) die Privatautonomie. Das gilt insbesondere, wenn dem Arbeitnehmer vertraglich innerhalb angemessener Frist (Kündigungsfrist) der Übergang zur tariflichen Arbeitszeit gestattet ist.[2] Das BAG geht von der Wirksamkeit tariflicher Höchstarbeitszeitregelungen aus.[3]

2. Änderung der Arbeitszeit

Eine einvernehmliche Änderung der Arbeitszeit ist jederzeit zulässig. Der Arbeitgeber kann sich aber auch vorbehalten, die Arbeitszeit um bis zu 20% zu verringern oder – aus schwerwiegenden wirtschaftlichen Gründen auch ohne Entgeltausgleich – um bis zu 25% zu verlängern.[4] Das BAG hat auch eine einseitige Verlängerung der Arbeitszeit auf 54 Stunden bei Einsatz in Saudi-Arabien in einem Fall nicht beanstandet, in dem ein Tarifvertrag eine Überschreitung der 40-Stunden Woche vorsah, falls „die Gegebenheiten des Projekts oder Regelungen im Einsatzland eine höhere Stundenzahl erfordern".[5] Eine Änderungskündigung zur Verringerung der Arbeitszeit kommt in Betracht, wenn der Bedarf für die volle Arbeitszeit auf Dauer oder auf unabsehbare Zeit entfällt (siehe Kapitel 19 IV. 1. c).

3. Überstunden

Überstunden sind Arbeitszeiten, die **vorübergehend** die vereinbarte regelmäßige Arbeitszeit überschreiten (vgl. § 17 Abs. 3 BBiG). In der betrieblichen und tariflichen Praxis werden sie häufig als Mehrarbeit bezeichnet.

Ob und inwieweit **Überstunden** zu leisten sind, **richtet sich nach Arbeitsvertrag, Betriebsvereinbarung und Tarifvertrag.** Eine gesetzliche Regelung gibt es nicht.

Arbeitsverträge enthalten im Allgemeinen keine ausdrückliche Bestimmung, obwohl das eigentlich sinnvoll wäre. Eher finden sich **Vorschriften** in Betriebsvereinbarungen, **vor allem in der Arbeitsordnung.**[6] Vielfach ist die Frage **tariflich geregelt.** So können nach dem Manteltarifvertrag Metall Hessen bis zu 10 Mehrarbeitsstunden in der Woche und für höchstens 8 Wochen bis zu 20 Stunden im Monat angeordnet werden; durch Betriebsvereinbarung ist eine Ausdehnung möglich.[7]

Gibt es keine ausdrückliche Regelung, so richtet sich die Pflicht zur Leistung von Überstunden nach der **Übung im Betrieb.** Fehlt eine Übung, dann werden Überstunden insoweit zu leisten sein, als sie erforderlich sind, um die vertraglich übernommene Aufgabe zu erledigen. Die üblichen Vertretungen gehören zur Arbeitsaufgabe. Schwerbehinderte sind auf ihr Verlangen von **Mehrarbeit** freizustellen (§ 124 SGB IX); als Mehrarbeit gilt jede über acht Stunden werktäglich hinausgehende Arbeitszeit.[8]

Eine Verpflichtung zu dauernder Ableistung von Überstunden besteht nicht; in einem solchen Fall ist die Arbeitseinteilung zu ändern. Teilzeitkräfte sind grundsätzlich nicht zu Überstunden verpflichtet, wenn die Teilzeitvereinbarung gerade auf ihren Wunsch nach einer bestimmten Arbeitszeit zurückgeht (siehe Kapitel 2 VII. 3.). Auch mit ihnen kann aber natürlich die Leistung von Überstunden vereinbart werden. Unabhängig davon kann der Arbeitgeber für Voll- wie für Teilzeitkräfte Überstunden anordnen in Notfällen und in außergewöhnlichen Fällen (siehe unten IV. 7.), soweit das dem Arbeitnehmer zumutbar ist.

Bei der Anordnung von Überstunden sind die **Interessen des Unternehmens und der Mitarbeiter gegeneinander abzuwägen,** und es ist der **Gleichbehandlungsgrundsatz** zu beachten.[9] Je größer die Bedeutung für das Unternehmen, desto eher können Überstunden verlangt werden (z. B. hohe Vertragsstrafe, wenn eine Maschine nicht rechtzeitig fertig wird), je geringer die Bedeutung, desto mehr sind die Interessen des Mitarbeiters zu berücksichtigen (z. B. Kind muss vom Kindergarten abgeholt werden). Betriebliche Notwendigkeit und Dauer der Überstunden müssen in angemessenem Verhältnis zueinander stehen (z. B. Verlust eines wichtigen Auftrags droht, wenn Brief nicht rechtzeitig hinausgeht). Beruht die Notwendigkeit zu Überstunden auf Verschulden des Unternehmens (Dispositionsfehler des Vorgesetzten oder anderer Abteilungen), so ist das grundsätzlich zu seinen Lasten zu berücksichtigen (anders bei einmaligem Versehen oder wenn besonders hoher Schaden droht).

III. Lage der Arbeitszeit

1. Wann hat der Arbeitnehmer zu arbeiten?

Auch die Lage der Arbeitszeit, d. h. Beginn und Ende der Arbeitszeit und der Pausen, **richtet sich nach dem Vertrag.** Zumeist **wird nichts** ausdrücklich **vereinbart.** Dann ist davon auszugehen, dass der Arbeitgeber die Arbeitszeit durch **Weisung** festlegen kann (§ 106 S. 1 GewO). Der Arbeitgeber kann also auch ohne Zustimmung des Arbeitnehmers die Anfangszeiten verlegen, Gleitzeit einführen und sogar zu Wechselschichtarbeit übergehen[10] oder Sonn- und Feiertagsarbeit anordnen.[11] Dabei hat er allerdings billiges Ermessen zu wahren, d. h. er hat die Interessen des Unternehmens gegenüber denen des Arbeitnehmers abzuwägen. Das Weisungsrecht geht nicht dadurch verloren, dass im Unternehmen für längere Dauer eine bestimmte Arbeitszeit gilt.

> **BEISPIELE:**
> – Wechsel in Tagarbeit nach acht Jahren Nachtarbeit.[12]
> – Einführung von Wechselschichtarbeit statt fester Arbeitszeiten in Normalschicht nach sieben Jahren.[13]

Erst wenn ein Arbeitnehmer aus dem Verhalten des Arbeitgebers auf Beibehaltung seiner Arbeitszeit auf Dauer schließen darf oder wenn mit ihm ausdrücklich eine bestimmte Arbeitszeit vereinbart ist, **konkretisiert** sich das Arbeitsverhältnis auf diese Zeit mit der Folge, dass sie nur noch einvernehmlich oder durch Änderungskündigung geändert werden kann.[14] Das ist aber in jedem Einzelfall gesondert zu prüfen. Eine Beibehaltung der betrieblichen Arbeitszeit in alle Zukunft kann niemand erwarten.

Nach dem Arbeitsvertrag richtet sich auch, was unter **„Beginn" und „Ende" der Arbeitszeit** genau zu verstehen ist. Da der Arbeitnehmer verpflichtet ist, dem Arbeitgeber die versprochenen Dienste zu leisten, beginnt die Arbeitszeit grundsätzlich zu dem Zeitpunkt, in dem der Arbeitgeber in der Lage ist, über die Arbeitskraft zu verfügen.[15] Eine abweichende Vereinbarung liegt in der Regel darin, dass dem Arbeitnehmer aufgegeben wird, Stechuhren zu benutzen; hier beginnt und endet die Arbeitszeit mit dem Stempeln. Vereinbaren die Parteien als Arbeitsbeginn das Betreten der Betriebsstätte, so beginnt die Arbeit mit dem Betreten des Betriebs.[16]

2. Variable Arbeitszeit

Mangels abweichender Vereinbarung ist von **starren Anfangs- und Endzeiten** auszugehen. Ist **Gleitzeit** vereinbart, so kann der Arbeitnehmer innerhalb bestimmter Grenzen entscheiden, wann er arbeitet. Man wird den Arbeitgeber, von Ausnahmefällen abgesehen, nicht als befugt ansehen dürfen, generell durch Weisung eine variable Arbeitszeit einzuführen oder auch nur im Einzelfall von einem Arbeitnehmer zu verlangen, dass er vor- oder nacharbeitet. Die Folge ist, dass bei der Anordnung, an einem Tag länger zu arbeiten, auch dann Überstunden entstehen, wenn die Arbeitszeit am folgenden Tag entsprechend kürzer ist. Fallen Arbeiten im Betrieb oder an bestimmten Arbeitsplätzen unregelmäßig an, so empfiehlt es sich, das Recht zu einer **anderen Verteilung der Arbeitszeit** ausdrücklich zu vereinbaren. Zulässig sind sowohl Vereinbarungen, wonach der Arbeitnehmer generell oder in Einzelfällen Beginn und Ende der Arbeitszeit festlegt (**Gleitzeit**), als auch Regelungen, die dem Arbeitgeber die Festlegung überlassen (**Abrufarbeit,** § 12 TzBfG), als auch Kombinationen beider Formen.

Soll Arbeitszeit verlegt werden, so empfiehlt sich unter psychologischen Gesichtspunkten grundsätzlich ein **Vorholen.** Ansparen entspricht der menschlichen Natur mehr als Nachsitzen.

IV. Wie lange und wann darf der Arbeitnehmer arbeiten?

Die gesetzlichen **Grenzen** für die Arbeitszeitgestaltung ergeben sich hauptsächlich aus dem **Arbeitszeitgesetz.** Beschränkt werden Dauer und Lage der Arbeitszeit. **Leitende Angestellte** und Chefärzte sind vom Arbeitszeitrecht ausgenommen; für sie gibt es keine festen Grenzen (§ 18 Abs. 1 Nr. 1 ArbZG). Das Arbeitszeitgesetz behandelt

Männer und Frauen gleich; lediglich für **Schwangere** und **Wöchne-rinnen** gibt es Sondervorschriften (§§ 3 ff. MuSchG). Für **Jugend-liche** unter 18 Jahren gelten anstelle der Bestimmungen des Arbeits-zeitgesetzes die des Jugendarbeitsschutzgesetzes (§ 18 Abs. 2 ArbZG, §§ 8 ff. JArbSchG). Tarifverträge können weitere Beschränkungen enthalten, sie können den Rahmen aber auch weiter stecken. Zu Letzterem sind in gewissem Umfang auch die Gewerbeaufsichts-ämter befugt.

1. Dauer

Die **werktägliche Arbeitszeit** darf acht Stunden nicht überschreiten (§ 3 S. 1 ArbZG). **Arbeitszeit** ist die Zeit vom Beginn bis zum Ende der Arbeit ohne die Ruhepausen (§ 2 Abs. 1 S. 1 ArbZG). **Bereit-schaftsdienst** gilt als Arbeitszeit im Sinne des Arbeitszeitrechts. **Werktage** sind die Tage von Montag bis Samstag ohne die gesetz-lichen Feiertage (vgl. § 3 Abs. 2 BUrlG). Der Gesetzgeber geht von der **48-Stunden-Woche** aus.

Die Arbeitszeit kann auf **zehn Stunden täglich** verlängert werden, wenn innerhalb von sechs Kalendermonaten oder innerhalb von 24 Wochen im Durchschnitt acht Stunden werktäglich nicht über-schritten werden (§ 3 S. 2 ArbZG).

> **BEISPIEL:** Bei einem Ausgleichszeitraum von 24 Wochen ist es im Ex-tremfall zulässig, 115 Tage lang 10 Stunden je Werktag (= 60 Stunden pro Woche) zu arbeiten, am 116. Tag 2 Stunden und dann 28,8 Werk-tage auszusetzen.[17]

Damit haben praktisch alle Formen der Gleitzeit und der flexiblen Arbeitszeit ihre gesetzliche Grundlage erhalten.

Arbeitszeiten **bei mehreren Arbeitgebern** sind zusammenzurech-nen (§ 2 Abs. 1 S. 1 ArbZG).

In einem **Tarifvertrag** oder aufgrund eines Tarifvertrags in einer **Be-triebsvereinbarung** kann **abweichend** von dieser Regelung zugelas-sen werden,

- die Arbeitszeit (**mit Ausgleich**) über zehn Stunden werktäglich zu verlängern, wenn in die Arbeitszeit regelmäßig, d. h. nach der Eigenart der Tätigkeit, und in erheblichem Umfang, d. h. zu etwa 25 bis 30 %,[18] Arbeitsbereitschaft (= Arbeit minderer Intensität)[19] oder Bereitschaftsdienst fällt (§ 7 Abs. 1 Nr. 1 a ArbZG),

- einen anderen Ausgleichszeitraum festzulegen (§ 7 Abs. 1 Nr. 1 b ArbZG),

- auch **ohne Ausgleich** die werktägliche Arbeitszeit über acht Stunden zu verlängern, wenn in die Arbeitszeit regelmäßig und in erheblichem Umfang Arbeitsbereitschaft oder Bereitschaftsdienst fällt und durch besondere Regelungen sichergestellt ist, dass die Gesundheit der Arbeitnehmer nicht gefährdet wird (§ 7 Abs. 2 a ArbZG).

Ist der Arbeitgeber nicht tarifgebunden, so können abweichende tarifliche Regelungen durch **Betriebsvereinbarung** oder, wenn kein Betriebsrat besteht, durch **schriftliche Vereinbarung mit dem Arbeitnehmer** übernommen werden. In einem Bereich, in dem Regelungen durch Tarifvertrag üblicherweise nicht getroffen werden, können **Ausnahmen durch die Aufsichtsbehörde** bewilligt werden, wenn dies aus betrieblichen Gründen erforderlich ist und die Gesundheit der Arbeitnehmer nicht gefährdet wird (§ 7 Abs. 3, 5 ArbZG).

Wird die Arbeitszeit über zehn Stunden hinaus verlängert, so darf sie 48 Stunden wöchentlich im Durchschnitt von zwölf Kalendermonaten und, wenn die Zulassung durch die Gewerbeaufsicht erfolgt, im Durchschnitt von sechs Kalendermonaten oder 24 Wochen nicht überschreiten (§ 7 Abs. 8 ArbZG). Dasselbe gilt, wenn ein anderer Ausgleichszeitraum festgelegt wird.

Ohne Zeitausgleich darf die Arbeitszeit über acht Stunden hinaus nur verlängert werden, wenn der Arbeitnehmer **schriftlich eingewilligt** hat. Der Arbeitnehmer **kann** die Einwilligung mit einer Frist von sechs Monaten **schriftlich widerrufen** (§ 7 Abs. 7 ArbZG). Das Erfordernis der schriftlichen Zustimmung und das Widerrufsrecht des Arbeitnehmers gelten nicht für vorübergehende Verlängerungen der Arbeitszeit (Überstunden), sondern nur für Dauerregelungen.

2. Lage

Die Lage der Arbeitszeit ist nicht generell gesetzlich geregelt. Ledig-lich die Arbeit an **Sonn- und Feiertagen** ist grundsätzlich verboten; davon gibt es jedoch zahlreiche Ausnahmen (§§ 9 ff. ArbZG). **Sams-tagsarbeit** ist grundsätzlich ohne weiteres zulässig; ob Tarifverträge die Samstagsarbeit einschränken können, ist fraglich.[20] Im Übrigen regelt das Arbeitszeitrecht einzelne Aspekte der Lage der Arbeitszeit: Ruhepausen und Ruhezeiten sowie Nacht- und Schichtarbeit. Son-derregeln gibt es für Frauen in Mutterschutz und für Jugendliche. Für Arbeitnehmer in „Verkaufsstellen" gilt das Ladenschlussgesetz.

3. Ruhepausen

Bei einer Arbeitszeit von **mehr als sechs Stunden** ist die Arbeitszeit durch im Voraus feststehende Ruhepausen von **mindestens 30 Mi-nuten** zu unterbrechen, bei einer Arbeitszeit von **mehr als neun Stunden** durch Ruhepausen von **mindestens 45 Minuten.** Kraft seines Weisungsrechts kann der Arbeitgeber **längere Pausen** anord-nen.[21] Länger als 6 Stunden hintereinander dürfen Arbeitnehmer nicht ohne Ruhepausen beschäftigt werden. Die Ruhepausen kön-nen in Zeitabschnitte von jeweils mindestens 15 Minuten aufgeteilt werden (§ 4 ArbZG).

> **BEISPIEL:** Arbeitnehmer im Acht-Stunden-Tag müssen bei einer Über-stunde zusätzlich zu der halbstündigen Pause keine weitere Pause ma-chen. Anders bei einer über neun Stunden hinausgehenden Arbeitszeit; hier muss vor der Weiterarbeit eine viertelstündige Pause eingelegt wer-den.

Als Pausen gelten nur Arbeitsunterbrechungen von **mindestens 15 Minuten** Dauer, die der Arbeitnehmer wie Freizeit verbringen kann. Allerdings schadet es nicht, wenn er einen sogenannten Euro-Pieper mit sich führen muss.[22] Keine Ruhepausen sind die sogenannten **Betriebspausen**, d. h. Arbeitsunterbrechungen aus technischen oder organisatorischen Gründen, selbst wenn sie im Voraus feststehen, sowie inaktive Zeiten des **Bereitschaftsdienstes**.[23]

Durch Tarifvertrag, unter bestimmten Voraussetzungen auch durch Betriebsvereinbarung oder durch die Aufsichtsbehörde kann zugelassen werden, dass die Gesamtdauer der Pausen **in Schicht- und Verkehrsbetrieben** auf **Kurzpausen** von angemessener Dauer aufgeteilt wird (§ 7 Abs. 1 Nr. 2 ArbZG).

4. Ruhezeiten

Nach Beendigung der täglichen Arbeitszeit müssen die Arbeitnehmer eine ununterbrochene Ruhezeit **von mindestens 11 Stunden** haben (§ 5 Abs. 1 ArbZG). In dieser Zeit dürfen sie zu keinerlei Arbeit, auch nicht zu Arbeitsbereitschaft oder Bereitschaftsdienst, herangezogen werden; unzulässig ist es auch, ihnen Arbeit zur häuslichen Erledigung mitzugeben. **Zulässig** bleibt Rufbereitschaft. Bereitschaftsdienst liegt vor, wenn der Arbeitnehmer sich im Betrieb oder an einem sonst vom Arbeitgeber bestimmten Ort zu einem jederzeitigen Einsatz bereithalten muss, wenn erfahrungsgemäß mit einer Inanspruchnahme zu rechnen ist,[24] Rufbereitschaft, wenn er den Aufenthaltsort selbst bestimmen kann; auch in diesem Fall handelt es sich jedoch um Bereitschaftsdienst, wenn der Arbeitnehmer in der Lage sein muss, die Arbeit innerhalb von 20 Minuten aufzunehmen.[25] Zulässig ist es auch, Freizeitausgleich in die Ruhezeit zu legen.[26]

> **BEISPIEL:** VW hat Ende 2011 eine Betriebsvereinbarung abgeschlossen, wonach der E-Mail-Eingang auf Dienst-Smartphones von Tarifmitarbeitern eine halbe Stunde nach Ende der Gleitzeit abgeschaltet wird.[27]

Ausnahmen von den Vorschriften über die Ruhezeit gelten insbesondere für Krankenhäuser, Gaststätten, Verkehrsbetriebe, Rundfunk und in der Landwirtschaft und Tierhaltung (§ 5 Abs. 2 ArbZG). Durch Tarifvertrag, unter bestimmten Voraussetzungen auch durch Betriebsvereinbarung oder durch die Aufsichtsbehörde kann die Ruhezeit um bis zu zwei Stunden – also auf **9 Stunden** – verkürzt werden, wenn die Art der Arbeit dies erfordert und die Kürzung der Ruhezeit innerhalb eines festzulegenden Ausgleichszeitraums ausgeglichen wird (§ 7 Abs. 1 Nr. 3, Abs. 3, 5 ArbZG).

BEISPIEL: Die strikte gesetzliche Regelung hat zur Folge, dass ein Arbeitnehmer, der beispielsweise nachts zwischen 2.00 und 3.00 Uhr zu einem Störfall in den Betrieb gerufen wird, seine Arbeit an diesem Tage erst um 14.00 Uhr, bei entsprechendem Tarifvertrag frühestens um 12.00 Uhr antreten kann. Für die Arbeitszeit, die wegen der zwingenden Ruhezeit ausfällt, verliert er seinen Entgeltanspruch.[28]

Kürzere als elfstündige Ruhezeiten sind unzulässig, wenn die werktägliche Arbeitszeit über zwölf Stunden hinaus verlängert wird (§ 7 Abs. 9 ArbZG).

5. Nacht- und Schichtarbeit

Nachtarbeit i. S. d. Gesetzes ist jede Arbeit, die mehr als zwei Stunden der Nachtzeit umfasst (§ 2 Abs. 4 ArbZG). **Nachtzeit** ist die Zeit von 23.00 bis 6.00 Uhr (§ 2 Abs. 3 ArbZG). Der Beginn der siebenstündigen Nachtzeit kann durch Tarifvertrag, unter bestimmten Voraussetzungen auch durch Betriebsvereinbarung oder durch die Aufsichtsbehörde auf die Zeit zwischen 22.00 und 24.00 Uhr festgelegt werden (§ 7 Abs. 1 Nr. 5 ArbZG).

Nachtarbeitnehmer sind die Arbeitnehmer, die

- aufgrund ihrer Arbeitszeitgestaltung normalerweise Nachtarbeit in Wechselschicht zu leisten haben oder

- Nachtarbeit an mindestens 48 Tagen im Kalenderjahr leisten (§ 2 Abs. 5 ArbZG).

Die werktägliche Arbeitszeit der Nachtarbeitnehmer darf **acht Stunden** nicht überschreiten. Sie kann auf bis zu **zehn Stunden** verlängert werden, wenn innerhalb eines Kalendermonats oder innerhalb von vier Wochen im Durchschnitt acht Stunden werktäglich nicht überschritten werden (§ 6 Abs. 2 S. 1, 2 ArbZG). Für Zeiträume, in denen Nachtarbeitnehmer nicht zur Nachtarbeit herangezogen werden, verbleibt es bei dem Ausgleichszeitraum von sechs Kalendermonaten oder 24 Wochen. Durch Kollektivvertrag, u. U. auch durch Vereinbarung mit dem Arbeitnehmer oder durch die Aufsichtsbehörde, kann ein anderer Ausgleichszeitraum festgelegt werden (§ 7 Abs. 1 Nr. 4 b ArbZG).

Auch **ohne Ausgleich** kann in einem Tarifvertrag, unter bestimmten Voraussetzungen auch durch Betriebsvereinbarung, Vereinbarung mit dem Arbeitnehmer oder durch die Aufsichtsbehörde, zugelassen werden, die werktägliche Arbeitszeit **über acht Stunden** zu verlängern, wenn in die Arbeitszeit regelmäßig und in erheblichem Umfang Arbeitsbereitschaft oder Bereitschaftsdienst fällt und durch besondere Regelungen sichergestellt wird, dass die Gesundheit der Arbeitnehmer nicht gefährdet wird (§ 7 Abs. 2 a ArbZG).[29] Zum Erfordernis der schriftlichen Einwilligung und zum Widerrufsrecht des Arbeitnehmers siehe oben IV. 1. Diese Regelung erlaubt z. B. die „lange Schicht" (= Zwölf-Stunden-Wechselschicht) in der chemischen Industrie.

Soweit keine tarifvertraglichen Ausgleichsregelungen bestehen, hat der Arbeitgeber dem Nachtarbeitnehmer für die während der Nachtzeit geleisteten Arbeitsstunden eine angemessene Zahl bezahlter freier Tage oder einen angemessenen Zuschlag auf das ihm hierfür zustehende Bruttoarbeitsentgelt zu gewähren (§ 6 Abs. 5 ArbZG). Ist die Vergütung nicht bereits im Entgelt enthalten, wie häufig beim Nachtportier oder beim Nachtwächter, wird ein **Zeitausgleich oder** ein **Zuschlag in Höhe von 10 bis 30%** als angemessen angesehen. 30% hat das BAG in einem Fall zugesprochen, in dem die einschlägigen Tarifverträge 35–50% vorsahen,[30] 10% als angemessen betrachtet bei Arbeitnehmern im Rettungsdienst wegen der erheblichen Arbeitsbereitschaft und weil hier das mit dem Zuschlag verfolgte Ziel, Nachtarbeit einzuschränken, nicht erreichbar ist. In 10% oder einem freien Tag auf 20 Nachtarbeitstage sieht das BAG die Untergrenze.[31]

Für **Schichtarbeit** gibt es keine besonderen Arbeitszeitregelungen. Ist sie zugleich Nacht- oder Sonn- oder Feiertagsarbeit, dann sind die dafür geltenden Vorschriften anzuwenden.

6. Sonn- und Feiertagsarbeit

An Sonn- und gesetzlichen Feiertagen **dürfen Arbeitnehmer von 0.00 bis 24.00 Uhr nicht beschäftigt werden.** In mehrschichtigen Betrieben mit regelmäßiger Tag- und Nachtschicht kann Beginn oder Ende der Sonn- und Feiertagsruhe um bis zu sechs Stunden vor- oder zurückverlegt werden, wenn für die auf den Beginn der Ruhezeit folgenden 24 Stunden der Betrieb ruht (§ 9 Abs. 1, 2 ArbZG).

> **BEISPIEL:** Die Sonn- und Feiertagsruhe kann im äußersten Fall so verlegt werden, dass sie vom Samstag oder von dem Tag vor dem Feiertag 18.00 Uhr bis Sonn- oder Feiertag 18.00 Uhr oder vom Sonn- oder Feiertag 6.00 Uhr bis Montag oder dem Tag nach dem Feiertag 6.00 Uhr dauert.

Für **Kraftfahrer und Beifahrer** kann der Beginn der 24-stündigen Sonn- und Feiertagsruhe um bis zu zwei Stunden vorverlegt werden (§ 9 Abs. 3 ArbZG).

Abweichend davon dürfen Arbeitnehmer in 16 Fällen, in denen die Arbeiten – da technisch nicht möglich oder wirtschaftlich nicht zumutbar – nicht an Werktagen vorgenommen werden können, an Sonn- und Feiertagen **beschäftigt werden** (§ 10 Abs. 1 ArbZG). Die Ausnahmen gelten auch für die erforderlichen Hilfs- und Nebentätigkeiten, gleichgültig, ob sie im selben Betrieb oder in derselben Abteilung erbracht werden oder nicht.[32]

Teilweise hat der Gesetzgeber ganze Bereiche **vom Verbot der Sonn- und Feiertagsarbeit ausgenommen,** wie Krankenhäuser, Gaststätten, Messen und Ausstellungen, Verkehrsbetriebe, Energie- und Wasserversorgungs-, Abfall- und Abwasserentsorgungsbetriebe, die Landwirtschaft und das Bewachungsgewerbe, teilweise Tätigkeiten, die in jedem Betrieb anfallen können. Dazu zählen vor allem

- der Transport und das Kommissionieren von leicht verderblichen Waren,

- die Bewachung von Betriebsanlagen,

- die Reinigung und Instandhaltung von Betriebseinrichtungen, soweit hierdurch der regelmäßige Fortgang des eigenen oder eines fremden Betriebs bedingt ist – das gilt auch dann, wenn die Ingangsetzung von Maschinen zur Funktionsprüfung zwingend mit dem Ingangsetzen der Produktion verbunden ist[33] –, die Vorbereitung der Wiederaufnahme des vollen werktägigen Betriebs sowie die Aufrechterhaltung der Funktionsfähigkeit von Datennetzen und Rechnersystemen,

- Arbeiten zur Verhütung des Verderbens von Naturerzeugnissen oder Rohstoffen oder des Misslingens von Arbeitsergebnissen – ein Misslingen ist anzunehmen, wenn wegen der Unterbrechung 5% der Wochenproduktion ausfällt oder fehlerhaft ist, wobei die Grenze im Einzelfall auch niedriger liegen kann[34] – sowie kontinuierlich durchzuführende Forschungsarbeiten;
- Arbeiten zur Vermeidung einer Zerstörung oder erheblichen Beschädigung der Produktionseinrichtungen.

Erfordern die infolge der Unterbrechung der Produktion zulässigen Arbeiten zur Reinigung und Instandhaltung von Betriebseinrichtungen, zur Wiederaufnahme des vollen werktägigen Betriebs oder zur Aufrechterhaltung der Funktionsfähigkeit von Datennetzen und Rechnersystemen den Einsatz von mehr Arbeitnehmern als bei durchgehender Produktion, so dürfen Arbeitnehmer an Sonn- und Feiertagen mit **Produktionsarbeiten** beschäftigt werden (§ 10 Abs. 2 ArbZG).

Auch bei zulässiger Sonn- und Feiertagsarbeit müssen für jeden Arbeitnehmer **15 Sonntage im Jahr beschäftigungsfrei** bleiben. Arbeitnehmer, die an einem Sonn- oder Feiertag beschäftigt werden, müssen einen Ersatzruhetag haben (§ 11 Abs. 3, 4 ArbZG, dort auch Einzelheiten zur Gewährung).

Die Bundesregierung kann darüber hinaus **zur Vermeidung erheblicher Schäden** durch Verordnung u. a. **Ausnahmen** zulassen

- für Betriebe, in denen die Beschäftigung von Arbeitnehmern an Sonn- und Feiertagen zur **Befriedigung täglicher** oder an diesen Tagen besonders hervortretender **Bedürfnisse** der Bevölkerung erforderlich ist,
- für Betriebe, in denen Arbeiten vorkommen, deren Unterbrechung oder Aufschub
  - nach dem Stand der Technik ihrer Art nach nicht oder nur mit erheblichen Schwierigkeiten möglich ist,
  - besondere Gefahren für Leben oder Gesundheit der Arbeitnehmer zur Folge hätte,

– zu erheblichen Belastungen der Umwelt oder der Energie- oder Wasserversorgung führen würde,

■ aus Gründen des Gemeinwohls, insbesondere auch zur **Sicherung der Beschäftigung** (§ 13 Abs. 1 Nr. 2 ArbZG).

Bestehen Zweifel, ob einer der Fälle vorliegt, bei denen aus betrieblichen oder wirtschaftlichen Gründen an Sonn- und Feiertagen gearbeitet werden darf, so empfiehlt sich die Einschaltung der zuständigen Aufsichtsbehörde (Gewerbeaufsicht oder Amt für Arbeitsschutz). Die Aufsichtsbehörde kann eine **verbindliche Feststellung** treffen (§ 13 Abs. 3 Nr. 1 ArbZG).

Die Aufsichtsbehörde soll Arbeiten an Sonn- und Feiertagen zulassen, die aus chemischen, biologischen, technischen oder physikalischen Gründen einen **ununterbrochenen Fortgang** auch an Sonn- und Feiertagen **erfordern** (§ 13 Abs. 4 ArbZG). Sie hat die Beschäftigung von Arbeitnehmern an Sonn- und Feiertagen zu bewilligen, wenn bei einer weitgehenden Ausnutzung der gesetzlich zulässigen wöchentlichen Betriebszeiten und bei längeren Betriebszeiten im Ausland die **Konkurrenzfähigkeit** unzumutbar beeinträchtigt ist und durch die Genehmigung von Sonn- und Feiertagsarbeit die **Beschäftigung gesichert** werden kann (§ 13 Abs. 5 ArbZG).

7. Sonderfälle

Die Höchstarbeitszeiten können überschritten, die Vorschriften über die Lage der Arbeitszeit brauchen nicht beachtet zu werden

■ bei vorübergehenden Arbeiten in Notfällen und in außergewöhnlichen Fällen, die unabhängig vom Willen der Betroffenen eintreten und deren Folgen nicht auf andere Weise zu beseitigen sind, besonders wenn Rohstoffe oder Lebensmittel zu verderben oder Arbeitsergebnisse zu misslingen drohen (§ 14 Abs. 1 ArbZG). **Notfälle** sind plötzlich auftretende unvorhersehbare Ereignisse, die unverzüglich bestimmte Arbeiten erforderlich machen, um einen unverhältnismäßig hohen Schaden abzuwenden, z. B. Brände, Explosionen, Wassereinbrüche, plötzlicher Frost, unaufschiebbare Entladearbeiten, unter Umständen auch streikbedingter Arbeitsausfall. **Außergewöhnliche Fälle** sind besondere Situationen, die weder regelmäßig eintreten noch vorhersehbar sind und die ebenfalls die Gefahr von Schäden mit sich bringen, z. B. das Ausladen, Lagern und Verarbeiten unerwartet eingetroffener verderblicher Waren oder die Fortführung eines wegen einer Betriebsstörung unterbrochenen Arbeitsprozesses, wenn dadurch erhebliche Schäden vermieden werden. Notfälle und außergewöhnliche Fälle unterscheiden sich nur graduell voneinander.[35] **Eilfälle** sind keine Notfälle, da in der Regel weder außergewöhnlich[36] noch unvorhersehbar. Kein Notfall liegt auch vor bei Auftragsspitzen, und er wird grundsätzlich ausgeschlossen durch unternehmerische Fehldispositionen.

- wenn eine verhältnismäßig geringe Zahl von Arbeitnehmern vorübergehend mit Arbeiten beschäftigt wird, deren Nichterledigung das Ergebnis der Arbeiten gefährden oder einen unverhältnismäßigen Schaden zur Folge haben würde,

- bei Forschung und Lehre, bei unaufschiebbaren Vor- und Abschlussarbeiten sowie bei unaufschiebbaren Arbeiten zur Behandlung, Pflege und Betreuung von Personen oder zur Behandlung und Pflege von Tieren an einzelnen Tagen. Voraussetzung ist in den beiden letztgenannten Fallgruppen, dass dem Arbeitgeber andere Vorkehrungen nicht zugemutet werden können (§ 14 Abs. 2 ArbZG). Der Arbeitnehmer soll Arbeiten, die an einem Tag begonnen und nicht beendet werden können, noch am selben Tag zu Ende führen können, um erhebliche finanzielle Einbußen zu vermeiden (z. B. Beendigung einer Montage, wenn dadurch eine erneute Anfahrt für ein oder zwei Stunden Arbeit vermieden werden kann).[37] Das Zuendebedienen der Kundschaft einschließlich der damit im Zusammenhang stehenden notwendigen Aufräumarbeiten gilt bis zu einer halben Stunde als Abschlussarbeit.[38]

Insgesamt darf die Arbeitszeit auch in diesen Fällen 48 Stunden wöchentlich im Durchschnitt von 6 Kalendermonaten oder 24 Wochen nicht überschreiten (§ 14 Abs. 3 ArbZG).

8. Bewilligung durch die Aufsichtsbehörde

Darüber hinaus kann die Aufsichtsbehörde

- eine längere tägliche Arbeitszeit bewilligen
  - für kontinuierliche Schichtbetriebe zur Erreichung zusätzlicher Freischichten
  - für Bau- und Montagestellenindex e1="Montagestelle"/>,
  - für Saison- und Kampagnebetriebe während der Saison oder der Kampagne, wenn die über acht Stunden werktäglich hinausgehende Arbeitszeit zu anderen Zeiten wieder ausgeglichen wird

- eine **abweichende Ruhezeit** zur Herbeiführung eines regelmäßigen wöchentlichen Schichtwechsels zweimal innerhalb eines Zeitraums von drei Wochen bewilligen

- über die im Arbeitszeitgesetz vorgesehenen Ausnahmen hinaus **weitergehende Ausnahmen** zulassen, soweit sie im öffentlichen Interesse dringend nötig werden (§ 15 Abs. 1 Nr. 1, 2, 4, Abs. 2 ArbZG).

9. Frauen in Mutterschutz

Werdende Mütter dürfen nicht beschäftigt werden, soweit nach ärztlichem Zeugnis **Leben oder Gesundheit** von Mutter oder Kind bei Fortdauer der Beschäftigung **gefährdet** ist. In den letzten **sechs Wochen vor der Entbindung** ist eine Beschäftigung nur zulässig, wenn sich die werdende Mutter ausdrücklich zur Arbeitsleistung bereit erklärt; die Erklärung kann jederzeit widerrufen werden (§ 3 MuSchG). **Wöchnerinnen** dürfen bis zum Ablauf von **acht Wochen nach der Entbindung** nicht beschäftigt werden; bei Früh- und Mehrlingsgeburten verlängert sich die Frist auf zwölf Wochen (§ 6 Abs. 1 MuSchG). Frauen, die in den ersten Monaten[39] nach der Entbindung nach ärztlichem Zeugnis nicht voll leistungsfähig sind, dürfen nicht zu einer Arbeit herangezogen werden, die ihre Leistungsfähigkeit übersteigt (§ 6 Abs. 2 MuSchG).

Werdende Mütter dürfen nicht mit schweren körperlichen Arbeiten und nicht mit Arbeiten beschäftigt werden, bei denen sie schädigenden Einwirkungen gesundheitsgefährdender Umgebungseinflüsse ausgesetzt sind (im Einzelnen siehe § 4 Abs. 1 und 2 MuSchG). Die Beschäftigung mit Akkordarbeit oder mit Fließarbeit mit vorgeschriebenem Arbeitstempo ist verboten (§ 4 Abs. 3 MuSchG). Werdende und stillende Mütter dürfen grundsätzlich nicht mit Mehrarbeit, d. h. nicht über $8^1/_2$ Stunden täglich oder 90 Stunden in der Doppelwoche (unter 18: 8 bzw. 80 Stunden), nicht in der Nacht zwischen 20 und 6 Uhr und nicht an Sonn- und Feiertagen beschäftigt werden (§ 8 MuSchG). Zum Ausgleich für die Einschränkungen gibt das BAG dem Arbeitgeber das Recht, Frauen in Mutterschutz auch dann mit anderen zumutbaren Arbeiten zu beschäftigen, wenn sie dazu nach dem Arbeitsvertrag an sich nicht verpflichtet sind.[40]

10. Jugendliche

Für Jugendliche, d. h. für Arbeitnehmer und Auszubildende, die 15, aber noch nicht 18 Jahre alt sind (§ 1 Abs. 1 Nr. 1, 2, § 2 Abs. 2 JArbSchG), gelten folgende Besonderheiten:

- **Höchstarbeitszeit** 8 Stunden täglich und 40 Stunden wöchentlich, bei anderer Verteilung der Arbeitszeit $8^1/_2$ Stunden täglich und 40 Stunden im Durchschnitt von 5 Wochen (§ 8 JArbSchG)

- **Ruhepausen** von mindestens 30 Minuten bei einer Arbeitszeit von mehr als $4^1/_2$ bis zu 6 Stunden und von 60 Minuten bei einer Arbeitszeit von mehr als 6 Stunden (§ 11 JArbSchG)

- **Ruhezeit** mindestens 12 Stunden (§ 13 JArbSchG)

- **Nachtruhe** grundsätzlich von 20.00 bis 6.00 Uhr (§ 14 JArbSchG)

- **Schichtzeit** grundsätzlich nicht mehr als 10 Stunden (§ 12 JArbSchG)

- **Fünf-Tage-Woche,** Beschäftigung an Samstagen, Sonn- und Feiertagen nur unter engen Voraussetzungen (§§ 16 ff. JArbSchG).

In Notfällen können Jugendliche mit vorübergehenden und unaufschiebbaren Arbeiten beschäftigt werden, soweit erwachsene Beschäftigte nicht zur Verfügung stehen. Wird dabei über die Arbeitszeit des § 8 JArbSchG hinaus Mehrarbeit geleistet, so ist sie durch entsprechende Verkürzung der Arbeitszeit innerhalb der folgenden drei Wochen auszugleichen (§ 21 JArbSchG). In engem Rahmen können auch Tarifverträge Ausnahmen vorsehen (Einzelheiten in § 21 a JArbSchG).

11. Aufzeichnungspflicht

Der Arbeitgeber ist verpflichtet, die über acht Stunden werktäglich hinausgehende sowie die an Sonn- oder Feiertagen geleistete Arbeitszeit aufzuzeichnen und die Aufzeichnungen mindestens zwei Jahre lang aufzubewahren (§ 16 Abs. 2 ArbZG). Aufzeichnungs- und Aufbewahrungspflicht können auf die Arbeitnehmer delegiert werden. Die Aufzeichnungen und ihre Aufbewahrung sind durch die Führungskräfte regelmäßig zu überprüfen. Die Aufsichtsbehörde kann jederzeit Einsicht in die Arbeitsnachweise nehmen (§ 17 Abs. 5 ArbZG).

12. Verstoß gegen Arbeitszeitvorschriften

a) Rechte des Arbeitnehmers

Eine **Vereinbarung,** die gegen das Arbeitszeitrecht verstößt, ist **nichtig,** eine **Weisung** des Arbeitgebers **unwirksam.** Der Arbeitnehmer braucht die Arbeit nicht zu leisten, ohne dass ihn irgendwelche Nachteile treffen dürfen. Leistet er die Arbeit, so hat er Anspruch auf Vergütung.

b) Bußen und Strafen

Der **Arbeitgeber,** der vorsätzlich oder fahrlässig gegen Arbeitszeitbestimmungen verstößt, kann mit einer **Geldbuße** bis zu 15.000 € belegt werden; das gilt auch bei nicht ordnungsgemäßer Führung und Aufbewahrung von Arbeitsnachweisen (§ 22 ArbZG). Gefährdet er dadurch Gesundheit oder Arbeitskraft eines Arbeitnehmers oder wiederholt er seine Handlung beharrlich, so wird er bei vor-sätzlichem Verstoß mit **Freiheitsstrafe** bis zu einem Jahr oder **Geld-strafe** bestraft; bei Fahrlässigkeit ist die Höchststrafe sechs Monate oder 180 Tagessätze (§ 23 ArbZG). Bei einem Bußgeld über 200 €, bei Geld- oder Freiheitsstrafe erfolgt ein **Eintrag in das Gewerbe-zentralregister** (§ 149 Abs. 2 GewO). Unkenntnis des Arbeitszeit-rechts schützt vor Strafe oder Buße nicht.

Dem Arbeitgeber stehen **Arbeitnehmer** gleich, die beauftragt sind, den Betrieb ganz oder zum Teil zu leiten, oder ausdrücklich beauf-tragt, in eigener Verantwortung Aufgaben wahrzunehmen, die dem Inhaber des Betriebs obliegen (siehe dazu Kapitel 17 IV. 2.).

Unabhängig davon kommt eine Bestrafung wegen **Körperverlet-zung** oder **Tötung** in Betracht, wenn ein Arbeitnehmer aufgrund eines Verstoßes gegen das Arbeitszeitrecht, für das ein anderer Arbeitnehmer die Verantwortung trägt, einen Unfall erleidet oder verursacht. Ein Vorgesetzter macht sich unter Umständen bereits strafbar, wenn er einen Mitarbeiter nicht von Verstößen gegen das Arbeitszeitrecht abhält oder zumindest abzuhalten versucht. Nicht rechtswidrig handelt allerdings, wer in einer gegenwärtigen, nicht anders abwendbaren Gefahr für Leben, Leib oder Eigentum unter Verstoß gegen das Arbeitszeitrecht eine Arbeit anordnet oder duldet, wenn bei Abwägung der widerstreitenden Interessen, namentlich der betroffenen Rechtsgüter und des Grades der ihnen drohenden Gefahren, das geschützte Interesse das beeinträchtigte wesentlich überwiegt (§ 34 S. 1 StGB).

c) Schadensersatz

Verursacht ein Arbeitnehmer aufgrund eines Verstoßes gegen das Arbeitszeitrecht einen **Personen- oder** einen **Sachschaden** und hat der Vorgesetzte den Verstoß – durch Anordnung oder pflichtwidri-ges Nicht-Abhalten – (mit)verschuldet, so haftet er dafür unter Um-ständen gemeinsam mit dem Arbeitnehmer. Die Haftung kann nach den Grundsätzen über die Haftungsbeschränkung bei betrieblich veranlasster Tätigkeit gemildert oder – bei leichtester Fahrlässigkeit – ausgeschlossen sein. Wird ein Versicherter desselben Betriebs ver-letzt oder eine Person, die für diesen Betrieb tätig ist, so tritt die Berufsgenossenschaft ein (§ 105 SGB VII). Die Berufsgenossenschaft kann bei Vorsatz und grober Fahrlässigkeit Regress nehmen (siehe dazu Kapitel 17 II. 4.).

V. Vergütung von Überstunden

1. Vergütungspflicht

Die Vergütung von Überstunden **richtet sich nach Arbeitsvertrag, Betriebsvereinbarung (Arbeitsordnung) und Tarifvertrag.**[41] Die meisten Verträge enthalten keine Vereinbarung darüber, ob und gegebenenfalls ab wann Überstunden zu vergüten sind. Denkbar und zulässig wäre beispielsweise eine Klausel im Arbeitsvertrag:

> Gelegentliche geringfügige Überschreitungen der regelmäßigen täglichen Arbeitszeit sind mit dem Monatsgehalt abgegolten[42] oder Eine gelegentliche Überschreitung der regelmäßigen täglichen Arbeitszeit bis zu 15 Minuten gilt nicht als Mehrarbeit.[43]

Fehlt es an einer anderweitigen Vereinbarung, so sind Überstunden **im Tarifbereich grundsätzlich vergütungspflichtig.** Das folgt aus dem Leistungs-Gegenleistungs-Gedanken. Der Arbeitnehmer erbringt seine Leistung um der Vergütung willen, und da die Vergütung nach Zeiteinheiten bemessen ist, ist eine über die vereinbarte hinausgehende Arbeitsleistung zu vergüten. Zulässig ist eine Pauschalierung. Dann muss aus der Vereinbarung aber erkennbar sein, wie viele Überstunden damit (höchstens) abgegolten sein sollen.[44] Mit AT-Angestellten kann vereinbart werden, dass die bei ihrer Tätigkeit normalerweise anfallenden Überstunden durch das Gehalt abgegolten sind. Für Auszubildende folgt die Vergütungspflicht aus dem Gesetz (§ 17 Abs. 3 BBiG).

Da das Arbeitsverhältnis sich auf Verrichtung von Arbeit während der vereinbarten Zeit und auf die Entrichtung von Entgelt für diese Arbeit beschränkt, kann der Arbeitnehmer nicht von sich aus Überstunden machen und Bezahlung verlangen. Überstunden sind grundsätzlich nur dann vergütungspflichtig, **wenn** sie vom Arbeitgeber **angeordnet,** gebilligt oder geduldet werden oder wenn sie zur Erledigung der geschuldeten Arbeit notwendig waren.[45] Um Streitigkeiten auszuschließen, verlangen Tarifverträge häufig eine ausdrückliche Anordnung. Dann reicht Duldung im Allgemeinen nicht aus. Ist der Arbeitnehmer wegen ungleichmäßigen Arbeitsanfalls während der Arbeitszeit nicht ausgelastet und muss er anschließend Überstunden machen, so nimmt ihm das nicht den Anspruch auf die zusätzliche Vergütung.[46] Will der Arbeitgeber die Vergütungspflicht vermeiden, dann muss er eine andere Lage der Arbeitszeit vereinbaren.

2. Zuschlag

Auch **die Höhe** des Zuschlags **richtet sich** grundsätzlich **nach Arbeitsvertrag, Betriebsvereinbarung und Tarifvertrag.** Im Allgemeinen sind die Zuschläge in den Tarifverträgen geregelt, häufig progressiv nach der Zahl der Überstunden;[47] damit sollen Überstunden möglichst gering gehalten werden. Eine gesetzliche Regelung gibt es nicht. Es kann deshalb auch vereinbart werden, dass lediglich die Grundvergütung ohne Zuschlag gezahlt wird.

3. Andere Verteilung der Arbeitszeit

Nicht zu **Überstunden und damit nicht** zu einer **Vergütungspflicht** führt eine andere Verteilung der Arbeitszeit. Bei der anderen Verteilung der Arbeitszeit wird keine zusätzliche Arbeit geleistet, sondern lediglich die geschuldete Arbeit zu einer anderen Zeit erbracht. Verändert wird die Lage der Arbeitszeit, nicht die Dauer. Deshalb fällt keine zusätzliche Vergütung an, und zwar weder eine zusätzliche Grundvergütung noch ein Zuschlag. Das hat zur Folge, dass mitunter Meinungsverschiedenheiten darüber auftauchen, ob eine andere Verteilung der Arbeitszeit oder ob Überstunden vorliegen. Eindeutig ist die Antwort, wenn die Arbeit zusätzlich geleistet wird. Hier verlängert sich die Arbeitszeit, das bedeutet Überstunden. In den übrigen Fällen kommt es darauf an, ob der Arbeitnehmer sich eine andere Verteilung der Arbeitszeit gefallen lassen muss (siehe oben III. 2.).

Die Frage sollte in jedem Fall vorher geklärt werden. Ordnet der Arbeitgeber Überstunden an, dann kommt später im Allgemeinen höchstens noch ein **Abfeiern** in Betracht. Das ist zwar der Sache nach auch nichts anderes als eine andere Verteilung der Arbeitszeit; der Überstundenzuschlag ist aber – sei es in Geld, sei es in Zeit – zu zahlen. Ob der Arbeitnehmer zum Abfeiern berechtigt oder verpflichtet ist, richtet sich wieder nach den Vereinbarungen, vor allem nach dem Tarifvertrag.

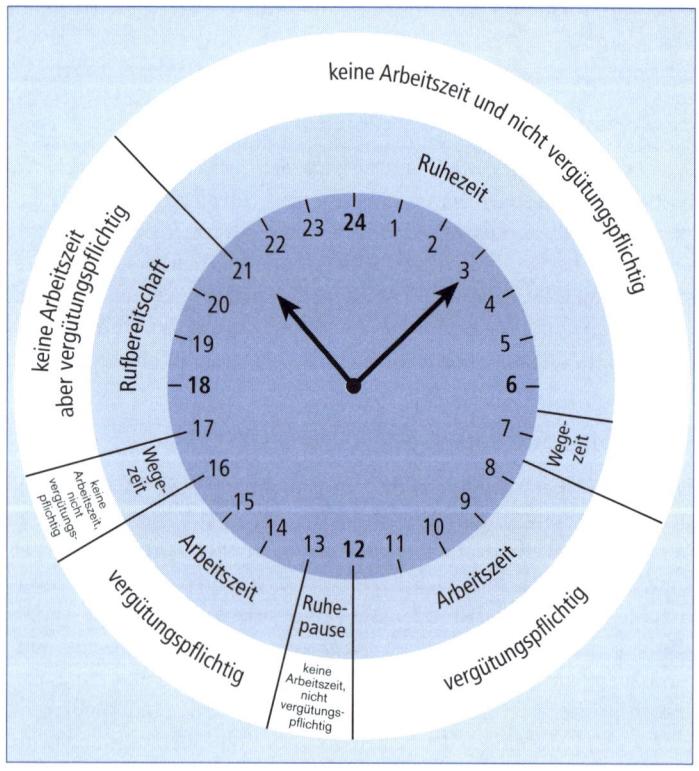

Abb. 5: Arbeitszeit und Vergütungspflicht

VI. Mitbestimmung des Betriebsrats

1. Lage der Arbeitszeit

Der Betriebsrat hat mitzubestimmen bei **Beginn und Ende der täglichen Arbeitszeit** einschließlich der **Pausen** sowie bei der **Verteilung der Arbeitszeit auf die einzelnen Wochentage,** d. h. bei der Lage der Arbeitszeit, nicht bei der Dauer (§ 87 Abs. 1 Nr. 2 BetrVG). Stellt der Arbeitsvertrag (Tarifvertrag), wie (noch) üblich, auf die Woche ab, ist also die Wochenarbeitszeit mitbestimmungsfrei, die tägliche Arbeitszeit hinsichtlich Dauer (= Verteilung der Arbeitszeit auf die einzelnen Wochentage) und Lage (Beginn und Ende der täglichen Arbeitszeit) mitbestimmungspflichtig. Bei Jahresarbeitszeiten ist die Zahl der Stunden pro Jahr mitbestimmungsfrei.

Mitbestimmungspflichtig sind damit die Festlegung von Arbeits- und arbeitsfreien Tagen in der Woche, die Einführung von gleitender und/oder variabler Arbeitszeit, die Festlegung der Rahmenbedingungen für Abrufarbeit und Teilzeitarbeit,[48] für Bereitschaftsdienst und Rufbereitschaft,[49] die Einführung[50] und Änderung[51] von Schichtarbeit. Ein Mitbestimmungsrecht besteht auch, wenn Arbeitnehmer immer wieder von einer Schicht in eine andere wechseln müssen.[52] Das Mitbestimmungsrecht bei Dauer und Lage der Pausen bezieht sich nur auf Ruhepausen, nicht auf Pausen, die als Arbeitszeit gelten (sogenannte Betriebspausen, wie z. B. Lärmpausen[53]). Es erstreckt sich auch auf Vertretungsregelungen während der Pausen.

> **BEISPIEL:** Vier Arbeitnehmerinnen vertreten in einer bestimmten Reihenfolge die Telefonistin während der halbstündigen Mittagspause und holen ihre Pause zu einer anderen Zeit nach.[54]

2. Überstunden

Mitbestimmungspflichtig ist auch die **vorübergehende Verlängerung der betriebsüblichen Arbeitszeit** (§ 87 Abs. 1 Nr. 3 BetrVG), d. h. die Anordnung von Überstunden, und die Duldung, d. h. die

Entgegennahme und Bezahlung von Überstunden.[55] Das gilt selbst dann, wenn ein Tarifvertrag dem Arbeitgeber die Anordnung einer bestimmten Zahl von Überstunden erlaubt (z. B. bis zu 6 Stunden je Woche).[56] Voraussetzung ist allerdings immer, dass es sich um einen **kollektiven Tatbestand** handelt, d. h., dass eine generelle Regelung getroffen wird oder ein Bezug zu anderen Arbeitnehmern besteht. Ein kollektiver Bezug kann nach der Rechtsprechung auch dann vorliegen, wenn nur ein Arbeitnehmer Überstunden leistet; Voraussetzung ist, dass ein anderer Arbeitnehmer an seiner Stelle in Frage gekommen wäre.[57] Mitbestimmungsfrei sind **Individualmaßnahmen,** d. h. wenn gerade dieser oder diese Arbeitnehmer an ihrem Arbeitsplatz Überstunden leisten müssen.[58]

> **BEISPIELE:** Als kollektive Maßnahmen hat das BAG angesehen die Anordnung von Überstunden
> – aus Anlass von Schlussverkäufen und saisonbedingten Bestandsaufnahmen in einem Warenhaus,[59]
> – zur Aufnahme des Bestandes in einer EDV-Abteilung außerhalb der Arbeitszeit in regelmäßigen Abständen,[60]
> – aufgrund immer wieder auftretender technischer Störungen an Betriebsanlagen,[61]
> – aus immer wieder auftauchenden technischen oder organisatorischen Gründen in einem Rechenzentrum,[62]
> – zur termingerechten Erbringung von Leistungen an Dritte[63]
> – sowie die befristete Verlängerung der Arbeitszeit von Teilzeitbeschäftigten.[64]

Das Mitbestimmungsrecht bezieht sich auf das **Ob und** das **Wie** von Überstunden; keine Mitbestimmung besteht bei der Rückkehr zur betriebsüblichen Arbeitszeit.[65] Es besteht auch in **Eilfällen;**[66] sinnvollerweise wird man für solche Fälle eine generelle Zustimmung des Betriebsrats einholen. Der Betriebsrat hat kein Mitbestimmungsrecht bei Überstunden in **Notfällen,**[67] d. h. in plötzlich und nicht vorhersehbar auftretenden schwerwiegenden Lagen, die zur Verhinderung nicht wiedergutzumachender Schäden zu unaufschiebbaren Maßnahmen zwingen;[68] der Arbeitgeber hat die Zustimmung des Betriebsrats aber nachträglich einzuholen.[69]

7. Kapitel

Entgelt

I. Entgeltsystem

Das Entgelt setzt sich zumeist aus drei Positionen zusammen:

- aus dem laufenden Entgelt
- aus Zulagen und Zuschlägen und
- aus Sonderzuwendungen (sogenannte Gratifikationen).

Bei zusätzlicher Arbeit kommt eine Erhöhung durch Überstundenvergütung, gegebenenfalls mit Zuschlag (siehe Kapitel 6 V.), in Betracht, bei Kurzarbeit eine Verringerung (siehe Kapitel 9 II. bis IV.).

Das Entgelt ist die Gegenleistung für die Arbeit. Seine Höhe bestimmt sich hauptsächlich nach dem Preis der Arbeit auf dem Arbeitsmarkt. Andere Gesichtspunkte, die in die Bemessung einfließen, sind vor allem das Bedürfnis nach innerbetrieblicher Differenzierung und soziale Überlegungen (z. B. Besitzstandsregelungen).

1. Laufendes Entgelt

Das laufende Entgelt macht in aller Regel den Hauptteil des Gesamtentgelts aus. **Anknüpfungspunkt ist** normalerweise **die Zeiteinheit** (Gehalt, Zeitlohn), mitunter **die Leistung** (Akkord, Prämie) **oder das Ergebnis** (Provision). Bemessen wird es im Wesentlichen nach dem **Arbeitswert** und der **persönlichen Leistung** (Anreiz und Belohnung). Hinzu kommen Kriterien wie **Betriebszugehörigkeit, Bedürftigkeit und Erhaltung eines Besitzstandes.**

Das Entgelt kann in einem Gesamtbetrag festgesetzt und ausgezahlt werden. Das ist vor allem bei AT-Angestellten üblich. Die einzelnen Entgeltbestandteile können aber auch gesondert ermittelt und ausgewiesen werden. Das ist im Tarifbereich die Regel. Die **Entgeltfindung** kann mehr oder weniger systematisch erfolgen. Die Überlegungen, die in die Entgeltfindung einfließen, sind aber bei einem systematisch-analytischen Entgeltsystem dieselben wie bei einem eher summarischen.

Der Arbeitgeber schuldet grundsätzlich eine „Brutto"-Vergütung. Eine „Netto"-Zahlung muss ausdrücklich vereinbart werden.[1]

a) Gehalt, Zeitlohn

Die Bemessung des Entgelts nach Zeiteinheiten ist, wie gesagt, der **Normalfall.** Sie wird der Tatsache am besten gerecht, dass der Arbeitnehmer dem Arbeitgeber seine Arbeitskraft für eine bestimmte Zeit zur Verfügung stellt.

aa) Arbeitswertlohn: Die meisten Tarifregelungen beruhen **auf summarischer Arbeitsbewertung.** Hierbei werden Tätigkeiten gleichen Wertes nach bestimmten Kriterien, zumeist nach der für die Tätigkeit erforderlichen Qualifikation, in sogenannten Entgeltgruppen zusammengefasst.

> **BEISPIELE:** EGr 1: keine Ausbildung erforderlich
> EGr 2: Anlernzeit von sechs Wochen erforderlich
> EGr 3: Anlernzeit von drei Monaten erforderlich
> EGr 4: Ausbildung von zwei Jahren erforderlich
> EGr 5: Ausbildung von drei Jahren erforderlich.

Häufig wird dieses System verfeinert, etwa indem die Erfahrung, vielfach bemessen nach Dienstjahren, die Verantwortung (für Personen, Sachmittel und/oder Vermögenswerte) und/oder bestimmte Belastungen miteinbezogen werden. Sogenannte **Richtbeispiele** erläutern die abstrakten Beschreibungen der einzelnen Entgeltgruppen. Für Anforderungen, die durch die summarische Arbeitsbewertung nicht oder nicht hinreichend erfasst sind, werden häufig gesonderte **Zulagen** gezahlt: vor allem Funktionszulagen für die Übernahme mit

besonderer Verantwortung verbundener Tätigkeiten (Vorarbeiter-
oder Ausbilderzulage), aber auch beispielsweise Springerzulagen für
Einsetzbarkeit und Einsatz an verschiedenen Arbeitsplätzen. Die
vorübergehende Übernahme höherwertiger Tätigkeiten wird – jedenfalls wenn die Vertretung eine gewisse Zeit dauert – durch Ver-
treterzulagen abgegolten.

Bei der **analytischen Arbeitsbewertung** wird jede Arbeit gedanklich
in die einzelnen Bestandteile zerlegt („analysiert"). Nach dem sogenannten **Genfer Schema** sind das geistiges und körperliches Können, geistige und körperliche Belastung, Verantwortung und Umgebungseinflüsse. Die einzelnen Kriterien werden sodann gewichtet,
und es werden ihnen Geldbeträge zugeordnet. Umgebungseinflüsse
werden im Allgemeinen durch Erschwerniszulagen abgegolten.

Analytische Arbeitsbewertungssysteme haben den Vorteil größerer
Rationalität. Diesen Vorteil bezahlen sie mit dem Nachteil eines hohen Aufwandes und einer geringeren Flexibilität (Entgeltänderung
bei Versetzung).

Im **AT-Bereich** begnügt man sich, soweit der Versuch einer systematischen Gehaltsfindung vorgenommen wird, zumeist mit Gehalts-
bändern. Der Sache nach sind auch diese „Bänder" nichts anderes
als einander überlappende Entgeltgruppen. Zunehmend werden
Zielvereinbarungen abgeschlossen, wobei die Zielerreichung durch
einen **Bonus** prämiert wird (siehe d).

bb) Leistungszulage: Während mit dem Arbeitswertlohn die Verrichtung der Tätigkeit eines bestimmten Wertes abgegolten ist, knüpft
die Leistungszulage an die **Art und Weise der Verrichtung** an. Sie
dient der Differenzierung der Vergütung aufgrund der persönlichen
Leistung – daher mitunter **persönliche Zulage** genannt – bei einem
vorgegebenen Arbeitswert. **Kriterien** für die Leistungszulage **sind
insbesondere Güte und Menge, Einsatzbereitschaft, Zusammenarbeit und – bei Vorgesetzten – Mitarbeiterführung**. Die Höhe der
Leistungszulage kann mehr oder weniger systematisch mit Hilfe eines Leistungsbeurteilungsverfahrens, d. h. durch Vorgabe von Kriterien und deren Gewichtung, oder durch ungewichtete Vorgabe von
Kriterien oder durch Festlegung anhand vom Vorgesetzten selbst ge-

wählter Merkmale („Nasenprämie") festgelegt werden. Anders als beim Akkord- und Prämienlohn führt bei der Leistungszulage nicht automatisch ein bestimmtes Arbeitsergebnis zu einem bestimmten Entgelt; zwischengeschaltet ist immer eine **Beurteilung** mit entsprechenden Beurteilungsspielräumen. Das höhere Entgelt wird auch nicht (rückwirkend) für die Zeit gezahlt, in der die Leistung erbracht wurde, sondern erst für die Zukunft.

cc) Sonstige Entgeltbestandteile: Ergänzt werden kann das laufende Entgelt durch weitere Bestandteile. Diese können an die **Betriebszugehörigkeit** (Dienstjahre) anknüpfen und damit vergangenheitsbezogen Betriebstreue abgelten, zukunftsbezogen **an das Unternehmen binden** und **leistungsbezogen Erfahrung vergüten.** Sie können einen **Beitrag** leisten **zu besonderen Lasten,** die der Arbeitnehmer auf Zeit (Schicksalsschlag) oder auf Dauer (Unterhaltspflichten, hohe Miete: Sozialzulage) zu tragen hat. Oder sie können dem Arbeitnehmer – wiederum auf Zeit oder auf Dauer – einen **Besitzstand absichern,** den er einmal erreicht hatte und den er beispielsweise aufgrund einer rationalisierungsbedingten Versetzung verloren hat. Schließlich sind hierher zu rechnen Vergütungsbestandteile, die der Arbeitnehmer aufgrund seiner **Marktstellung** (gesuchter Fachmann) oder aufgrund seines **Verhandlungsgeschicks** vereinbaren konnte.

b) Leistungslohn

Leistungslohn gibt es in Gestalt von Akkord und Prämie. Durch die Automatisierung geht der Akkord zugunsten der Prämie zurück, weil das Arbeitsergebnis immer weniger von der Leistung des Arbeitnehmers als von der Leistungsfähigkeit der Maschine abhängt, und die kann der Arbeitnehmer am ehesten dadurch beeinflussen, dass er Stillstandszeiten (wegen Materialmangels, Reparatur, Wartung) möglichst gering hält. Das wiederum lässt sich am besten durch Prämien vergüten.

aa) Akkord: Akkord wird als Geld- oder Zeitakkord gezahlt. Beim **Geldakkord** wird unmittelbar für eine Leistung ein bestimmter Geldbetrag ausgeworfen, beim **Zeitakkord** wird die zur Herstellung benötigte Normalarbeitszeit („Vorgabezeit") in die Berechnung einbezogen. Das hat den Vorteil, dass bei einer Änderung der Bearbeitungszeit nur die Vorgabezeit geändert werden muss. Dafür, dass der Arbeitnehmer in Akkord statt in Normallohn arbeitet und damit ein gewisses Arbeitstempo einzuhalten hat, erhält er zumeist einen Zuschlag; Tarifverträge sehen häufig 15% vor. Den Akkordlohn bei Normalleistung einschließlich dieses Zuschlags bezeichnet man als Akkordrichtsatz. Bei einem Zuschlag von 15% beträgt er 115%. Die Formeln für den Geld- und den Zeitakkord lauten:

Geldakkord: Arbeitsmenge × Geldfaktor

$$\text{Zeitakkord: } \frac{\text{Arbeitsmenge} \times \text{Vorgabezeit} \times \text{Akkordrichtsatz}}{60}$$

> **BEISPIEL:** Soll ein Akkordarbeiter bei Normalleistung 16,00 € je Stunde verdienen und kann er bei Normalleistung in der Stunde 20 Werkstücke herstellen, dann beträgt der Geldfaktor beim Geldakkord 16,00 €: 20 = 0,80 €. Beim Zeitakkord werden Arbeitsmenge (20), Vorgabezeit (60/20 = 3) und Akkordrichtsatz (16,00 €) miteinander multipliziert und durch 60 geteilt: [20 × 3 × 16,00]/60 = 16,00 €.

Die **Vorgabezeit** wird ausgehandelt, geschätzt oder arbeitswissenschaftlich ermittelt (REFA, Bédaux, MTM).[2]

bb) Prämie: Prämien können **an alle betriebswirtschaftlich bedeutsamen Bezugsgrößen** anknüpfen, die der Arbeitnehmer beeinflussen kann: Menge, Güte, Nutzung, Ersparnis, Termineinhaltung. Nicht als Prämie i. S. von Leistungslohn sind Vergütungsbestandteile zu betrachten, die nicht an der Leistung des Arbeitnehmers oder einer Gruppe von Arbeitnehmern ansetzen, auch wenn sie als Prämie bezeichnet werden (z. B. Jahresprämie). Hier handelt es sich um Sonderzuwendungen (Gratifikationen). Sonderregeln gelten für Anwesenheitsprämien (siehe II.).

cc) Gemeinsame Regeln für Akkord und Prämie: Akkord- und Prämienlohn können so ausgestaltet sein, dass sich das Entgelt proportional, unter- oder überproportional zur Bezugsgröße erhöht; die Akkord- oder Prämienlohnkurve kann also linear, degressiv oder progressiv verlaufen. Bei progressiver Leistungslohnkurve wird zu besonders hoher Leistung angereizt; dem steht die Gefahr gegenüber, dass Mensch, Maschine und Güte des Produkts darunter leiden. Bei degressiver Kurve nimmt der Anreiz mit jeder zusätzlich hergestellten Einheit ab.

Der Akkord deckt die Entgeltteile ab, die bei Zeitlohn als Arbeitswertlohn und als Leistungszulage gezahlt werden. Bei der Prämie kann es ebenso sein; die Zulage kann aber auch zusätzlich zu Zeit- oder Akkordlohn gezahlt werden (z. B. anstelle einer Leistungszulage).

Bei Akkord und Prämienlohn hängt die Vergütung unmittelbar von der Leistung ab. Das gibt Leistungslöhnern jedoch nicht das Recht, unter Inkaufnahme von Lohnverzicht mit der Leistung zurückzuhalten, wie das manchmal zu beobachten ist, wenn die Vorgabezeiten nicht stimmen. Auch Leistungslöhner haben unter angemessener Anspannung ihrer Kräfte und Fähigkeiten ständig zu arbeiten (siehe Kapitel 5 III.). Bei absichtlicher Minderleistung kann abgemahnt, im Wiederholungsfall sogar gekündigt werden. Ob der Arbeitgeber den Arbeitnehmer vom Zeit- in den Leistungslohn oder vom Leistungs- in den Zeitlohn versetzen darf, richtet sich nach dem Arbeitsvertrag. Ohne Versetzungsklausel geht das nur im Einvernehmen oder durch Änderungskündigung.[3]

dd) Grenzen der Akkordarbeit und ähnlicher Arbeiten: Schwangere (§ 4 Abs. 3 Nr. 1 MuSchG)[4] und **Jugendliche** (§ 23 JArbSchG) dürfen nicht mit Akkordarbeit oder sonstigen Arbeiten beschäftigt werden, bei denen durch ein gesteigertes Arbeitstempo ein höheres Entgelt erzielt werden kann. **Fahrpersonal** von Kraftfahrzeugen und Straßenbahnen, die am Verkehr auf öffentlichen Straßen teilnehmen, dürfen darüber hinaus nicht nach der zurückgelegten Fahrstrecke oder der Menge der beförderten Güter entlohnt werden (§ 3 FahrpersonalG).[5]

c) Provision

Die Provision ist ein **ergebnis(= erfolgs)bezogenes Entgelt.** Das Arbeitsergebnis hängt zwar auch von der Leistung ab, anders als beim Leistungslohn zusätzlich aber vom Markt. Dem entspricht es, dass die Provision in der Regel in ein **Fixum** und in eine **Variable** unterteilt wird. Die Provisionsvereinbarung muss sicherstellen, dass bei normaler Arbeitsleistung ein angemessener Verdienst erreicht werden kann und das Risiko schwieriger Geschäfte nicht völlig auf den Arbeitnehmer abgewälzt wird.[6] Im Übrigen sind die Parteien bei der Festlegung des Verhältnisses von Fixum und Variabler frei. Wie bei Zeit- und Leistungslohn können auch zur Provision zusätzliche Entgeltbestandteile hinzukommen.

d) Zielvereinbarungen

Vor allem im AT-Bereich werden vielfach Zielvereinbarungen getroffen, die Zielerreichung wird durch einen Bonus prämiert. Das Recht – und die Pflicht –, derartige Vereinbarungen abzuschließen, setzt eine entsprechende Abrede im Arbeitsvertrag – oder in einem Nachtrag dazu – voraus. Diese Vereinbarung regelt die Rahmenbedingungen für die konkreten Vereinbarungen: die Ziele, die vereinbart werden können (harte, wie Umsatzsteigerung, oder weiche, wie Kundenzufriedenheit), die Höhe des Bonus, den Planungszeitraum (in der Regel ein Jahr), das Verfahren, das bei dem Abschluss der Vereinbarungen und bei der Feststellung der Zielerreichung einzuhalten ist, usw. Ohne eine solche **Rahmenvereinbarung** kann der Arbeitgeber nur Ziele im Rahmen seines Direktionsrechts vorgeben (**„Zielvorgabe"**).

Der **Bonus** ist (variables) Entgelt, keine Sonderzuwendung. Für ihn gelten also grundsätzlich dieselben Regeln wie für das laufende Entgelt. Bei Krankheit kann er nicht gekürzt werden, wenn der Arbeitnehmer ohne sie das Ziel erreicht hätte. Die Zahlung kann nicht davon abhängig gemacht werden, dass das Arbeitsverhältnis zu einem bestimmten Stichtag noch besteht.[7]

Ein wie hoher Anteil des Gesamtentgelts an Zielvorgaben geknüpft werden kann, hängt von der Höhe des laufenden Entgelts ab, vom Einfluss des Arbeitnehmers auf die Zielerreichung und von seinen Chancen auf ein überdurchschnittliches Entgelt. In jedem Fall muss ihm ein Entgelt garantiert sein, das oberhalb der Sittenwidrigkeitsgrenze liegt. Niedriger kann es allenfalls dann sein, wenn er die

Chance hat, durch eigene Leistung ein überdurchschnittliches Einkommen zu erzielen.[8]

Trotz Zielvereinbarung behält der Arbeitgeber das Direktionsrecht. Einseitig darf er von der Vereinbarung aber grundsätzlich nicht mehr abweichen. Vereitelt er die Zielerreichung, so behält der Arbeitnehmer den Anspruch auf den Bonus. Bei Änderung der Geschäftsgrundlage kann sich jedoch eine Pflicht zur Anpassung ergeben.

Unterbleibt eine Zielvereinbarung, dann kommt es für die Bonuszahlung darauf an, wer das zu vertreten hat. Obliegt dem Arbeitgeber die Initiativlast und wirkt er nicht auf den Abschluss von Zielvereinbarungen hin, dann hat der Arbeitnehmer Anspruch auf den vollen Bonus.[9] Dasselbe gilt, wenn er Ziele vorgibt, die der Mitarbeiter nicht erreichen kann.[10] Hat der Arbeitnehmer das Unterbleiben (mit) zu vertreten, dann mindert sich sein Anspruch ggf. bis auf Null.

Nach der Rahmenvereinbarung richtet sich, welchen Bonus der Arbeitnehmer bei voller Zielerreichung erhält, ob und gegebenenfalls welchen bei teilweiser Erfüllung und welchen bei Übererfüllung. Die Rahmenvereinbarung regelt auch das Verfahren für die Ermittlung der Zielerreichung. In der Regel liegt die Zuständigkeit beim Arbeitgeber Die Beweislast für die Zielerreichung trägt der Arbeitnehmer.[11]

2. Zuschläge und Zulagen

Zuschläge und Zulagen werden für Arbeiten gezahlt, die unter Bedingungen verrichtet werden, die vom Normalen abweichen. **Die Praxis kennt vor allem drei Gruppen:**

a) Überstundenzuschläge

Siehe dazu Kapitel 6 V. 2.

b) Erschwerniszulagen

Sie entgelten Arbeiten unter erschwerten Bedingungen, z. B. Arbeiten, die mit Geräuschen,[12] Hitze oder Kälte,[13] Feuchtigkeit, Erschütterungen verbunden sind. Erschwerniszulagen sollen **lästige Arbeiten** abgelten, **nicht gefährliche oder** (gesundheits)**schädliche Arbeiten.** Gefährdungen und erst recht Schädigungen sind zu vermeiden. Die Lästigkeit entsteht häufig dadurch, dass der Arbeitnehmer Arbeitsschutzmittel tragen muss.

Erschwerniszulagen sind Entgelt. Ihr Zweck ist aber nicht in erster Linie eine Erhöhung der Vergütung, sondern eine Verteuerung der Arbeit, um damit einen Anreiz zu setzen, dass Erschwernisse beseitigt werden. Sie entfallen deshalb, wenn die Erschwernis entfällt.

c) Zuschläge für Arbeiten zu ungünstiger Zeit (unsocial hours)

Diese Zuschläge verteuern Sonn- und Feiertagsarbeit, Nachtarbeit und Tätigkeit in Wechsel- oder in Spätschicht.

Allen diesen Zulagen und Zuschlägen ist gemeinsam, dass sie nur anfallen, solange die Belastungen vorliegen, deretwegen sie gezahlt werden. Das ergibt sich aus ihrem Zweck; einer besonderen Vereinbarung bedarf es nicht. Nachtarbeitern ist für die nach § 6 Abs. 5 ArbZG während der Nachtzeit geleisteten Arbeitsstunden eine angemessene Zahl freier Tage oder ein angemessener Zuschlag auf die geleisteten Nachtstunden zu gewähren; als angemessen hat das BAG bis zu 30%, bei Bereitschaftsdienst 10% angesehen (siehe Kapitel 6 IV. 6.). Ob der Arbeitgeber Arbeitnehmer von normalen Arbeiten zu zuschlagspflichtigen Arbeiten versetzen darf und umgekehrt, richtet sich nach dem Arbeitsvertrag.

3. Sonderzuwendungen

Sonderzuwendungen sind Leistungen, die der Arbeitgeber neben laufendem Entgelt, Zulagen und Zuschlägen im Zusammenhang mit dem Arbeitsverhältnis gewährt.

Sie können unter den unterschiedlichsten **Bezeichnungen** gezahlt werden: 13., 14. und weitere Monatsgehälter, Urlaubsgeld, Weihnachtsgeld, Gratifikation, Gewinnbeteiligung, Erfolgsbeteiligung, Jahresprämie, Bonus, vermögenswirksame Leistung, Jubiläumsgeld, Sonderzahlung, Einmalzahlung.

Zweck und Grund können unterschiedlicher Art sein: Bindung an das Unternehmen, Belohnung von Betriebstreue, Beteiligung am Unternehmensergebnis, Belohnung für besondere Leistung, Anreiz zu besonderer Leistung, Vermögensbildung.

Die **rechtliche Ausgestaltung** kann unterschiedlich sein: kein Anspruch, Anspruch auf eine Leistung, Anspruch auf wiederkehrende Leistungen, Anspruch auf Leistung unter bestimmten Bedingungen; ebenso die **Zahlungsweise:** Einmalzahlung, Zahlung zu bestimmtem Ereignis, jährliche oder halbjährliche Zahlung, monatliche Zahlung, und die **Bemessung:** Das Entgelt kann fix sein oder variabel, von bestimmten Umständen abhängen oder vom Arbeitgeber je von Neuem festgesetzt werden. Im **AT-Bereich** besteht die Sonderzuwendung vielfach aus einem leistungsabhängigen und einem ergebnisorientierten Teil, wobei das Verhältnis beider zueinander sich i. d. R. mit zunehmender Hierarchieebene zugunsten des ergebnisorientierten Teils verschiebt.

Gemeinsam haben alle Sonderzuwendungen, dass sie Entgelt sind.

II. Zulässigkeit und Grenzen der Entgeltgestaltung

In der **Vereinbarung** von Entgeltarten sind Arbeitgeber und Arbeitnehmer weitgehend **frei.** Das gilt vor allem bei der Setzung von Zwecken. Beinahe jeder Zweck, der mit dem Arbeitsverhältnis im weitesten Sinne zusammenhängt, kommt in Betracht.

Eine **Grenze** ziehen Rechtsprechung und Gesetz lediglich **bei Anwesenheitsprämien,** d. h. bei Prämien, die der Arbeitgeber dann gewährt, wenn der Arbeitnehmer entschuldigt oder unentschuldigt der Arbeit ferngeblieben ist. Anwesenheitsprämien sind nach der Rechtsprechung nur dann zulässig, wenn für jeden Tag des Fehlens nicht mehr als 1/60 – bei Regelung in einer Betriebsvereinbarung: 1/30 – des Gesamtbetrags verfällt. Bei Arbeitsunfähigkeit infolge Krankheit darf die Kürzung je Tag 1/4 des Arbeitsentgelts, das im Jahresdurchschnitt auf einen Arbeitstag entfällt, nicht überschreiten (§ 4 a EfzG). Eine Obergrenze für die Anwesenheitsprämie hat das BAG nicht gezogen.[14] Mehr als ein halbes, höchstens ein Monatsgehalt sollte sie nicht betragen.

Frei sind die Parteien bereits darin, ob sie das Entgelt in mehrere **Bestandteile** auflösen. Üblicherweise werden die Entgeltbestandteile im Tarifbereich stark aufgeschlüsselt, Leistung und Gegenleistung also jeweils unmittelbar ausgewiesen. Bei AT-Angestellten gilt im Allgemeinen die Philosophie: „Es ist alles im Gehalt". AT-Angestellte erhalten häufig nur das laufende Entgelt (Monatsgehalt) und Sonderzuwendungen; allerdings gibt es auch hier Tendenzen zu stärkerer Aufschlüsselung, abgestuft nach der Hierarchie (z. B. Bezahlung von Überstunden).

Weitgehend frei sind Arbeitgeber und Arbeitnehmer auch bei der Aufteilung des Entgelts auf die einzelnen Entgeltarten. Die **Zwecke,** für die Entgelt gezahlt wird, können also ganz nach Bedarf gewichtet werden. Das gilt für das Verhältnis des laufenden Entgelts zu Sonderzuwendungen ebenso wie für das Verhältnis zwischen Arbeitswertlohn, Leistungszulagen und sonstigen Zulagen im Rahmen des laufenden Entgelts. Die persönliche Zulage kann genauso auf 5 wie auf 10 oder 20% des Arbeitswertlohns festgesetzt werden. Zu beachten ist lediglich eine Grenze: Das **unternehmerische Risiko** darf **nicht auf den Arbeitnehmer** abgewälzt werden. Der Unternehmer darf also nicht einen unangemessen großen Teil des Entgelts vom Unternehmensergebnis abhängig machen. Der Arbeitnehmer hat nicht die unternehmerischen Chancen, er darf folglich auch nicht mit den Risiken belastet werden. Wie groß der ergebnisabhängige Teil sein kann, hängt von den Möglichkeiten ab, auf das Ergebnis Einfluss zu nehmen. Er steigt mit der Stellung in der Unternehmenshierarchie und mit der Höhe des Betrages, der für die Bestreitung der Lebenshaltungskosten verbleibt.

III. Höhe und Festsetzung des Entgelts

Die Höhe des Entgelts und die Art und Weise der Festsetzung können von den Parteien ebenfalls **frei vereinbart** werden. Gesetzliche Regelungen gibt es praktisch nicht.[15] Allerdings können in zunehmendem Umfang **Mindestarbeitsbedingungen** festgesetzt werden.

Das Gesetz über die Festsetzung von Mindestarbeitsbedingungen[16] erlaubt die Festsetzung von Mindestentgelten durch Rechtsverordnung, wenn in einem Wirtschaftszweig soziale Verwerfungen vorliegen und wenn in diesem Wirtschaftszweig bundesweit die an Tarifverträge gebundenen Arbeitgeber weniger als 50 % der unter den Geltungsbereich dieser Tarifverträge fallenden Arbeitnehmern beschäftigen (§ 1 Abs. 2, § 3 Abs. 1 S. 1, § 4 Abs. 3 S. 1 MiArbG). Darüber hinaus können durch Rechtsverordnung Mindestarbeitsbedingungen festgesetzt werden, wenn das für eine der in § 4 Arbeitnehmer-Entsende-Gesetz[17] genannten Branchen (Bau, Gebäudereinigung, Pflegebranche usw.) oder für die Zeitarbeit (§ 3a Arbeitnehmerüberlassungsgesetz)[18] im öffentlichen Interesse liegt (§ 4, § 7 Abs. 1 S. 1, 2, § 11 AEntG, § 3a AÜG, § 5 Abs. 1 S. 1 Nr. 2 TVG).

Der Rechtsprechung ist es verwehrt, das Entgelt auf Angemessenheit zu prüfen.[19] **Messlatte** sind **Sittenwidrigkeit** (§ 138 BGB) und **Lohnwucher** (§ 291 Abs. 1 S. 1 Nr. 3 StGB), d. h. ein auffälliges Missverhältnis von Leistung und Gegenleistung. Ein solches Missverhältnis liegt vor, wenn das Entgelt nicht einmal zwei Drittel des in der betreffenden Branche und Wirtschaftsregion üblicherweise gezahlten Tarifentgelts ausmacht. Üblichkeit kann angenommen werden, wenn in dem Wirtschaftsgebiet mehr als 50% der Arbeitgeber tarifgebunden sind oder wenn die organisierten Arbeitgeber mehr als 50% der Arbeitnehmer beschäftigen. Liegt das verkehrsübliche Entgelt unterhalb des Tarifentgelts, dann ist von dem allgemeinen Entgeltniveau in dem Wirtschaftsgebiet auszugehen.[20] Wucher kann auch vorliegen, wenn ein Praktikant mit entsprechender Vergütung weniger mit dem Erwerb praktischer Kenntnisse und Erfahrungen als mit Leistungen für den Betrieb beschäftigt wird.[21] Keine zwingende Untergrenze bilden die Sozialhilfesätze und die Pfändungsgrenzen.[22]

Das laufende Entgelt wird üblicherweise im Arbeitsvertrag geregelt. Das gilt im AT-Bereich ebenso wie im **Tarifbereich.** Im Tarifbereich wird häufig das tarifliche Entgelt in Bezug genommen. Das kann durch ausdrückliche Verweisung auf den Tarifvertrag geschehen, aber auch einfach dadurch, dass dem Arbeitnehmer das Entgelt einer bestimmten Tarifgruppe zugesagt wird:

BEISPIEL:

EGr. 6	2.000 €
ütZ	250 €
Entgelt	2.250 €

Zumeist regelt der Arbeitsvertrag weitere Entgeltbestandteile, vor allem Sonderzuwendungen; nicht selten wird stattdessen, noch häufiger darüber hinaus auf weitere tarifliche Leistungen Bezug genommen. Die umfassendste **Bezugnahmeklausel** lautet:

> „Im Übrigen gelten die Tarifverträge, an die der Arbeitgeber jeweils gebunden ist, in der jeweils gültigen Fassung".

Die Klausel gibt den gewerkschaftlich organisierten Mitarbeitern zusätzlich zu dem tariflichen, den nicht gewerkschaftlich organisierten anstelle des tariflichen Anspruchs einen arbeitsvertraglichen auf die tariflichen Leistungen.

Betriebliche Sozialleistungen, etwa eine Erfolgsbeteiligung oder ein 13. Monatsgehalt, finden sich nicht selten in Betriebsvereinbarungen oder in Sprecherausschussvereinbarungen. Betriebsvereinbarungen gelten für alle vom Betriebsrat vertretenen Mitarbeiter, Sprecherausschussvereinbarungen für leitende Angestellte. Für die AT-Angestellten gelten die Betriebsvereinbarungen, soweit sie nicht leitende Angestellte sind, sonst die Sprecherausschussvereinbarungen. Gibt es keinen Sprecherausschuss und sollen auch die leitenden Angestellten unter den AT-Angestellten in den Genuss einer Regelung in einer Betriebsvereinbarung kommen, so kann man im Arbeitsvertrag auf die Betriebsvereinbarung Bezug nehmen:

> Sie erhalten eine Erfolgsbeteiligung entsprechend unserer Betriebsvereinbarung über ....

Die leitenden Angestellten haben dann einen Anspruch auf Erfolgsbeteiligung nach Maßgabe der Betriebsvereinbarung.

135

Die Frage, in welcher Rechtsquelle eine Leistung geregelt ist, hat nicht nur theoretische Bedeutung. Zum einen entscheidet sich danach, wann ein Anspruch entsteht und wer Anspruch auf die Leistung hat, zum anderen, ob und wie die Leistung wieder geändert werden kann.

IV. Entstehung von Ansprüchen auf Entgelt

1. Allgemeines

Bei **Tarifverträgen** und **Betriebs-/Sprecherausschussvereinbarungen** ist die Entstehung eines Anspruchs selten zweifelhaft. Beide Vereinbarungen bedürfen der Schriftform (§ 77 Abs. 2 BetrVG, § 28 SprAuG), und mit der Unterschrift des zweiten Vertragspartners entsteht der Anspruch, wenn in der Vereinbarung nicht ausnahmsweise etwas anderes vorgesehen ist. Anders beim **Arbeitsvertrag.** Hier kennt das Recht neben ausdrücklichen Vereinbarungen auch konkludente (= schlüssige = aus den Umständen zu erschließende) Vereinbarungen, und zu diesen konkludenten rechnen auch die aufgrund einer betrieblichen Übung (siehe unten 5. und V. 3.). Darüber hinaus kann der Arbeitgeber aus dem Gleichbehandlungsgrundsatz verpflichtet werden (siehe unten 3.).

2. Tariferhöhung

Die Tariferhöhung führt zur **automatischen Anhebung** des Tarifentgelts. Kraft Tarifrechts haben Anspruch darauf die Arbeitnehmer, die **in der tarifschließenden Gewerkschaft organisiert** sind, wenn sie unter den persönlichen Geltungsbereich des Tarifvertrags fallen und bei einem tarifgebundenen Arbeitgeber beschäftigt sind (§ 4 Abs. 1, § 3 Abs. 1 TVG). Kraft Arbeitsvertrags haben Anspruch darauf auch die **nicht tarifgebundenen Arbeitnehmer,** für die der Tarifvertrag in Bezug genommen ist.

Will der Arbeitgeber die Tariferhöhung nicht weitergeben, d. h. das Effektiventgelt unverändert lassen, so ist zwischen Arbeitnehmern mit und ohne übertarifliche Zulagen zu unterscheiden:

Hat ein Arbeitnehmer eine übertarifliche Zulage, so kann der Arbeitgeber die Tariflohnerhöhung – einschließlich Einmalzahlungen[23] – auf die Zulage anrechnen, auch wenn er sich die **Anrechnung** nicht vorbehalten hat.[24] Eine Ausnahme ist dann zu machen, wenn der Arbeitgeber ausdrücklich oder stillschweigend zugesagt hat, dass er die übertarifliche Zulage auf Zeit oder auf Dauer zusätzlich zum Tarifentgelt zahlt. Eine konkludente Zusage kann darin liegen, dass die übertarifliche Zulage zu einem Zweck gewährt wird, der nicht durch das Tarifentgelt abgedeckt ist (Leistungszulage, Erschwerniszulage).[25] An sich könnte eine Bindung auch durch betriebliche Übung eintreten. Hier ist die Rechtsprechung aber sehr zurückhaltend. Sie geht dabei von der richtigen Erkenntnis aus, dass der Arbeitgeber sich beim laufenden Entgelt nicht für alle Ewigkeit binden, sondern dass er die Freiheit behalten will, veränderten Umständen Rechnung zu tragen.[26]

Hat der Arbeitnehmer keine übertarifliche Zulage, so scheidet eine Anrechnung aus. Das hat zur Folge, dass sich bei Mitarbeitern ohne übertarifliche Zulage die Tariferhöhung effektiv auswirkt, d. h., dass sich deren Entgelt erhöht. Rechnet der Arbeitgeber gleichzeitig bei Mitarbeitern mit Zulage ganz oder teilweise an, so führt das zu einer Nivellierung des Entgelts. Das ist deshalb besonders misslich, weil Mitarbeiter im Allgemeinen nicht ohne Grund keine übertarifliche Zulage haben. Eine Möglichkeit, die Tariferhöhung in einem solchen Fall nicht weiterzugeben, besteht nicht. Der Arbeitgeber kann Tariferhöhungen für die Zukunft nur dadurch entgehen, dass er aus dem Verband austritt. Er muss dann zwar das alte Tarifentgelt weiterzahlen, von der nächsten Tariferhöhung ist er aber nicht mehr betroffen (§ 3 Abs. 3 TVG). Vom Zeitpunkt der Erhöhung ab kann er das alte Tarifentgelt auch durch Vereinbarung mit dem Arbeitnehmer ändern (§ 4 Abs. 5 TVG).[27] Eine Änderung durch Änderungskündigung kommt allerdings nur in Betracht, wenn der Betrieb in seinem Bestand gefährdet ist (siehe unten V. 3.). Ob sich der Austritt auszahlt, ist eine andere Frage. Die Gewerkschaft kann den Abschluss eines Firmentarifvertrags verlangen und notfalls erstreiken. Der Arbeitgeber genießt nicht mehr den Schutz des Verbandes. Außerdem hat das BAG Abweichungen vom tariflichen Entgeltsystem mitbestimmungspflichtig gemacht.[28]

3. Regulierung

Als Regulierung bezeichnet man sowohl eine generelle **Anhebung der Entgelte** als auch eine Anhebung im Einzelfall. **Im Tarifbereich** betrifft die Regulierung **die übertarifliche Zulage, im AT-Bereich das Gehalt.** Ein Anspruch auf Regulierung besteht nur, wenn das vereinbart ist. Eine Verpflichtung zu einer Überprüfung des Entgelts zu einem bestimmten Zeitpunkt gibt lediglich einen Anspruch auf Regulierung nach billigem Ermessen, d. h. unter Abwägung der Interessen beider Teile. Auch eine langjährige Übung führt nicht zu einer Bindung des Arbeitgebers. Das gilt selbst dann, wenn er die Entgelte jeweils zu einer bestimmten Zeit in bestimmter Art und Weise erhöht hat, wenn er also beispielsweise immer im Anschluss an die Tariferhöhung den Tarifsatz auf die übertariflichen Zulagen oder im AT-Bereich auf das Entgelt weitergegeben hat.[29]

Ein Anspruch auf Gehaltserhöhung kann sich jedoch aus dem **Gleichbehandlungsgrundsatz** ergeben. Gewährt der Arbeitgeber mehreren Arbeitnehmern eine Erhöhung nach einem allgemeinen Prinzip, so können sich Arbeitnehmer in vergleichbarer Lage darauf berufen. Das gilt zum einen, wenn die Erhöhungsbeträge einen Sockel enthalten, der dem Ausgleich des Kaufkraftschwundes dient. Ein solcher Fall ist nach Ansicht des BAG gegeben, wenn ein Kaufkraftschwund vorliegt und der Arbeitgeber bestimmte Mindestbeträge vergibt (z. B. 50 €). Das gilt aber auch, wenn der Arbeitgeber die Gehälter nach Leistungsgesichtspunkten erhöht. Die Leistungen werden nämlich nach bestimmten Regeln bemessen, und das Ergebnis der Bemessung wird ins Verhältnis zu den Leistungen der anderen Arbeitnehmer gesetzt. Um beurteilen zu können, ob der Gleichbehandlungsgrundsatz verletzt ist, hat der übergangene Arbeitnehmer Anspruch auf Auskunft über die Gehaltserhöhungen bei vergleichbaren Mitarbeitern (in anonymisierter Form). Die Beweislast will das BAG analog dem Zeugnisrecht verteilen: Grundsätzlich sei von einer durchschnittlichen Leistung auszugehen. Halte der Arbeitnehmer seine Leistung für besser, dann habe er das zu beweisen, im umgekehrten Fall der Arbeitgeber.[30]

4. Zulagen und Zuschläge

Für Zulagen und Zuschläge gilt im Grundsatz nichts anderes als für das laufende Entgelt. Auch sie sind nur zu zahlen, wenn das kollektiv oder individuell vereinbart ist. Ohne ausdrückliche **Vereinbarung** sind sie zu entrichten, wenn eine Tätigkeit im Unternehmen üblicherweise mit einem bestimmten Zuschlag oder einer bestimmten Zulage verbunden ist.

5. Sonderzuwendungen

Auch hier gilt: kein Entgelt ohne **Vereinbarung.** Dabei ist es gleichgültig, wie es zu der Vereinbarung kommt: durch Tarifvertrag, Betriebsvereinbarung, ausdrückliche Zusage im Arbeitsvertrag, Gesamtzusage oder betriebliche Übung. Sonderzuwendungen sind das Hauptanwendungsgebiet der **betrieblichen Übung.**[31] Die Rechtsprechung schließt im Allgemeinen aus mindestens dreimaliger vorbehaltloser gleichförmiger Gewährung auf einen Verpflichtungswillen des Arbeitgebers auch für die Zukunft.[32] Je höher der Betrag, desto eher soll der Arbeitgeber gebunden sein. Auch der **Gleichbehandlungsgrundsatz** spielt bei Sonderzuwendungen eine wichtige Rolle. Zahlt der Arbeitgeber die Zuwendung an eine bestimmte Gruppe im Betrieb, dann darf er **zur Gruppenbildung kein sachfremdes Kriterium verwenden.**[33] Sachwidrig ist es in aller Regel, an das Geschlecht (§§ 1, 2 Abs. 1 Ziff. 2 AGG), an die Dauer der Arbeitszeit (überproportionale Kürzung, § 4 Abs. 1 S. 1 TzBfG) oder an den Status des Arbeitnehmers (Arbeiter oder Angestellter)[34] anzuknüpfen. **Unzulässig** ist es auch, **einzelne Arbeitnehmer ohne sachlichen Grund schlechter zu stellen** als andere.[35] Ein sachlicher Grund sind grundsätzlich Leistungsmängel einschließlich Verhaltensmängeln, denn auch Sonderzuwendungen dienen in aller Regel dem Ausgleich von Leistung und Gegenleistung.[36] Allerdings muss die Herausnahme aus der Ordnung vorbehalten sein. **Zulässig** ist es, **einzelne Arbeitnehmer besser zu stellen,** ihnen also z. B. Einmalzahlungen zu gewähren. Eines sachlichen Grundes bedarf es hierzu nicht; in der Praxis werden grundlose Zahlungen kaum vorkommen.

Nach der Vereinbarung bestimmt sich auch die **Höhe** der Sonder-zuwendung. Es können feste Beträge vereinbart werden oder be-stimmte Prozentsätze vom laufenden Entgelt oder vom Tarifentgelt; die Zuwendung kann vom Gewinn oder vom Umsatz oder vom Bereichsergebnis oder von einer anderen Bezugsgröße abhängig gemacht werden; der Arbeitgeber kann sich vorbehalten, die Höhe jeweils unter Berücksichtigung der wirtschaftlichen Entwicklung im Unternehmen oder anderer Umstände oder einfach nach billigem oder freiem Ermessen festzusetzen.

Arbeitgeber und Arbeitnehmer sind auch frei, **Voraussetzungen** für Sonderzuwendungen aufzustellen: eine bestimmte Betriebszugehö-rigkeit, das Bestehen eines Arbeitsverhältnisses zu einem bestimm-ten Zeitpunkt oder das Bestehen eines ungekündigten Arbeitsver-hältnisses zu diesem Zeitpunkt.[37] Nach dem Vertrag richtet sich, ob damit nur eine Fälligkeitsvereinbarung getroffen ist, d. h. ob der Arbeitnehmer, der vorher ausscheidet, eine pro-rata-Zahlung zum vereinbarten Termin erhält,[38] oder ob davon die Entstehung des An-spruchs abhängt, d. h. ob der Arbeitnehmer bei vorherigem Aus-scheiden gar nichts bekommt.[39] Im Zweifel, d. h. wenn sich aus dem Vertrag oder aus den Umständen nichts anderes ergibt, ist von einer bloßen Fälligkeitsregelung auszugehen. Auf den Grund für das Ausscheiden aus dem Betrieb kommt es nicht an;[40] etwas anderes gilt nur, wenn der Arbeitgeber den Kündigungstermin bewusst so legt, dass der Arbeitnehmer die Anspruchsvoraussetzungen nicht erfüllen kann.

Für den Fall des vorzeitigen Ausscheidens aus dem Unternehmen können für Sonderzuwendungen – anders als für laufendes Entgelt – **Rückzahlungsklauseln** vereinbart werden. Die zulässige Bindungs-dauer hängt von der Höhe der Sonderzuwendung ab.

Höhe der Gratifikation	Zulässige Bindung
bis 100 €	keine Bindung
über 100 €	drei Monate
ein Monatsentgelt	bis zum nächstmöglichen Kündigungstermin nach drei Monaten[41]

Wird die Zuwendung in Teilleistungen erbracht (z. B. $^1/_2$ Monatsentgelt zum 30. 6., $^1/_2$ Monatsentgelt zum 31. 12.), dann kommt es für die Bindungsdauer auf die letzte Teilleistung vor der Kündigung an.[42] Sieht die Rückzahlungsklausel längere Fristen als die von der Rechtsprechung zugelassenen vor, ist die Bestimmung unwirksam.[43]

V. Änderung des Entgelts

Für die Änderbarkeit des Entgelts kommt es auf die Rechtsquelle an, in der das Entgelt geregelt ist. Dabei geht es im Folgenden nicht um Verbesserungen (vgl. dazu oben IV. 2.), sondern um Umstrukturierungen und Kürzungen.

1. Tarifvertrag

Tariflich vereinbarte Leistungen können nur durch Tarifvertrag geändert werden. Ausnahmen gelten bei Austritt aus dem Verband ab der darauf folgenden Änderung des Tarifvertrags (§ 3 Abs. 3 TVG) und nach Ablauf eines Tarifvertrags (§ 4 Abs. 5 TVG). Außerdem können Öffnungsklauseln die Abweichung von einem Tarifvertrag gestatten (§ 4 Abs. 3 TVG).

2. Betriebsvereinbarung

Betriebsvereinbarungen können, sofern nichts anderes vereinbart ist, mit einer Frist von drei Monaten gekündigt werden (§ 77 Abs. 5 BetrVG). Mit Ablauf der Frist entfällt die Regelung ohne Nachwirkung, gleichgültig, ob die Ausgestaltung der Leistung mitbestimmungspflichtig war oder nicht.[44] Im Einvernehmen mit dem Betriebsrat kann die Vereinbarung jederzeit geändert werden.

3. Arbeitsvertrag

Bei arbeitsvertraglichen Regelungen ist danach zu unterscheiden, ob der Arbeitgeber einen Anspruch auf die Leistung eingeräumt hat, und wenn ja, ob er sich einen Widerruf vorbehalten hat oder nicht.

a) Freiwilligkeits- oder Widerrufsvorbehalt?

Der Arbeitgeber kann Leistungen gewähren, ohne sich zu einer Gewährung auch in der Zukunft zu verpflichten. Man spricht hier häufig – etwas missverständlich – von **freiwilligen Leistungen;** missverständlich deshalb, weil „freiwillig" nur bedeutet, dass der Arbeitgeber nicht bereits aus anderen Gründen zur Leistung verpflichtet ist.

Häufig gewährt der Arbeitgeber Leistungen unter **Widerrufsvorbehalt.** Hier räumt er dem Arbeitnehmer einen Anspruch für die Zukunft ein, behält sich aber vor, die Leistung aus bestimmten Gründen zu widerrufen. Manchmal beschränkt sich der Widerrufsvorbehalt auf einen Widerruf durch Betriebsvereinbarung. Eine solche Regelung bezeichnet man als **betriebsvereinbarungsoffen.**[45] Um einen Widerrufsvorbehalt handelt es sich auch, wenn vereinbart wird, dass eine Regelung – evtl. mit einer bestimmten Frist oder zu einem bestimmten Termin – gekündigt werden kann (sogenannte **vereinbarte Teilkündigung**):

„Wir sind berechtigt, die Gratifikationsregelung zur Erhaltung oder Wiederherstellung der Wettbewerbsfähigkeit unseres Unternehmens mit einer Frist von einem Monat zum Jahresende zu kündigen."

Zwischen Freiwilligkeits- und Widerrufsvorbehalt ist strikt zu unterscheiden. In Allgemeinen Arbeitsbedingungen ist eine Klausel, die beide miteinander vermengt („Das ist eine freiwillige Leistung, die jederzeit widerrufen werden kann"), unwirksam. Dasselbe gilt, wenn ein Freiwilligkeitsvorbehalt einen Anspruch suggeriert („Sie erhalten eine Weihnachtsgratifikation in Höhe von ... Ein Rechtsanspruch darauf entsteht auch bei wiederholter Zahlung nicht.").[46]

Im Übrigen können **Freiwilligkeitsvorbehalte** in Allgemeinen Arbeitsbedingungen **nur bei Sonderzahlungen,** nicht aber beim laufenden Entgelt vereinbart werden.[47]

Widerrufsvorbehalte sind dagegen **in weitem Umfang zulässig.** Das BAG gestattet bei Entgelt, das im Gegenleistungsverhältnis zur Tätigkeit steht, einen Rahmen von 25%, für Nebenleistungen (Fahrtkostenzuschüsse und dgl.) weitere 5%.[48] Das gilt auch für laufendes Entgelt, wie insbesondere übertarifliche Zulagen. Anders ist es beim Grundgehalt. Die Praxis behilft sich hier mit einem Einfrieren der Bezüge. Die Geldentwertung verschiebt das Verhältnis zugunsten des Arbeitgebers. Auch dem Einfrieren sind allerdings Grenzen gesetzt. So hat ein AT-Angestellter immer Anspruch darauf, dass der im Tarifvertrag oder durch den Arbeitsvertrag vorgesehene Abstand zum Tarifbereich gewahrt bleibt. Ein Absenken bis in den Tarifbereich bedürfte der Änderungskündigung.

Eine **freiwillige Leistung** kann der Arbeitgeber jederzeit ohne Angabe von Gründen wieder **einstellen.**

Ein **Widerruf** kann nur aus den vereinbarten Gründen erfolgen. Außerdem ist dabei **billiges Ermessen** zu wahren (§ 315 BGB). Die wesentlichen Umstände des Falles sind also abzuwägen und die beiderseitigen Interessen zu berücksichtigen.[49]

> **BEISPIEL:** Unbillig wäre etwa die Kürzung einer Leistungszulage wegen krankheitsbedingter Ausfallzeiten oder wegen Zuspätkommens vor zwei Jahren.

b) Arbeitsvertrag ohne Freiwilligkeits- oder Widerrufsvorbehalt

Fehlt ein Widerrufsvorbehalt, so **kann sich der Arbeitgeber** von der versprochenen Leistung **nur sehr schwer lösen.** Er kann sich nicht etwa darauf berufen, dass er später Arbeitnehmer zu günstigeren Bedingungen einstellen könnte.[50] Und er kann Leistungen bei einer Änderung der Voraussetzungen, unter denen sie ursprünglich gewährt wurden, etwa bei Verschlechterung der wirtschaftlichen Lage, nicht ohne weiteres kürzen oder widerrufen. Verträge müssen gehalten werden; das gilt auch für Arbeitsverträge. Lediglich beim verbilligten **Personaleinkauf** geht die Rechtsprechung von dem immanenten Vorbehalt aus, dass das Unternehmen das entsprechende Produkt weiterhin herstellt.[51]

Die Bindung gilt auch für Ansprüche aus **betrieblicher Übung**. Für die Praxis empfiehlt sich daher statt einer stillschweigenden Gewährung von Leistungen eine ausdrückliche Erklärung, die einen Rechtsanspruch für die Zukunft ausschließt oder die Leistung unter einen Widerrufsvorbehalt stellt. Zulässig ist auch ein genereller Ausschluss im Arbeitsvertrag. Dafür reicht allerdings eine **Schriftform-**

klausel nicht aus. Eine doppelte Schriftformklausel genügt dann, wenn sie den Hinweis enthält, dass ausdrückliche mündliche Abreden wirksam sind.[52]

Ohne Weiteres zulässig ist eine **einvernehmliche Änderung.** Mit Zustimmung des Arbeitnehmers kann jede Leistung umstrukturiert, gekürzt oder beseitigt werden. Die Zustimmung kann der Arbeitnehmer auch schlüssig erteilen, indem er in Kenntnis des Änderungsangebots weiterarbeitet. Voraussetzung ist, dass sich die Änderung unmittelbar im Arbeitsverhältnis auswirkt.[53] Die Zustimmung wird man spätestens dann annehmen können, wenn nach Zugang des Änderungsangebots – Auszahlung eines geringeren Entgelts – die Drei-Wochen-Frist für die Annahme des Angebots unter Vorbehalt der Sozialrechtfertigung nach § 2 S. 2 KSchG verstrichen ist.

Ist der Arbeitnehmer zu einer einvernehmlichen Änderung nicht bereit, so bleibt nur die Änderungskündigung. Eine **Änderungskündigung** bezüglich des Entgelts kommt aber erst in Betracht, wenn der Betrieb oder die Arbeitsplätze gefährdet sind. Regelmäßig bedarf es dazu eines Sanierungsplans, der alle milderen Mittel ausschöpft.[54] Dabei reicht es für eine ordentliche Änderungskündigung aus, dass die Existenz des Betriebs ohne die Änderung des Entgelts auf Sicht (BAG: „absehbar") gefährdet ist. Eine akute existenzbedrohende Notlage rechtfertigt auch eine außerordentliche Änderungskündigung.[55] Bei **Nebenabreden,** die an Umstände anknüpfen, welche erkennbar nicht während der gesamten Dauer des Arbeitsverhältnisses gleich bleiben müssen (z. B. Überstundenpauschale, kostenlose Beförderung zum Betrieb, Fahrtkosten- oder Mietzuschuss), genügt eine erhebliche Änderung der Umstände.[56]

Keiner Änderungskündigung bedarf eine Entgeltabsenkung bei einer **Versetzung auf einen geringerwertigen Arbeitsplatz** (zur Zulässigkeit einer derartigen Versetzung siehe Kapitel 5 I.). Besteht in dem Betrieb eine (tarifliche oder vom Arbeitgeber aufgestellte) Vergütungsordnung, dann erhält der Arbeitnehmer die darin vorgesehene Vergütung. Fehlt eine solche Ordnung, dann hat er den Arbeitnehmer in das bestehende Gehaltsgefüge einzuordnen. Bietet er dem Arbeitnehmer eine Vergütung an, die die durchschnittliche Vergütung vergleichbarer Arbeitnehmer merklich unterschreitet, dann muss er darlegen, warum der Arbeitnehmer diese Vergütung billigerweise hinnehmen muss. Bewegt sie sich im oberen Bereich, dann spricht eine Vermutung dafür, dass er sie billigerweise hinzunehmen hat.[57]

Ausgeschlossen ist die **Ablösung** vertraglich zugesagter Entgeltbestandteile **durch Betriebsvereinbarung. Zulässig** sind lediglich die **Umstrukturierung von Sozialleistungen,** die in Bezug zueinander stehen (Kollektivbezug), wenn sich der Gesamtbetrag der Leistungen dadurch nicht verringert (sogenanntes **kollektives Günstigkeitsprinzip**).[58] In Betracht kommt beispielsweise die Änderung des Zwecks, etwa die Abschaffung eines Jubiläumsgeldes zugunsten der Altersversorgung, oder eine Umverteilung von Leistungen auf andere Belegschaftsgruppen oder auf die Belegschaft anderer Betriebe des Unternehmens.[59]

VI. Mitbestimmung des Betriebsrats

1. Grundsätze

Der Betriebsrat hat mitzubestimmen **bei der Entgeltgestaltung, insbesondere bei der Aufstellung von Entlohnungsgrundsätzen und der Einführung und Anwendung neuer Entlohnungsmethoden sowie ihrer Änderung, außerdem bei der Festsetzung der Akkord- und Prämiensätze sowie vergleichbarer leistungsbezogener Entgelte einschließlich der Geldfaktoren** (§ 87 Abs. 1 Nr. 10, 11 BetrVG).

Das Mitbestimmungsrecht bei der Entgeltgestaltung soll die Arbeitnehmer vor einer einseitig an den Interessen des Unternehmers orientierten oder willkürlichen Entgeltgestaltung schützen. Es soll die **Angemessenheit und Durchsichtigkeit des innerbetrieblichen Entgeltgefüges** und damit letztlich die **innerbetriebliche Entgeltgerechtigkeit** sichern. Das Mitbestimmungsrecht erstreckt sich **nicht** auf die **Entgeltpolitik.** Die Entscheidung über den Dotierungsrahmen, d. h. über die Höhe der zu verteilenden Entgeltsumme, ist Sache des Arbeitgebers.[60]

Entgelt meint nicht nur das Arbeitsentgelt im engeren Sinne, sondern **alle Vergünstigungen und sonstigen Vorteile,** die dem Arbeitnehmer mit Rücksicht auf die Arbeitsleistung gewährt werden, also sowohl das laufende Entgelt, Zuschläge, Zulagen und Sonderzuwendungen als auch beispielsweise zinsbegünstigte Darlehen,[61] Mietzuschüsse,[62] Kosten für Familienheimflüge,[63] verbilligte Flugscheine[64] und die Altersversorgung.[65] Ausgenommen sind lediglich Regelungen über Auslagenersatz, wie Dienstreiseordnungen[66] oder Pauschalen für die Benutzung privater Kraftfahrzeuge.[67]

Unter **Entgeltgestaltung** ist die Festsetzung abstrakt-genereller Grundsätze zur Entgeltfindung zu verstehen. **Entlohnungsgrundsatz** meint das System, nach dem das Entgelt ermittelt und gezahlt werden soll, **Entlohnungsmethode** die Art und Weise, wie das gewählte Entlohnungssystem durchgeführt wird. Mitbestimmungspflichtig sind also die Strukturformen des Entgelts einschließlich ihrer näheren Vollzugsformen.[68]

Der Betriebsrat bestimmt demnach mit, ob Zeit-, Leistungs- oder Ergebnislohn gezahlt wird oder ob der Arbeitgeber nach einem Mischsystem vergütet. Mitbestimmungspflichtig ist auch, ob das Entgelt in einem Gesamtbetrag entrichtet wird oder in mehreren Teilen, beispielsweise in Form eines Arbeitswertlohns und einer persönlichen Zulage; bei Aufteilung – etwa in Fixum und Variable bei der Provision –, wie sich die einzelnen Teile zueinander verhalten.[69] Mitbestimmungspflichtig ist schließlich die Binnenstruktur der einzelnen Entgeltteile, also etwa die Art und Weise der Ermittlung des Arbeitswertlohns oder einer Leistungszulage oder die Festlegung der Punktzahl für den Abschluss bestimmter Geschäfte bei der Provision oder der Verlauf der Kurve und die Zuordnung von Geldbeträgen zu einzelnen Leistungsgraden beim Prämienlohn.[70] Bei Zielvereinbarungen mit einem Bonussystem sind die Verfahrensregeln sowie die Kriterien für den Bonus und deren Gewichtung mitbestimmungspflichtig.[71] **Mitbestimmungsfrei ist die Höhe des Entgelts.**[72] Selbst diese kann mittelbar beeinflusst werden, wenn ein Entgeltsystem, wie etwa ein Leistungszulagensystem, bei bestimmten Leistungen zu bestimmten Geldbeträgen führt.[73] Das Mitbestimmungsrecht entfällt, wenn und soweit tarifliche Regelungen bestehen (vgl. § 87 Abs. 1 BetrVG).[74]

Besonderheiten gelten für freiwillige Leistungen. Hier entscheidet der Arbeitgeber allein, ob, in welchem Umfang (Dotierung), wofür (Zweck: Leistungsprämie oder Jubiläumsgeld), in welcher Form (Altersversorgung: Direktzusage oder Lebensversicherung) und an wen (generelle Umschreibung des Personenkreises: z. B. tariflich geführte Mitarbeiter) er Leistungen erbringen will. Innerhalb dieser Vorgaben bestimmt der Betriebsrat dann allerdings wieder unter dem Gesichtspunkt der Lohngerechtigkeit mit.[75]

Mitbestimmungspflichtig sind **nur kollektive Maßnahmen.** Ein kollektiver Bezug kann auch gegeben sein, wenn der Arbeitgeber keine ausdrückliche Regel aufstellt. An einem kollektiven Bezug fehlt es nach Ansicht des 1. Senats des BAG nur dann nicht, wenn ausschließlich die Besonderheiten des konkreten Arbeitsverhältnisses im Hinblick auf gerade den einzelnen Arbeitnehmer betreffende Umstände Maßnahmen erfordern und bei einander ähnlichen Maßnahmen gegenüber mehreren Arbeitnehmern kein innerer Zusammenhang besteht.[76]

Der Betriebsrat kann nicht nur mitbestimmen, wenn der Arbeitgeber Entlohnungsgrundsätze oder Entlohnungsmethoden aufstellt oder verändert, er kann auch jederzeit die Einführung oder Änderung von Entlohnungsgrundsätzen und -methoden verlangen. Offen ist, ob das auch für den Wechsel von Zeitlohn zum Leistungslohn oder vom Leistungslohn zum Zeitlohn gilt.[77]

Bei Akkord, Prämie und sonstigen leistungsbezogenen Entgelten hat der Betriebsrat ein **volles Mitbestimmungsrecht.**[78]

2. AT-Gehalt

Die **Höhe** des AT-Gehalts ist **mitbestimmungsfrei;**[79] mitbestimmungsfrei ist auch die Festsetzung des Abstandes zwischen der obersten Tarifgruppe und der untersten AT-Stufe.[80] Der **Betriebsrat kann** aber die **Bildung von Gehaltsgruppen verlangen** und mitbestimmen bei der Festlegung ihres Abstandes zueinander (nach abstrakten Kriterien, nach Prozentsätzen oder sonstigen Bezugsgrößen).[81] Solange ein mitbestimmtes Gehaltsgruppensystem nicht besteht, hat der Betriebsrat im Rahmen des vom Arbeitgeber festgelegten Gesamtvolumens mitzubestimmen bei der Entscheidung, ob die Gehälter linear oder unterschiedlich nach abstrakten Kriterien erhöht werden sollen.[82]

3. Übertarifliche Zulage

Frei ist der Arbeitgeber in der Entscheidung, ob und wem er übertarifliche Zulagen gewährt. **Mitbestimmungspflichtig** ist die **Art und Weise der Gewährung.** Der Betriebsrat kann also beispielsweise verlangen, dass der Arbeitgeber die übertariflichen Zulagen nach einem Punktsystem vergibt oder – ohne Zuordnung von Punkten – nach bestimmten Kriterien oder nach Richtlinien für die Vorgesetzten.

Rechnet der Arbeitgeber eine Tariferhöhung auf übertarifliche Zulagen an, so bleibt die **Anrechnung** in zwei Fällen mitbestimmungsfrei: wenn der Arbeitgeber das Verhältnis der Leistungen zueinander nicht verändert, wenn also die Verteilungsgrundsätze gleich bleiben,

BEISPIEL:				
alte ütZ	100 €	200 €	150 €	120 €
neue ütZ	50 €	100 €	75 €	60 €
Verhältnisanteile	1	2	1,5	1,2

oder wenn er die Tariferhöhung voll anrechnet, d. h. wenn – nach der lohnpolitischen Entscheidung – für eine anderweitige Gestaltung kein Spielraum mehr bleibt:[83]

BEISPIEL: Tarifentgelt 3.000 €; Tariferhöhung 4% = 120 €				
alte ütZ	100 €	200 €	150 €	120 €
Verhältnisanteile	0,5	1,0	0,75	0,6
neue ütZ	0 €	80 €	30 €	0 €
Verhältnisanteile	0	1,0	0,375	0

Mitbestimmungspflichtig sind somit vor allem der Normalfall, d. h. die Anrechnung in unterschiedlicher Höhe, und die Anrechnung eines bestimmten Prozentsatzes der Tariferhöhung, d. h. bei einer

Erhöhung um 3% eine Anrechnung von 2%. In beiden Fällen ändert sich der Verteilungsgrundsatz, ohne dass eine vollständige Anrechnung vorläge.

Mitbestimmungsfrei sind Gewährung und Anrechnung von übertariflichen Zulagen im **Einzelfall.**[84] Ein Einzelfall liegt nach Ansicht des BAG vor bei einer Anrechnung auf Wunsch des Arbeitnehmers zur Vermeidung steuerlicher Nachteile[85] oder mit Rücksicht darauf, dass ein Arbeitnehmer trotz Umsetzung auf einen tariflich niedriger bezahlten Arbeitsplatz unverändert die bisherige Vergütung erhält,[86] nicht dagegen bei einer Anrechnung aus Leistungs- oder Verhaltensgründen,[87] wegen der Kürze der Betriebszugehörigkeit, wegen der absehbaren Beendigung des Arbeitsverhältnisses, wegen einer „zuvor stattgefundenen Gehaltsanhebung", wegen zu häufigen krankheitsbedingten Fehlens, weil das Arbeitsverhältnis wegen Langzeiterkrankung, Mutterschutz oder Elternzeit ruht[88] oder weil die Tätigkeit nicht mehr der durch eine tarifliche Alterssicherung gestützten Eingruppierung entspricht.[89]

Was für die Anrechnung gilt, gilt mutatis mutandis für den **Widerruf** von Zulagen. Auch hier ist nicht darauf abzustellen, nach welchen Grundsätzen der Arbeitgeber widerruft, sondern ob er dabei die Verteilungsgrundsätze ändert und ob ihm – bei einer Änderung der Grundsätze – noch ein Regelungsspielraum verbleibt.

4. Leistungslohn

Beim Leistungslohn erstreckt sich **das Mitbestimmungsrecht auch auf die Höhe.**[90] Leistungslohn sind **Akkord und Prämie, nicht** die **Provision**[91] **oder** durch – mehr oder weniger systematische – Beurteilung ermittelte **Leistungszulagen oder** ein **Zielbonus.** Mitbestimmungspflichtig sind alle Bezugsgrößen, beim Geldakkord der Geldfaktor, beim Zeitakkord Vorgabezeit (einschließlich Dauer und Lage von Erholungszeiten) und Akkordrichtsatz,[92] beim Prämienlohn die Prämienart, die Prämienkurve und der Geldfaktor.[93]

8. Kapitel

Dienstreisen

Die Dienstreiseproblematik gehört zu den rechtlich am wenigsten geklärten Kapiteln. Als Dienstreisen sollen hier **Fahrten oder Gänge** verstanden werden, **die ein Arbeitnehmer unternimmt, um vorübergehend dienstliche Tätigkeiten außerhalb seiner gewöhnlichen Arbeitsstätte zu verrichten.** Ob steuerrechtlich eine Dienstreise vorliegt,[1] ist arbeitsrechtlich ohne Bedeutung. Es kommt auch nicht darauf an, ob die Reise zu Hause oder vom Betrieb aus angetreten wird oder ob der Arbeitnehmer in einem anderen Betrieb desselben Unternehmens zu tun hat oder bei einer anderen Einrichtung und ob die Tätigkeit innerhalb oder außerhalb der politischen Gemeinde verrichtet wird, in der der Betrieb liegt.

Rechtlich bedeutsam sind vor allem drei Fragen: ob der Arbeitgeber die Dienstreise anordnen kann, welche Zeiten als Arbeitszeit i. S. d. ArbZG gelten und wie Dienstreisen zu vergüten sind. Inhaltlich zerfallen die Dienstreisezeiten in Wegezeiten, Aufenthaltszeiten und Tätigkeitszeiten.

I. Anordnung

Der Arbeitgeber kann Dienstreisen anordnen, wenn er nach Tarifvertrag, Betriebsvereinbarung oder Arbeitsvertrag dazu berechtigt ist. Ausdrückliche Abreden enthalten die Verträge in der Regel nicht. Häufig ergibt sich die Berechtigung aus dem **Berufs- oder Tätigkeitsbild** des Arbeitnehmers (Außendienstmitarbeiter, Vertreter des

Unternehmens in außerbetrieblichen Gremien) oder aus seiner Tätigkeit in Verbindung mit der **Struktur des Unternehmens** (Controller in Unternehmen mit mehreren Betrieben, Tätigkeit, die unternehmensweit koordiniert wird). Ganz allgemein kann heute von Arbeitnehmern ein nicht unbeträchtliches Maß an Mobilität erwartet werden; das gilt auch, wenn eine Tätigkeit außerhalb der regelmäßigen Arbeitsstätte bei Vertragsschluss noch nicht vorhersehbar war.

II. Reiseroute, Verkehrsmittel, Aufwendungen, Schäden

Der Arbeitgeber kann im Rahmen billigen Ermessens bestimmen, welche **Route** der Arbeitnehmer zu nehmen hat und welches **Verkehrsmittel** er benutzt.[2] Er hat dem Arbeitnehmer die erforderlichen **Aufwendungen** (Fahrtkosten, Unterkunft, Verpflegung usw.) zu erstatten. Sinnvollerweise geschieht das mit Hilfe einer Reisekostenordnung; dabei wird man sich im Allgemeinen an den Steuersätzen ausrichten.[3] Umgekehrt ist der Arbeitnehmer verpflichtet, alles **herauszugeben,** was er aus der Geschäftsbesorgung **erlangt,** wie etwa Bonusmeilen.[4]

Für **Schäden,** die der Arbeitnehmer auf einer Dienstreise erleidet, gelten die allgemeinen Grundsätze: Bei Körperschäden haftet die Unfallversicherung. Sachschäden hat der Arbeitgeber zu ersetzen. Dabei gelten spiegelbildlich die Grundsätze über den Schadensersatz bei betrieblich veranlasster Tätigkeit (siehe Kapitel 17 III.): Bei grober Fahrlässigkeit muss der Arbeitnehmer seinen Schaden im Allgemeinen selbst tragen, bei mittlerer Fahrlässigkeit wird der Schaden zwischen ihm und dem Arbeitgeber geteilt, bei leichter Fahrlässigkeit und bei schuldloser Verursachung eines Schadens hat der Arbeitgeber die Kosten zu übernehmen. Das gilt auch bei Benutzung eines privaten PKWs, wenn der Arbeitgeber die Benutzung angeordnet hat oder wenn die Benutzung aus betrieblichen Gründen unabweisbar war – der Zielort war anders nicht oder nicht in der erforderlichen Zeit zu erreichen – und wenn der Arbeitgeber sonst ein Dienstfahrzeug hätte zur Verfügung stellen müssen. Ein Ersatzanspruch entsteht nicht, wenn der Arbeitgeber eine Auslagenpauschale zahlt, die das Schadensrisiko mit abdeckt. 1992 hat das BAG die steuerlich anerkannte Pauschale von 0,42 DM je Kilometer als ausreichend angesehen.[5] Keine Ersatzpflicht trifft den Arbeitgeber auch, wenn sich in dem Schaden lediglich das allgemeine Lebensrisiko verwirklicht, wenn dem Arbeitnehmer also beispielsweise auf der Reise die Brieftasche gestohlen wird oder die Vorstandssekretärin sich eine Laufmasche zuzieht.[6]

III. Arbeitszeit

Auch durch Dienstreisen dürfen die gesetzlichen Arbeitszeitgrenzen nicht überschritten werden. Die Frage ist deshalb, inwieweit Wegezeiten, Aufenthaltszeiten und Zeiten der Tätigkeit am Zielort als Arbeitszeit i. S. d. ArbZG anzusehen sind. Hier wird man unterscheiden müssen:

Wegezeiten und **Aufenthaltszeiten** am Bestimmungsort sind keine Arbeitszeit i. S. d. ArbZG. Etwas anderes gilt nur, wenn der Arbeitnehmer während der Dienstreise tätig werden muss[7] (Akten lesen oder eine Sitzung vor- oder nachbereiten) oder wenn er während der Fahrt den Wagen selbst steuert.[8]

Die Reise selbst kann also ohne Verstoß gegen das Arbeitszeitrecht an einem Sonn- oder Feiertag durchgeführt werden.[9]

Zeiten der **Tätigkeit** sind Arbeitszeit. Nicht als Tätigkeit anzusehen sind gemeinsame Essen (anders unter Umständen intensive Arbeitsessen, jedenfalls für die Zeit der Gespräche und für den Dolmetscher) und gemeinsame gesellige Veranstaltungen (Theaterbesuch, Kegeln).[10] Auf die Teilnahme an Seminaren wird man das ArbZG wegen der besonderen pädagogischen Situation kaum anwenden können. Das gilt auch, wenn der Arbeitnehmer an einem Seminartag an- oder abreist; Ausnahmen mögen für intensive Schulungen (Verkäufertraining, Meetings) gelten.

IV. Vergütung

Nicht jede Reisezeit, die als Arbeitszeit i. S. d. Arbeitszeitrechts anzusehen ist, ist vergütungspflichtig, und umgekehrt ist nicht jede Reisezeit, die vergütungspflichtig ist, Arbeitszeit i. S. d. Arbeitszeitrechts. Inwieweit Dienstreisen vergütungspflichtig sind, richtet sich nach Kollektiv- oder Arbeitsvertrag.

Dienstreisezeiten, und zwar sowohl Wege- als auch Aufenthalts- und erst recht Tätigkeitszeiten, müssen **mindestens in Höhe des Entgelts** vergütet werden, **das an dem betreffenden Tag zu zahlen ist.**[11] Ob die Lage der üblichen Arbeitszeit und die der Dienstreise sich decken, ist gleichgültig. Vergütungspflichtig ist auch die Zeit zwischen der Dienstreisezeit und der üblichen Arbeitszeit, wenn der Arbeitnehmer wegen der Kürze der verbleibenden Restzeit seine Arbeitsstelle nicht mehr aufsuchen kann oder muss; eine solche Gestattung kann sich aus betrieblichen Gepflogenheiten ergeben. Bei Gleitzeit gilt nichts anderes. Ist dagegen vereinbart, dass der Arbeitgeber die Arbeitszeit anderweitig verteilen kann, so kann er den Arbeitnehmer anhalten, die fehlende Zeit im Ausgleichszeitraum nachzuarbeiten. Tritt der Arbeitnehmer die Dienstreise zu Hause an, so ist die Wegezeit insoweit als Arbeitszeit zu rechnen, als sie die Wegezeit zur gewöhnlichen Arbeitsstelle überschreitet.[12]

Über die Dauer der an dem betreffenden Tag zu leistenden Arbeitszeit hinausgehende Reisezeiten sind **Überstunden,** soweit der Arbeitnehmer auf Anordnung des Arbeitgebers arbeitet. Für deren Vergütung gelten dieselben Grundsätze wie für Überstunden, die am regelmäßigen Arbeitsplatz geleistet werden. Sonstige Reisezeiten sind (nur) zu vergüten, wenn das vereinbart ist oder wenn die Vergütung den Umständen nach zu erwarten ist (§ 612 Abs. 1 BGB). Es ist zu fragen, ob und inwieweit Reisezeiten durch das reguläre Entgelt als abgegolten anzusehen sind. Bei Arbeitnehmern im unteren und mittleren Tarifbereich wird das nur in geringem Ausmaß der Fall sein, etwa wenn die Tätigkeit notwendigerweise mit Reisen verbunden ist und wenn der Arbeitnehmer sich die Arbeit dabei selbst einteilen kann, wie etwa Vertreter oder Pharmareferenten.[13] Bei AT-Angestellten sind Reisezeiten weithin durch das Gehalt abgegolten. So hat das BAG die Entscheidung der Vorinstanz gebilligt, wonach bei einem Dipl.-Ökonomen mit einem Jahreseinkommen von etwa 100.000 DM, der in nicht unerheblichem Umfang Außenprüfungen durchführen musste, eine Reisezeit bis zu zwei Stunden täglich nicht vergütungspflichtig sei.[14] Bei Seminaren, die auch im Interesse des Arbeitnehmers liegen, wird man in der Regel einen Ausschluss der Überstundenvergütung sowohl hinsichtlich der Reisezeit als auch hinsichtlich der eigentlichen Seminarteilnahme annehmen können;[15] anders wird etwa bei Intensivschulungen für Verkäufer zu entscheiden sein. Keine Überstundenvergütung für Lenkzeiten kann im Allgemeinen ein Arbeitnehmer erwarten, der mit der Bahn hätte reisen können, dem der Arbeitgeber aber auf seinen Wunsch hin die Benutzung des PKWs gestattet. Im Übrigen kommt alles auf die Umstände des Einzelfalles an (Höhe der Vergütung, Berufsbild, Üblichkeit in Branche und Unternehmen, regelmäßige oder sporadische Dienstreisen).[16] Im Interesse der Klarheit empfiehlt es sich, Vereinbarungen zu treffen; das kann auch ad hoc für einzelne Dienstreisen geschehen.

V. Mitbestimmung des Betriebsrats

Der Betriebsrat hat bei der Anordnung einer Dienstreise **grundsätzlich kein Mitbestimmungsrecht**.[17] Etwas anderes gilt ausnahmsweise dann, wenn die Reisezeit außerhalb der Arbeitszeit liegt, wenn in dieser Zeit Arbeit zu verrichten ist und wenn es sich um einen kollektiven Tatbestand handelt (§ 87 Abs. 1 Nr. 2, 3 BetrVG).[18] Ein kollektiver Tatbestand liegt beispielsweise vor, wenn der Arbeitgeber Schulungs- und Informationsveranstaltungen für Kundenberater zwar innerhalb der Gleitzeit, aber außerhalb der Kernzeit ansetzt,[19] nicht aber, wenn ein konkreter Arbeitnehmer – oder mehrere konkrete Arbeitnehmer, etwa Direktor, Assistent und Sekretärin – im Rahmen ihres Aufgabengebiets auswärts zu tun haben. Ein Mitbestimmungsrecht besteht auch dann, wenn in der Anordnung einer Dienstreise eine Versetzung liegt (§ 99 BetrVG). Die Notwendigkeit einer Übernachtung bedeutet allerdings noch keine erhebliche Änderung der Umstände, unter denen die Arbeit zu leisten ist.[20]

9. Kapitel

Kurzarbeit

Kurzarbeitergeld dient der Erhaltung der Arbeitsplätze bei unvermeidbarem vorübergehendem Arbeitsmangel aus wirtschaftlichen Gründen oder aufgrund unabwendbaren Ereignisses (§ 170 Abs. 1 SGB III).

Während der Kurzarbeit hat der Arbeitgeber für die Dauer der verbleibenden Arbeitszeit das vereinbarte Entgelt zu zahlen. Für die ausfallende Arbeitszeit gewährt die Agentur für Arbeit Kurzarbeitergeld (**67% des Nettoentgelts bei mindestens einem Kind, sonst 60%,** §§ 178, 129 Abs. 1 SGB III). Dazu näher unten IV.

I. Einführung von Kurzarbeit

Arbeitsmangel gibt dem Arbeitgeber für sich allein kein Recht zur Einführung von Kurzarbeit. Jeder Arbeitnehmer hat Anspruch darauf, die vereinbarte Arbeitszeit abzuleisten. Kann der Arbeitgeber ihn nicht beschäftigen, so muss er ihn ohne Arbeitsleistung bezahlen (§ 615 S. 1 BGB). Die Einführung von Kurzarbeit bedarf einer **Rechtsgrundlage.** Das kann sein

- ein **Tarifvertrag,** der die Einführung von Kurzarbeit vorsieht, sei es durch Betriebsvereinbarung, sei es durch Anordnung des Arbeitgebers. Häufig stellen Tarifverträge bestimmte Voraussetzungen auf, z. B. Ankündigungsfristen. Diese Voraussetzungen sind einzuhalten, sonst bleibt der Anspruch auf das volle Entgelt bestehen

- eine Betriebsvereinbarung.[1] Das ist der Normalfall, und dazu bedarf es nach der Rechtsprechung keiner tariflichen Zulassung

- eine **Vereinbarung mit dem Arbeitnehmer.** Die Vereinbarung kann schon im Arbeitsvertrag getroffen werden (z. B.: „Das Unternehmen kann Kurzarbeit einführen, wenn die Voraussetzungen der §§ 169 ff. SGB III vorliegen"); das geschieht selten. Sie kann aber auch ad hoc abgeschlossen werden, wenn Kurzarbeit notwendig wird. Stimmt der Arbeitnehmer nicht zu, so bleibt nur die **Änderungskündigung.**

Liegen die Voraussetzungen für die Einführung von Kurzarbeit vor, fehlt es aber an den Voraussetzungen für die Gewährung von Kurzarbeitergeld und verweigert die Agentur für Arbeit daraufhin die Zahlung, dann muss der Arbeitgeber dem Arbeitnehmer den Verdienstausfall in Höhe des Kurzarbeitergeldes ersetzen.[2]

II. Voraussetzungen für die Gewährung von Kurzarbeitergeld

1. Regelvoraussetzungen

Kurzarbeitergeld wird gewährt, wenn ein erheblicher Arbeitsausfall mit Entgeltausfall vorliegt, die betrieblichen und persönlichen Voraussetzungen erfüllt sind und der Arbeitsausfall der Agentur für Arbeit angezeigt worden ist (§ 169 SGB III).

a) Erheblicher Arbeitsausfall

Ein Arbeitsausfall ist erheblich, wenn er auf wirtschaftlichen Gründen oder einem unabwendbaren Ereignis beruht, vorübergehend und nicht vermeidbar ist und einen gewissen Mindestumfang hat (§ 170 Abs. 1 SGB III).

aa) Wirtschaftliche Gründe oder unabwendbares Ereignis: **Wirtschaftliche Gründe** sind konjunkturelle oder durch die wirtschaftliche Entwicklung hervorgerufene Schwankungen, gleichgültig ob sie sich unmittelbar auswirken – durch Auftragsmangel, Absatzschwierig-

keiten, verzögerten Eingang von Außenständen, Mangel an Rohstoffen, Energien oder sonstigen Produktionsmitteln – oder mittelbar durch den Zwang zu betrieblichen Strukturänderungen, d. h. zu Änderungen in der arbeitstechnischen Organisation des Betriebs, wie Umstellung auf neue Produkte, Einführung neuer Fertigungsverfahren, Rationalisierung oder Outsourcing (vgl. § 170 Abs. 2 SGB III).

Ein **unabwendbares Ereignis** ist ein objektiv feststellbares Ereignis, das durch die äußerste, nach den Umständen des Falles gebotene Sorgfalt für den vom Arbeitsausfall betroffenen Betrieb nicht abwendbar ist.[3] Es liegt insbesondere vor, wenn ein Arbeitsausfall auf ungewöhnlichen, dem üblichen Witterungsverlauf nicht entsprechenden Witterungsgründen beruht (Überschwemmung, strenger Frost) oder wenn er durch behördliche oder behördlich anerkannte Maßnahmen verursacht ist, die vom Arbeitgeber nicht zu vertreten sind (Rationierung von Rohstoffen oder Energien, Behinderung durch Baumaßnahmen, § 170 Abs. 3 SGB III).

bb) Vorübergehend: Vorübergehend ist der Arbeitsausfall, wenn nach der allgemeinen wirtschaftlichen Lage und nach der wirtschaftlichen Situation und Struktur des Betriebs damit gerechnet werden kann, dass mit einer gewissen Wahrscheinlichkeit in absehbarer Zeit die überwiegende Zahl der kurzarbeitenden Arbeitnehmer wieder zur Vollarbeit übergehen wird.[4] Bei **Konjunkturschwankungen** wird man grundsätzlich davon ausgehen können; bei **strukturellem Wandel** kommt es auf die Anpassungsfähigkeit des Unternehmens an. Der Arbeitsausfall ist nicht mehr vorübergehend, wenn die Bezugsfrist für Kurzarbeitergeld (siehe unten III.) deutlich, d. h. um mehr als ein bis zwei Monate, überschritten wird.[5]

cc) Nicht vermeidbar: Ein Arbeitsausfall ist nicht vermeidbar, wenn in einem Betrieb alle zumutbaren **Vorkehrungen** getroffen wurden, um den Eintritt des Arbeitsausfalls zu verhindern (§ 170 Abs. 4 S. 1 SGB III). Zu diesen Vorkehrungen gehören vor allem eine ausreichende Vorratshaltung (nicht bei just-in-time-Produktion), Aufräumungs-, Instandsetzungs- und Füllarbeiten, die Fertigung auf Lager, innerbetriebliche Umsetzungen und die Entlassung von Mitarbeitern, die auch nach Ende der Kurzarbeit nicht mehr beschäftigt werden können.[6]

Als **vermeidbar** gilt insbesondere ein Arbeitsausfall, der überwiegend

- **branchenüblich** (z. B. Umstellung von Sommer- auf Winterartikel),

- **betriebsüblich** (Indiz: Arbeitsausfall in drei aufeinanderfolgenden Jahren zur gleichen Zeit) oder

- **saisonbedingt** ist (vor allem in der Land- und Forstwirtschaft, im Bau- und Transportgewerbe aufgrund der Witterungsbedingungen) oder

- ausschließlich auf **betriebsorganisatorischen** Gründen beruht. Gemeint sind positive wie negative betriebliche Dispositionen und Unterlassungen, die nicht zwingend auf konjunkturelle oder strukturelle Wirtschaftsveränderungen zurückgehen, wie Reorganisation, Entwicklung fehlerhafter Produkte, Kapitalmangel, Fehleinschätzung des Marktes.

- bei Gewährung von bezahltem **Erholungsurlaub** ganz oder teilweise verhindert werden kann, soweit vorrangige Urlaubswünsche anderer Arbeitnehmer der Urlaubsgewährung nicht entgegenstehen, oder

- bei der Nutzung von im Betrieb zulässigen **Arbeitszeitschwankungen** ganz oder teilweise vermieden werden kann (§ 170 Abs. 4 SGB III).

dd) Mindestumfang des Arbeitsausfalls: Im jeweiligen Kalendermonat (Anspruchszeitraum) muss **mindestens ein Drittel der** in dem Betrieb oder der kurzarbeitenden Betriebsabteilung beschäftigten **Arbeitnehmer** von einem **Entgeltausfall** von jeweils **mehr als 10%** des monatlichen Bruttoentgelts betroffen sein. Mitzuzählen sind alle nach dem Stellenplan beschäftigten Arbeitnehmer, auch geringfügig oder kurzfristig beschäftigte, erkrankte und beurlaubte sowie solche, die in dem betreffenden Kalendermonat ausscheiden oder eingestellt werden, nicht dagegen Auszubildende (§ 170 Abs. 1 Nr. 4 SGB III). Fallen für mindestens ein Drittel der Arbeitnehmer mehr als 10% des Bruttoentgelts aus, dann haben auch die einen Anspruch auf Kurzarbeitergeld, bei denen der Ausfall 10% oder weniger beträgt.[7]

b) Betriebliche Voraussetzungen

Die betrieblichen Voraussetzungen sind erfüllt, wenn in dem Betrieb regelmäßig **mindestens ein Arbeitnehmer** beschäftigt ist. Betrieb i. S. d. Vorschriften über das Kurzarbeitergeld ist auch eine Betriebsabteilung (§ 171 SGB III). Zur Definition der Begriffe Betrieb und Betriebsabteilung siehe Kapitel 20 V. 1.

c) Persönliche Voraussetzungen

Die persönlichen Voraussetzungen sind erfüllt, wenn

- der Arbeitnehmer nach Beginn des Arbeitsausfalls eine versicherungspflichtige Beschäftigung fortsetzt, aus zwingenden Gründen aufnimmt oder im Anschluss an die Beendigung eines Berufsausbildungsverhältnisses aufnimmt

- das Arbeitsverhältnis nicht gekündigt oder durch Aufhebungsvertrag aufgelöst ist und

- der Arbeitnehmer nicht vom Kurzarbeitergeldbezug ausgeschlossen ist. Ausgeschlossen sind Arbeitnehmer, die anderweitig sozial gesichert sind (Bezieher von Arbeitslosengeld bei beruflicher Weiterbildung oder von Übergangsgeld oder von Krankengeld), sowie Arbeitnehmer, wenn und solange sie bei einer Vermittlung nicht in der von der Agentur für Arbeit verlangten und gebotenen Weise mitwirken (§ 172 Abs. 2, 3 SGB III).

d) Anzeige

Der Arbeitsausfall ist bei der Agentur für Arbeit, in deren Bezirk der Betrieb oder die Betriebsabteilung liegt, **schriftlich** anzuzeigen. Die Anzeige kann vom Arbeitgeber oder vom Betriebsrat erstattet werden. Erstattet sie der Arbeitgeber, ist eine Stellungnahme des Betriebsrats beizufügen; es genügt die Beifügung der Betriebsvereinbarung (§ 173 Abs. 1 SGB III).

Kurzarbeitergeld wird frühestens von dem Kalendermonat an geleistet, in dem die Anzeige über den Arbeitsausfall bei der Agentur für Arbeit eingegangen ist. Bei einem unabwendbaren Ereignis kann Kurzarbeitergeld rückwirkend gewährt werden, wenn die Anzeige unverzüglich, d. h. ohne schuldhaftes Zögern erstattet wird (§ 173 Abs. 2 SGB III).

2. Antrag

Zusätzlich zur Anzeige ist ein – schriftlicher – Antrag auf Gewährung von Kurzarbeitergeld zu stellen (§ 323 SGB III). Das kann zusammen mit der Anzeige geschehen; die Anzeige ersetzt den Antrag aber nicht.[8]

Während für Zeiten vor Erstattung der Anzeige kein Kurzarbeitergeld gewährt wird, genügt es, wenn der Antrag innerhalb von drei Kalendermonaten gestellt wird. Die Drei-Monats-Frist beginnt mit Ablauf des Anspruchszeitraums, für den Kurzarbeitergeld beantragt wird (§ 325 Abs. 3 SGB III).

III. Erstattungszeiten

Kurzarbeitergeld wird für den Arbeitsausfall während der **Bezugsfrist** geleistet. Die Bezugsfrist gilt einheitlich für alle in einem Betrieb oder in einer Betriebsabteilung beschäftigten Arbeitnehmer. Beschränkt sich das Bedürfnis nach Kurzarbeit auf eine Abteilung, so empfiehlt es sich also, nur für diese Abteilung Kurzarbeit anzumelden. Wird Kurzarbeit dann auch in einer anderen Abteilung erforderlich, so läuft für diese Abteilung ein eigener Bezugszeitraum.[9] Die Bezugsfrist beginnt mit dem ersten Kalendermonat, für den in einem Betrieb Kurzarbeitergeld gezahlt wird, und beträgt längstens **sechs Monate** (§ 177 Abs. 1 SGB III; für Arbeitnehmer, deren Anspruch 2011 entsteht, zwölf Monate[10]).

Wird innerhalb der Bezugsfrist für einen zusammenhängenden Zeitraum von mindestens einem Monat Kurzarbeitergeld nicht geleistet, verlängert sich die Bezugsfrist um diesen Zeitraum (§ 177 Abs. 2 SGB III).

Sind seit dem letzten Kalendermonat, für den Kurzarbeitergeld geleistet worden ist, drei Monate vergangen und liegen die Anspruchsvoraussetzungen erneut vor, beginnt eine **neue Bezugsfrist** (§ 177 Abs. 3 SGB III).

IV. Höhe des Kurzarbeitergeldes

Das Kurzarbeitergeld beträgt für Arbeitnehmer, die **mindestens ein Kind** i. S. d. Einkommensteuerrechts haben, **67%**, für **die übrigen Arbeitnehmer 60% der Nettoentgeltdifferenz** im Anspruchszeitraum (§§ 178, 129 Nr. 1 SGB III). Die Nettoentgeltdifferenz entspricht dem Unterschiedsbetrag zwischen dem pauschalierten Nettoentgelt aus dem Sollentgelt und dem pauschalierten Nettoentgelt aus dem Istentgelt.

Sollentgelt ist das Bruttoarbeitsentgelt, das der Arbeitnehmer ohne den Arbeitsausfall und vermindert um Entgelt für Mehrarbeit in dem Anspruchszeitraum erzielt hätte. **Istentgelt** ist das Bruttoarbeitsentgelt, das der Arbeitnehmer in dem Anspruchszeitraum tatsächlich erzielt hat. Lässt sich das Sollentgelt eines Arbeitnehmers in dem Anspruchszeitraum nicht hinreichend bestimmt feststellen, d. h. vor allem bei Leistungslohn, ist als Sollentgelt das Arbeitsentgelt maßgebend, das der Arbeitnehmer in den letzten drei abgerechneten Kalendermonaten vor Beginn des Arbeitsausfalls, vermindert um Entgelt für Mehrarbeit, in dem Betrieb durchschnittlich erzielt hat (§ 179 SGB III, dort auch weitere Einzelheiten).

Änderungen der Grundlage für die Berechnung des Arbeitsentgelts (z. B. Tariferhöhungen) sind zu berücksichtigen, wenn und soweit sie auch während des Arbeitsausfalls wirksam sind (§ 179 Abs. 4 S. 3 SGB III).

Kurzarbeitergeld ist **lohnsteuerfrei** (§ 3 Nr. 2 EStG); die **Sozialversicherungsbeiträge** sind vom Arbeitgeber zu zahlen; Beiträge in der **Arbeitslosenversicherung** entfallen.

V. Einzelfragen

1. Überstunden

Überstunden bei Kurzarbeit sind im Allgemeinen ein Anzeichen dafür, dass der Arbeitsausfall nicht unvermeidbar ist. In Ausnahmefällen, etwa bei Eilaufträgen oder dringenden Reparaturen, kann etwas anderes gelten.

Werden zulässigerweise Überstunden geleistet, so hat der Arbeitgeber sie zu vergüten. Das Entgelt für die Überstunden wird in das Istentgelt eingerechnet. Das Kurzarbeitergeld mindert sich entsprechend (§ 179 Abs. 1 S. 3 SGB III).[11]

2. Urlaub/Feiertage

Auch bei Kurzarbeit kann **Urlaub** gewährt und genommen werden.[12] Anstelle von Kurzarbeitergeld werden dann Urlaubsentgelt und Urlaubsgeld gezahlt. Urlauber, die der Agentur für Arbeit als von Kurzarbeit betroffen gemeldet sind, zählen bei dem Mindestdrittel weiter mit, Urlaubszeiten bei den mehr als 10%.

Fällt die Arbeit an einem **Feiertag** zugleich wegen Kurzarbeit aus, so hat der Arbeitnehmer Anspruch auf Arbeitsentgelt in Höhe des Kurzarbeitergeldes.[13] Bei vollkontinuierlicher Arbeitsweise besteht Anspruch auf Kurzarbeitergeld.[14]

3. Krankheit

Erkrankt ein Arbeitnehmer vor Beginn des Kurzarbeitszeitraums, so behält er den Anspruch auf Entgeltfortzahlung insoweit, als er ohne Kurzarbeit Entgelt erhalten hätte. In Höhe des Kurzarbeitergeldes erhält er Teil-Krankengeld (§ 47 b Abs. 4 S. 1 SGB V). Wird der Arbeitnehmer dagegen während des Kurzarbeitszeitraums arbeitsunfähig krank, so erhält er Kurzarbeitergeld, wenn und solange er Anspruch auf Entgeltfortzahlung hat. Besteht kein Anspruch auf

Entgeltfortzahlung (mehr), so erhält er Krankengeld (§ 49 Abs. 1 Nr. 3 SGB V, § 172 Abs. 2 Nr. 2 SGB III).[15]

4. Zusammenarbeit mit der Agentur für Arbeit

Wird Kurzarbeit nötig, empfiehlt sich eine enge Zusammenarbeit mit der Agentur für Arbeit. Die Agentur für Arbeit sollte möglichst schon in die Vorüberlegungen eingeschaltet werden.

VI. Mitbestimmung des Betriebsrats

Die Einführung von Kurzarbeit ist mitbestimmungspflichtig (§ 87 Abs. 1 Nr. 3 BetrVG). Der Betriebsrat kann die Einführung von Kurzarbeit **verlangen.**[16] Die Mitbestimmungspflicht bezieht sich auf das **Ob** und auf das **Wie.** Der Betriebsrat hat mitzubestimmen, ob Kurzarbeit eingeführt wird, ab wann, für wie lange, zu welchen Zeiten, in welchem Betriebsteil und wer von Kurzarbeit betroffen ist.[17] Keine Rechte hat der Betriebsrat bezüglich der materiellen Auswirkungen der Kurzarbeit; er kann auch nicht eine Aufstockung des Kurzarbeitergeldes verlangen.[18] Nicht mitbestimmungspflichtig ist weiter die Rückkehr zur Normalarbeitszeit; das gilt selbst dann, wenn die Kurzarbeitsperiode vorzeitig beendet wird.[19] Die Mitbestimmung kann durch Betriebsvereinbarung oder durch Regelungsabrede ausgeübt werden. Die Betriebsvereinbarung ist zugleich die erforderliche Rechtsgrundlage gegenüber den Arbeitnehmern, eine Regelungsabrede nicht; hier bedarf es zusätzlich der Zulassung durch Tarifvertrag oder einer entsprechenden Vereinbarung oder einer Änderungskündigung.[20] Lässt der Arbeitgeber ohne wirksame Zustimmung des Betriebsrats kurzarbeiten, so muss er das volle Entgelt zahlen (§ 615 S. 1 BGB).

10. Kapitel

Urlaub, persönliche Arbeitsverhinderung, Elternzeit, Pflegezeit, Familienpflegezeit

I. Urlaub

Urlaub ist die **bezahlte Freistellung** von Arbeitnehmern **von der Arbeit zum Zwecke der Erholung.** Das Urlaubsrecht ist im Bundesurlaubsgesetz (BUrlG) geregelt; hinzu kommen Sonderregelungen vor allem für Jugendliche im Jugendarbeitsschutzgesetz (§ 19 JArbSchG) und für Schwerbehinderte im SGB IX (§ 125 SGB IX). Ergänzt und erweitert wird das gesetzliche Urlaubsrecht insbesondere durch Tarifverträge, teilweise durch Betriebsvereinbarungen – z. B. über Zusatzurlaub bei einer bestimmten Betriebszugehörigkeit – und in Einzelfällen durch Arbeitsvertrag. Tarifvertrag, Betriebsvereinbarung und Arbeitsvertrag können die Voraussetzungen, unter denen sie Urlaub gewähren, selbstständig festlegen,[1] einen Zusatzurlaub z. B. an tatsächliche Arbeitsleistung knüpfen, bestimmen, dass der Urlaub nicht zusammenhängend genommen werden muss oder dass er unter bestimmten Voraussetzungen wieder verfällt. Durch Tarifvertrag kann darüber hinaus auch vom BUrlG abgewichen werden. Unantastbar ist nur der Satz, dass jeder Arbeitnehmer in jedem Kalenderjahr Anspruch auf mindestens vier Wochen bezahlten Erholungsurlaub hat (§ 13 Abs. 1 BUrlG).

1. Dauer

Der gesetzliche **Mindesturlaub für** alle **Arbeitnehmer** – gleichgültig ob in Voll- oder Teilzeitarbeit, in einem befristeten oder unbefristeten Arbeitsverhältnis, im Haupt- oder Nebenberuf – beträgt **24 Werktage** (= 20 Arbeitstage = 4 Wochen) im Kalenderjahr (§ 3 Abs. 1 BUrlG), für **Jugendliche,** die zu Beginn des Kalenderjahres noch nicht 16 Jahre alt sind, 30, für Jugendliche unter 17 Jahren 27 und für Jugendliche unter 18 Jahren 25 Werktage (§ 19 Abs. 2 JArbSchG); **Schwerbehinderte** erhalten einen Zusatzurlaub von fünf Arbeitstagen (§ 125 SGB IX), der immer zu dem Urlaub hinzutritt, den er ohne Schwerbehinderung beanspruchen könnte.[2] Als **Werktage** gelten alle Arbeitstage, die nicht Sonn- oder gesetzliche Feiertage sind (§ 3 Abs. 2 BUrlG), als **Arbeitstage** die Tage, an denen der Arbeitnehmer nach seinem Vertrag tatsächlich zu arbeiten hat. Bei der Fünf-Tage-Woche sind sechs Werktage fünf Arbeitstage; bei einer Teilzeitkraft, die an zwei Tagen in der Woche arbeitet, entsprechen sechs Werktage zwei Arbeitstagen.[3] Bei ungleichmäßiger Arbeitszeit ist auf Stundenbasis umzurechnen. Die gesetzliche Regelung über den Mindesturlaub ist inzwischen weit überholt; üblich ist der **Sechs-Wochen-Urlaub.**

Erkrankt ein Arbeitnehmer während des Urlaubs, so werden die durch ärztliches Zeugnis nachgewiesenen Tage der **Arbeitsunfähigkeit** auf den Jahresurlaub nicht angerechnet (§ 9 BUrlG). Der Urlaubsanspruch bleibt insoweit bestehen; der Arbeitnehmer darf seinen Urlaub aber nicht eigenmächtig um die Tage der Arbeitsunfähigkeit verlängern. Er muss Neufestsetzung beantragen. Das kann natürlich auch telefonisch vom Urlaubsort aus geschehen.

Fällt in die Urlaubzeit ein Ereignis, das dem Arbeitnehmer an sich Anspruch auf **bezahlte Freistellung** gäbe (z. B. Todesfall in der Familie), so verlängert sich der Urlaub nicht entsprechend.[4]

Nimmt ein Arbeitnehmer **Elternzeit,** so kann der Arbeitgeber den Erholungsurlaub für jeden vollen Kalendermonat, in dem Elternzeit genommen wird, um $1/12$ kürzen (§ 17 Abs. 1 BEEG, anders, wenn der Arbeitnehmer bei seinem Arbeitgeber während der Elternzeit Teilzeitarbeit leistet).

Bummeltage können nicht auf den Urlaub angerechnet werden.[5]

Der Arbeitnehmer behält seinen Urlaubsanspruch auch dann, wenn er im Kalenderjahr nicht oder nur wenige Tage gearbeitet hat. Voraussetzung ist nach der Rechtsprechung nur das Bestehen des Arbeitsverhältnisses.[6]

2. Erteilung

Die **zeitliche Festlegung** des Urlaubs erfolgt **durch den Arbeitgeber** (vgl. § 7 Abs. 1, 2 BUrlG), d. h. durch den dafür zuständigen Vorgesetzten; in der Regel ist das der Disziplinarvorgesetzte. Erteilt ein nicht zuständiger Vorgesetzter Urlaub, so kann sich der Arbeitnehmer darauf berufen, wenn er die Urlaubsgewährung nach den Umständen und nach dem Verhalten von Arbeitgeber und Vorgesetztem als wirksam ansehen durfte.[7] Der Arbeitgeber muss Urlaub nicht von sich aus erteilen. Dem **Arbeitnehmer** obliegt es vielmehr, ihn **geltend** zu **machen.** Tut er das nicht, so kann er später nicht Übertragung über den 31. 3. des Folgejahres hinaus oder Abgeltung verlangen.[8] Der Arbeitgeber muss den Arbeitnehmer vor der Festlegung des Urlaubs nicht anhören, und er braucht seine Urlaubswünsche nicht zu erfragen.[9]

Üblicherweise wird der Urlaub durch Eintragung in eine **Urlaubsliste** festgelegt, die zu Beginn des Kalenderjahres unter den Mitarbeitern umgeht. Die Eintragung bewirkt noch nicht die Festlegung. Festgelegt ist der Urlaub erst mit Billigung durch den Arbeitgeber. Geschieht das nicht ausdrücklich, so kann der Arbeitnehmer eine angemessene Zeit – etwa einen Monat – nach Eintragung davon ausgehen, dass der Arbeitgeber (Vorgesetzte) mit dem Urlaubszeitpunkt einverstanden ist.[10] Bis dahin kann er die Eintragung ändern, danach nicht mehr.

Bei der zeitlichen Festlegung des Urlaubs sind die Urlaubswünsche des Arbeitnehmers zu berücksichtigen, sofern ihrer Berücksichtigung nicht dringende betriebliche Belange oder Urlaubswünsche anderer Arbeitnehmer entgegenstehen, die unter sozialen Gesichtspunkten den Vorrang verdienen (§ 7 Abs. 1 BUrlG). Grundsätzlich sind also die **Urlaubswünsche** des Arbeitnehmers maßgeblich, ohne dass es auf den Grund dafür ankäme. Die Wünsche des Arbeitnehmers müssen zurücktreten, wenn ihnen **dringende betriebliche Belange** entgegenstehen, d. h. betriebliche Gründe, die sich aus dem Arbeitsablauf, aus der Organisation, der Auftragslage usw. ergeben.[11] Die Belange müssen nicht zwingend sein, aber doch zu einer erheblichen Beeinträchtigung der betrieblichen Arbeit führen. Die zeitliche Festlegung des Urlaubs ist wirksam, wenn der Arbeitnehmer auf die Mitteilung des Arbeitgebers hin keine Wünsche äußert.[12]

> **BEISPIEL:** Personeller Engpass in der Saison oder während einer Kampagne, unvorhergesehene Nachfrage, Ausfall anderer Arbeitnehmer, nicht dagegen die Störung des regelmäßigen Betriebsablaufs durch die urlaubsbedingte Abwesenheit des Arbeitnehmers.

Entscheidend ist die **Abwägung im Einzelfall**, d. h. das Gewicht der Wünsche des Arbeitnehmers (gesundheitlich angeschlagen, längere Zeit keinen Urlaub gemacht, Familienangehörige können nur zu bestimmten Zeiten in Urlaub fahren) und die Bedeutung der Anwesenheit für den Betrieb (Aufrechterhaltung von Produktion und Verwaltung, Terminarbeit, Sommerschlussverkauf, Inventur). Unter Umständen kommen auch eine Verlegung des Urlaubs um ein paar Tage oder eine Urlaubsteilung in Betracht.[13]

Auch wenn betriebliche Belange die Anwesenheit eines bestimmten Arbeitnehmers nicht erfordern, muss er u. U. zurücktreten, wenn seine **Urlaubswünsche** mit denen anderer Arbeitnehmer **kollidieren.** Mit anderen Arbeitnehmern sind die gemeint, die ihn während seiner Abwesenheit vertreten (können) oder die an einem gleichartigen anderen Arbeitsplatz gebraucht werden, um Störungen im Arbeitsablauf so gering wie möglich zu halten. Bei der Auswahl entscheiden soziale Gesichtspunkte, also beispielsweise Bindung an Schulferien, Urlaub von Familienangehörigen, Erholungsbedürfnis, Lebens- und Dienstalter oder Urlaub in den vergangenen Jahren.[14]

Der Urlaub ist **grundsätzlich zusammenhängend zu nehmen und zu gewähren,** es sei denn, dass dringende betriebliche oder in der Person des Arbeitnehmers liegende Gründe eine Teilung erforderlich machen. Kann der Urlaub nicht zusammenhängend gewährt oder genommen werden, so muss einer der Urlaubsteile **mindestens zwölf aufeinanderfolgende Werktage** (= zwei Wochen) umfassen

(§ 7 Abs. 2 BUrlG). Weder der Arbeitgeber kann also grundlos den Urlaub aufteilen, noch kann der Arbeitnehmer ihn gestückelt nehmen, etwa jeweils zur Verlängerung des Wochenendes oder um an Brückentagen frei zu haben. Die Tarifverträge enthalten zumeist eigene Regelungen. Aus medizinischer Sicht sollte einmal jährlich ein Urlaub von mindestens drei Wochen Dauer zusammenhängend gemacht werden.

Der Arbeitnehmer darf sich **nicht selbst beurlauben.** Eigenmächtiger Urlaubsantritt und eigenmächtige Urlaubsverlängerung – auch nach Krankheit – sind Kündigungsgründe.

Durch eine widerrufliche **Freistellung** des Arbeitnehmers wird der Urlaubsanspruch nicht erfüllt.[15]

3. Betriebsferien

Betriebsferien sind einheitlicher Urlaub für alle Arbeitnehmer oder für Gruppen von Arbeitnehmern eines Betriebs. Die Anordnung von Betriebsferien ist **zulässig**, ohne dass dringende betriebliche Belange das erfordern müssten.

Betriebsferien begründen vielmehr selbst aufgrund ihrer technischen und organisatorischen Vorteile für den Arbeitgeber dringende betriebliche Belange, hinter denen die individuellen Urlaubswünsche von Arbeitnehmern zurückstehen müssen. Das hat das BAG in einem Fall entschieden, in dem es um die Vereinbarung von Betriebsferien von drei Wochen Dauer jeweils in den Sommerferien ging.[16] Vom Wortlaut der Entscheidung gedeckt wären auch Betriebsferien über die gesamte Urlaubszeit hinweg irgendwann im Laufe des Jahres. Das wird aber wohl nur in Ausnahmefällen zulässig sein. Im Allgemeinen wird zumindest ein Teil der Betriebsferien in den Schulferien und in den Sommermonaten liegen müssen; zumindest muss die Regelung für Härtefälle Ausnahmen vorsehen.[17]

Betriebsferien sollten **so früh wie möglich** vereinbart und bekanntgegeben werden. Haben Arbeitnehmer nämlich schon vorher ganz oder teilweise ihren Urlaub genommen, so müssen sie während der Betriebsferien beschäftigt oder zumindest bezahlt werden. Ein Widerruf festgelegten Urlaubs ist nur unter besonderen Umständen zulässig; auch soweit er zulässig ist, hat das Unternehmen Aufwendungen zu erstatten, die im Vertrauen auf die Urlaubsgewährung gemacht wurden. Nimmt dagegen ein Arbeitnehmer in Kenntnis der Betriebsferien zu anderer Zeit Urlaub, dann hat er, wenn er während der Betriebsferien nicht beschäftigt werden kann, für diese Zeit keinen Anspruch auf Entgelt.[18] Urlaub im Vorgriff auf das nächste Jahr sollte grundsätzlich nicht gewährt werden, da der Arbeitnehmer dadurch seinen Urlaubsanspruch nicht verliert und ihn dann nochmals geltend machen kann.[19]

4. Widerruf von Urlaub

Ist der Urlaubszeitpunkt festgelegt, so kann er zwar jederzeit im gegenseitigen Einvernehmen, grundsätzlich aber **nicht mehr einseitig** geändert werden.

Ausnahmsweise hat der Arbeitgeber das Recht, den Urlaub zu widerrufen, **wenn unvorhergesehene betriebliche Gründe dies zwingend** (nicht nur dringend) **erfordern,** d. h. wenn gerade dieser Arbeitnehmer gebraucht wird (z. B. der Vertreter erkrankt oder kündigt und kann nicht anderweitig ersetzt werden, die Arbeit duldet aber keine Unterbrechung, eiliger und wichtiger Auftrag). Wieder sind die Interessen von Arbeitnehmer und Unternehmen gegeneinander abzuwägen, wobei die Interessen des Arbeitnehmers mit näher rückendem Urlaub zunehmend an Gewicht gewinnen. **In Notfällen** (z. B. bei Brand, Überschwemmung, technischem Defekt, der hohen Schaden im Betrieb oder bei Kunden herbeiführen kann; nicht bei plötzlichem starkem Arbeitsanfall) kann der Arbeitgeber einen Arbeitnehmer auch **aus dem Urlaub zurückrufen.**[20] Unwirksam ist allerdings eine Vereinbarung, den Urlaub bei betrieblichen Schwierigkeiten abzubrechen.[21] Wird der Urlaub auf Wunsch des Arbeitgebers verschoben oder wird der Arbeitnehmer aus dem Urlaub zurückgeholt, so muss der Arbeitgeber ihm die dadurch entstehenden Kosten erstatten; falls Reisebegleiter die Reise deswegen abbrechen müssen, auch deren Kosten.[22]

Was für den Arbeitgeber gilt, gilt mutatis mutandis auch für den Arbeitnehmer. Aus zwingenden persönlichen Gründen kann auch er eine **Verschiebung des Urlaubs** verlangen (z. B. weil Urlaub des Ehegatten verlegt wird, ein Kind ins Krankenhaus kommt[23]). Der Urlaub muss dann neu festgelegt werden. Für die Festlegung ist wieder zwischen den Wünschen des Arbeitnehmers, dringenden betrieblichen Belangen und Urlaubswünschen anderer Arbeitnehmer abzuwägen.

5. Urlaubsübertragung

Urlaubsjahr ist das **Kalenderjahr.** Der Urlaub muss im laufenden Kalenderjahr gewährt und genommen werden. Die Frist verlängert sich **bis zum 31. 3. des Folgejahres,** wenn der Urlaub aus dringenden betrieblichen oder in der Person des Arbeitnehmers liegenden Gründen nicht bis zum 31. 12. gewährt und genommen werden kann (§ 7 Abs. 3 S. 1–3 BUrlG). Dringend sind betriebliche Gründe, wenn sie das Interesse des Arbeitnehmers an einem regelmäßigen jährlichen Urlaub überwiegen, wie etwa eilige Aufträge, Urlaub oder Krankheit anderer Arbeitnehmer; dringende Gründe in der Person des Arbeitnehmers sind beispielsweise Krankheit, Fortbildung, Hausbau. Liegen derartige Gründe nicht vor und macht der Arbeitnehmer den Urlaub nicht so rechtzeitig geltend, dass er ihn vor dem 31. 12. nehmen (nicht: antreten) kann, oder nimmt er ihn nicht, nachdem der Arbeitgeber ihn festgesetzt hat, so **verfällt** er.[24] Gewährt ihn der Arbeitgeber trotz rechtzeitiger Geltendmachung nicht oder nicht rechtzeitig, so schuldet er **„Ersatzurlaub",** d. h. der Arbeitnehmer hat Anspruch auf Urlaub auch nach dem 31. 3.[25] Das gilt auch, wenn der Arbeitgeber den in das 1. Quartal des Folgejahres übertragenen Urlaub aus betrieblichen Gründen nicht gewähren kann. Für **verfallenen Urlaub** kann der Arbeitnehmer **keine Abgeltung** verlangen. Der Anspruch auf Urlaub **erlischt nicht**, wenn der Arbeitnehmer ihn wegen **krankheitsbedingter Arbeitsunfähigkeit** nicht rechtzeitig nehmen kann.[26]

6. Ein- und Austritt im Kalenderjahr

a) Eintritt bis zum 1. 7.

Tritt der Arbeitnehmer bis spätestens 1. 7. in das Unternehmen ein, so hat er Anspruch auf den **vollen Jahresurlaub** (§ 4 BUrlG). Allerdings muss er sich den Urlaub anrechnen lassen, den ihm sein früherer Arbeitgeber bereits für Zeiten gegeben hat, die in das neue Arbeitsverhältnis fallen (§ 6 Abs. 1 BUrlG). Dem Urlaub steht eine Urlaubsabgeltung gleich.[27] Handelt es sich um die erste Stelle eines Arbeitnehmers oder war er in der ersten Jahreshälfte arbeitslos, so kann er den vollen Jahresurlaub verlangen, obwohl er im Extremfall nur sechs Monate arbeitet.

Der Anspruch auf den vollen Jahresurlaub entsteht erst **nach sechsmonatigem Bestehen des Arbeitsverhältnisses,** d. h. nach Erfüllen der sogenannten Wartezeit (§ 4 BUrlG). Bei Eintritt am 1. 6. kann Urlaub also erst ab 1. 12. geltend gemacht werden. Für die Übertragung bis zum 31. 3. des Folgejahres gelten die allgemeinen Grundsätze. Bei Eintritt am 1. 7. wird der gesamte Urlaub wegen des gleichzeitigen Ablaufs von Wartefrist und Urlaubsjahr in das nächste Kalenderjahr übertragen.

b) Eintritt nach dem 1. 7.

Tritt der Arbeitnehmer erst nach dem 1. 7. in das Unternehmen ein, so hat er nur noch Anspruch auf **Teilurlaub,** und auch das nur, wenn das Arbeitsverhältnis im alten Jahr mindestens einen Monat besteht (Eintritt also spätestens am 1. 12., § 5 Abs. 1 a BUrlG). Auf Verlangen des Arbeitnehmers ist der Teilurlaub auf das folgende Kalenderjahr zu übertragen (§ 7 Abs. 3 S. 4 BUrlG). Die Begrenzung auf den 31. 3. gilt nicht. Der Arbeitnehmer muss die Übertragung noch im Urlaubsjahr verlangen.[28] Der Arbeitgeber braucht den Teilurlaubsanspruch erst **nach Ablauf der Wartezeit** zu erfüllen. Teilurlaub und Urlaub für das folgende Jahr bilden dann eine Einheit.[29] Bei der Berechnung des Teilurlaubs sind Bruchteile von Werktagen ab 0,5 aufzurunden, unter 0,5 anteilig zu gewähren.[30] Teilschwerbehindertenurlaub ist immer anteilig zu berechnen.[31]

c) Austritt

Auch hier ist zu unterscheiden. Tritt der Arbeitnehmer **vor dem 1. 7.** aus, d. h. spätestens am 30. 6. , dann hat er nur Anspruch auf **Teilurlaub.** Tritt er **am 1. 7. oder später** aus, so hat er Anspruch auf **den vollen Jahresurlaub** (§ 5 Abs. 1 c BUrlG). Weiß der Arbeitnehmer, dass er vor dem 1. 7. ausscheidet, und verlangt er trotzdem mehr Urlaub, als ihm anteilig zusteht, so kann der Arbeitgeber die Urlaubsgewährung insoweit anfechten.[32] Hat der Arbeitnehmer mehr Urlaub erhalten, als ihm zusteht, so können Urlaubsentgelt und Urlaubsgeld nicht zurückgefordert werden, es sei denn, der Arbeitnehmer hat den Urlaub erschlichen (§ 5 Abs. 3 BUrlG).

7. Befristetes Arbeitsverhältnis

Anspruch auf Urlaub haben auch Arbeitnehmer in einem befristeten Arbeitsverhältnis **von mindestens einmonatiger Dauer** (vgl. § 5 Abs. 1 BUrlG). Bei Befristungen bis zu sechs Monaten gibt es keine Wartezeit; der Urlaubsanspruch entsteht sofort, er kann sofort erfüllt werden.[33]

8. Vergütung

Während des Urlaubs hat der Arbeitnehmer Anspruch auf das Entgelt, das er im **Durchschnitt der letzten 13 Wochen** vor Beginn des Urlaubs erhalten hat (sogenanntes Referenzperiodenprinzip). Überstunden sind zu vergüten, soweit sie während des Urlaubs angefallen wären, allerdings ohne Zuschlag (§ 11 Abs. 1 BUrlG).[34] Durch Tarifvertrag kann eine andere Berechnungsweise, wie z. B. das Lohnausfallprinzip, vorgesehen werden (§ 13 Abs. 1 BUrlG). Das Urlaubsentgelt ist vor Antritt des Urlaubs auszuzahlen (§ 11 Abs. 2 BUrlG). Vielfach wird neben dem Urlaubsentgelt aufgrund Tarifvertrags, Betriebsvereinbarung oder Arbeitsvertrags ein **Urlaubsgeld** gezahlt. Dabei handelt es sich um eine Sonderzuwendung (siehe Kapitel 7 I. 3.). Art und Umfang der Zahlung richten sich nach der Vereinbarung.

9. Erwerbstätigkeit während des Urlaubs

Während des Urlaubs darf der Arbeitnehmer **keine dem Urlaubszweck widersprechende Erwerbstätigkeit** leisten (§ 8 BUrlG). Zulässig sind Tätigkeiten aus Gefälligkeit, Liebhaberei oder zur Erfüllung familien- oder öffentlich-rechtlicher Pflichten, selbst wenn der Arbeitnehmer dafür ein Entgelt erhält. Zulässig sind auch Erwerbstätigkeiten, die dem körperlichen oder geistigen Ausgleich dienen (Büroangestellter betätigt sich auf dem Bauernhof, Facharbeiter als Reiseleiter). Unzulässige Erwerbsarbeit stellt eine Vertragsverletzung dar. Die dafür erlangte Vergütung kann der Arbeitgeber allerdings nicht herausverlangen.[35]

10. Urlaubsabgeltung

Kann der **Urlaub wegen Beendigung des Arbeitsverhältnisses** ganz oder teilweise **nicht** mehr **gewährt werden, so ist er abzugelten** (§ 7 Abs. 4 BUrlG). Das gilt auch, wenn der Arbeitnehmer arbeitsunfähig wird und die Arbeitsunfähigkeit über den 31. 3. des Folgejahres hinaus fortdauert.[36] Der Tarifvertrag kann für tariflichen, der Arbeitsvertrag für vertraglichen Zusatzurlaub anderes vorsehen.[37]

Erwirbt der Arbeitnehmer neben dem Abgeltungsanspruch einen Freizeitanspruch gegen den neuen Arbeitgeber, so kann er wahlweise den einen oder den anderen Anspruch geltend machen.[38]

Eine **Urlaubsabgeltung während bestehenden Arbeitsverhältnisses ist unzulässig.** Der Arbeitnehmer behält trotz Abgeltung seinen Urlaubsanspruch. Allerdings kann es rechtsmissbräuchlich sein, wenn er den Arbeitgeber zur Abgeltung drängt und dann später trotzdem Urlaub verlangt.[39] Für Urlaubstage, die der Arbeitgeber über den gesetzlichen (und tariflichen) Urlaub hinaus gewährt, kann Abweichendes vereinbart werden.

II. Persönliche Arbeitsverhinderung

Der Arbeitnehmer hat Anspruch auf **bezahlte Freistellung,** wenn er für eine verhältnismäßig nicht erhebliche Zeit durch einen in seiner Person liegenden Grund ohne sein Verschulden an der Arbeitsleistung verhindert ist (§ 616 BGB). Die **Arbeitsleistung** muss **aus persönlichen Gründen unmöglich oder unzumutbar** sein (§ 275 Abs. 1 u. 3 BGB).[40] In Betracht kommen vor allem schwerwiegende Erkrankungen naher Angehöriger, insbesondere von Kindern, Arztbesuche, die nicht außerhalb der Arbeitszeit erledigt werden können, außerordentliche Familienereignisse, wie Eheschließung, Todesfall in der Familie, goldene Hochzeit der Eltern, Erstkommunion und Konfirmation von Kindern, Wahrnehmung politischer und religiöser Pflichten, Ladung zu Behörden, Ablegung von Prüfungen, Umzug, Autopannen oder Ausfall der regelmäßig benutzten Straßenbahn (str.). **Objektive Leistungshindernisse,** d. h. Leistungshindernisse, die nicht speziell diesen Arbeitnehmer betreffen, wie etwa der Zusammenbruch der öffentlichen Verkehrsmittel, Glatteis, Verkehrsumleitungen, sind zwar u. U. eine ausreichende Entschuldigung für Zuspätkommen oder Fehlen, geben aber keinen Lohnzahlungsanspruch.[41]

Die persönliche Leistungsverhinderung darf **nicht verschuldet** sein, und sie darf nur während einer im Vergleich zur Dauer des Arbeitsverhältnisses **nicht erheblichen Zeit** bestehen. Dauert sie länger, entfällt der Entgeltfortzahlungsanspruch rückwirkend für die gesamte Zeit.[42] Dagegen muss die Freistellung nicht unbedingt im zeitlichen Zusammenhang mit dem Ereignis erfolgen; entscheidend ist, dass sie durch einen Grund in der Person des Arbeitnehmers veranlasst ist.[43]

Der **Anspruch** ist **abdingbar.** Ein Tarifvertrag, der bestimmt, dass nur tatsächlich geleistete Arbeit bezahlt wird, schließt ihn aus. Häufig enthalten Tarifverträge Kataloge mit genauen Zeitgrenzen für die einzelnen Ereignisse (z. B. Umzug innerhalb der Ortsgrenzen ein Tag, außerhalb zwei Tage). Es ist dann zu prüfen, ob der Katalog abschließend gemeint ist oder nur Beispiele anführt. Eine Abdingung durch Formularvertrag kommt nur in engen Grenzen in Betracht.

III. Elternzeit

Arbeitnehmer haben Anspruch auf Elternzeit **bis zur Vollendung des 3. Lebensjahres eines (jeden) Kindes,**[44] für das ihnen, ihrem Ehe- oder Lebenspartner die Personensorge zusteht,[45] wenn sie mit dem Kind in einem Haushalt leben und wenn sie das Kind selbst betreuen und erziehen (§ 15 Abs. 1 S. 1 Nr. 1 BEEG). Die Elternzeit ist auf **drei Jahre** begrenzt; bei Müttern wird die Mutterschutzfrist eingerechnet. Im Normalfall wird nur ein Elternteil in Elternzeit gehen; es können aber auch beide Eltern gemeinsam in Elternzeit gehen (§ 1 Abs. 3 BEEG). Betreuen die Eltern das Kind gleichzeitig, dann kann jeder von ihnen drei Jahre in Anspruch nehmen.

Die Eltern müssen die Elternzeit nicht ausschöpfen; sie können sie auch teilweise nehmen. Die Elternzeit muss auch nicht „am Stück" genommen werden; jeder Elternteil kann seine Elternzeit auf zwei Abschnitte aufteilen (§ 16 Abs. 1 S. 5 BEEG). Mit Zustimmung des Arbeitgebers kann ein Anteil von bis zu einem Jahr auf die Zeit bis zur Vollendung des 8. Lebensjahres übertragen werden (§ 15 Abs. 2 S. 4 BEEG).

Die Arbeitnehmer müssen die Elternzeit grundsätzlich **spätestens sieben Wochen vor Beginn schriftlich** vom Arbeitgeber **verlangen.** Gleichzeitig müssen sie erklären, für welche Zeiten sie innerhalb von zwei Jahren Elternzeit nehmen werden. Einer Zustimmung des Arbeitgebers bedarf es nicht (§ 16 Abs. 1 S. 1 ff. BEEG). Die Arbeitnehmer können ohne Weiteres der Arbeit fernbleiben.[46] Allerdings sind auch sie an ihr Verlangen und an die von ihnen gewünschten Zeiträume gebunden; eine Rückgängigmachung kommt nur mit Zustimmung des Arbeitgebers in Betracht (§ 16 Abs. 3 BEEG).

Während der Elternzeit ruhen die **Hauptpflichten.** Der Arbeitnehmer hat keinen Anspruch auf Entgelt, und er braucht nicht zu arbeiten. Nicht berührt werden die **Nebenpflichten,** die nicht mit der Elternzeit zusammenhängen (Schweigepflicht, Wettbewerbsverbot). So können Arbeitnehmer in Elternzeit an Betriebsversammlungen teilnehmen.[47]

Der Arbeitnehmer hat nicht nur die Alternative Elternzeit oder keine Elternzeit; er kann auch verlangen, dass die Arbeitszeit während der Elternzeit lediglich herabgesetzt wird, und zwar auf 15 bis 30 Wochenstunden; den Anspruch haben auch Teilzeitbeschäftigte, die länger als 30 Stunden arbeiten. Der **Anspruch** auf **Teilzeitarbeit** (§ 15 Abs. 5–7 BEEG) setzt voraus, dass

- der Arbeitgeber ohne die Personen in Berufsbildung mindestens 15 Arbeitnehmer beschäftigt

- das Arbeitsverhältnis länger als sechs Monate besteht

- die Teilzeitarbeit für mindestens zwei Monate verrichtet wird und

- der Anspruch mindestens sieben Wochen vorher schriftlich geltend gemacht wurde.

Die Verringerung kann nur zweimal beansprucht werden. Der **Arbeitgeber kann** Teilzeitarbeit **aus dringenden betrieblichen Gründen ablehnen;** die Ablehnung muss begründet werden, und sie bedarf der Schriftform. Ein dringender betrieblicher Grund liegt nur vor, wenn – vor allem aus organisatorischen Gründen – eine Teilzeitarbeit überhaupt nicht oder nicht in dem beantragten Umfang in Betracht kommt oder wenn der Arbeitnehmer zunächst die völlige Freistellung in Anspruch genommen und erst während der Elternzeit die Verringerung der Arbeitszeit beantragt und der Arbeitgeber für die Dauer der Elternzeit bereits eine Vertretung eingestellt hat.[48] Kein dringender betrieblicher Grund ist es, dass der Arbeitgeber den Arbeitnehmer für die volle Arbeitszeit braucht, denn der Arbeitnehmer brauchte während der Elternzeit auch gar nicht zu arbeiten.

Während der Elternzeit ist auch **Teilzeitarbeit bei einem anderen Arbeitgeber** oder als Selbstständiger zulässig, und zwar im Höchstumfang von 30 Stunden pro Woche. Allerdings bedarf diese Tätigkeit der Zustimmung des Arbeitgebers. Der Arbeitgeber darf die Zustimmung nur verweigern, wenn dringende betriebliche Gründe entgegenstehen, insbesondere wenn er selbst die Arbeitsleistung benötigt. Die Ablehnung muss schriftlich innerhalb von vier Wochen erfolgen, und sie muss begründet werden (§ 15 Abs. 4 BEEG). Äußert sich der Arbeitgeber nicht frist- und formgerecht, so kann der Arbeitnehmer ohne Zustimmung eine selbstständige Tätigkeit oder eine Teilzeitarbeit aufnehmen.[49]

Um den Arbeitsausfall zu überbrücken, kann der Arbeitgeber für die Dauer eines Beschäftigungsverbots nach dem MuSchG und einer Elternzeit sowie für die Zeit einer notwendigen Einarbeitung oder für Teile davon eine **Aushilfe** mit befristetem Vertrag einstellen (§ 21 Abs. 1–3 BEEG). Das befristete Arbeitsverhältnis kann, sofern nicht zulässigerweise etwas anderes vereinbart ist, mit einer Frist von drei Wochen – frühestens zum Ende der Elternzeit – gekündigt werden, wenn die Elternzeit ohne Zustimmung des Arbeitgebers vorzeitig beendet werden kann (§ 21 Abs. 4 BEEG).

Zum Kündigungsschutz während der Elternzeit siehe Kapitel 19 II. 1. Der Arbeitnehmer kann das Arbeitsverhältnis zum Ende der Elternzeit unter Einhaltung einer Frist von drei Monaten kündigen (§ 19 BEEG).

Die Elternzeit **endet** mit Ablauf der Frist. Sie kann vorzeitig beendet werden, wenn der Arbeitgeber zustimmt (§ 16 Abs. 3 S. 1, 2 BEEG). Der Arbeitnehmer ist grundsätzlich wieder auf seinem alten Arbeitsplatz mit seiner früheren Tätigkeit und der früheren Arbeitszeit zu beschäftigen. Für eine Versetzung auf einen anderen Arbeitsplatz oder für eine Änderung der Arbeitszeit gelten die allgemeinen Regeln.

IV. Pflegezeit

Das Pflegezeitgesetz[50] will Beschäftigten die Möglichkeit eröffnen, pflegebedürftige nahe Angehörige in häuslicher Umgebung zu pflegen (§ 1 PflegeZG). **Beschäftigte** sind außer den Arbeitnehmern die Auszubildenden und die arbeitnehmerähnlichen Personen. Als **nahe Angehörige** gelten insbesondere Großeltern, Eltern, Schwiegereltern, Ehegatten, der Partner einer eheähnlichen Gemeinschaft und Geschwister sowie Kinder, Enkel und Adoptivkinder. **Pflegebedürftig** ist, wer wegen einer körperlichen, geistigen oder seelischen Krankheit oder Behinderung für die gewöhnlichen und regelmäßig wiederkehrenden Verrichtungen im Ablauf des täglichen Lebens in erheblichem Maße der Hilfe bedarf (§ 7 PflegeZG i. V. m. § 14 SGB XI). Das Gesetz gewährt Beschäftigten Freistellung von der Arbeit in zwei Fällen:

1. Kurzzeitige Arbeitsverhinderung

Beschäftigte haben das Recht, der Arbeit bis zu zehn Arbeitstage fernzubleiben, wenn dies erforderlich ist, um für einen pflegebedürftigen nahen Angehörigen in einer **akut aufgetretenen Pflegesituation** eine bedarfsgerechte Pflege zu organisieren oder eine pflegerische Versorgung in dieser Zeit sicherzustellen (§ 2 Abs. 1 PflegeZG). Die Verhinderung und deren voraussichtliche Dauer sind dem Arbeitgeber unverzüglich mitzuteilen. Auf Verlangen ist ihm auch eine ärztliche Bescheinigung über die Pflegebedürftigkeit und die Erforderlichkeit der Pflegemaßnahmen vorzulegen (§ 2 Abs. 2 PflegeZG). Während der Freistellung erhält der Beschäftigte nur dann Entgelt, wenn die Verhinderung eine verhältnismäßig nicht erhebliche Zeit – wohl fünf Arbeitstage (str., manche gehen von vollen zehn Tagen aus)[51] – nicht überschreitet (§ 2 Abs. 3 PflegeZG i. V. m. § 616 BGB). Bei längerer Dauer besteht keine Entgeltfortzahlungspflicht, und zwar auch nicht für die verhältnismäßig nicht erhebliche Zeit.

2. Pflegezeit

In Unternehmen mit mehr als 15 Beschäftigten sind Beschäftigte für die Dauer von höchstens sechs Monaten für jeden **pflegebedürftigen nahen Angehörigen** von der Arbeit ganz oder teilweise freizustellen, wenn sie diesen **in häuslicher Umgebung pflegen** (§§ 3 Abs. 1, 4 Abs. 1 S. 1 PflegeZG). Für einen kürzeren Zeitraum in Anspruch genommene Pflegezeit kann mit Zustimmung des Arbeitgebers bis zur Höchstdauer von sechs Monaten verlängert werden (§ 4 Abs. 1 S. 2 PflegeZG). Ist der Angehörige nicht mehr pflegebedürftig oder ist die Pflege unmöglich oder unzumutbar, so endet die Pflegezeit vier Wochen nach Eintritt der veränderten Umstände; ansonsten kann die Pflegezeit nur mit Zustimmung des Arbeitgebers vorzeitig beendet werden (§ 4 Abs. 1 S. 1, 2 PflegeZG).

Wer Pflegezeit in Anspruch nehmen will, muss das dem Arbeitgeber spätestens **zehn Tage vor Beginn schriftlich ankündigen.** Dabei hat er dem Arbeitgeber Zeitraum und Umfang der gewünschten Freistellung, bei teilweiser Freistellung auch die gewünschte Verteilung der Arbeitszeit, anzugeben. Über die Teilfreistellung ist eine Vereinbarung zu treffen. Der Arbeitgeber hat den Wünschen des Arbeitnehmers zu entsprechen, sofern keine dringenden betrieblichen Gründe entgegenstehen (§§ 3 Abs. 3, 4 PflegeZG). Die Pflegebedürftigkeit ist auf Verlangen des Arbeitgebers durch eine Bescheinigung der Pflegekasse oder des Medizinischen Dienstes nachzuweisen (§ 3 Abs. 2 PflegeZG).

3. Kündigungsschutz

Der Arbeitgeber darf das Beschäftigungsverhältnis von der Ankündigung bis zur Beendigung der kurzzeitigen Arbeitsverhinderung oder der Pflegezeit weder ordentlich noch außerordentlich kündigen. In besonderen Fällen kann die oberste Landesbehörde oder die von ihr bestimmte Stelle eine Kündigung ausnahmsweise für zulässig erklären (§ 5 PflegeZG). Dieser weitreichende Kündigungsschutz lädt zu Missbrauch ein.

4. Befristete Verträge

Für die Dauer einer kurzzeitigen Arbeitsverhinderung oder einer Pflegezeit sowie für die notwendige Zeit der Einarbeitung oder für Teile dieser Zeiten kann der Arbeitgeber eine Aushilfe mit einem befristeten Arbeitsvertrag einstellen. Endet die Pflegezeit vorzeitig, so kann der befristete Arbeitsvertrag mit einer Frist von zwei Wochen gekündigt werden (§ 6 PflegeZG).

V. Familienpflegezeit

Arbeitgeber und Arbeitnehmer können vereinbaren, dass die Arbeitszeit zur Pflege eines pflegebedürftigen nahen Angehörigen in häuslicher Umgebung für längstens 24 Monate verringert wird. Wer pflegebedürftiger naher Angehöriger ist, bestimmt sich nach § 7 PflegeZG (siehe IV.). Die Pflegebedürftigkeit ist durch eine Bescheinigung der Pflegekasse oder des Medizinischen Dienstes der Krankenversicherung nachzuweisen (§ 3 Abs. 1 Ziff. 2 FPfZG). Die Arbeitszeit muss mindestens 15 Stunden betragen (§ 2 Abs. 1 FPfZG). Das Entgelt wird „um die Hälfte des Produkts aus monatlicher Arbeitszeitverringerung in Stunden und dem durchschnittlichen Entgelt pro Arbeitsstunde" aufgestockt (§ 2 Abs. 1, § 3 Abs. 1 b FPfZG). Im Anschluss an die Familienpflegezeit („Nachpflegephase") wird bis zum Ausgleich des Aufstockungsbetrags bei jeder Abrechnung derjenige Betrag einbehalten, um den das Entgelt in dem entsprechenden Zeitraum der Familienpflegezeit aufgestockt wird (§ 3 Abs. 1 c aa FPfZG). Im Klartext: Bei 50 % Teilzeit erhält der Arbeitnehmer vier Jahre lang 75 % seines Gehalts. Wegen der Einzelheiten zur (Vor)Finanzierung (durch das Bundesamt für Familie und zivilgesellschaftliche Aufgaben) und zur Absicherung des Aufstockungsbetrags muss auf die Spezialliteratur verwiesen werden. Eine weitere Familienpflegezeit für dieselbe Person kommt erst nach Ablauf der Nachpflegephase wieder in Betracht (§ 3 Abs. 6 FPfZG).

Während der Familienpflegezeit und in der Nachpflegephase kann der Arbeitgeber das Arbeitsverhältnis nur ausnahmsweise und nur mit Zustimmung durch die für den Arbeitsschutz zuständige oberste Landesbehörde oder durch die von ihr bestimmte Stelle kündigen (§ 9 Abs. 3 FPfZG).

VI. Mitbestimmung des Betriebsrats

1. Bei Urlaub

Mitbestimmungspflichtig ist die Aufstellung allgemeiner Urlaubsgrundsätze und des Urlaubsplans (§ 87 Abs. 1 Nr. 5 BetrVG). **Allgemeine Urlaubsgrundsätze** sind die Richtlinien für die Gewährung des Urlaubs.[52] Dazu gehören Regeln über das Verfahren zur Festlegung des Urlaubs, über die Verteilung des Urlaubs der einzelnen Arbeitnehmer auf das Kalenderjahr (Mitarbeiter von schulpflichtigen Kindern in den Ferien, Verheiratete zur Zeit des Urlaubs des Ehepartners, Vorrang bei Zurückstehen im vergangenen Jahr usw.), die Festlegung von Urlaubsperioden (vor allem in Saisonbetrieben), Regelungen über die Teilung von Urlaub und gegebenenfalls über Urlaubsübertragung. Der **Urlaubsplan** ist sozusagen der Entwurf der konkreten Urlaubsverteilung auf die einzelnen Arbeitnehmer und für ihre Vertretung im Kalenderjahr.

Mitbestimmungsfrei sind die Festlegung des Urlaubs im **Einzelfall,** sein Widerruf und seine Verschiebung, und zwar auch dann, wenn dies mit einer Abweichung von Urlaubsgrundsätzen und/oder vom Urlaubsplan verbunden ist. Können sich Arbeitgeber und Arbeitnehmer jedoch über die zeitliche Lage des Urlaubs nicht einigen, dann hat der Betriebsrat ein Mitbestimmungsrecht (§ 87 Abs. 1 Nr. 5 BetrVG).

2. Bei Betriebsferien

Die **Einführung** von Betriebsferien ist **mitbestimmungspflichtig.** Da der Arbeitgeber grundsätzlich ein Recht auf Betriebsferien hat, beschränkt sich die Mitbestimmung praktisch auf das Wie. Sinnvollerweise trifft man die Regelung in einer Betriebsvereinbarung; dadurch werden die Arbeitnehmer unmittelbar berechtigt und verpflichtet. Die Betriebsvereinbarung kann für mehrere Jahre im Voraus abgeschlossen werden.[53]

11. Kapitel

Krankheit und Krankfeiern

Wegen Krankheit gingen 2005 in der Bundesrepublik Deutschland 3,4% der Arbeitstage verloren, ein Drittel weniger als 1996. Der **Krankenstand** schwankt mit der Konjunktur. Er hängt ab von der Stellung des Arbeitnehmers in der Hierarchie: AT-Angestellte sind wesentlich seltener krank als sonstige Angestellte, Angestellte insgesamt weniger als Arbeiter. Jüngere Arbeitnehmer fehlen etwa gleich lang wie ältere; sie sind öfter krank als ältere, ältere dafür länger. Wer unkündbar ist, fehlt häufiger als derjenige, dem gekündigt werden kann. Die meisten **Krankheitstage** verursachen Rückenbeschwerden, Erkältungen, Verletzungen und psychische Störungen. Die meisten Fehlzeiten gibt es im Winter; unter den Wochentagen führt mal der Freitag, mal der Montag. 40,8% der Arbeitsunfähigkeitstage entfielen 2004 auf Langzeiterkrankungen von mehr als sechs Wochen.[1] Man schätzt, dass etwa 30% der Arbeitnehmer jährlich einige Tage **„Krankheit nehmen"**, im Durchschnitt sollen es fünf Tage sein.[2] Die Dunkelziffer ist naturgemäß hoch. Vom Magengeschwür über eine Gastritis oder über Bauchschmerzen bis hin zum Fernbleiben ohne körperliche Symptome aus Überforderung oder Ärger ist es manchmal gar nicht so weit.

I. Krankheit

Krankheit kann zwei diametral entgegengesetzte Folgen haben: Sie kann dem Arbeitnehmer das Recht geben, unter Fortzahlung des Entgelts der Arbeit fernzubleiben, und dem Arbeitgeber das Recht, das Arbeitsverhältnis zu kündigen.

1. Freistellung

Das Recht, der Arbeit fernzubleiben, wird ausgelöst durch krankheitsbedingte **Arbeitsunfähigkeit.** Arbeitsunfähig ist, wer aufgrund von Krankheit seine Tätigkeit nicht mehr ausführen oder nur unter der Gefahr fortsetzen kann, dass sich sein Gesundheitszustand in absehbarer, naher Zukunft verschlechtert.[3] **Krankheit** allein **genügt** also **nicht.** Wer einen Schnupfen hat, muss noch lange nicht arbeitsunfähig sein. Bei demselben Krankheitsbild kann der eine arbeitsfähig sein, der andere nicht: Verstaucht sich ein Arbeitnehmer, der an einer Maschine steht, oder eine Verkäuferin, die hinter einer Theke bedient, den Fuß, so sind sie im Allgemeinen arbeitsunfähig, nicht dagegen ein Sachbearbeiter, der seine Arbeit sitzend am Schreibtisch verrichtet. Auf die Ursache der Krankheit kommt es für die Freistellung nicht an.

Nicht arbeitsunfähig ist, wer trotz Krankheit seine Arbeit zwar verrichten, aber nicht den **Weg zur Arbeitsstelle** zurücklegen kann, oder wer während der Arbeitszeit den Arzt zu einer Untersuchung oder zu einer Behandlung aufsuchen muss. Er hat aber wegen unverschuldeter persönlicher Arbeitsverhinderung Anspruch auf (bezahlte) Freistellung von der Arbeit (§ 616 BGB).

2. Entgeltfortzahlung

Entgeltfortzahlung setzt neben krankheitsbedingter Arbeitsunfähigkeit voraus, dass den Arbeitnehmer an der Krankheit **kein Verschulden** trifft. Als Verschulden gilt eine leichtsinnige, unverantwortliche Selbstgefährdung oder ein grober Verstoß gegen das von einem verständigen Menschen im eigenen Interesse zu erwartende Verhalten.[4] Die „normalen" Erkrankungen gelten im Allgemeinen nicht als verschuldet. **Verkehrsunfälle** sind verschuldet bei grobem Verstoß gegen die Verkehrsregeln,[5] **Arbeitsunfälle** bei grober Verletzung der Unfallverhütungsvorschriften oder bei besonders leichtfertigem Verhalten,[6] **Sportunfälle,** wenn sich der Arbeitnehmer deutlich übernimmt oder wenn er die Spielregeln nicht einhält (Revanchefoul).[7] Unfälle, die auf **Trunkenheit** beruhen, sind in aller Regel verschuldet.[8] Nach einer anstrengenden Schicht kann auch eine längere Urlaubsfahrt ein Verschulden begründen.[9]

Der Entgeltfortzahlungsanspruch entsteht erst **nach vierwöchiger** ununterbrochener **Dauer** des Arbeitsverhältnisses (§ 3 Abs. 3 EfzG). Maßgeblich ist der rechtliche Bestand des Arbeitsverhältnisses. Die Frist beginnt mit dem Tag, an dem der Arbeitnehmer die Arbeit antreten soll, nicht mit der tatsächlichen Arbeitsaufnahme. Nach Ablauf der vier Wochen hat der Arbeitnehmer Anspruch auf Entgeltfortzahlung für die restliche Dauer der Krankheit, längstens für sechs Wochen. Krankheitszeiten während der Wartezeit werden nicht eingerechnet.[10]

> **BEISPIEL:** Der Arbeitsvertrag wird am 20. 3. abgeschlossen, Arbeitsbeginn soll der 1. 4. sein. Der Arbeitnehmer erhält Entgeltfortzahlung ab 29. April, gleichgültig, ob er am 22. 3. oder am 20. 4. erkrankt, und zwar für die restliche Zeit der Arbeitsunfähigkeit, höchstens für sechs Wochen, d. h. bis zum 10. 6.

Erkrankt der Arbeitnehmer erneut, so hat er wiederum für sechs Wochen Anspruch auf Entgeltfortzahlung. Davon gelten zwei **Ausnahmen:** Tritt die **zweite Erkrankung** schon **während der ersten** auf,

> **BEISPIEL:** Arbeitnehmer bricht sich das Bein während einer Arbeitsunfähigkeit wegen Grippe.

dann werden beide Krankheiten zusammengerechnet; der Arbeitnehmer hat also Anspruch auf Entgeltfortzahlung nur für insgesamt sechs Wochen. Erkrankt der Arbeitnehmer nochmals an derselben

Krankheit, z. B. Allergie, Rheuma, Rückfall bei Grippe oder Lungenentzündung (**Fortsetzungserkrankung**), so hat er ebenfalls nur für insgesamt sechs Wochen Anspruch auf Entgeltfortzahlung. Davon gibt es zwei **Rückausnahmen:** Der Sechs-Wochen-Zeitraum beginnt erneut, wenn zwischen dem Ende der letzten Arbeitsunfähigkeit wegen dieser Krankheit und dem Beginn der nächsten sechs Monate oder zwischen dem Beginn der ersten Arbeitsunfähigkeit und dem der letzten ein Zeitraum von einem Jahr liegt (§ 3 Abs. 1 S. 2 EfzG).

3. Betriebliches Eingliederungsmanagement

Ist ein Arbeitnehmer innerhalb eines Jahres **länger als sechs Wochen** – ununterbrochen oder wiederholt – **arbeitsunfähig**, so hat der Arbeitgeber, wenn der Arbeitnehmer zustimmt, ein betriebliches Eingliederungsmanagement (**BEM**) durchzuführen (§ 84 Abs. 2 SGB IX). Ziel des BEM ist es herauszufinden, ob und inwieweit der Arbeitgeber dazu beitragen kann, die **Ursachen der Arbeitsunfähigkeit** zu **beseitigen.** Das Gesetz stellt weder konkrete inhaltliche Anforderungen noch schreibt es ein bestimmtes Verfahren vor. In jedem Fall sind die zu beteiligenden Personen und Stellen zu unterrichten und auf Wunsch zu beteiligen, ihre Vorschläge sind zu erörtern, und es darf kein vernünftigerweise in Frage kommendes Ergebnis ausgeschlossen werden. Das BEM kann insbesondere in einem Gespräch mit dem Mitarbeiter, in Einschaltung des Werksarztes, in einer Arbeitsplatz- und Arbeitsablaufanalyse oder in einer Kombination dieser Maßnahmen bestehen. Der Arbeitgeber muss die Initiative ergreifen; er braucht aber keine Vorschläge zu machen.[11] Die Ausgestaltung ist mitbestimmungspflichtig (§ 87 Abs. 1 Nr. 7 BetrVG). Das BEM ist aber auch dann durchzuführen, wenn kein Betriebsrat besteht.[12]

Führt das BEM zu einem positiven Ergebnis, so muss der Arbeitgeber die empfohlene Maßnahme vor einer krankheitsbedingten Kündigung umsetzen, es sei denn, die Maßnahme ist undurchführbar oder sie führt weder zu einer Vermeidung noch zu einer Verringerung der Krankheitszeiten. Bei negativem Ergebnis braucht er im Kündigungsschutzprozess nur auf das BEM und auf fehlende andere Beschäftigungsmöglichkeiten hinzuweisen. Unterlässt der Arbeitgeber ein BEM, so muss er in einem Prozess umfassend darlegen, warum ein Arbeitnehmer nicht mehr an seinem bisherigen oder an einem anderen Arbeitsplatz beschäftigt werden kann und warum eine leidensgerechte Ausgestaltung des Arbeitsplatzes ausgeschlossen ist.[13]

II. Anzeige- und Nachweispflicht

Die krankheitsbedingte Arbeitsunfähigkeit und deren voraussichtliche Dauer sind dem Arbeitgeber **unverzüglich,** d. h., wenn möglich, am ersten Tag in der ersten Stunde des Fernbleibens, **anzuzeigen;** dasselbe gilt, wenn die Krankheit länger dauert als ursprünglich angenommen (§ 5 Abs. 1 S. 1 EfzG). Wer über die Arbeitsunfähigkeit zu informieren ist – der Arbeitgeber, die Personalabteilung, der Vorgesetzte –, richtet sich nach der betrieblichen Regelung; der Arbeitgeber sollte dafür sorgen, dass eine solche Regelung geschaffen und den Mitarbeitern bekanntgemacht wird.

Befindet sich der Arbeitnehmer bei Beginn der Arbeitsunfähigkeit im **Ausland,** so hat er dem Arbeitgeber auf dessen Kosten zusätzlich die Adresse am Aufenthaltsort schnellstmöglich mitzuteilen (§ 5 Abs. 2 S. 1, 2 EfzG). Er muss auch mitteilen, wann er ins Inland zurückkehrt (§ 5 Abs. 2 S. 7 EfzG).

Dauert die Arbeitsunfähigkeit länger als drei Kalendertage, so hat der Arbeitnehmer spätestens am vierten Tag der Arbeitsunfähigkeit eine **ärztliche Bescheinigung** über das Bestehen der Arbeitsunfähigkeit sowie deren voraussichtliche Dauer vorzulegen (§ 5 Abs. 1 S. 2 EfzG). Wird an diesem Tag im Betrieb nicht gearbeitet, so verlängert sich die Frist bis zum nächsten Arbeitstag. Der Arbeitgeber kann das Attest auch schon früher, d. h. bereits am ersten Tag der Arbeitsunfähigkeit verlangen (§ 5 Abs. 1 S. 3 EfzG). Er kann das Entgelt solange zurückhalten, bis der Arbeitnehmer die Bescheinigung vorgelegt hat (§ 7 Abs. 1 Nr. 1 EfzG). Besteht der Arbeitgeber generell auf einer Arbeitsunfähigkeitsbescheinigung ab dem ersten Tag, so hat der Betriebsrat ein Mitbestimmungsrecht.[14]

III. Kündigung

Krankheit kann dem Arbeitgeber ein Recht zur Kündigung geben, wenn

- der Arbeitsablauf durch die Fehlzeiten nicht unerheblich gestört wird

- die Entgeltfortzahlungskosten den Betrieb unzumutbar belasten

- der Arbeitsvertrag auf Dauer oder jedenfalls in den nächsten 24 Monaten[15] nicht mehr erfüllt werden kann

- der Arbeitnehmer die vereinbarte Leistung nicht mehr in ausreichendem Maße erbringen kann

- der Arbeitnehmer sich genesungswidrig verhält

- der Arbeitnehmer die Arbeitsunfähigkeit nicht oder nicht rechtzeitig anzeigt oder nachweist (siehe Kapitel 19 IV. 3.).

Entsteht dem Arbeitgeber durch eine verspätete oder unterlassene Anzeige ein **Schaden** oder ein sonstiger schwerwiegender Nachteil, so kann unter Umständen sogar fristlos gekündigt werden; ebenso, wenn Angestellte in verantwortlicher Stellung den Arbeitgeber nicht darüber unterrichten, was in ihrer Abwesenheit geschehen soll.[16] Normalerweise muss der Kündigung eine Abmahnung vorausgehen.[17]

IV. Arbeit trotz Krankheit

Hier sind mehrere Fälle zu unterscheiden:

Ein Arbeitnehmer ist **krank, aber arbeitsfähig.** Dieser Fall ist unproblematisch: Der Arbeitnehmer darf und muss arbeiten.

Ein Arbeitnehmer kann seiner Arbeit wegen Krankheit inhaltlich oder zeitlich nicht mehr in vollem Umfang nachgehen. Im ersten Fall ist er arbeitsunfähig, wenn der Arbeitgeber ihm nicht andere Arbeiten übertragen kann, zu deren Verrichtung der Arbeitnehmer nach dem Arbeitsvertrag verpflichtet ist. Gleiches gilt im zweiten Fall, sofern der Arbeitgeber ihm nicht Arbeiten übertragen darf, die der Arbeitnehmer während des Rests der Arbeitszeit zu verrichten in der Lage ist.

> **BEISPIEL:** Maschinenarbeiter, der wegen seiner Erkrankung nur einige Stunden täglich stehen darf, wird in der übrigen Zeit mit Schreibarbeiten beschäftigt.[18]

Eine **Teilarbeitsunfähigkeit** gibt es nicht.[19]

Der Arbeitnehmer kann wegen der Krankheit seine **bisherige Tätigkeit nicht** mehr verrichten, wohl **aber eine andere,** zu der er nach dem Arbeitsvertrag verpflichtet ist. In diesem Fall ist er zu jeder Arbeit verpflichtet, die ihm der Arbeitgeber kraft Direktionsrechts zuweisen darf. Ist eine konkrete Tätigkeit vereinbart, dann kann er ihm eine andere zumutbare Arbeit nur übertragen, wenn der Arbeitnehmer zustimmt.[20] Zu beachten ist gegebenenfalls das Mitbestimmungsrecht des Betriebsrats bei Versetzungen (§ 99 BetrVG).

Der Arbeitnehmer kann seine bisherige Tätigkeit zwar weiter verrichten, der **Arzt empfiehlt** aber aus gesundheitlichen Gründen einen **Wechsel des Arbeitsplatzes.** Der Arbeitgeber hat dem Arbeitnehmer, soweit vorhanden, einen leidensgerechten Arbeitsplatz anzubieten. Ist ihm das nicht möglich oder überlässt er dem Arbeitnehmer die Wahl zwischen dem bisherigen Arbeitsplatz und einem anderen, so hat es damit sein Bewenden, wenn der Arbeitnehmer sich für Weiterarbeit auf dem bisherigen Arbeitsplatz entscheidet.[21]

Der Arbeitnehmer ist **arbeitsunfähig** krank, und er **arbeitet weiter.** Das ist nicht verboten. Erkennt der Vorgesetzte, dass der Arbeitnehmer arbeitsunfähig ist, so sollte er den Arbeitnehmer dazu anhalten, dass er zu arbeiten aufhört. In keinem Fall darf er ihm eine Arbeit zuweisen, die seinen Gesundheitszustand extrem nachteilig beeinflussen kann.[22] Bei einem **Arbeitsunfall** kann der Vorgesetzte regresspflichtig werden, wenn ihm grob fahrlässiges Handeln oder Unterlassen vorgeworfen werden kann (§ 110 SGB VII). Ist ein Arbeitnehmer auf Dauer arbeitsunfähig, so braucht der Arbeitgeber ihn nicht weiterzubeschäftigen, auch wenn der Arbeitnehmer sich subjektiv in der Lage fühlt, die Arbeit zu verrichten.[23]

Der Arbeitnehmer ist noch vom Arzt arbeitsunfähig **krankgeschrieben, möchte aber arbeiten.** Ist der Arbeitnehmer arbeitsunfähig, so gilt dasselbe wie im vorigen Fall. Ist er arbeitsfähig, so kann (und muss) er die Arbeit vorzeitig wieder aufnehmen. Bleiben dem Vorgesetzten Zweifel an der Arbeitsfähigkeit, so sollte er grundsätzlich darauf bestehen, dass der Arbeitnehmer den Betriebsarzt oder einen sonstigen Arzt aufsucht, um die Arbeitsfähigkeit überprüfen zu lassen. Der Arbeitgeber kann aber nicht verlangen, dass der Arbeitnehmer eine „Gesundschreibung" beibringt.[24]

Zur **Rehabilitation** nach längerer Erkrankung kann zwischen Arbeitgeber und Arbeitnehmer eine stufenweise Wiederaufnahme der Tätigkeit vereinbart werden, wenn der behandelnde Arzt das für sinnvoll hält und auf der Arbeitsunfähigkeitsbescheinigung vermerkt (§ 74 SGB V).[25] Die Rehabilitationsmaßnahme setzt voraus, dass sowohl Arbeitnehmer als auch Arbeitgeber zustimmen. Der behandelnde Arzt muss auf der Arbeitsunfähigkeitsbescheinigung Art und Umfang der möglichen Tätigkeit angeben. Der Arbeitnehmer gilt während der Wiedereingliederung als arbeitsunfähig, d. h. er erhält weiter Krankengeld.[26] Arbeitsentgelt, sei es in Form einer Aufstockung des Krankengeldes, sei es anstelle des Krankengeldes, erhält er nur, wenn das mit dem Arbeitgeber vereinbart ist.

V. Krankfeiern

Das Krankfeiern, d. h. das unentschuldigte Fehlen unter dem Vorwand, krank zu sein, wirft drei Probleme auf: die Vorbeugung, den Nachweis und die Sanktionen.

1. Vorbeugung

Die Vorbeugung kann bei der Leistung ansetzen, d. h. bei der Tätigkeit, und bei der Gegenleistung, dem Entgelt.

a) Tätigkeit

Alle Untersuchungen zeigen, dass der Krankenstand wesentlich von der **Arbeit** und vom **Betriebsklima** abhängt. Die Arbeit sollte den Mitarbeiter fordern und nicht über- oder unterfordern. Sie sollte mit Verantwortung verbunden sein und als sinnvoll erfahren werden können. Dazu gehören eine für den Mitarbeiter nachvollziehbare Unternehmenspolitik, eine zweckmäßige Organisation und eine Führung, die in einem Klima des Wohlwollens Unternehmens- und Mitarbeiterinteressen auszugleichen bestrebt ist. Manche Fehlzeit lässt sich auch durch eine Gestaltung der Arbeitszeit vermeiden, die auf die Interessen des Mitarbeiters Rücksicht nimmt; so wird beispielsweise berichtet, dass in einem Institut durch Einführung der Jahresarbeitszeit die Fehlzeiten um 30 bis 50% zurückgegangen sind.[27]

b) Anwesenheitsprämie

Ein zweiter Motivationsstrang setzt am Entgelt an. Der Arbeitgeber kann sogenannte Anwesenheitsprämien zahlen. Für die Prämien gibt es rechtlich keine Höchstgrenzen; sie sollten aber ein halbes bis maximal ein ganzes Monatsgehalt pro Jahr nicht überschreiten. Bei entsprechender Vereinbarung dürfen sie auch bei krankheitsbedingten Fehlzeiten gekürzt werden, allerdings höchstens um ein Viertel des Arbeitsentgelts, das im Jahresdurchschnitt auf einen Arbeitstag entfällt (§ 4 a S. 2 EfzG).

2. Beweisfragen

- Mit Vorlage einer **Arbeitsunfähigkeitsbescheinigung** hat der Arbeitnehmer zunächst einmal das seinerseits Erforderliche getan, um die krankheitsbedingte Arbeitsunfähigkeit nachzuweisen.[28] Das Attest kann aber **widerlegt** werden. **Umstände,** die an der Richtigkeit zweifeln lassen, sind etwa:

- Die Arbeitsunfähigkeitsbescheinigung stammt von einem Arzt, der durch Krankschreiben auffällig geworden ist.

- Der Arbeitnehmer hat mehrfach ohne sachlichen Grund den Arzt gewechselt.

- Der Arbeitnehmer „wird krank", nachdem ihm das Unternehmen eine ungeliebte Arbeit zugewiesen oder einen Urlaubsantrag abgeschlagen hat.

- Er wird bei einer Tätigkeit gesehen, die sich mit seinem Krankheitsbild nicht vereinbaren lässt.[29]

- Der Arbeitnehmer erkrankt wiederholt im Urlaub oder im Anschluss an den Urlaub,[30] oder er meldet sich krank im Anschluss an unentschuldigtes Fehlen.[31]

Hat der Arbeitgeber den **Beweiswert des Attests** durch Darlegung und Beweis derartiger Umstände **erschüttert** oder gar entkräftet, dann tritt wieder **derselbe Zustand** ein, **wie** er **vor Vorlegung des Attests** bestanden hat. Der Arbeitnehmer muss nun seinen Vortrag z. B. mit Hinweisen zu den Fragen, welche Krankheit er gehabt hat, welche gesundheitlichen Einschränkungen bestanden, welche Verhaltensmaßregeln der Arzt gegeben und welche Arzneien er verordnet hat, weiter „substantiieren". Ist das geschehen und hat der Arbeitnehmer den Arzt von seiner Schweigepflicht entbunden, so muss nunmehr der Arbeitgeber den Sachvortrag widerlegen. Das kann vor allem durch Vernehmung des Arztes und Vorlage der Patientenkartei geschehen.[32]

Bei Zweifeln an der Arbeitsunfähigkeit kann der Arbeitgeber die zuständige Krankenkasse auffordern, eine **gutachtliche Stellungnahme des Medizinischen Dienstes** der Krankenversicherung einzuholen (§§ 275 Abs. 1 Nr. 3, 277 SGB V). Verweigert der Arbeitnehmer die Untersuchung, so geht das in einem Prozess zu seinen Lasten.[33] Nicht zuständig für eine Kontrolluntersuchung ist der Betriebsarzt (§ 3 Abs. 3 ASiG). Der Arbeitgeber kann auch grundsätzlich nicht verlangen, dass der Arbeitnehmer sich von einem bestimmten Arzt untersuchen lässt.[34]

Da manchen Unternehmen die Kontrolluntersuchungen durch den Medizinischen Dienst nicht ausreichend erscheinen, lassen sie durch den Vorgesetzten, einen Mitarbeiter der Personalabteilung und/oder ein Betriebsratsmitglied **Kontrollbesuche** durchführen. Abgesehen davon, dass der Mitarbeiter nicht die Pflicht hat, sich während einer

Krankheit zu Hause aufzuhalten, braucht er ungebetene Besucher auch nicht zu empfangen.

Grundsätzlich zulässig ist die Einschaltung eines Detektivs. Dessen Kosten hat der Arbeitnehmer dem Arbeitgeber im notwendigen Umfang zu erstatten, wenn er durch schuldhaftes Verhalten Anlass für die Beauftragung gegeben hat (siehe Kapitel 13 VI.).

> **BEISPIEL:** Arbeitnehmer verlegt Fliesen, obwohl er wegen eines Hals-Wirbelsäulen-Syndroms krankgeschrieben ist: entweder Vortäuschung einer Krankheit oder Verstoß gegen die Pflicht, alles zu unterlassen, was der Genesung entgegensteht.

3. Sanktionen

a) Einstellung der Entgeltfortzahlung

Bei Krankfeiern hat der Arbeitnehmer keinen Anspruch auf Entgeltfortzahlung; im Gegenteil, er ist zum **Ersatz des Schadens** verpflichtet, den er durch sein unerlaubtes Fernbleiben von der Arbeit verursacht (§§ 280 Abs. 1, 3, 283 BGB). Bestehen begründete Zweifel an der Arbeitsunfähigkeit, so kommt die **Einstellung der Entgeltfortzahlung** als taktisches Mittel in Betracht. Die Krankenkasse wird dann nach einem Karenztag Krankengeld zahlen (§ 46 S. 1 Nr. 2 SGB V) und dieses Geld vom Arbeitgeber zurückfordern und gegebenenfalls einklagen. In dem folgenden Prozess wird über die Arbeitsunfähigkeit Beweis erhoben.

b) Abmahnung

Bei unentschuldigtem Fehlen kann der Arbeitgeber eine Abmahnung aussprechen. Besteht der Verdacht auf Krankfeiern, so kommt eine **bedingte Abmahnung** in Betracht, d. h. eine Abmahnung „für den Fall, dass Krankfeiern vorliegt":[35]

> Sehr geehrter Herr . . .,
> Sie haben sich jetzt schon zum vierten Mal in unmittelbarer Folge im Anschluss an den Urlaub krank gemeldet. Wir können an eine solche Häufung von Zufällen

nicht glauben. Unsere Zweifel werden dadurch verstärkt, dass Sie trotz eines nur einwöchigen Urlaubs mit dem Wagen an Ihren Heimatort in der Türkei gefahren sind. Wir weisen darauf hin, dass Krankfeiern einen groben Verstoß gegen den Arbeitsvertrag darstellt und dass Sie im Wiederholungsfall mit Kündigung rechnen müssen. Im Übrigen berechtigt auch der dringende Verdacht des Krankfeierns zur Kündigung.

c) Kündigung

Krankfeiern ist ein Kündigungsgrund. Wer krankfeiert, fehlt nicht nur unentschuldigt, sondern er **betrügt** auch den Arbeitgeber. Von der Dauer des Fehlens, dem Gewicht der Täuschung und der Interessenabwägung hängt es ab, ob der Arbeitgeber ordentlich oder außerordentlich kündigen kann. In jedem Fall genügt bereits ein kurzzeitiges Krankfeiern. Bei einem **non liquet** kommt eine **Verdachtskündigung** in Betracht. Der Arbeitgeber muss nicht mit letzter Sicherheit beweisen, dass der Arbeitnehmer tatsächlich krankgefeiert hat. Ein dringender Verdacht, der sich auf objektiv nachweisbare Tatsachen stützt, genügt. Allerdings muss der Arbeitgeber dem Arbeitnehmer vor der Kündigung wie bei jeder Verdachtskündigung Gelegenheit geben, den Verdacht auszuräumen.[36]

Die **Ankündigung** des Arbeitnehmers, „**krank zu werden**", wenn der Arbeitgeber einem unberechtigten Verlangen (z. B. auf Urlaubsverlängerung) nicht stattgibt, ist ohne Rücksicht auf eine später tatsächlich auftretende Krankheit geeignet, einen wichtigen Grund für eine außerordentliche Kündigung abzugeben.[37] Anders ist es, wenn der Arbeitnehmer trotz krankheitsbedingter Arbeitsunfähigkeit zur Arbeit erscheint und bei Ablehnung eines kurzfristig gestellten Urlaubsgesuchs erklärt, „dann sei er eben krank." In diesem Fall ist die „Ankündigung" nur ein Hinweis auf ein berechtigtes Fernbleiben von der Arbeit; die Pflichtverletzung - unzulässiger Druck auf den Arbeitgeber – wiegt weniger schwer. Allerdings ist der Wert einer Arbeitsunfähigkeitsbescheinigung, die der Arbeitnehmer dann beibringt, erschüttert (siehe oben 2.).[38]

12. Kapitel

Alkohol, Rauchen

I. Alkohol

Alkohol im Betrieb gehört zu den schwierigsten Fragen, mit denen Führungskräfte konfrontiert werden. Dabei geht es um zwei Problemkreise: um die tatsächlichen und rechtlichen Folgen konkreten Alkoholgenusses und um den Umgang mit alkoholabhängigen Mitarbeitern. Welch wichtige Rolle Führungskräften in diesem Zusammenhang zukommt, zeigen Erfahrungen der Universität Göttingen. Danach haben nahezu 90% aller therapiewilligen Alkoholabhängigen durch angemessenes Reagieren des Vorgesetzten den Weg zu einer Beratungsstelle gefunden.[1]

1. Wirkungen des Alkoholgenusses

Alkohol hat auf das Nervensystem eine ähnliche Wirkung wie manche Schlaf- und Beruhigungsmittel. Biochemisch ist ein Rausch eine akute **Vergiftung.** Die Aufnahme von Alkohol erfolgt über die Magen- und Dünndarmschleimhäute. Die Blutalkoholkonzentration ist 60 bis 90 Minuten nach der letzten Aufnahme am höchsten. Abgebaut wird der Alkohol hauptsächlich in der Leber – nur 5 bis 10% werden unverändert ausgeschieden –, und zwar um 0,1% in der Stunde. Die Wirkungen des Alkoholgenusses hängen außer von der Menge von der Geschwindigkeit der Aufnahme, von der körperlichen und seelischen Verfassung, von der individuellen Verträglichkeit und einer Reihe anderer Umstände ab. Sie reichen von anfänglicher euphorischer Stimmung über Enthemmung, gesteigerte Reizbarkeit und anschließende Ermüdung bis hin zu Angstzuständen und schweren Bewusstseinsstörungen.

Bereits geringe Mengen Alkohol führen zu **Beeinträchtigungen der Leistungsfähigkeit.** Die Gedächtnisleistungen nehmen bereits ab 0,2‰ ab. Die Ausführung komplexer Tätigkeiten wird durch die gleichzeitige Beeinträchtigung des Konzentrationsvermögens erschwert. Bei einfachen Arbeiten mit hohen Anforderungen an die Handfertigkeit verschlechtert sich die Leistung bei 0,8‰ um 40%. Das **Unfallrisiko** steigt bei 0,5‰ auf das Doppelte, bei 0,8‰ auf das Vierfache. Die Fehleinschätzung nimmt mit wachsender Blutalkoholkonzentration zu. Versuchspersonen mit einem Blutalkoholwert von 1,1 bis 1,6‰ haben sich als „kaum merkbar" oder nur „leicht" durch Alkohol beeinflusst bezeichnet.[2]

Beeinträchtigungen durch akute Alkoholeinwirkung	
um 0,3‰	leichte Verminderung der Sehleistung, Verlängerung der Reaktionszeit auf optische und akustische Reize, Verminderung der manuellen Geschicklichkeit, z. B. Schriftveränderungen
um 0,6‰	deutliche Verminderung der Sehleistung (um ca. 15%), Hörvermögen eingeschränkt, Konzentrationseinschränkungen
um 0,8‰	deutliche Einschränkungen der Konzentration, weitere Verminderung der Sehfähigkeit (um etwa 25%), Reaktionszeiten um etwa 35% verlängert, erste psychomotorische Störungen
um 1,0‰	erhebliche Störungen der Konzentration, der Aufmerksamkeit, des Seh- und Hörvermögens, der Reaktionszeit, leichte Sprachstörungen, Gangabweichungen, Gleichgewichtsstörungen

Schätzungsweise 40% der Beschäftigten konsumieren Alkohol am Arbeitsplatz, etwa 5 bis 8% sind alkoholkrank und weitere 10% alkoholgefährdet.[3] **Alkoholismus** ist eine Sucht, die sich über 10 bis 15 Jahre hinweg durch Alkoholmissbrauch entwickelt, und damit eine Krankheit, die schwere gesundheitliche Störungen mitverursachen kann: von Fettleber und chronischer Magenschleimhautentzündung über Muskelschwund und Störungen des Nervensystems bis hin zu verschiedenen Arten von Krebs.

Alkoholabhängige Mitarbeiter

- fehlen 16-mal häufiger als ihre nicht abhängigen Kollegen

- sind 2,5-mal so oft krank

- 3,5-mal so häufig in Betriebsunfälle verwickelt

- verursachen 30% aller Betriebsunfälle und 10% der tödlichen

- kosten das 4-fache an Entgeltfortzahlung und

- erbringen im Durchschnitt nur 75% der geschuldeten Arbeitsleistung.[4]

Krankhafter Alkoholmissbrauch im arbeitsrechtlichen Sinne liegt vor, wenn der Arbeitnehmer infolge psychischer und physischer Abhängigkeit seinen gewohnheits- und übermäßigen Alkoholgenuss trotz besserer Einsicht nicht aufgeben oder reduzieren kann[5] und dadurch nicht mehr in der Lage ist, seine Pflichten aus dem Arbeitsverhältnis ordnungsgemäß zu erfüllen.[6]

Wie immer, sind präventive Maßnahmen besser als repressive.[7] Im Folgenden kann es nur um die Rechtsfragen gehen, die sich stellen, wenn Arbeitnehmer gegen Alkoholverbote verstoßen, alkoholisiert im Betrieb erscheinen oder während der Arbeitszeit dem Alkohol zusprechen, wenn sie wegen Alkoholgenusses ihre Arbeit nicht oder nur unter Gefährdung von Kollegen, ihrer eigenen Person oder von Sachgütern verrichten können, wenn sie weniger leisten, als wozu sie verpflichtet sind, oder schlicht Fehler machen.

2. Alkoholverbot

Der Genuss von Alkohol vor Beginn der Arbeit und im Betrieb ist erlaubt (Art. 2 Abs. 2 GG), solange nicht die Gefahr besteht, dass der Arbeitnehmer seine Pflichten aus dem Arbeitsvertrag nicht mehr ordnungsgemäß erfüllen kann oder ein erhöhtes Unfallrisiko entsteht. Dieser Grundsatz gibt allerdings keinen Freibrief, im Gegenteil, das BAG[8] steckt enge Grenzen: „Der Arbeitgeber kann ... sowohl erwarten, dass der Arbeitnehmer zum Dienst erscheint, ohne zuvor in erheblichem Umfang alkoholische Getränke zu sich genommen zu haben, als auch, dass der mündige Arbeitnehmer – auch wenn Alkohol in der Betriebskantine erhältlich ist – während der Arbeit allenfalls geringfügig dem Alkohol zuspricht". Als Beispiel für geringen Alkoholkonsum nennt das BAG „das Glas Sekt bei der Beförderungs- und Geburtstagsfeier, ein Glas Bier in der Pause". „Mathematische Toleranzgrenzen" ließen sich allerdings nicht aufstellen. Welcher Alkoholkonsum eine Pflichtverletzung sei, richte sich im Einzelfall an der geschuldeten Tätigkeit sowie an regionalen und branchenspezifischen Gesichtspunkten aus. Während beim operierenden Unfallchirurgen oder Piloten schon eine geringe Alkoholisierung als Pflichtverletzung anzusehen sei, werde man das bei einem Bauarbeiter nicht so schnell annehmen können, zumindest solange keine Unfallgefahren drohten. Das Glas Sekt oder das Glas Bier ist also sozusagen das Normalmaß; im Einzelfall kann es mehr oder – so vielfach – weniger sein.

BEISPIELE für „weniger": Mitarbeiter an gefahrträchtigen Maschinen, beim Umgang mit gefährlichen Stoffen oder beim Einsatz an unfallträchtigen Orten (Hochleitungen, Untertagebergbau, Schalt-/Leitzentralen).[9]

Das geschilderte sogenannte **relative Alkoholverbot** gilt im Normalfall, d. h. sofern nicht eine Vorschrift etwas anderes bestimmt oder in einer Betriebsvereinbarung oder im Arbeitsvertrag etwas anderes vereinbart ist.

Die allgemeinste Vorschrift, § 15 Abs. 2 BGV A 1,[10] geht nicht über das relative Alkoholverbot hinaus:

„Versicherte dürfen sich durch den Konsum von Alkohol, Drogen oder anderen berauschenden Mitteln nicht in einen Zustand versetzen, durch den sie sich selbst oder andere gefährden können".

Weitergehende Einschränkungen bestehen insbesondere für folgende Arbeitnehmergruppen:

- für Jugendliche unter 16: keinerlei Ausschank von alkoholischen Getränken, über 16 kein Ausschank von Branntwein (§ 31 Abs. 2 JArbSchG)
- 0‰ für Wach- und Sicherungsdienste,[11] für den Betrieb von Kraftfahrunternehmen im Personenverkehr,[12] bei der Verarbeitung von Klebestoffen[13]

- 0,5‰ (relative) bzw. 1,1‰ (absolute Fahruntüchtigkeit) für Kraftfahrer (§ 24 a Abs. 1 StVG, §§ 315 c I Nr. 1 a, 316 StGB)[14]
- 1,5/1,6/1,7‰ für Radfahrer.[15]

Durch **Betriebsvereinbarung** kann darüber hinaus ein **absolutes Alkoholverbot** für alle Mitarbeiter eingeführt werden.[16] Denkbar, wenn auch nicht üblich, ist auch eine entsprechende Vereinbarung im Arbeitsvertrag; der Betriebsrat hat, sofern es sich um eine generelle Regelung handelt, dabei ein Mitbestimmungsrecht (§ 87 Abs. 1 Nr. 1 BetrVG). In Betracht kommt auch ein nach Tätigkeit und Gefahrgeneigtheit **abgestuftes Alkoholverbot**.[17] Dabei ist der Gleichbehandlungsgrundsatz zu beachten. Der Vorgesetzte kann den Genuss von Alkohol ohne Zustimmung des Betriebsrats untersagen, wenn entweder die Grenzen des relativen Alkoholverbots nicht eingehalten werden oder wenn ein Mitarbeiter gegen ein gesetzliches Verbot, gegen eine Unfallverhütungsvorschrift, ein Verbot in einer Betriebsvereinbarung oder im Arbeitsvertrag verstößt.

3. Nachweis von Alkohol

Am schwierigsten ist der Nachweis eines Verstoßes gegen das Alkoholverbot. Art und Umfang des Alkoholkonsums werden in den seltensten Fällen bekannt sein. Selbst wenn sie bekannt sind, bleibt beim relativen Alkoholverbot festzustellen, wie die Auswirkungen auf die geschuldete Arbeit sind und/oder ob aufgrund der Alkoholisierung Gefahren drohen.

Am einfachsten ist es bei einem absoluten Alkoholverbot. Hier genügt es, wenn der Arbeitnehmer beim Trinken gesehen wird oder wenn er eine „Fahne" hat. Problemlos ist es auch, wenn der Mitarbeiter sich einer Blutprobe oder einem Atemtest unterzieht. Eine mit Zustimmung des Arbeitnehmers durchgeführte Alkomatmessung kann sowohl zur Be- als auch zur Entlastung beitragen.[18] Zu einem Test gezwungen werden kann er allerdings auch dann nicht, wenn eine Betriebsvereinbarung diese Möglichkeit vorsieht.[19] Dennoch empfiehlt es sich, eine solche Probe anzubieten; lehnt der Arbeitnehmer nämlich ab, so kann das bei der Beweiswürdigung gegen ihn verwandt werden.[20] In allen übrigen Fällen ist der Vorgesetzte auf Indizien und sein Fingerspitzengefühl angewiesen. **Anzeichen für Alkoholgenuss** können außer einer „Fahne" u. a. sein Veränderungen im Sprechverhalten, Geh- und Stehstörungen, zitternde Hände, stark gerötete und verquollene Augen, Lethargie oder Aggressivität oder eine aufreizende Schläfrigkeit.[21] Will sich der Arbeitnehmer in einem solchen Fall mit Hilfe eines Alkoholtests von dem Verdacht der Alkoholisierung entlasten, muss er einen entsprechenden Wunsch in der Regel von sich aus an den Arbeitgeber herantragen.[22]

Ist von Alkoholgenuss auszugehen, so ist in einem zweiten Schritt zu fragen, ob der Arbeitnehmer seinen vertraglichen Pflichten nachkommen kann und/oder ob er in seinem Zustand eine Gefahr für sich oder andere oder für Sachwerte darstellt. Dabei braucht der Vorgesetzte sich nicht auf einen Arbeitsversuch einzulassen. Die Gefahr, dass der Arbeitnehmer nicht ordnungsgemäß tätig werden kann, genügt. Die Rechtsprechung stellt zu Recht **keine zu hohen Anforderungen.**[23] Sie nimmt Rücksicht darauf, dass der Vorgesetzte „ad hoc die Entscheidung treffen muss, ob ein Arbeitnehmer so stark unter Alkoholeinfluss steht, dass er nicht mehr ordnungsgemäß arbeiten kann oder durch ihn eine erhöhte Unfallgefahr heraufbeschworen wird".[24]

4. Was tun bei Alkoholisierung?

Zu allererst ist dafür Sorge zu tragen, dass der Mitarbeiter **keinen Schaden** anrichtet oder erleidet. In keinem Fall darf er mit Arbeiten beschäftigt werden, die er ohne Gefahr für sich oder andere nicht mehr in der Lage ist auszuführen (§ 38 Abs. 2 BGV A 1). Notfalls ist der Werkschutz oder eine andere Hilfsperson beizuziehen.

Besteht keine Gefahr, ist aber davon auszugehen, dass der Mitarbeiter seiner Arbeit nicht mehr ordnungsgemäß nachkommen wird, so kann der Vorgesetzte ihn für die Dauer der voraussichtlichen alkoholbedingten Beeinträchtigung von der Arbeit **freistellen.** Ein Anspruch auf Vergütung der Ausfallzeit besteht nicht,[25] es sei denn, dass die Arbeitsunfähigkeit auf (unverschuldete) Trunksucht zurückgeht.[26]

Der Arbeitnehmer muss trotz Untersagung der Weiterarbeit nicht nach Hause geschickt werden. Geschieht das aber – und das empfiehlt sich, wenn nicht während der Arbeitszeit mit der Wiedererlangung der vollen Arbeitsfähigkeit zu rechnen ist –, dann muss der Vorgesetzte für einen **gefahrlosen Heimweg** sorgen.[27] Vor allem muss er verhüten, dass der Mitarbeiter sich angetrunken an das Steuer seines Fahrzeugs setzt. Der Vorgesetzte ist gehalten, den Arbeitnehmer – wenn er anders seine Wohnung nicht erreichen kann (z. B. zu Fuß oder mit einem öffentlichen Verkehrsmittel) – durch einen Kollegen, durch den Werkschutz oder mit einem Taxi (dann in Begleitung eines Werksangehörigen) nach Hause bringen zu lassen.[28] Die Kosten trägt der Arbeitnehmer (§§ 670, 677, 683 BGB analog).

Häufig wird der alkoholisierte Arbeitnehmer gerade wegen des Alkoholgenusses die Berechtigung seiner Freistellung nicht einsehen. Um Auseinandersetzungen vor allem über die Entgeltzahlung zu vermeiden, empfiehlt sich eine **Beweissicherung.** Nach Möglichkeit sollten Betriebsarzt und/oder Sicherheitsingenieur und Betriebsrat hinzugezogen werden; sind sie nicht erreichbar, ein oder mehrere Arbeitskollegen. Soll für die Ausfallzeit Entgelt abgezogen werden, so ist ein schriftlicher Vermerk für die Personalabteilung zu fertigen; dasselbe gilt, wenn sonstige arbeitsrechtliche Konsequenzen in Erwägung gezogen werden.

5. Sanktionen

Angetrunkene Mitarbeiter können – und sollten grundsätzlich – abgemahnt werden. Bei Wiederholung kommen je nach Schwere eine weitere **Abmahnung,** eine ordentliche oder außerordentliche **Kündigung** in Betracht.[29] Leitenden Angestellten droht auch ohne Abmahnung die fristlose Kündigung, wenn ihr Zustand von den übrigen Mitarbeitern bemerkt und beanstandet wird.[30]

Ist der Mitarbeiter **Alkoholiker,** so gelten die Grundsätze über die **Krankheit.** An die negative Gesundheitsprognose sind jedoch, da es sich um eine Suchtkrankheit handelt, geringere Anforderungen zu stellen.[31] Der Mitarbeiter muss dann unverzüglich seine Trunksucht offenbaren und gegebenenfalls nachweisen. Zur Teilnahme an vorbeugenden Routineuntersuchungen zur Klärung einer Alkoholabhängigkeit ist er nicht verpflichtet.[32] Wegen Vorfällen, die auf die Trunksucht zurückgehen, kann keine Abmahnung im eigentlichen Sinne ausgesprochen werden. Der Arbeitgeber kann – und sollte – den Arbeitnehmer aber darauf hinweisen, dass er bei weiteren Vorkommnissen mit Kündigung rechnen muss;[33] außerdem sollte er ihn eindringlich dazu anhalten, sich in Behandlung zu begeben und sich einer **Entziehungskur** zu unterziehen.[34] Weigert sich der Arbeitnehmer oder bricht er die Kur ab oder bleibt die Kur erfolglos, so kommt eine ordentliche, in Ausnahmefällen auch eine außerordentliche **Kündigung** in Betracht.[35] Unzulässig sind Vereinbarungen, wonach das Arbeitsverhältnis von selbst endet, wenn der Mitarbeiter nochmals Alkohol zu sich nimmt oder gegen Vorschriften über den Alkoholgenuss verstößt.[36]

Auch bei alkoholabhängigen Mitarbeitern ist ein **schuldhaftes Verhalten** nicht ausgeschlossen. Es kommt darauf an, ob sie in konkreten Lebenslagen in der Lage sind, ihr Verhalten zu steuern. Sie dürfen sich z. B. nicht fahrlässig in Situationen begeben, in denen sie aufgrund ihrer Alkoholabhängigkeit mit Pflichtverstößen rechnen müssen[37] (etwa das Auto mitnehmen, wenn sie davon ausgehen müssen, dass sie Alkohol zu sich nehmen). Von Verschulden geht die Rechtsprechung auch dann aus, wenn Arbeitnehmer nach erfolgreicher Entziehungskur und längerer Abstinenz wieder rückfällig werden.[38]

Die Grundsätze über Abmahnung und Kündigung gelten nicht, wenn der Arbeitgeber den Alkoholgenuss veranlasst hat (Jubilar- oder Geburtstagsfeier im Betrieb, Gästeessen). In diesem Fall kann der Arbeitgeber auch keinen Lohnabzug vornehmen; u. U. muss er sogar die Kosten für die Heimfahrt tragen. Ist im Betrieb Alkoholmissbrauch eingerissen, so muss der Arbeitgeber erst eine Abmahnung aussprechen (am besten kollektiv durch Aushang), bevor er weitere Sanktionen verhängen kann. Der bloße Ausschank von Alkohol im Betrieb ist allerdings nicht als „Veranlassung" anzusehen; die Arbeitnehmer haben selbst auf Einhaltung der Grenzen zu achten.[39]

Gerade bei Alkohol kommt es entscheidend darauf an, dass Führungskräfte mit **gutem Beispiel** vorangehen. Sie sollten sich hier

lieber Kleinlichkeit vorwerfen lassen, als um Beliebtheit durch groß-
zügiges Gewährenlassen zu buhlen. Die möglichen Folgen für Vorgesetzte aus alkoholbedingten Unfällen und Schäden sind fast unüber-
sehbar: Sie reichen von Regressansprüchen der Berufsgenossenschaft
(§§ 105, 110 SGB VII) über die Haftung für fehlerhafte Produkte
(§§ 1 Abs. 1 ProdHaftG, 823 BGB) bis zur Freiheitsstrafe wegen fahr-
lässiger Tötung durch pflichtwidriges Unterlassen (§§ 222, 13 StGB),
und überdies droht auch ihnen die Kündigung.[40]

II. Rauchen

1. Grundsatz

Die Einstellung zu den Gefahren (und Belästigungen) des Passivrauchens hat sich in den letzten Jahren grundlegend geändert. Bedurfte
es früher für ein Rauchverbot eines zulässigen Regelungsziels und
einer Abwägung der Interessen von Rauchern und Nichtrauchern,
so hat nunmehr der Arbeitgeber die erforderlichen Maßnahmen zu
treffen, damit die nichtrauchenden Beschäftigten in Arbeitsstätten
wirksam **vor den Gesundheitsgefahren durch Tabakrauch geschützt** sind. Soweit erforderlich, hat er ein allgemeines oder auf
einzelne Bereiche der Arbeitsstätte beschränktes Rauchverbot zu erlassen (§ 5 Abs. 1 ArbStättVO[41]).

2. Rauchen schadet der Gesundheit

Damit zieht der Gesetzgeber die Folgerung aus den neueren medizinischen Erkenntnissen über das **Passivrauchen**. Der Nebenstrom-
rauch (= der Rauch, der an der Glut aufsteigt) enthält neben Blau-
säure, Ammoniak und Kohlenmonoxid mehr als 40 krebserregende
Substanzen,[42] und zwar teilweise in weit höherer Konzentration als
der durch Ziehen eingeatmete Hauptstromrauch. Der Nebenstrom-
rauch gehört damit zur höchsten Kategorie krebserzeugender Ar-
beits- und Gesundheitsstoffe. Als Faustregel gilt: Eine Stunde Passivrauchen entspricht einer Zigarette,[43] und jede Zigarette verkürzt das
Leben im statistischen Mittel um 25-30 Minuten. Krebserregend ist

aber nicht nur das Passivrauchen, sondern auch der **Aufenthalt in verrauchten Räumen.** Langfristig erhöhen die im Tabakrauch enthaltenen Schadstoffe das Risiko, an Krebs zu erkranken, kurzfristig können sie zu Reizungen und Entzündungen der Bindehaut und der Atemwege, zu Atembeschwerden, Kopfschmerzen, Schwindelgefühlen und Übelkeit führen.

Nicht-Rauchen

So verbessert sich die Gesundheit von Rauchern nach der letzten Zigarette:

20 Minuten: Blutdruck sinkt auf den Wert vor der letzten Zigarette, Temperatur von Händen und Füßen steigt auf Normalwert.

Acht Stunden: Kein giftiges Kohlenmonoxid mehr im Blut, Raucheratem ist weg.

Ein Tag: Herzinfarktrisiko sinkt.

Zwei Tage: Geruchs- und Geschmackssinn verfeinern sich wieder.

Drei Tage: Atmung wird deutlich besser.

Drei Monate: Blutzirkulation hat sich verbessert, Lungenkapazität ist um 30% gesteigert, Gehen wird wieder leichter.

Neun Monate: Weniger Infektionen, Raucherhusten und Kurzatmigkeit verschwinden, Leistungsfähigkeit steigt.

Ein Jahr: Herzgefäß-Erkrankungsrisiko ist halb so groß wie bei Rauchern.

Fünf Jahre: Schlaganfallrisiko sinkt.

Zehn Jahre: Lungenkrebsrisiko wie Nichtraucher.

Fünfzehn Jahre: Herzinfarkt- und Schlaganfallrisiko wie Nichtraucher.

3. Pflichten des Arbeitgebers

Für die Praxis folgt daraus: Der Arbeitgeber muss für den Schutz der Nichtraucher vor den Gefahren des Passivrauchens sorgen, ohne dass er im Einzelfall eine konkrete Gefahr nachweisen müsste; im Gegenteil: Er muss, wenn er eine bestimmte Maßnahme trifft oder unterlässt, nachweisen, dass keine Gefahr besteht.[44] Der Gesetzgeber schreibt dem Arbeitgeber **keine bestimmten Maßnahmen** vor. Ein **Rauchverbot** ist nur zu verhängen, **wenn** das **erforderlich** ist. Denkbar sind auch z.B. getrennte Räume für Raucher und Nichtraucher. Allerdings genügen Trennwände, die die Räume nicht völlig gegeneinander abschließen, nicht. Nicht ausreichen dürfte auch ein

Verzicht von Nichtrauchern auf den ihnen zustehenden Schutz. Zweifelhaft ist, ob der Arbeitgeber verlangen kann, dass der Arbeitnehmer in einem „Raucherraum" arbeitet oder in einem „verrauchten" Kraftfahrzeug (mit)fährt, auch wenn dort zur Zeit nicht geraucht wird.[45] Hier dürfte es auf die Intensität der Rauchernutzung und auf die Dauer des Aufenthalts ankommen.

Ein **absolutes Rauchverbot** auf dem gesamten Betriebsgelände, sowohl während der Arbeitszeit als auch während der Pausen, ist jedoch im Allgemeinen nur zulässig, **wenn Sicherheitsgründe es erfordern.** Derartige gesetzliche Rauchverbote gibt es nur in geringem Umfang; sie dienen vor allem der Verhütung von Bränden und Explosionen. Ansonsten müssen Raucher die Möglichkeit haben, während der Pausen dem Tabakgenuss nachzugehen. Der Schutz von Rauchern vor sich selbst ist kein Ziel, das ein Rauchverbot legitimiert. Anspruch auf bezahlte Nichtraucherpausen haben Raucher allerdings nicht. Der Arbeitgeber muss auch keinen zusätzlichen Raucherraum schaffen. Er kann ggf. auf Freiflächen verweisen, sofern das nicht wegen besonderer Umstände als unzumutbar oder gar schikanös erscheint. In jedem Fall reicht es aus, wenn den Arbeitnehmern in der Nähe ihres Arbeitsplatzes (in dem vom BAG entschiedenen Fall: zwei Minuten Fußweg) eine überdachte „Raucherecke" (ein Unterstand) zur Verfügung steht.[46]

4. Ausnahme

In **Arbeitsstätten mit Publikumsverkehr** hat der Arbeitgeber Schutzmaßnahmen nur insoweit zu treffen, als die Natur des Betriebes und die Art der Beschäftigung es zulassen (§ 5 Abs. 2 ArbStättVO). Der Arbeitnehmer kann nicht verlangen, dass der Arbeitgeber eine rechtmäßige Betätigung, d. h. eine Betätigung, die den einschlägigen gewerberechtlichen, berufsregelnden, gesundheitspolizeilichen und sonstigen Bestimmungen entspricht, ändert oder gar einstellt.[47] So muss der Arbeitgeber beispielsweise nicht zum Schutz von Stewardessen Fluggästen das Rauchen verbieten.[48] Grenze ist also im Regelfall der rauchende Kunde oder Geschäftspartner. Gibt es in der Arbeitsstätte Bereiche mit und ohne Publikumsverkehr, dann sind Nichtraucher, soweit möglich, im Nichtraucherbereich zu beschäftigen. Das gilt insbesondere für Arbeitnehmer, die aufgrund ihrer gesundheitlichen Disposition gegen bestimmte Schadstoffe besonders anfällig sind.[49]

5. Rechte des Arbeitnehmers

Der Arbeitnehmer kann seinen Anspruch auf einen rauchfreien Arbeitsplatz im Klagewege durchsetzen, notfalls auch durch einstweilige Verfügung. Kommt der Arbeitgeber seiner Verpflichtung nicht nach, so kann der Arbeitnehmer seine Leistung verweigern; der Arbeitgeber muss das Entgelt weiterzahlen. Verletzt der Arbeitgeber seine Schutzpflicht und leidet die Gesundheit des Arbeitnehmers dadurch Schaden, so hat der Arbeitnehmer Anspruch auf Schadensersatz und Schmerzensgeld.[50] Der Arbeitgeber handelt zudem ordnungswidrig, wenn er gegen seine Schutzpflicht verstößt. Gefährdet er die Gesundheit des Arbeitnehmers, indem er vorsätzlich seinen Verpflichtungen nicht nachkommt, so macht er sich strafbar (§ 9 ArbStättVO).

6. Mitbestimmung des Betriebsrats

Bezüglich der Mitbestimmung des Betriebsrats sind drei Fälle zu unterscheiden:

Hat der Arbeitgeber **keinen Entscheidungsspielraum,** muss er also – sei es aufgrund § 5 ArStättVO oder einer anderen gesetzlichen Vorschrift, sei es aus arbeitstechnischer Notwendigkeit (Hygiene, Reinhaltung) – das Rauchen untersagen, dann besteht kein Mitbestimmungsrecht. Der Vorgesetzte kann (und muss) mit Hilfe seines Direktionsrechts die Einhaltung des Rauchverbots durchsetzen.

Ist ein **Rauchverbot erforderlich,** besteht aber bei der Umsetzung ein **Entscheidungsspielraum,** dann hat der Betriebsrat zwar nicht beim Ob, wohl aber beim Wie ein Mitbestimmungsrecht. Voraussetzung ist, dass es sich um eine generelle Regelung handelt.

Ist der Arbeitgeber zwar berechtigt, ein Rauchverbot auszusprechen, ist das **Rauchverbot** aber **nicht notwendig** (z. B. Nichtraucherschutz bei geringen Belästigungen, etwa bei geringem Kundenkontakt wie bei Montagen), dann hat der Betriebsrat ein Mitbestimmungsrecht sowohl beim Ob als auch beim Wie (§ 87 Abs. 1 Nr. 1 BetrVG).

7. Verstöße gegen das Rauchverbot

Verstöße gegen das Rauchverbot können mit Abmahnung und je nach Schwere mit ordentlicher (verhaltensbedingter, bei Nikotinabhängigkeit personenbedingter) oder außerordentlicher (z. B. in explosionsgefährdeten Betrieben) Kündigung geahndet werden.

13. Kapitel

Mitarbeiterkontrolle

Vertrauen ist bekanntlich gut, Kontrolle besser (Lenin). Nach einer gemeinsamen Untersuchung der Wirtschaftsprüfungsgesellschaft PricewaterhouseCoopers (PwC) und der Universität Halle[1] im Jahre 2007 wurde die Hälfte der befragten Unternehmen Opfer eines **Wirtschaftsdelikts** (Diebstahl, Betrug, Korruption, Industriespionage, Produktpiraterie); der Schaden in den letzten beiden Jahren lag bei über einer Million € je Unternehmen. Der **typische Täter** ist männlich, ca. 40 Jahre alt, sozial unauffällig, überdurchschnittlich gebildet, nicht vorbestraft.[2] Das Kriminalitätsrisiko wächst mit der Dauer der Unternehmenszugehörigkeit; ein Drittel der Täter ist mindestens zehn Jahre im Unternehmen beschäftigt; zwei Drittel aller Täter haben kein schlechtes Gewissen.

Kein Wunder, dass Unternehmen alle möglichen Vorkehrungen ergreifen, um allfällige Schäden gering zu halten: vom klassischen 4-Augen-Prinzip über die Einholung von Auskünften bei SCHUFA, Kraftfahrtbundesamt und Bundeszentralregister, Testkäufe, den Einsatz von Detektiven bis hin zu heimlicher Videoüberwachung.[3]

Ein „Arbeitnehmerüberwachungsrecht", das alle diese Fragen aus einem Guss regelte, gibt es nicht. Einschlägig ist vielmehr eine Vielzahl von Bestimmungen aus allen möglichen Rechtsgebieten; notfalls greift die Rechtsprechung auf das allgemeine Persönlichkeitsrecht zurück.

I. Persönliche Kontrolle

Keine Probleme bereitet die **Leistungs- und Verhaltenskontrolle durch Vorgesetzte.** Der Vorgesetzte kann den Mitarbeiter am Arbeitsplatz aufsuchen oder ihn zu einer Vorsprache einbestellen, ihn bei seiner Arbeit beobachten, mündlich oder schriftlich von ihm Auskunft über den Stand der Arbeiten verlangen, er kann ihm Ziele vorgeben und die Einhaltung der Ziele überwachen. Natürlich darf er den Mitarbeiter nicht schikanieren oder diskriminieren; unkollegiale Umgangsformen oder gar Bloßstellen gegenüber anderen Mitarbeitern verbietet nicht nur der Anstand, sondern auch eine sachgerechte Mitarbeiterführung.

II. Ab- und Mithören von Telefongesprächen

Das heimliche Abhören von Telefongesprächen **ist** grundsätzlich **unzulässig und** überdies **strafbar** (§ 201 StGB). Etwas **anderes** gilt lediglich im Fall der **Notwehr** (§ 32 StGB), d. h. bei einem gegenwärtigen rechtswidrigen Angriff des Arbeitnehmers auf ein Rechtsgut des Arbeitgebers (Diebstahl, Verrat von Betriebs- und Geschäftsgeheimnissen). Dem Arbeitgeber ist es in diesem Fall auch unbenommen, heimlich Beweise zu sammeln. Unzulässig ist allerdings ein ständiges vorbeugendes Abhören; Voraussetzung ist immer ein konkreter Tatverdacht gegen einen bestimmten Mitarbeiter oder gegen einen bestimmten Kreis von Mitarbeitern.[4] **Unschädlich,** da nicht heimlich, ist die Benutzung einer **Aufschaltanlage,** mit der der Arbeitgeber sich deutlich wahrnehmbar in ein Telefongespräch einschaltet.[5]

Anders als das heimliche Abhören ist **das heimliche Mithören**(lassen) eines Gesprächs **nicht strafbar.**[6] Wohl aber kann das Persönlichkeitsrecht verletzt sein, wenn dem Mitarbeiter Vertraulichkeit zugesichert wurde oder wenn er über die Vertraulichkeit des Gesprächs getäuscht wurde.

III. Kontrolle von Mitarbeiterpost

Dienstpost darf der Arbeitgeber jederzeit **öffnen und**/oder **lesen** (lassen). Als Dienstpost gilt – vorbehaltlich einer anderen betrieblichen Übung – auch Post, auf der über oder unter dem Firmennamen der Name des Mitarbeiters steht (N.N. c/o X-GmbH oder X-GmbH, z. Hd. v. N.N.). **Privatpost unterliegt** dagegen **dem Briefgeheimnis;** das Öffnen und/oder Lesen privater Briefe und sonstiger Schriftstücke ist strafbar (§ 202 StGB). Privat sind alle Briefe, die den Vermerk „Persönlich/Vertraulich" tragen oder die – auch ohne einen solchen Vermerk – erkennbar privat sind (Brief vom Anwalt, vom Finanzamt usw.); stellt sich das erst nach dem Öffnen heraus, so sind sie von da an vertraulich zu behandeln. Dasselbe gilt für Telefaxe.[7]

IV. Kontrolle von Internet- und E-Mail-Nutzung

Dem Arbeitgeber als Eigentümer oder zumindest Besitzer der betrieblichen IT-Anlagen steht es frei, seinen Mitarbeitern Surfen und/oder Mailen zu privaten Zwecken zu gestatten oder zu verbieten. Aus personalpolitischen Erwägungen entscheiden sich viele Unternehmen für eine eingeschränkte Gestattung. Das wirft bezüglich der Kontrolle die meisten Rechtsfragen auf. Nicht wenige Unternehmen treffen überhaupt **keine Regelung.** Damit stellt sich die Frage, ob darin eine stillschweigende Einwilligung in eine private Nutzung liegt. Grundsätzlich kann für IT-Anlagen nichts anderes gelten als für sonstige Betriebsmittel: Der Arbeitnehmer darf sie **nur zu dienstlichen Zwecken** nutzen. Den dienstlichen Zwecken stehen private Nutzungen aus dienstlichem Anlass gleich, etwa das E-Mail, durch das der Arbeitnehmer seiner Gattin mitteilt, dass er wegen Überstunden erst später nach Hause kommen kann. Häufig **dulden** Unternehmen stillschweigend eine gewisse private Nutzung von IT-Anlagen. Da sie zu dieser Duldung nicht verpflichtet sind, gibt es keine festen Grenzen, innerhalb derer die Arbeitnehmer darauf vertrauen können, dass sie sich keinen Sanktionen aussetzen. Immer-

hin wird das Unternehmen Sanktionen erst bei einer nicht ganz unbeträchtlichen Überschreitung des bei ihm Üblichen verhängen
können. Dabei kommt es auch auf die Umstände an (private Nutzung während der Arbeitszeit, Herunterladen von Pornografie usw.,
siehe Kapitel 19 IV. 3. Stichwort „Internetnutzung, private unerlaubte").[8] Selbst eine längere Duldung nimmt dem Unternehmen
aber nicht das Recht, die Gestattung einzuschränken oder ganz zu
widerrufen. Es entsteht **grundsätzlich keine betriebliche Übung,**
die dem Arbeitnehmer einen Anspruch auf Gestattung für alle Zukunft gäbe.[9]

1. Generelles Verbot

Hat der Arbeitgeber die private Nutzung seiner IT-Anlagen verboten,
dann darf er **stichprobenartig** die Verbindungsdaten einer Internetnutzung (Zeitpunkt, Dauer) und einer E-Mail-Kommunikation
(Zeitpunkt der Versendung oder des Empfangs, Dauer der Versendung, Adresse des Absenders oder des Empfängers) kontrollieren
(§ 28 BDSG). Zu den Verbindungsdaten zählt auch die Website, die
der Arbeitnehmer aufgerufen hat. E-Mails darf der Arbeitgeber unter
denselben Voraussetzungen lesen wie Schriftstücke. Er kann verlangen, dass ihm jede ein- oder ausgehende E-Mail zur Kenntnis gegeben wird. Bei Abwesenheit des Mitarbeiters kann sein E-Mail-
Briefkasten eingesehen werden. Eine Ausnahme gilt – wie bei der
Post – für E-Mails, die mit „Persönlich/Vertraulich" gekennzeichnet
sind. Derartige E-Mails darf der Arbeitgeber ausnahmsweise dann
kontrollieren, wenn ein konkreter Verdacht besteht, dass der Arbeitnehmer sich einer Straftat oder einer schweren Vertragsverletzung
schuldig macht (z. B. Verrat von Geschäftsgeheimnissen).[10]

Ein generelles Verbot der Nutzung von IT-Einrichtungen des Arbeitgebers ist **mitbestimmungsfrei.**

2. Eingeschränkte Gestattung

Umstritten ist die Rechtslage, wenn der Arbeitgeber die private Nutzung seiner IT-Einrichtungen in einem gewissen Rahmen gestattet.
Manche nehmen an, dass er dadurch zum Anbieter von Telekom-

munikationsdiensten bzw. Telemedien (§ 3 Nr. 6 TKG) werde. Damit unterfiele er dem Fernmeldegeheimnis (§ 88 TKG), dessen Verletzung nach § 266 StGB strafbar ist. Dem Fernmeldegeheimnis unterliegen der Inhalt der Kommunikation und die Tatsache, dass jemand an der Kommunikation beteiligt ist oder war, also E-Mails versandt oder empfangen hat.[11] Derartige Daten dürfen nur insoweit erfasst und verwendet werden, als das zur Bereitstellung, Abrechnung und Sicherstellung eines geregelten Kommunikationsablaufs erforderlich ist (§ 88 Abs. 3 TKG). Personenbezogene Daten der Internetnutzung dürfen nur insoweit erhoben und verwendet werden, als das erforderlich ist, um die Inanspruchnahme des Internets zu ermöglichen (Sicherung der Dienstleistung, Fehlersuche und -behebung) und um abzurechnen (§§ 97, 100 TKG). Da der Arbeitgeber für die Internetnutzung in aller Regel keine Kosten berechnet, käme eine Speicherung und Auswertung privater E-Mails praktisch nicht in Betracht. **Mittelbar** würde dadurch auch die **Auswertung dienstlicher E-Mails verhindert,** weil dienstliche und private in aller Regel unter derselben Adresse versandt und empfangen werden. Bei gemischter Nutzung darf der Arbeitgeber nämlich nicht den gesamten E-Mail-Verkehr lesen, um festzustellen, welche E-Mails dienstlich und welche privat sind.[12]

Inzwischen haben aber das LAG Niedersachsen[13] und das LAG Berlin-Brandenburg[14] entschieden, dass der Arbeitgeber, der die private Nutzung des dienstlichen E-Mail-Accounts gestattet, kein Dienstanbieter i. S. d. TKG ist. Er erbringe weder geschäftsmäßig Telekommunikationsleistungen noch wirke er daran mit. Selbst wenn man das annehme, sei § 88 TKG nicht anwendbar. Das Fernmeldegeheimnis schütze nur die Übermittlung von Informationen, nicht die gespeicherten Inhalte und Umstände der Kommunikation. Diese Daten seien nur durch das allgemeine Persönlichkeitsrecht geschützt. Bei einer Kollision mit Interessen des Arbeitgebers sei durch Güterabwägung zu ermitteln, welches Recht den Vorrang verdiene.

Eine eingeschränkte Gestattung von IT-Einrichtungen des Arbeitgebers ist **mitbestimmungspflichtig** (§ 87 Abs. 1 Nr. 1 BetrVG).

V. Videoüberwachung

Videoüberwachung, sei es in Form der bloßen Beobachtung mit Hilfe einer Kamera („Monitoring"), sei es durch Aufnahme von Bildern und deren Speicherung, ist als erheblicher Eingriff in das allgemeine Persönlichkeitsrecht nur gerechtfertigt, wenn das Kontrollinteresse des Arbeitgebers das Persönlichkeitsrecht des Arbeitnehmers eindeutig überragt.[15] Dafür reicht es noch nicht aus, dass der Arbeitgeber überprüfen möchte, ob der Arbeitnehmer seiner Arbeitspflicht nachkommt.[16] Es müssen zumindest **konkrete Anhaltspunkte für** eine **schwerwiegende Vertragsverletzung oder** eine **Straftat** gegen den Arbeitgeber vorhanden sein, und es darf kein milderes Mittel zur Verfügung stehen. Die Verdachtsgründe brauchen sich noch nicht auf eine bestimmte Person konkretisiert zu haben; gegebenenfalls kann auch eine ganze – räumlich oder funktional abgegrenzte – Gruppe von Mitarbeitern, die als Täter in Frage kommen, überwacht werden. Bei Bankschaltern kann auch eine ständige Überwachung erforderlich sein, wenn nur so ein Täter ermittelt werden kann, ebenso bei Warenhäusern, wenn ständig Warenverlust droht.[17]

Heimliche Videoüberwachung ist, da die Betroffenen hiergegen keine Schutz- und Ausweichstrategien entwickeln können, nur zulässig, wenn weder eine offene Videoüberwachung noch eine andere Maßnahme, wie Detektiveinsatz, Testkauf oder Wechselgeldfalle, Erfolg verspricht. Die Überwachung muss angemessen sein. Das ist sie jedenfalls dann, wenn sie nur in dem räumlichen Bereich durchgeführt wird, auf den sich der Verdacht bezieht, und wenn sie zeitlich begrenzt ist.[18]

Einführung und Anwendung von Videoüberwachungsanlagen sind **mitbestimmungspflichtig** (§ 87 Abs. 1 Nr. 6 BetrVG). Der Betriebsrat hat die berechtigten Belange des Arbeitgebers gegen die Interessen des Arbeitnehmers auf Schutz seines Persönlichkeitsrechts abzuwägen.

VI. Einsatz von Detektiven

Der Einsatz eines Detektivs ist zulässig **bei** konkretem **Verdacht einer schwerwiegenden Vertragsverletzung oder einer strafbaren Handlung** des Arbeitnehmers (z. B. Krankfeiern oder Verletzung der Pflicht, für eine rasche Genesung Sorge zu tragen). Der Detektiv darf Kontrollmaßnahmen (z. B. heimliche Bild- oder Tonaufnahmen) unter denselben Voraussetzungen durchführen wie der Arbeitgeber. Unzulässig ist das nachhaltige Ausspähen der Privat- oder gar Intimsphäre des Arbeitnehmers.[19] Die Kosten für den Detektiveinsatz hat der Arbeitnehmer dem Arbeitgeber zu erstatten, wenn der Arbeitgeber vor Beauftragung der Detektei einen konkreten Tatverdacht gegen den Arbeitnehmer hatte und haben durfte, der bei vernünftiger, wirtschaftlicher Betrachtung die Einschaltung eines Detektivs erforderlich erscheinen ließ.[20]

Der Einsatz eines Detektivs zur Überführung eines bestimmten Arbeitnehmers ist **nicht mitbestimmungspflichtig. Anders** ist es, wenn ein Detektiv als **„verdeckter Ermittler"** in den Betrieb eingeschleust wird (§ 99 BetrVG).[21]

VII. Ehrlichkeitskontrolle

Bei der Ehrlichkeitskontrolle stellt der Arbeitgeber dem Arbeitnehmer eine Falle. Er verschafft ihm die – von ihm, dem Arbeitgeber, beobachtete – Möglichkeit zu einer strafbaren Handlung oder zu einer schweren Vertragsverletzung. Eine solche „Versuchung" ist zulässig, wenn der Arbeitgeber ein **berechtigtes Interesse** daran hat. Das kann man bei Mitarbeitern, die unbeaufsichtigt und verhältnismäßig selbstständig arbeiten (Filialleiter, Außendienstmitarbeiter), grundsätzlich annehmen.[22] Sonst ist eine solche Kontrolle nur zulässig, wenn ein konkreter **Verdacht** besteht. Dabei ist darauf zu achten, dass der Arbeitgeber – oder an seiner Stelle der Vorgesetzte – sich nicht der Anstiftung zu einer strafbaren Handlung schuldig macht. Eine Anstiftung kann – nach allerdings umstrittener Ansicht – auch in einer bewussten und gewollten Verschaffung einer günstigen Gelegenheit zu einer Straftat liegen. Es sollte also keine Situation geschaffen werden, in der auch ein durchschnittlich rechtstreuer Mitarbeiter Schwierigkeiten hätte, der Versuchung zu widerstehen.[23]

Ehrlichkeitskontrollen sind grundsätzlich **nicht mitbestimmungspflichtig.**

VIII. Verwertbarkeit rechtswidrig erlangter Informationen im Prozess

Im Rahmen von Mitarbeiterkontrollen erlangte Informationen sind im Prozess grundsätzlich verwertbar. Unzulässig erlangte Informationen sind unverwertbar, wenn mit ihrer Verwertung in rechtlich geschützte hochrangige Positionen der anderen Prozesspartei eingegriffen oder ein solcher Eingriff perpetuiert würde, es sei denn, dass das durch schutzwürdige Interessen der Gegenseite gerechtfertigt ist.[24] Wird ein Arbeitnehmer veranlasst, ein Telefongespräch heimlich mitzuhören, so kann er nicht als Zeuge vernommen werden; anders, wenn er zufällig mitgehört hat.[25] Eine betriebsverfassungswidrig gewonnene Information führt dagegen zu keinem „Sachverhaltsverwertungsverbot".[26]

14. Kapitel

Mobbing

I. Begriff und Bedeutung

Mobbing (von engl. to mob = anpöbeln) ist ein in unserer Arbeitswelt **weit verbreitetes Phänomen.** Die Zahl der Mobbing-Opfer wird mit 1,5 Millionen beziffert. 10 bis 20% Prozent der Selbstmorde sollen auf Mobbing zurückgehen.[1] Der volkswirtschaftliche Schaden wird auf einen zweistelligen Milliardenbetrag geschätzt.[2] Mobbing-Täter sind nach einer Untersuchung aus dem Jahr 1993 zu 44% Arbeitskollegen, zu 37% Vorgesetzte („Bossing"), zu 10% Vorgesetzte und Arbeitskollegen und zu 9% Untergebene.[3] Gerade wenn Vorgesetzte beteiligt sind, ist Ziel nicht selten das Hinausdrängen aus dem Arbeitsverhältnis.

Unter Mobbing versteht man das **systematische Anfeinden, Schikanieren oder Diskriminieren** von Arbeitnehmern untereinander oder durch Vorgesetzte. Damit entspricht der Begriff des Mobbing dem der **Belästigung** im Sinne des § 3 Abs. 3 AGG, ohne dass es aber auf eine der dort genannten Ursachen (Rasse, Geschlecht usw.) ankäme. Es geht um „unerwünschte Verhaltensweisen, ... die bezwecken oder bewirken, dass die Würde der betreffenden Person verletzt und ein von Einschüchterungen, Anfeindungen, Erniedrigungen, Entwürdigungen oder Beleidigungen gekennzeichnetes Umfeld geschaffen wird." Wesensmerkmal dieser Form der Persönlichkeitsrechtsverletzung ist die systematische, sich aus vielen einzelnen Handlungen zusammensetzende Verletzungshandlung, wobei den einzelnen Handlungen bei isolierter Betrachtung eine rechtliche Bedeutung oft nicht zukommt.[4]

Mobbing-Handlungen können insbesondere sein eine geringschätzige Behandlung, Ausschluss von der Kommunikation, Ausgrenzung, schikanöse Anweisungen, Übertragung über- oder unterfordernder oder gar keiner Tätigkeiten, grundlose Herabwürdigung der Leistungen, Demütigungen, Beleidigungen, Diskriminierungen, sexuelle Belästigungen oder Tätlichkeiten.[5] Hänseleien und Neckereien sind dann als Mobbing aufzufassen, wenn sie fortgesetzt wiederholt werden, immer denselben Mitarbeiter betreffen, von diesem erkennbar nicht als Scherz aufgefasst werden und daher nur der Schikane dienen. Umgekehrt kann es selbst bei groben Beleidigungen an dem für ein systematisches Handeln erforderlichen Zusammenhang fehlen, wenn die Beleidigungen vereinzelt bleiben, zeitlich weit auseinanderliegen oder aus anderen Gründen keinen Bezug zueinander haben.[6] Unerheblich ist, ob ein vorgefasster Plan besteht und ob der Mobber mit seiner Verhaltensweise die Beendigung des Arbeitverhältnisses seines Opfers bezweckt.[7]

Nicht jede Auseinandersetzung zwischen Vorgesetztem und Mitarbeiter oder von Mitarbeitern untereinander ist Mobbing. Entscheidend ist, ob ein **systematisches Handeln** vorliegt. Es muss ein Zusammenhang mit gleichgelagerten, die Rechte des Betroffenen beeinträchtigenden Verhaltensweisen bestehen, der sich nicht nur aus dem zeitlichen Ablauf, sondern auch aus einer identischen Zielsetzung ergibt.[8] Weisungen, die sich im Rahmen des Direktionsrechts bewegen und denen sich nicht eindeutig eine schikanöse Tendenz entnehmen lässt, werden nur in seltenen Fällen das Persönlichkeitsrecht verletzen. Dasselbe gilt für Weisungen, die diesen Rahmen überschreiten, denen jedoch sachlich nachvollziehbare Erwägungen zugrunde liegen. An einem systematischen Handeln kann es auch fehlen, wenn der Arbeitnehmer nacheinander von verschiedenen Vorgesetzten, die nicht zusammenwirken, in seiner Arbeitsleistung kritisiert oder schlecht beurteilt wird. Nicht berücksichtigt werden können schließlich Reaktionen auf Provokationen des Arbeitnehmers.[9]

Mobbing ist nicht leicht zu bekämpfen. Es gibt kein Anti-Mobbing-Gesetz. Die Rechtsprechung stützt sich auf die **Fürsorgepflicht** des Arbeitgebers. Der Arbeitgeber darf das **Persönlichkeitsrecht** des Arbeitnehmers **nicht verletzen,** und er hat die Pflicht, seine Arbeitnehmer **vor Belästigungen** durch Vorgesetzte, Mitarbeiter und Dritte, auf die er Einfluss hat, zu **schützen.**[10] Die Verpflichtung, tätig zu werden, erfordert allerdings grundsätzlich kein Eingreifen bei Meinungsverschiedenheiten zwischen Arbeitnehmern und Vorgesetzten über Sachfragen wie Beurteilungen, Inhalt des Weisungsrechts, Bewertung von Arbeitsergebnissen, und zwar selbst dann nicht, wenn der Ton der Auseinandersetzung die Ebene der Sachlichkeit im Einzelfall verlassen sollte. Angesichts der Tatsache, dass der Umgang von Arbeitnehmern untereinander und mit Vorgesetzten im Arbeitsalltag zwangsläufig mit Konflikten verbunden ist, können keine überspannten Anforderungen an die Schutzpflicht gestellt werden.[11]

II. Abhilfe durch den Vorgesetzten

Der Gemobbte hat – natürlich – das Recht, sich bei seinem Vorgesetzten zu **beschweren.** Der Vorgesetzte hat die Beschwerde zu prüfen und, wenn er sie für berechtigt hält, für Abhilfe zu sorgen. Tut er das nicht – oder gehen die Belästigungen gar von ihm aus –, dann kann der Arbeitnehmer sich an den nächsthöheren Vorgesetzten wenden. Dem Vorgesetzten steht gegenüber dem Mobber das gesamte arbeitsrechtliche Instrumentarium zur Verfügung: von der Rüge über die Abmahnung oder Versetzung bis hin zur Kündigung. In schwerwiegenden Fällen, etwa wenn das Mobbing zu einer Erkrankung des Opfers geführt hat, kommt sogar eine außerordentliche Kündigung ohne Abmahnung in Betracht (§ 12 AGG analog).

Schreitet der Arbeitgeber gegen das Mobbing nicht ein, so kann der Arbeitnehmer seine **Arbeitsleistung zurückhalten.** Außerdem macht der Arbeitgeber sich unter Umständen schadensersatzpflichtig; einen mobbenden oder untätigen Vorgesetzten kann er in **Regress** nehmen. Der Vorgesetzte kann sich nicht auf das Haftungsprivileg bei betrieblich veranlasster Tätigkeit (siehe Kapitel 17 II. 3., 4.) berufen.[12]

III. Rechte gegenüber dem Mobber

Vom Mobber kann der Gemobbte Unterlassung seines persönlichkeits-, ehr- oder gesundheitsverletzenden Verhaltens verlangen, außerdem die Beseitigung weiterwirkender Beeinträchtigungen, also z. B. den Widerruf ehrverletzender Erklärungen und unwahrer Behauptungen. Daneben kommen Schadensersatzansprüche und die Zahlung von Schmerzensgeld in Betracht.

IV. Beweisprobleme

Die Durchsetzbarkeit der Rechte des Mobbing-Opfers steht und fällt mit der Beweisbarkeit. Der Gemobbte muss in einem Prozess konkrete Tatsachen vortragen, aus denen sich Rückschlüsse auf Mobbing ziehen lassen. Die pauschale Behauptung, gemobbt zu werden, genügt nicht. Wenn Zeugen für die einzelnen Schikanen, Anfeindungen usw. nicht zur Verfügung stehen, muss das Gericht den Gemobbten als Partei anhören (§ 141 ZPO) oder vernehmen (§§ 445, 448 ZPO). Treten in zeitlichem Zusammenhang mit feststehenden Persönlichkeitsverletzungen Erkrankungen auf, so spricht ein starkes Indiz für die Kausalität.[13]

V. Vorbeugung

Wie immer ist Vorbeugen besser als Heilen. Für eine von unnötiger Angst und unnötigen Spannungen freie Atmosphäre zu sorgen, ist eine der wichtigsten Führungsaufgaben eines Vorgesetzten. Hilfreich kann auch der Abschluss einer Betriebsvereinbarung sein, die vorbeugende Maßnahmen und Sanktionen regelt. Ein Beispiel ist die Vereinbarung „Partnerschaftliches Verhalten am Arbeitsplatz" der Volkswagen AG.[14]

15. Kapitel

Disziplinarmaßnahmen

Ideal ist **eine Führung durch Motivation,** die das Interesse des Mitarbeiters an guter Arbeit und kollegialem Verhalten weckt oder fördert. Eine Hauptrolle spielt dabei – jenseits aller Management-by-Techniken – das Vorbild des Vorgesetzten. Aber sowohl Vorgesetzter als auch Mitarbeiter sind Menschen. Das Recht muss Disziplinarmaßnahmen deshalb zumindest als Möglichkeit vorsehen.

I. Ermahnung

Die mildeste Form einer Reaktion auf Pflichtverletzungen ist die Ermahnung, mitunter auch **Rüge** oder schlicht **Hinweis** genannt. Mit ihr wird man sich bei kleineren Verstößen (Zuspätkommen, Überziehen der Pause, nicht ausreichende oder schlechte Arbeitsleistung) begnügen. Die Ermahnung kann sich in dem **Hinweis auf das Fehlverhalten** erschöpfen; häufig ist sie mit der Aufforderung verbunden, sich künftig vertragstreu zu verhalten. Mitunter ist eine Ermahnung geboten, damit keine betriebliche Übung entsteht. Nimmt der Arbeitgeber nämlich Fehlverhalten hin, dann darf der Arbeitnehmer unter Umständen den Schluss daraus ziehen, dass sein Verhalten geduldet wird.[1] Für Ermahnungen, Hinweise, Rügen usw. gelten die Regeln über Abmahnungen entsprechend. Zur Vorbereitung einer verhaltensbedingten Kündigung reichen sie nicht aus, da sie keine Androhung von Rechtsfolgen enthalten. Andererseits verbrauchen sie nicht das Recht, wegen des gerügten Sachverhalts zu kündigen.[2]

II. Abmahnung

Einen Schritt weiter geht die Abmahnung (§ 314 Abs. 2 BGB). Mit ihr macht der Vorgesetzte nicht nur auf die Verletzung einer Vertragspflicht aufmerksam und er fordert nicht nur für die Zukunft vertragstreues Verhalten, sondern er kündigt auch für den Fall einer erneuten Vertragsverletzung Folgen an.

Das Bundesarbeitsgericht präzisiert: Eine Abmahnung liegt vor, wenn der Arbeitgeber in einer für den Arbeitnehmer hinreichend deutlich erkennbaren Art und Weise die Verletzung einer Vertragspflicht beanstandet („Rügefunktion") und damit den Hinweis verbindet, dass im Wiederholungsfall der Inhalt oder der Bestand des Arbeitsverhältnisses gefährdet ist („Warnfunktion").[3]

Formulierungsbeispiel

„Sehr geehrter Herr . . .,
Sie sind im vergangenen Monat fünfmal unentschuldigt zu spät gekommen, davon einmal über eine Stunde. Am 3.2 erschienen Sie erst um 7.12 Uhr zum Dienst, am 6.2. um 7.18 Uhr, am 10.2. um 8.05 Uhr, am 12.2. um 7.06 Uhr und am 23.2. um 7.28 Uhr. Damit haben Sie ganz erheblich gegen die Pflichten aus Ihrem Arbeitsvertrag verstoßen. Wir machen darauf aufmerksam, dass wir diese Verstöße künftig nicht mehr hinnehmen werden und dass Sie im Wiederholungsfalle Ihr Arbeitsverhältnis gefährden.
Hochachtungsvoll . . ."

Im Einzelnen: Der Arbeitgeber muss den Arbeitnehmer deutlich und ernsthaft **ermahnen** und ihn **auffordern,** ein genau bezeichnetes **Fehlverhalten zu ändern oder aufzugeben.** Pauschale Vorwürfe, wie unbefriedigende Leistung, mangelhafte Zusammenarbeit, Störung des Vertrauens oder des Betriebsfriedens, untragbares Verhalten, reichen nicht aus; die Anforderungen finden ihre Grenze aber an dem, was der Arbeitgeber wissen kann.[4]

Die Abmahnung kann **mündlich oder schriftlich** erfolgen. Eine mündliche Abmahnung wird man zu Beweiszwecken in einer Gesprächsnotiz festhalten und vom Arbeitnehmer unterschreiben lassen („Kenntnis genommen"). Die Notiz oder einen Durchschlag der schriftlichen Abmahnung nimmt man zu den Personalakten. Nicht erforderlich ist, dass der Ausdruck „Abmahnung" verwendet wird; es empfiehlt sich aber, diese Bezeichnung zu verwenden, schon um Verwechslungen mit der Betriebsbuße zu vermeiden.[5]

Die Abmahnung erfüllt nur dann ihre kündigungsrechtliche Warn- und Ankündigungsfunktion, wenn sie so **eindringlich** erfolgt, dass der Arbeitnehmer damit rechnen muss, weitere Pflichtverletzungen gefährdeten sein Arbeitsverhältnis. Sie soll den möglichen Einwand ausräumen, der Arbeitnehmer habe mit vertretbaren Gründen annehmen können, sein Verhalten sei nicht vertragswidrig oder werde vom Arbeitgeber zumindest nicht als ein erhebliches, den Bestand des Arbeitsverhältnisses gefährdendes Fehlverhalten angesehen.[6] Nicht erforderlich ist das Inaussichtstellen bestimmter kündigungsrechtlicher Maßnahmen (z. B. ordentliche oder außerordentliche Kündigung, Änderungskündigung). Es genügt, wenn der Arbeitnehmer durch eine zur Abmahnung berechtigte Person eindeutig und unmissverständlich darauf hingewiesen wird, dass **bei wiederholten Vertragsverletzungen** der gerügten Art der Inhalt oder der **Bestand des Arbeitsverhältnisses gefährdet** ist. Im Allgemeinen genügt **eine** Abmahnung. Es schadet aber auch nicht, wenn der Arbeitgeber – vor allem bei leichteren Vertragsverstößen – **mehrfach** abmahnt. Allerdings dürfen die Abmahnungen nicht zu leeren Drohungen werden.[7] Hat der Arbeitgeber wegen gleichartiger Pflichtverletzungen mehrfach abgemahnt, ohne Folgerungen daraus zu ziehen, dann muss er vor einer Kündigung **besonders eindringlich** abmahnen.[8]

Zur Abmahnung berechtigt ist nicht nur, wer Kündigungen aussprechen darf, sondern jeder Mitarbeiter, der aufgrund seiner Aufgabe dazu befugt ist, verbindliche Weisungen bezüglich des Ortes, der Zeit sowie der Art und Weise der arbeitsvertraglich geschuldeten Leistung zu erteilen, d. h. also, sowohl der Disziplinar- als auch der Fachvorgesetzte.[9]

Die Abmahnung ist **Voraussetzung für** jede **Kündigung,** die auf einer vom Willen des Arbeitnehmers abhängigen Vertragsverletzung beruht – auch für die außerordentliche Kündigung –,[10] sofern nicht im Einzelfall besondere Umstände vorgelegen haben, aufgrund derer eine Abmahnung als entbehrlich angesehen werden durfte (§ 314 Abs. 2 BGB);[11] dasselbe gilt für Versetzungen aus Verhaltensgründen.[12] Entbehrlich ist eine Abmahnung einmal, wenn die Pflichtverletzung besonders schwerwiegend ist, wenn die Pflichtwidrigkeit dem Arbeitnehmer also ohne Weiteres erkennbar war und wenn er mit Billigung durch den Arbeitgeber nicht rechnen konnte, zum anderen, wenn sie zwecklos ist, weil der Arbeitnehmer eindeutig nicht fähig oder willens ist, sich vertragsgerecht zu verhalten.[13] Keiner Abmahnung bedarf es in der Regel auch bei einer Kündigung, auf die das KSchG nicht anwendbar ist,[14] außerdem, wenn der Arbeitgeber bereits vorher – im Arbeitsvertrag oder durch Aushang am Schwarzen Brett – deutlich zu erkennen gegeben hat, dass ein bestimmtes Verhalten eine Kündigung zur Folge hat (sogenannte vorweggenommene Abmahnung).[15]

> **BEISPIELE für Vertragsverletzungen:** Verstöße gegen die Arbeitsordnung, schlechte Arbeitsleistung, unentschuldigtes Fehlen oder Zuspätkommen, vorgetäuschte Krankheit, eigenmächtiger Urlaubsantritt, unerlaubte Nebentätigkeit, Trunkenheit bei der Arbeit, Übertretung des Rauchverbots, unerlaubte private Telefongespräche, Nichtbefolgen von Weisungen, Ablehnung, zur Rücksprache zu erscheinen.

Entschließt sich der Vorgesetzte zu einer Abmahnung, so sollte **nicht allzu lange zugewartet** werden. Bei ungebührlichem Hinauszögern – „bis... die Gelegenheit im Zusammenhang mit einer... Kündigung günstig erscheint" – kann die Abmahnung **verwirkt** werden.[16] Eine Abmahnung, die ein halbes Jahr nach einem Fehlverhalten ausgesprochen wird, ist in aller Regel verspätet.[17] Mit der Abmahnung geht das Recht verloren, wegen desselben Sachverhalts zu kündigen, es sei denn, der Arbeitgeber gibt zu erkennen, dass er die Sache mit der Abmahnung noch nicht als erledigt ansieht.[18] Der Arbeitgeber kann aber wegen neu hinzutretender oder bekannt werdender Umstände kündigen und dabei auf die abgemahnten Umstände unterstützend zurückgreifen.[19]

Der Arbeitnehmer kann Rügen und Abmahnungen, die seine Rechtsstellung nach Form (z. B. beleidigende Ausdrücke) oder Inhalt beeinträchtigen können, **vom Arbeitsgericht überprüfen las-**

sen. Das gilt vor allem für missbilligende Äußerungen, die der Arbeitgeber zu den Personalakten genommen hat. Denn es ist nicht auszuschließen, dass sie später zu falschen Beurteilungen führen und damit das berufliche Fortkommen behindern oder dass sie arbeitsrechtliche Folgen haben. Sind Abmahnungen nicht ordnungsgemäß zustande gekommen, enthalten sie unrichtige Tatsachenbehauptungen, nur pauschale Vorwürfe oder eine rechtlich unzutreffende Bewertung oder verstoßen sie gegen den Grundsatz der Verhältnismäßigkeit, so kann der Arbeitnehmer **Widerruf und** gegebenenfalls **Beseitigung** verlangen.[20] Dasselbe gilt, wenn nur ein Teil der Vorwürfe nicht zutrifft. Der Arbeitgeber kann wegen der zutreffenden Vorwürfe allerdings erneut abmahnen.[21]

Der Arbeitnehmer muss gegen eine seiner Meinung nach unzulässige Abmahnung nicht vorgehen. Er kann sich darauf beschränken, in einem eventuellen **Kündigungsschutzprozess** die Pflichtwidrigkeit zu bestreiten. Der Arbeitgeber muss dann Beweis antreten. Das gilt auch, wenn der Arbeitnehmer schriftlich bestätigt, von der Abmahnung „Kenntnis genommen" zu haben, wenn er also beispielsweise die Abmahnung unterschreibt; anders ist es, wenn er das Fehlverhalten zugesteht.[22]

Abmahnungen können **im Laufe der Zeit wirkungslos** werden. Ob und wann das geschieht, lässt sich nicht aufgrund einer Regelfrist (z. B. zwei Jahre), sondern nur aufgrund aller Umstände des Einzelfalles beurteilen, insbesondere aus der Art der Verfehlung und dem späteren Verhalten des Arbeitnehmers (längere einwandfreie Führung) oder des Arbeitgebers (Duldung ähnlicher Pflichtverletzungen bei anderen Arbeitnehmern).[23] Trotz dieser Rechtsprechung werden sich in der betrieblichen Praxis Regelfristen oder zumindest **Fristen für eine Überprüfung** empfehlen. Hat die Abmahnung ihre Wirkung verloren, dann ist sie aus der Personalakte zu entfernen; der Arbeitgeber kann sich im Kündigungsschutzprozess nicht mehr darauf berufen.[24]

Die Abmahnung als bloße Wahrnehmung eines arbeitsvertraglichen Rechts ist **nicht mitbestimmungspflichtig;** der Betriebsrat braucht weder gehört zu werden noch gar zuzustimmen.[25] Sinnvollerweise wird man ihn aber zumindest in schwerwiegenden Fällen unterrichten. Eine Abmahnung hat für den Arbeitnehmer erhebliche Bedeutung, und dem Betriebsrat wird die Wahrnehmung seines Mitwirkungsrechts bei einer späteren Kündigung erleichtert; im Übrigen kann der Arbeitnehmer den Betriebsrat auch von sich aus hinzuziehen (§ 84 Abs. 1 S. 1 BetrVG).

III. Betriebsbuße

Geht die Erklärung des Arbeitgebers über die Geltendmachung seines Gläubigerrechts auf vertragsgemäßes Verhalten einschließlich der Androhung individualrechtlicher Konsequenzen hinaus und nimmt sie **Strafcharakter** an, soll das beanstandete Verhalten also geahndet werden, dann liegt eine Betriebsbuße vor.[26] Die Betriebsbuße enthält ein Unwerturteil über die Person des Arbeitnehmers und ist damit, obwohl die Bezeichnungen in der Praxis häufig synonym verwendet werden, qualitativ etwas anderes als die Abmahnung.

Formulierungsbeispiel

„Sehr geehrter Herr . . .,
Sie haben am . . . und am . . . entgegen den Vorschriften der Arbeitsordnung Ihre Stechkarte durch einen Kollegen stempeln lassen. Damit haben Sie gegen die Ordnung des Betriebs verstoßen. Wir missbilligen dieses Verhalten schärfstens und sprechen Ihnen hiermit eine Verwarnung aus.
Hochachtungsvoll . . .“

Betriebsbußen dienen **der Ahndung von Verstößen gegen die betriebliche Ordnung.** Sie können nur dann verhängt werden, wenn Arbeitnehmer sich gemeinschaftswidrig verhalten, d. h. wenn sie gegen verbindliche Verhaltensregeln zur Sicherung des ungestörten Arbeitsablaufs oder des reibungslosen Zusammenlebens und Zusammenwirkens der Arbeitnehmer im Betrieb verstoßen haben.[27] Es muss immer ein **kollektiver Bezug** vorliegen.[28] Verletzungen des Arbeitsvertrags, die nicht gleichzeitig einen Verstoß gegen die betriebliche Ordnung darstellen (z. B. unzureichende Arbeitsleistung), können nicht durch Betriebsbuße geahndet werden; hier kommt nur eine Ermahnung oder eine Abmahnung in Betracht.

Die Verhängung von Betriebsbußen setzt voraus, dass eine **Buß-ordnung** wirksam geschaffen und bekanntgemacht wurde.[29] Buß-ordnungen können durch Tarifvertrag oder – so die Regel – durch Betriebsvereinbarung erlassen werden; zumeist sind sie in der Arbeitsordnung enthalten. Das Direktionsrecht des Arbeitgebers reicht zur Verhängung einer Betriebsbuße nicht aus.[30] In der Bußordnung müssen die **Tatbestände** genau umrissen und die **Bußarten** aufgeführt sein.[31]

In Betracht kommen insbesondere drei Arten von Bußen:

- die **Verwarnung**

- der **Verweis** (häufig **mit Kündigungsandrohung**) und

- die **Geldbuße.**

Die **Verwarnung** ist die leichteste Form; sie kommt vor allem bei geringeren Verstößen in Frage. Der **Verweis** (eventuell mit Kündigungsandrohung) ist die Sanktion für schwerere Verstöße oder für wiederholte leichtere Verstöße, wenn eine Verwarnung nicht genügt hat. **Geldbußen** sind kaum noch gebräuchlich. Sie sollten einen halben Tageslohn, in schwereren Fällen einen Tageslohn nicht überschreiten und an eine betriebliche oder außerbetriebliche Sozialeinrichtung überwiesen werden. Nicht zu verwechseln mit Geldbußen sind Vertragsstrafen, Schadensersatzzahlungen und der Entzug von Leistungen.[32]

Bei der Verhängung einer Buße ist ein **rechtsstaatliches, ordnungsgemäßes Verfahren** einzuhalten. Der Arbeitnehmer hat Anspruch auf **rechtliches Gehör;** er kann einen **Beistand** hinzuziehen oder sich **vertreten** lassen. Der Betriebsrat hat ein **volles Mitbestimmungsrecht;** ohne seine Zustimmung kann keine Buße verhängt werden (§ 87 Abs. 1 Nr. 1 BetrVG).

Soll der Bußbescheid, wie üblich, in die Personalakte aufgenommen werden, so ist ein **Zeitpunkt für die Tilgung** vorzusehen (etwa ein bis fünf Jahre). Der Arbeitnehmer kann jede Betriebsbuße vom **Arbeitsgericht** nachprüfen lassen. Das Gericht prüft, ob die Bußordnung wirksam ist, ob die Buße ordnungsgemäß verhängt wurde und ob sie angemessen ist.[33]

In einem Verstoß gegen die kollektive betriebliche Ordnung liegt immer zugleich ein arbeitsvertragswidriges Verhalten (nicht aber generell umgekehrt). **Der Arbeitgeber kann** deshalb in diesen Fällen **wählen,** ob er eine – mitbestimmungspflichtige – Betriebsbuße verhängt oder ob er – mitbestimmungsfrei – abmahnt.[34]

Betriebsbußen sind weithin **außer Gebrauch** gekommen. Es entspricht unserem Verständnis vom Arbeitsverhältnis nicht mehr, dass der Arbeitgeber sozusagen über den Arbeitnehmer zu Gericht sitzt.

IV. Entzug von Leistungen

Der Entzug oder die Kürzung von Leistungen (Zulagen, Gratifikationen, Rückstufung) **setzt** grundsätzlich **Freiwilligkeit** („freiwillige Leistung, auf die auch bei wiederholter Gewährung kein Rechtsanspruch entsteht") oder einen **Widerrufsvorbehalt** (Widerruf bei Vertragsverletzungen) **voraus.** Ist die Freiwilligkeit oder der Widerruf vorbehalten, dann kann die Leistung ganz oder teilweise sowohl bei Schlecht- oder Minderleistung als auch bei sonstigen Verstößen gegen den Arbeitsvertrag widerrufen werden. Fehlt ein Vorbehalt, so bleibt nur die Änderungskündigung.[35] Unabhängig davon kann das Entgelt bei unerlaubter Arbeitsversäumnis (unentschuldigt fehlen, zu spät kommen, Pausen überziehen, zu früh weggehen) entsprechend der Fehlzeit gekürzt werden (§ 326 Abs. 1 S. 1 BGB).

Ein Mitbestimmungsrecht des Betriebsrates besteht nur, wenn es ausdrücklich vereinbart ist[36] (z. B. Kürzung tariflicher Leistungszulagen im Metallbereich).

V. Schadensersatz

Hat der Arbeitnehmer einen Schaden verursacht (z. B. Ausschuss produziert oder eine Maschine beschädigt), für den er haftet (s. dazu Kapitel 17 II.), so ist er zum Ersatz verpflichtet. Es steht dem Arbeitgeber frei, den **Schaden** ganz oder auch nur teilweise geltend zu machen, etwa einen „runden" Betrag zu verlangen. Auch dieser

Betrag bleibt Schadensersatz, den der Arbeitgeber erhält; er wird durch die Rundung nicht zu einer Geldbuße.

Das Verlangen von Schadensersatz ist nicht mitbestimmungspflichtig, sofern nicht ausdrücklich in einem Tarifvertrag oder in einer Betriebsvereinbarung etwas anderes bestimmt ist.

VI. Vertragsstrafe

Für Vertragsverletzungen, aus denen dem Arbeitgeber typischerweise ein Schaden entsteht, der nicht oder nur schwer nachweisbar ist, können Vertragsstrafen vereinbart werden (§§ 339 ff. BGB). In Betracht kommen vor allem Nichtantritt einer Stelle und unberechtigte Lösung vom Vertrag, aber auch sonstige Eigentums- oder Vermögensverletzungen (Wettbewerb, Geheimnisverrat). Vertragsstrafen **ersparen** dem Arbeitgeber einen genauen **Schadensnachweis.** Im Gegensatz zu Geldbußen stellen sie keine Betriebsbußen dar; die verwirkte Strafe fließt dem Arbeitgeber zu. In Formulararbeitsverträgen dürfen Vertragsstrafen wegen Vertragsbruchs nicht höher sein als das Entgelt, das der Arbeitnehmer bei ordnungsgemäßer Durchführung des Arbeitsvertrags verdient hätte, höchstens ein Monatsgehalt; im Übrigen müssen sich Vertragsstrafen an dem im Allgemeinen zu erwartenden Schaden orientieren.[37]

Weder die Vereinbarung einer Vertragsstrafe noch deren Geltendmachung ist mitbestimmungspflichtig.

VII. Versetzung

In manchen Fällen ist eine Versetzung angezeigt. Das Bundesarbeitsgericht verlangt sie als **milderes Mittel vor der Kündigung,** und zwar nicht nur, wenn ein Arbeitnehmer an seinem Arbeitsplatz keine ausreichende Leistung erbringt, sondern unter Umständen auch bei Verhaltensmängeln (z. B. wenn zwei Arbeitnehmer sich nicht vertragen).[38] Ob eine Versetzung möglich ist, richtet sich nach der Regelung im Arbeitsvertrag. Notfalls muss eine Änderungskündigung ausgesprochen werden. Vor einer Versetzung wegen Vertragsverletzung muss im Allgemeinen erst abgemahnt werden (siehe oben II.).

VIII. Kündigung

Versagen alle diese Möglichkeiten, dann bleibt als **ultima ratio** nur die (ordentliche oder außerordentliche) Kündigung. Die Kündigung kann nicht als Betriebsbuße ausgesprochen werden.[39] Sie darf also nicht mit einem Unwerturteil verbunden werden, und man kann auch nicht in der Arbeitsordnung oder im Arbeitsvertrag bestimmte Tatbestände festlegen, auf deren Verletzung die Kündigung als (absolute) Sanktion steht. Es gelten vielmehr die allgemeinen Regeln, d. h. jeder Einzelfall ist in seiner Besonderheit zu prüfen.[40]

IX. Suspendierung

Ein Arbeitnehmer kann nach Ausspruch einer Kündigung oder nach Abschluss eines Aufhebungsvertrags von der Arbeit suspendiert werden, **wenn** das **vereinbart** ist.[41] **Ohne Vereinbarung** kommt eine Suspendierung praktisch nur im Zusammenhang mit einer Kündigung oder einem Aufhebungsvertrag in Betracht (siehe Kapitel 19 XII. 1.). Voraussetzung ist, dass aus der Beschäftigung nicht unbeträchtliche Nachteile drohen. Nach dem Grundsatz der Verhältnismäßigkeit gehen mildere Mittel – beispielsweise der Entzug von Vollmachten oder einer Teiltätigkeit, eine Versetzung – vor. Trotz Suspendierung behält der Arbeitnehmer im Allgemeinen seinen Entgeltanspruch.[42] Ein Mitbestimmungsrecht des Betriebsrats besteht nicht.[43]

16. Kapitel

Diskriminierungsverbot

Diskriminierungen sind Benachteiligungen wegen bestimmter Merkmale. Das – verharmlosend und schief Allgemeines Gleichbehandlungsgesetz (AGG) genannte – Antidiskriminierungsgesetz kennt deren acht (§ 1 AGG):

- Rasse/ethnische Herkunft
- Geschlecht
- Religion/Weltanschauung
- Behinderung
- Alter
- sexuelle Identität.

Rasse und **Herkunft** meinen dasselbe, oder genauer: Da der Gesetzgeber davon ausgeht, dass es Menschenrassen nicht gibt, ist unter ethnischer Herkunft (auch) das zu verstehen, was mit Rasse assoziiert wird, v. a. Abstammung, Volkstum, Hautfarbe.

Unter **Religion** versteht man ein System transzendentaler, unter **Weltanschauung** ein System innerweltlicher Sinndeutung. Ob Scientology eine Religion ist, ist umstritten. Politische Anschauungen sind keine Weltanschauungen.

Eine **Behinderung** liegt vor, wenn die körperliche Funktion, geistige Fähigkeit oder seelische Gesundheit eines Menschen mit hoher Wahrscheinlichkeit länger als sechs Monate von dem für das Lebensalter typischen Zustand abweicht und daher seine Teilhabe am

Leben in der Gesellschaft beeinträchtigt ist (§ 2 Abs. 1 S. 1 SGB IX). Es genügt jede Behinderung, Schwerbehinderung ist nicht erforderlich.

Unter **sexuelle Identität** fallen Hetero-, Homo-, Bi- und Transsexualität sowie Zwischengeschlechtlichkeit.

Unter **Benachteiligungen** sind zu verstehen (§ 3 AGG)

- unmittelbare Benachteiligungen

- mittelbare Benachteiligungen

- Belästigungen und

- sexuelle Belästigungen.

Eine **unmittelbare Benachteiligung** liegt vor, wenn eine Person wegen eines in § 1 AGG genannten Grundes eine weniger günstige Behandlung erfährt, als eine andere Person in einer vergleichbaren Situation erfährt, erfahren hat oder erfahren würde. Eine Benachteiligung wegen des Geschlechts liegt auch bei einer ungünstigeren Behandlung wegen Schwangerschaft oder Mutterschaft vor (§ 3 Abs. 1 AGG), eine Benachteiligung wegen einer Behinderung auch, wenn jemand eine Benachteiligung wegen der Behinderung eines Kindes erfährt, für das er im Wesentlichen die Pflegeleistungen erbringt.[1]

Eine **mittelbare Benachteiligung** ist anzunehmen, wenn dem Anschein nach neutrale Vorschriften, Kriterien oder Verfahren Personen wegen eines in § 1 AGG genannten Grundes gegenüber anderen Personen in besonderer Weise benachteiligen können, es sei denn, die betreffenden Vorschriften, Kriterien oder Verfahren sind durch ein rechtmäßiges Ziel sachlich gerechtfertigt und die Mittel sind zur Erreichung dieses Ziels angemessen und erforderlich (§ 3 Abs. 2 AGG).

> **BEISPIEL:** Beherrschung der deutschen Sprache, Benachteiligung anderer Ethnien, aber sachlich gerechtfertigt, wenn für Verständigung mit Kunden und/oder Kollegen erforderlich.[2]

Eine **Belästigung** ist eine Benachteiligung, wenn unerwünschte Verhaltensweisen, die mit einem in § 1 AGG genannten Grund in Zusammenhang stehen, bezwecken oder bewirken, dass die Würde der betreffenden Person verletzt **und** ein von Einschüchterungen, Anfeindungen, Erniedrigungen, Entwürdigungen oder Beleidigungen gekennzeichnetes Umfeld geschaffen wird (§ 3 Abs. 3 AGG).

> **BEISPIEL:** Mobbing wegen der Hautfarbe oder wegen des Tragens religiöser Symbole.

Sexuelle Belästigung ist ein unerwünschtes, sexuell bestimmtes Verhalten, das bezweckt oder bewirkt, dass die Würde der betreffenden Person verletzt wird, **insbesondere** wenn ein von Einschüchterungen, Anfeindungen, Erniedrigungen, Entwürdigungen oder Beleidigungen gekennzeichnetes Umfeld geschaffen wird. Dazu gehören auch sexuell bestimmte körperliche Berührungen, Bemerkungen sexuellen Inhalts sowie unerwünschtes Zeigen und sichtbares Anbringen von pornografischen Darstellungen.[3] Ein Klaps auf den Po kann ausreichen. Mobbing ist anders als bei den anderen Belästigungen nicht erforderlich, aber natürlich ein besonders schwerer Fall sexueller Belästigung.

Diskriminierungen sind unzulässig

- bei den Bedingungen für den **Zugang zur Erwerbstätigkeit,** einschließlich Auswahlkriterien und Einstellbedingungen

- bei den **Beschäftigungs- und Arbeitsbedingungen** einschließlich Arbeitsentgelt, Maßnahmen beim beruflichen Aufstieg und Entlassungsbedingungen

- beim **Zugang zur Berufsbildung** einschließlich der praktischen Berufserfahrung (§ 2 AGG).

Nicht jede unterschiedliche Behandlung wegen eines in § 1 AGG genannten Grundes ist unzulässig. Eine unterschiedliche Behandlung wegen eines in § 1 AGG genannten Grundes ist zulässig, wenn dieser Grund wegen der Art der auszuübenden Tätigkeit oder der Bedingungen ihrer Ausübung eine wesentliche und entscheidende **berufliche Anforderung** darstellt, sofern der Zweck rechtmäßig und die Anforderung angemessen ist (§ 8 Abs. 1 AGG). Einen Sopran darf also nach wie vor eine Frau singen, Bass II ein Mann. Weibliche Fluggäste müssen sich bei der Sicherheitskontrolle nicht von männlichem Personal abtasten lassen und umgekehrt. Von einem Arbeitnehmer, der Schriftverkehr zu erledigen hat, kann man Deutsch-kenntnisse in Wort und Schrift verlangen; bei einem Fußballspieler reicht es aus, wenn er sich verständlich machen kann.

Ein eigenes, schwieriges Kapitel ist das **Alter.** Der Gesetzgeber hat ihm eine eigene lange Vorschrift gewidmet (§ 10 AGG). Das Alter ist nicht nur das einzige Kriterium, das sich im Laufe des Lebens ändert; eine Benachteiligung in jungen Jahren kann sich zu einer Bevorzugung in späteren Jahren wenden. Das Alter steht auch für die Chancen auf dem Arbeitsmarkt, und es verläuft parallel zur Betriebszugehörigkeit.

Unzulässig ist nach dem AGG, von Ausnahmen abgesehen, die Berücksichtigung des Alters insbesondere

- bei der Einstellung (unzulässig: „Wir sind ein junges Team und suchen eine(n) Mitarbeiter(in), der (die) zu uns passt, vgl. § 11 AGG)

- bei der Beförderung

- beim Entgelt (unzulässig: Altersstaffeln, zulässig: Dienst- oder Berufsaltersstaffeln, wenn mit den Dienst- oder Berufsjahren die Erfahrung zunimmt) und

- bei sonstigen Arbeitsbedingungen (unzulässig: Zusatzurlaub nach 10, 25 usw. Dienstjahren, zulässig: längerer Urlaub oder kürzere Arbeitszeit, z. B. freier Mittwochnachmittag für Ältere, (§ 10 S. 3 Nr. 1 AGG).

Zulässig bleiben nach § 10 S. 3 Nr. 5 AGG Altersgrenzen. Die Regelung entspricht dem Europarecht.[4] Das Alter – als Indiz für schlechtere Chancen auf dem Arbeitsmarkt – kann auch weiterhin bei der Sozialauswahl im Rahmen der betriebsbedingten Kündigung sowie in Sozialplänen (§ 10 S. 3 Nr. 6 AGG)[5] berücksichtigt werden. Zur Erhaltung einer ausgewogenen Personalstruktur können weiter Altersgruppen gebildet werden.[6]

Ein Verstoß gegen ein Diskriminierungsverbot kann eine Kündigung sozialwidrig machen. § 2 Abs. 4 AGG steht nicht entgegen.[7]

Nicht diskriminiert werden dürfen

- Arbeitnehmer, zu ihrer Berufsausbildung Beschäftigte, Leiharbeitnehmer, Bewerber und ehemalige Arbeitnehmer

- arbeitnehmerähnliche Personen einschließlich Heimarbeitern und ihnen Gleichgestellten

- hinsichtlich der Bedingungen für den Zugang zur Erwerbstätigkeit sowie zum beruflichen Aufstieg auch Selbstständige (freie Mitarbeiter, Subunternehmer) sowie

- Organmitglieder, insbesondere Geschäftsführer und Vorstandsmitglieder (§ 6 AGG).

Der Arbeitgeber ist verpflichtet, die erforderlichen Maßnahmen zum **Schutz vor Diskriminierung** zu treffen. Dazu gehören auch vorbeugende Maßnahmen (§ 12 Abs. 1 AGG). Er muss Diskriminierungen durch Beschäftigte unterbinden und bei Diskriminierung durch Dritte (Kunden, Lieferanten, Subunternehmer) angemessene Maßnahmen zum Schutz der Beschäftigten ergreifen (§ 12 Abs. 1, 3, 4 AGG). Nach US-amerikanischem Recht kann die Umsetzung eines beschäftigten Arbeitnehmers zu seinem eigenen Schutz eine verbotene Maßregelung sein (so möglicherweise auch § 16 Abs. 1 S. 1 AGG).

Kommt es zu einer Diskriminierung, dann hat der Arbeitnehmer folgende **Rechte:**

- Arbeitnehmer, die sich wegen eines in § 1 AGG genannten Grundes benachteiligt fühlen, können sich bei ihrem Vorgesetzten oder der sonst vom Arbeitgeber als zuständig bezeichneten Stelle **beschweren** (§ 13 Abs. 1 AGG). Zusätzlich oder stattdessen können sie den Betriebsrat einschalten (§ 13 Abs. 2 AGG i. V. m. §§ 84 f. BetrVG).

- Arbeitnehmer, die belästigt (= wegen eines in § 1 AGG genannten Grundes gemobbt) oder sexuell belästigt werden, können die **Arbeit einstellen,** wenn der Arbeitgeber keine oder offensichtlich ungeeignete Maßnahmen zur Unterbindung der Belästigung ergreift, sofern das zu ihrem Schutz erforderlich ist (§ 14 AGG).

■ Verstößt der Arbeitgeber vorsätzlich oder fahrlässig gegen das Benachteiligungsverbot, so hat er den daraus entstehenden (materiellen) **Schaden** zu **ersetzen** (§ 15 Abs. 1 AGG).

> **BEISPIEL:** Eine Arbeitnehmerin wird wegen ihrer Schwangerschaft (§ 3 Abs. 1 S. 2 AGG) nicht befördert, obwohl sie unter allen Bewerbern die besten Voraussetzungen mitbringt. Der Arbeitgeber hat die Differenz zwischen dem bisherigen Entgelt und dem Entgelt auf der Beförderungsstelle zu erstatten. Offen ist, wie lange das zu geschehen hat.

■ Außerdem hat der Arbeitgeber – auch ohne Verschulden[8] – wegen des Nichtvermögensschadens (immaterieller Schaden) eine **angemessene Entschädigung** zu zahlen (§ 15 Abs. 2 AGG). Bei Bewerbern, die auch bei benachteiligungsfreier Auswahl nicht eingestellt worden wären, darf die Entschädigung drei Monatsgehälter nicht übersteigen. Als Bewerber ist nur anzusehen, wer in der Lage und bereit ist, die ausgeschriebene Stelle anzutreten. Er muss also die erforderlichen Voraussetzungen mitbringen, und er muss auch wirklich „kommen wollen"; letzteres wird man in der Regel nicht annehmen können, wenn er überzogene Forderungen stellt oder völlig über- oder unterqualifiziert ist.

> **BEISPIEL:** Die Arbeitnehmerin, die wegen ihrer Schwangerschaft nicht befördert wurde, kann zusätzlich zu dem Schadensersatz (Differenz zwischen dem Entgelt auf der bisherigen Stelle und auf der Beförderungsstelle) eine Entschädigung verlangen. Eine Obergrenze für den Betrag sieht das Gesetz nicht vor.

■ Der **Nachweis** der Diskriminierung ist **erleichtert.** Wer eine Diskriminierung behauptet, muss außer der Ungleichbehandlung nur Hilfstatsachen beweisen, die vermuten lassen, dass die Ungleichbehandlung wegen eines in § 1 AGG genannten Grundes erfolgt ist. Gelingt ihm das, so trägt der Arbeitgeber die Beweislast dafür, dass kein Verstoß gegen die Bestimmungen zum Schutz vor Benachteiligung vorgelegen hat.

BEISPIEL: Es genügt, dass ein abgewiesener Bewerber eine Stellenanzeige vorlegt, wonach eine Sekretärin gesucht wird,[9] oder einen Fragebogen, auf dem nach dem Geburtsort oder nach Behinderungen gefragt wird, dass er diskriminierende Äußerungen des Arbeitgebers nachweist, die im Zusammenhang mit der Bewerbung gefallen sind,[10] oder, bei einem schwerbehinderten Bewerber, wenn der Arbeitgeber die Prüfung unterlässt, ob ein Schwerbehinderter eingestellt werden kann (vgl. § 81 Abs. 1 SGB IX),[11] und sei es auch nur, weil die Verantwortlichen das Bewerbungsschreiben nicht richtig gelesen und deshalb die Schwerbehinderteneigenschaft nicht bemerkt haben.[12] Nicht ausreichend ist die bloße Kenntnis eines Merkmals i.S.d. § 1 AGG (Behinderung, Schwangerschaft usw.).[13]

Aus **Statistiken** kann auf eine Diskriminierung nur geschlossen werden, wenn sie sich konkret auf den betreffenden Arbeitgeber beziehen und im Hinblick auf dessen Verhalten aussagekräftig sind. Nicht aussagekräftig ist z.B. der Frauenanteil an der Gesamtbelegschaft im Verhältnis zu dem auf höheren Hierarchieebenen für Diskriminierung bei Beförderungsentscheidungen.[14]

Achtung!

Nicht nur der Arbeitgeber ist bei Diskriminierungen von Sanktionen bedroht. Verstoßen Beschäftigte gegen das Benachteiligungsverbot, so hat der Arbeitgeber die im Einzelfall geeigneten erforderlichen und angemessenen Maßnahmen zur Unterbindung der Benachteiligung wie Abmahnung, Umsetzung, Versetzung oder Kündigung zu ergreifen (§ 12 Abs. 3 AGG). **Diskriminierung ist** nicht nur ein Gesetzesverstoß, sondern **auch ein Vertragsverstoß,** und der Arbeitgeber ist nicht frei, bei einem derartigen Verstoß zu handeln; er muss es tun. Bei der Prüfung der Frage, welche Sanktion angemessen ist, wird die Stellung als Vorgesetzter im Allgemeinen erschwerend ins Gewicht fallen.

17. Kapitel

Haftung für Schäden

Die tägliche Arbeit im Betrieb kann zu vielerlei Schäden führen. Betroffen sein können Mitarbeiter, Arbeitgeber und Betriebsfremde, geschädigt werden können Personen und Sachen, aber auch das Vermögen vor allem des Arbeitgebers; ja, reine Vermögensschäden werden Sachschäden häufig weit übersteigen.

BEISPIELE:

- Der Verkaufsleiter führt ungeschickte Vertragsverhandlungen, so dass ein großer Auftrag verlorengeht.
- Ein Abteilungsleiter zieht ein unfähiges Beratungsunternehmen hinzu.
- Ein Mitarbeiter der Rechtsabteilung vergisst in einem Vertrag eine Klausel zur Haftungsbeschränkung.
- Der Vorstand beschließt die Aufnahme einer Fertigung, die sich als Flop erweist, oder eine Reorganisation, die das Unternehmen auf lange Zeit lähmt.
- Ein Mitarbeiter muss seine bereits gebuchte Reise verschieben, weil sein Vorgesetzter falsch disponiert hat.

I. Vorbeugung

Angesichts der großen Schäden, die die Tätigkeit in einem Unternehmen mit sich bringen kann, kommt der **Schadensverhütung** ganz entscheidende Bedeutung zu. Die Unternehmen versuchen sich zu schützen durch organisatorische Maßnahmen, durch abgestufte Übertragung von Aufgaben und Kompetenzen (Vollmachten und Befugnisse), durch Richtlinien und Weisungen im Einzelfall (deshalb sind Verstöße dagegen häufig schwere Vertragsverletzungen, weil sie diese Vorkehrungen unterlaufen), durch eine gezielte Personalpolitik (den richtigen Mann am richtigen Platz) und gegen bestimmte Risiken durch den Abschluss von Versicherungen. Der Gesetzgeber lässt ihnen weitgehend freie Hand. Einen Bereich aber regelt er bis ins Detail: den Schutz von Leben und Gesundheit. Das ist das Gebiet der Arbeitssicherheit.

1. Arbeitssicherheit

Der Unternehmer hat für Arbeitssicherheit zu sorgen, d. h. vor allem für die **Verhütung von Arbeitsunfällen, Berufskrankheiten und arbeitsbedingten Gesundheitsgefahren** (§ 21 Abs. 1 SGB VII). Er hat Gefahren abzuwehren, die ausgehen können von betrieblichen Gebäuden und technischen Anlagen, von Arbeitsplätzen, Arbeitsverfahren und Arbeitsabläufen, von Arbeitsstoffen und von Produkten. **Arbeitsschutzmaßnahmen** muss er regelmäßig auf ihre Wirksamkeit überprüfen und gegebenenfalls den sich ändernden Gegebenheiten anpassen (§ 3 ArbSchG). Der Arbeitgeber hat durch eine **Beurteilung der** für die Beschäftigten mit ihrer Tätigkeit verbundenen **Gefährdung** zu ermitteln, welche Schutzmaßnahmen im Einzelnen erforderlich sind (§ 5 ArbSchG). In Betrieben mit mehr als zehn Beschäftigten ist das Ergebnis schriftlich niederzulegen (§ 6 Abs. 1 ArbSchG). Bei der Übertragung von Aufgaben hat der Arbeitgeber zu berücksichtigen, ob die Beschäftigten körperlich und geistig befähigt sind, die erforderlichen Schutzvorschriften und -vorkehrungen einzuhalten (§ 7 ArbSchG).

Gesetze, Verordnungen und Unfallverhütungsvorschriften (UVV) enthalten eine Fülle von Regelungen, **Gewerbeaufsichtsämter, Berufsgenossenschaften** und **Betriebsrat** überwachen die Einhaltung, **Fachkräfte für Arbeitssicherheit** und **Betriebsärzte** wirken bei der Umsetzung mit. Die Pflichten sind derart umfassend und zugleich derart speziell auf die konkrete Gefährdung zugeschnitten, dass sie sich in einer knappen Übersicht nicht darstellen lassen. Soweit nicht

Fachkräfte für Arbeitssicherheit und Betriebsärzte helfen können, erteilen die zuständigen Berufsgenossenschaften und Gewerbeaufsichtsämter Auskunft.

Die Pflicht zur Gefahrenabwehr beschränkt sich nicht auf den Unternehmer (vgl. § 13 ArbSchG). **Jeder Mitarbeiter** ist im Rahmen seines Arbeitsvertrages verpflichtet, für Sicherheit in seinem Arbeitsbereich zu sorgen (§ 15 Abs. 1 ArbSchG). Durch Belehrung, Weisungen und Überwachung muss er bei seinen Mitarbeitern auf sicherheitsbewusstes Verhalten, insbesondere auf Beachtung der UVV, hinwirken. Wie weit seine Pflichten im Einzelnen gehen, welche Befugnisse er zur Verwirklichung von Arbeitssicherheit hat, ergibt sich aus den betrieblichen Regelungen, vor allem aus der Arbeitsordnung (z. B. Recht zur Bestellung von Schutzeinrichtungen, Recht zum Anbringen von Schutzvorkehrungen, Eingriffe in laufende Maschinen bei Gefahr im Verzug, bloße Meldepflicht).

2. Unfallverhütungsvorschriften

Umfassende Kompetenzen im Bereich der Unfallverhütung hat der Gesetzgeber den **Berufsgenossenschaften** zugewiesen (§§ 1 Nr. 1, 14 ff., 114 Abs. 1 Nr. 1, 2 SGB VII). Sie erfüllen ihre Aufgaben durch Erlass und Durchsetzung der Unfallverhütungsvorschriften (UVV, § 15 SGB VII). Das sind Vorschriften u. a. über

- Einrichtungen, Anordnungen und Maßnahmen, welche die Unternehmer zur Verhütung von Arbeitsunfällen zu treffen haben, sowie die Form der Übertragung dieser Aufgaben auf andere Personen

- das Verhalten, das die Versicherten zur Verhütung von Arbeitsunfällen, Berufskrankheiten und arbeitsbedingten Gesundheitsgefahren zu beachten haben, und

- die vom Unternehmer zu veranlassenden arbeitsmedizinischen Untersuchungen und sonstigen arbeitsmedizinischen Maßnahmen, und zwar vor, während und nach der Verrichtung von Arbeiten, die für Versicherte oder Dritte mit arbeitsbedingten Gefahren für Leben und Gesundheit verbunden sind.

Die Befolgung der UVV sichert der Gesetzgeber durch **Geldbußen gegen** zuwiderhandelnde **Unternehmer und Arbeitnehmer** (§ 209 Abs. 1 Nr. 1 SGB VII). Dabei ist es nicht erforderlich, dass ein Schaden oder auch nur eine Gefahr entsteht; die UVV knüpfen an abstrakte Gefährdungen an. Fehlt z.B. eine Schutzvorrichtung, so kann sich ein Mitarbeiter nicht darauf berufen, die Maschine werde nur selten benutzt.[1]

Gegen UVV verstoßen werden kann auch durch Unterlassen, wenn eine Rechtspflicht zum Handeln bestand. Eine solche Rechtspflicht kann sich vor allem aus vorangegangenem Tun (z. B. Entfernung von Schutzvorkehrungen, Auswahl eines ungeeigneten Mitarbeiters) oder aus Vertrag (Arbeitsvertrag, Arbeitsordnung) ergeben. Die Verhängung einer Buße setzt Verschulden voraus; Fahrlässigkeit genügt (§ 209 Abs. 1 Nr. 1 SGB VII). **Unkenntnis der UVV schützt vor Ahndung nicht.**[2] Unerheblich ist, wie gesagt, ob es zu einem Unfall gekommen ist.

Die Berufsgenossenschaft entscheidet nach pflichtgemäßem Ermessen, ob und gegebenenfalls in welcher Höhe ein **Bußgeld** verhängt wird (§ 47 OWiG). Obergrenze bei Vorsatz sind 10.000 €, bei Fahrlässigkeit 5.000 € (§§ 17 Abs. 2, 130 Abs. 3 S. 2 OWiG, § 209 Abs. 3 SGB VII). Bei der Höhe berücksichtigt sie die Bedeutung der Ordnungswidrigkeit, die Schuld und – außer bei geringfügigen Verstößen – auch die wirtschaftlichen Verhältnisse des Täters (§ 17 Abs. 3 OWiG). Bei geringer Schuld und fehlender Wiederholungsgefahr kann die Berufsgenossenschaft auch eine **Verwarnung** aussprechen, ein **Verwarnungsgeld** in Höhe von 5 bis 35 € erheben (§ 56 Abs. 1 OWiG) oder ganz **von** einer **Ahndung absehen.**

Verstöße gegen UVV haben nicht nur Bedeutung als Ordnungswidrigkeit. Sie können sich auch mittelbar im **Zivil- oder Strafverfahren** auswirken. Will z. B. eine UVV eine bestimmte Gefahr verhüten und tritt bei Missachtung der UVV der befürchtete Unfall ein, dann wird zunächst einmal vermutet, dass der Unfall bei Beachtung der UVV nicht geschehen wäre. Wer gegen eine UVV verstößt, kann sich in der Regel nicht darauf berufen, der Schaden sei nicht vorhersehbar gewesen.[3] Ein Mitarbeiter kann die Arbeit verweigern, wenn und soweit er sie nur unter Verstoß gegen UVV ausführen könnte.[4]

II. Haftung

1. Grundsatz

Im Grundsatz haften Arbeitnehmer dem **Arbeitgeber,** den **Kollegen** und betriebsfremden **Dritten** (Lieferanten, Kunden, Besuchern usw.) für alle **Personen- und Sachschäden,** die sie schuldhaft verursachen, dem Arbeitgeber darüber hinaus auch für **Vermögensschäden** (z. B. für entgangenen Gewinn). Dieser Grundsatz ist aber in dreifacher Hinsicht eingeschränkt:

Arbeitnehmer haften **grundsätzlich nicht für Vermögensschäden, die durch fehlerhafte Entscheidungen** entstehen, wenn sie die gebotene Sorgfalt gewahrt und Vorkehrungen beachtet haben, die das Unternehmen gegen Fehlentscheidungen getroffen hat, wie Zuständigkeitsabgrenzungen, Richtlinien, die Beschränkung von Vollmachten im Innenverhältnis oder Weisungen.

Für **Personenschäden** infolge von Arbeitsunfällen haftet grundsätzlich der zuständige **Unfallversicherungsträger,** im gewerblichen Bereich die Berufsgenossenschaft („Haftungsablösung durch Unfallversicherungsschutz", §§ 104 ff. SGB VII). Bei Vorsatz und bei grober Fahrlässigkeit kann der Arbeitnehmer allerdings in Regress genommen werden.

Für **Sachschäden,** die im Rahmen einer betrieblich veranlassten Tätigkeit fahrlässig verursacht werden, haften Arbeitnehmer nur beschränkt. Der Haftungsumfang hängt vor allem vom Grad des Verschuldens ab.[5] Soweit die Haftung beschränkt ist, muss der Arbeitgeber den Arbeitnehmer auch von Schadensersatzansprüchen Dritter (Kollegen, Betriebsfremden usw.) freistellen.

2. Voraussetzungen der Schadensersatzpflicht

Schadensersatz ist zu leisten, wenn ein Mitarbeiter schuldhaft ein geschütztes Rechtsgut, den Arbeitsvertrag oder ein Schutzgesetz verletzt und dadurch einen Schaden verursacht.

Geschützte Rechtsgüter sind vor allem Leben, Körper, Gesundheit und Eigentum (vgl. § 823 Abs. 1 BGB), aber auch der eingerichtete und ausgeübte Gewerbebetrieb des Arbeitgebers; das Vermögen wird „deliktsrechtlich" nur gegen bestimmte Beeinträchtigungen geschützt, etwa gegen Schädigung durch Betrug, Verrat von Betriebs- und Geschäftsgeheimnissen oder die Annahme von Schmiergeldern (§ 823 Abs. 2 BGB i. V. m. §§ 263, 299 StGB; § 17 UWG). Es kommt nicht darauf an, ob es sich um ein Rechtsgut des Arbeitgebers oder eines Arbeitskollegen oder eines Betriebsfremden handelt. **Vertragsverletzungen** können allerdings nur dem Arbeitgeber gegenüber begangen werden, nur mit ihm besteht ein Vertrag. Dafür verpflichten sie zum Ersatz aller unmittelbaren und mittelbaren Nachteile einschließlich der Vermögensschäden (§ 280 Abs. 1 S. 1 BGB).

Die Verletzung kann durch **Tun oder Unterlassen** erfolgen. Eine Verletzung durch Unterlassen ist rechtlich von Bedeutung, wenn eine Rechtspflicht zum Handeln besteht. Eine solche Pflicht kann sich aus Gesetz, Arbeitsvertrag oder vorangegangenem Tun ergeben. Im Arbeitsrecht spielen vor allem die Nebenpflichten eine große Rolle (§ 241 Abs. 2 BGB). Dazu zählen die Pflicht zur Gefahrenabwehr von Mensch und Gütern, Obhuts- und Bewahrungspflichten hinsichtlich der betrieblichen Einrichtungen, des Materials usw. und nicht zuletzt Auswahl- und Überwachungspflichten. Vorangegangenes Tun besteht in der Schaffung einer Gefahr, die sich dann realisiert.

Die Verletzung muss **schuldhaft** erfolgt sein, d. h. vorsätzlich oder fahrlässig. **Vorsätzlich** handelt, wer den rechtswidrigen Erfolg vorausgesehen und gewollt oder zumindest billigend in Kauf genommen hat („na, wenn schon"), **fahrlässig**, wer mit der Erfolgsmöglichkeit gerechnet, unter Außerachtlassung der verkehrsüblichen Sorgfalt aber auf das Nichteintreten gehofft hat („es wird schon gut gehen") oder wer die Erfolgsmöglichkeit nicht erkannt hat, obwohl er sie hätte erkennen können.

Schaden ist jede unfreiwillige Einbuße an Gütern. Die Güter können materieller (sogenannte vermögenswerte Güter) oder immaterieller (Leben, Körper, Gesundheit, Ehre) Art sein. Vermögenseinbußen sind voll zu ersetzen, Nichtvermögensschäden dann, wenn das durch Gesetz ausdrücklich bestimmt ist (§ 253 Abs. 1 BGB; so bei den Ansprüchen auf Schmerzensgeld, § 253 Abs. 2 BGB, und wegen Diskriminierung, § 15 Abs. 2 AGG). Den Schädiger entlastet es auch nicht, wenn der von ihm verletzte und deshalb arbeitsunfähige Kollege von seinem Arbeitgeber Entgeltfortzahlung erhält. Der Arbeitgeber kann ihn in Regress nehmen (§ 6 EfzG). Zu ersetzen ist nicht nur der Schaden am Rechtsgut selbst (bei Zerstörung von Sachen die Kosten der Wiederbeschaffung, bei Beschädigung die Reparaturkosten, bei Körperverletzung die Heil- und Pflegekosten), sondern auch die sonstigen Vermögenseinbußen, wie entgangener Gewinn (§ 252 BGB), Nutzungsausfall oder der Verlust von Schadensfreiheitsrabatt bei Inanspruchnahme einer Versicherung.[6]

Haftung des Arbeitnehmers bei betrieblich veranlasster Tätigkeit			
	gegenüber Betriebsfremden	gegenüber Kollegen	gegenüber dem Arbeitgeber
Personenschaden	bei Vorsatz und Fahrlässigkeit (bei Fahrlässigkeit Freistellungsanspruch gegen den Arbeitgeber, soweit bei einer Beschädigung von Sachen des Arbeitgebers die Haftung ausgeschlossen wäre), Ausnahme: Wird der Betriebsfremde wie ein im Betrieb Beschäftigter tätig, so gilt dieselbe Haftungsregelung wie gegenüber Kollegen.	nur bei Vorsatz, bei grober Fahrlässigkeit Regress des Sozialversicherungsträgers (nach billigem Ermessen, vor allem bei Missverhältnis zwischen Arbeitsentgelt und verwirklichtem Schadensrisiko, völliger oder teilweiser Verzicht möglich)	nur bei Vorsatz, bei grober Fahrlässigkeit Regress des Sozialversicherungsträgers (nach billigem Ermessen, vor allem bei Missverhältnis zwischen Arbeitsentgelt und verwirklichtem Schadensrisiko, völliger oder teilweiser Verzicht möglich)
Sachschaden	bei Vorsatz und Fahrlässigkeit (bei Fahrlässigkeit Freistellungsanspruch gegen den Arbeitgeber, soweit bei einer Beschädigung von Sachen des Arbeitgebers die Haftung ausgeschlossen wäre)	bei Vorsatz und Fahrlässigkeit (bei Fahrlässigkeit Freistellungsanspruch gegen den Arbeitgeber, soweit bei einer Beschädigung von Sachen des Arbeitgebers die Haftung ausgeschlossen wäre)	bei Vorsatz und gröbster Fahrlässigkeit: voll, bei grober Fahrlässigkeit: grundsätzlich voll (Ausnahme: Missverhältnis zwischen Entgelt und verwirklichtem Schadensrisiko), bei normaler Fahrlässigkeit: Schadensteilung, bei leichter Fahrlässigkeit: keine Haftung
sonstiger Vermögensschaden	nur bei Vorsatz	nur bei Vorsatz	wie bei Sachschaden (falsche unternehmerische Entscheidung begründet für sich allein kein Verschulden)

Die Handlung (Unterlassung) muss für die Rechtspflichtverletzung **ursächlich** sein („haftungsbegründende Kausalität"), die Pflichtverletzung für den Schaden („haftungsausfüllende Kausalität"). Damit der Schadensersatz nicht ausufert, wird ein Schaden dem Handelnden nur dann zugerechnet, wenn seine Handlung oder sein Unterlassen im Allgemeinen und nicht nur unter ganz besonders eigenartigen, ganz unwahrscheinlichen und nach dem regelmäßigen Verlauf der Dinge außer Betracht zu lassenden Umständen zur Herbeiführung des Erfolgs geeignet war.[7] Ferner muss der Schaden nach Art und Entstehungsweise unter den Schutzzweck der verletzten Norm fallen; es muss sich um Nachteile handeln, die aus dem Bereich der Gefahren stammen, zu deren Abwendung die verletzte Norm erlassen wurde.[8]

Die Schadensersatzpflicht kann gemindert sein, wenn den Arbeitgeber ein **Mitverschulden** trifft (§ 254 BGB). Ein Mitverschulden kann darin liegen, dass er das Unternehmen nicht richtig organisiert, dass er keine oder unklare Richtlinien erlässt oder fehlerhafte oder ungenaue Anweisungen erteilt, ungeeignete Mitarbeiter einstellt oder Mitarbeiter überlastet, ungeeignete oder fehlerhafte Arbeitsgeräte zur Verfügung stellt, nicht auf die Möglichkeit eines ungewöhnlichen oder ungewöhnlich hohen Schadens aufmerksam macht oder den Schaden nicht eindämmt, obwohl er das könnte usw. Dabei muss sich der Arbeitgeber auch das Verschulden seiner Vertreter und Erfüllungsgehilfen zurechnen lassen, etwa eine Pflichtverletzung des Vorgesetzten (§§ 254 Abs. 2 S. 2, 278 BGB).

3. Haftungsbeschränkung bei betrieblich veranlasster Tätigkeit

Die Haftung ist eingeschränkt bei Arbeiten, die betrieblich veranlasst sind und aufgrund eines Arbeitsverhältnisses geleistet werden (**„innerbetrieblicher Schadensausgleich"**, vgl. § 276 Abs. 1 S. 1 BGB). Ob die Tätigkeit „gefahrgeneigt" ist, spielt keine Rolle.[9] Betrieblich veranlasst sind Arbeiten, die der Arbeitnehmer aufgrund seines Arbeitsvertrags schuldet oder die ihm der Arbeitgeber zuweist, darüber hinaus Arbeiten, die aus der Sicht des Arbeitnehmers dem Unternehmen dienen oder dienen sollen. Gleichgültig ist, ob die Arbeiten ordnungsgemäß oder fehlerhaft, sorgfältig oder leichtsinnig ausgeführt werden. Keine betriebliche Veranlassung besteht für Tätigkeiten, die allein dem persönlichen Lebensbereich des Arbeitnehmers zuzuordnen sind (Essen, Trinken, Rauchen, Spazierengehen, Rauferei).[10]

Der Umfang der Haftungsbeschränkung richtet sich nach dem **Grad des Verschuldens:**

Bei **Vorsatz** haftet der Arbeitnehmer immer auf **vollen Schadensersatz.** Der Vorsatz muss sich auf Verletzungshandlung und Verletzungserfolg beziehen.[11] Wer Vorsatz „nur" bezüglich der Pflichtverletzung hat, also beispielsweise eine Schutzvorrichtung an einer Maschine entfernt, im Übrigen aber hofft, es werde schon gut gehen, handelt zwar fahrlässig und im Allgemeinen sogar grob fahrlässig, vorsätzlich würde er aber nur handeln, wenn er zumindest in Kauf nähme, dass jemand verletzt oder Sachen beschädigt werden. **Besonders grobe** („gröbste") **Fahrlässigkeit** hat das BAG in einem Fall dem Vorsatz gleichgestellt, in dem eine Ärztin gleich mehrere Sicherheitsvorkehrungen missachtete mit der Folge, dass die Patientin verstarb.[12]

Bei **grober Fahrlässigkeit** hat der Arbeitnehmer in aller Regel den gesamten Schaden zu tragen. Grobe Fahrlässigkeit liegt vor, wenn die Sorgfaltspflicht in besonders schwerem Maße verletzt wird, d. h. wenn schon einfachste, ganz nahe liegende Überlegungen nicht angestellt werden, die im konkreten Fall jedem hätten einleuchten müssen. Grob fahrlässig handelt im Allgemeinen, wer Ge- oder Verbote missachtet, die der Verhütung eines Schadens dienen, und dadurch einen Schaden herbeiführt, wer sich also beispielsweise nicht an eine Geschäftsordnung oder an Weisungen des Arbeitgebers hält oder wer Verkehrs- oder Unfallverhütungsvorschriften übertritt. **Ausnahmsweise** sind auch bei grober Fahrlässigkeit **Haftungserleichterungen** möglich. Dabei sind alle Umstände des Einzelfalles abzuwägen, insbesondere in welchem Verhältnis der Verdienst des Arbeitnehmers zum verwirklichten Schadensrisiko der Tätigkeit steht. Ein deutliches Missverhältnis liegt noch nicht vor, wenn der zu ersetzende Schaden sich auf etwa 3,5 Monatsgehälter beläuft.[13]

Bei **normaler Fahrlässigkeit** ist der Schaden in aller Regel zwischen Arbeitgeber und Arbeitnehmer **aufzuteilen.** Die „Quote" des Arbeitnehmers richtet sich im Rahmen einer Abwägung der Gesamtumstände, insbesondere von Schadensanlass und Schadensfolgen, nach Billigkeits- und Zumutbarkeitsgesichtspunkten. Zu den Umständen, denen je nach Lage des Einzelfalles ein unterschiedliches Gewicht beizumessen ist und die im Hinblick auf die Vielfalt möglicher Schadensursachen auch nicht abschließend bezeichnet werden können, gehören der Grad des Verschuldens, die Gefahrgeneigtheit der Arbeit, die Höhe des Schadens, ein vom Arbeitgeber einkalkuliertes oder durch Versicherung abdeckbares Risiko, die Stellung des Arbeitnehmers im Betrieb und die Höhe des Arbeitsentgelts, in dem möglicherweise eine Risikoprämie enthalten ist. Auch können unter Umständen die persönlichen Verhältnisse des Arbeitnehmers, wie die Dauer seiner Betriebszugehörigkeit, sein Lebensalter, seine Familienverhältnisse und sein bisheriges Verhalten, zu berücksichtigen sein.[14]

Bei **leichter** (= leichtester) **Fahrlässigkeit** haftet der Arbeitnehmer **nicht.** Leichte Fahrlässigkeit liegt vor, wenn es trotz sorgfältiger Arbeit zu dem Schaden gekommen ist und wenn der Schaden auch einem anderen, sorgfältig arbeitenden Mitarbeiter hätte unterlaufen können. Das wird vor allem dann der Fall sein, wenn der Arbeitnehmer die erforderlichen Sicherheitsvorkehrungen beachtet hat. Dabei entscheiden die Umstände im Einzelfall: die Gefahrenträchtigkeit der Arbeit, die Möglichkeit, Schutzvorkehrungen zu treffen, Zeitdruck usw.

Die Grundsätze des innerbetrieblichen Schadensausgleichs gelten für **alle Arbeitnehmer,** auch für leitende Angestellte. Von ihnen kann durch Vertrag nicht zu Lasten der Arbeitnehmer abgewichen werden.[15] Die Haftungsbeschränkung entfällt jedoch, wenn eine gesetzlich vorgeschriebene Haftpflichtversicherung (z. B. Kfz-Haftpflichtversicherung) den Schaden übernimmt, da dann der Arbeitnehmer nicht unzumutbar persönlich belastet wird.[16] Anders ist es bei freiwilligem Abschluss einer privaten Haftpflichtversicherung. Hier haftet der Arbeitnehmer nur eingeschränkt,[17] weil die private

Haftpflichtversicherung nur in dem Umfang haftet, in dem der Arbeitnehmer haftet. Eine generelle Begrenzung der Haftung auf eine Höchstsumme (z. B. auf den dreifachen Monatsverdienst) lehnt die Rechtsprechung ab.[18]

Die Grundsätze der Haftungsbeschränkung gelten an sich nur im Verhältnis Arbeitnehmer/Arbeitgeber, d. h. die Haftung ist nur bezüglich der Schäden beschränkt, die ein Arbeitnehmer dem Arbeitgeber zufügt. Bei der Schädigung eines Kollegen oder eines betriebsfremden Dritten kann der Arbeitnehmer sich nicht auf die Grundsätze der Haftungsbeschränkung berufen.[19] Der Arbeitnehmer hat jedoch gegenüber seinem Arbeitgeber einen **Freistellungsanspruch,** soweit er, wären die Grundsätze der Haftungsbeschränkung anwendbar, nicht für seinen Schaden einzustehen hätte.[20] Diesen Anspruch kann der Arbeitnehmer an den geschädigten Dritten abtreten; der Geschädigte kann dann vom Arbeitgeber Zahlung verlangen.[21] Der Arbeitnehmer bleibt allerdings schadensersatzpflichtig, wenn der Arbeitgeber zahlungsunfähig ist.[22] Hat eine Haftpflichtversicherung den Schaden zu ersetzen, so kann sie auch bei grober Fahrlässigkeit nicht Rückgriff nehmen (§§ 152 VVG, 4 Abs. 2 S. 1 AHB). Die Vereinbarung einer Haftungsbeschränkung zwischen Arbeitgeber und Dritten wirkt auch zugunsten des Arbeitnehmers.[23]

4. Haftungsbeschränkung bei Personenschäden

Bei Personenschäden ist die Haftung noch stärker eingeschränkt. Verursacht ein Arbeitnehmer durch eine betriebliche Tätigkeit bei einem Versicherten desselben Betriebes einen Arbeitsunfall, so haftet er für den Personenschaden nur bei Vorsatz (§ 105 Abs. 2 Satz 1 SGB VII). Neben ihm haftet der zuständige **Träger der gesetzlichen Unfallversicherung** (Berufsgenossenschaft, Eigenunfallversicherungsträger usw.); dieser gewährt u. a. Verletztengeld (§§ 45 ff. SGB VII) und Verletztenrente (§§ 56 ff. SGB VII).

Arbeitsunfall ist ein Unfall, den ein Versicherter infolge einer den Versicherungsschutz begründenden Tätigkeit erleidet (§ 8 Abs. 1 S. 1 SGB VII). Unfälle sind zeitlich begrenzte, von außen auf den Körper einwirkende Ereignisse, die zu einem Gesundheitsschaden oder zum Tode führen (§ 8 Abs. 1 S. 2 SGB VII). Zeitlich begrenzt sind nicht nur plötzliche Ereignisse, sondern alle Vorgänge bis zur Dauer von einer Arbeitsschicht.[24] Zu den von außen einwirkenden Ereignissen zählen auch Überanstrengung und Überarbeitung oder der Fußboden, auf den der Stolpernde aufschlägt; von innen wirkt dagegen ein Anfallleiden.[25] Gesundheitsschäden sind alle regelwidrigen körperlichen, geistigen oder seelischen Zustände, auch in der Gestalt der Verschlimmerung eines bestehenden Leidens.[26] Als Gesundheitsschaden gilt ferner die Beschädigung oder der Verlust von Hilfsmitteln, wie Prothesen, Brillen oder Hörapparaten (§§ 8 Abs. 3, 31 SGB VII), wenn sie mit der Einwirkung auf den Körper zusammenhängen (z. B. Bruch der Brille bei einem Sturz).

Der Unfall des Versicherten muss **in einem inneren Zusammenhang mit der versicherten Tätigkeit** stehen. Versichert sind alle Tätigkeiten, die dem Unternehmen bei vernünftiger Betrachtungsweise dienlich sind, selbst wenn der Versicherte einer Fehleinschätzung unterliegt oder sein Handeln schädliche Folgen hat.[27] Verbotswidriges Handeln schadet solange nicht (§ 7 Abs. 2 SGB VII), wie der Unfall nicht absichtlich herbeigeführt wurde.[28] Nicht versichert sind „eigenwirtschaftliche Tätigkeiten"[29] sowie Unfälle, die der Geschädigte im Zustande der Volltrunkenheit[30] oder bei handgreiflichen Auseinandersetzungen erleidet.[31]

Die Haftung ist nicht nur gegenüber betriebsangehörigen Kollegen beschränkt, sondern auch gegenüber Personen, die **wie** (Stamm)**Beschäftigte im Unternehmen tätig** werden, denn auch sie genießen den Schutz der gesetzlichen Unfallversicherung (§ 2 Abs. 2 S. 1 SGB VII). Voraussetzung ist, dass sie eine ernstliche, dem Unfallbetrieb dienende Tätigkeit verrichtet haben, die dem wirklichen oder mutmaßlichen Willen des Inhabers entsprach und den Tätigkeiten ähnelte, die von den im Unfallbetrieb beschäftigten Arbeitnehmern selbst verrichtet werden.[32] Auf persönliche oder wirtschaftliche Abhängigkeit, die Beweggründe des Handelns und die Zeitdauer der Verrichtung kommt es nicht an. Allerdings darf sich die Tätigkeit nicht nur zufällig im Einflussbereich des Unfallbetriebes abgespielt haben, die Arbeit muss einen inneren Bezug zum Unfallunternehmen aufweisen. Wer nur einen Auftrag seines Stammunternehmens ausführt und dabei in einem fremden Betrieb zu Schaden kommt, kann sich ohne weiteres unmittelbar an den Schädiger halten, so etwa der betriebsfremde Fahrer, der beim Abladen, oder der betriebsfremde Monteur, der bei einer Reparatur infolge grober Unachtsamkeit eines Mitarbeiters verunglückt. Im Ergebnis wirkt sich die Haftungsbeschränkung **vor allem** für und gegen **Leiharbeitnehmer** aus.

Der Haftungsausschluss setzt weiter voraus, dass der Arbeitsunfall durch eine **betriebliche Tätigkeit** verursacht wurde. Eine betriebliche Tätigkeit erfordert mehr als die bloße Anwesenheit des Schädigers im Betrieb.[33] Der Schädiger muss den Arbeitsunfall vielmehr durch eine Tätigkeit verursacht haben, die unmittelbar mit dem Zweck des Betriebes zusammenhängt.[34] Das kann eine vom Arbeitgeber ausdrücklich zugewiesene Aufgabe sein, aber auch jede andere betriebsbezogene, d. h. dem Betriebsinteresse dienende Tätigkeit.[35] Ob die Tätigkeit sachgerecht oder fehlerhaft, vorsichtig oder leichtsinnig, den Unfallverhütungsvorschriften entsprechend oder nicht ausgeübt wurde, ist gleichgültig,[36] solange sie überwiegend betrieblich motiviert war und keine „eigenwirtschaftliche Tätigkeit" zu privaten Zwecken des Schädigers darstellt. Das Haftungsprivileg entfällt ferner dann, wenn der Arbeitsunfall vorsätzlich herbeigeführt wurde.

Die Haftungsbeschränkung erfasst **sämtliche** durch die Verletzung der Person entstandenen Vermögensschäden. Dazu rechnen die Heilungs- und Therapiekosten, vermehrte Bedürfnisse und Erwerbsausfall, bei den Angehörigen deren Aufwendungen für Pflege und Besuch des Verletzten, bei den Hinterbliebenen Beerdigungskosten und entgangener Unterhalt.[37] Der Geschädigte kann auch **kein Schmerzensgeld** verlangen, obwohl die Unfallversicherungsträger keine entsprechenden Leistungen erbringen,[38] es sei denn, er ist vorsätzlich verletzt worden. Nicht ausgeschlossen ist die Haftung wegen Sachschäden; insoweit gelten die Grundsätze über den innerbetrieblichen Schadensausgleich.

Hat der privilegierte Schädiger den Versicherungsfall vorsätzlich oder grob fahrlässig herbeigeführt, kann der Unfallversicherungsträger bei ihm **Regress** nehmen. Vorsatz oder grobe Fahrlässigkeit brauchen sich nur auf das den Versicherungsfall verursachende

Handeln oder Unterlassen zu beziehen (§ 110 Abs. 1 S. 3 SGB VII). Bei der Frage, ob grobe Fahrlässigkeit vorliegt, sind nicht nur objektive Maßstäbe, sondern auch die in der Person des konkreten Schädigers liegenden subjektiven Umstände zu berücksichtigen.[39] Ein objektiv grober Pflichtverstoß – etwa gegen eine wichtige Unfallverhütungsvorschrift – ist noch nicht gleichbedeutend mit einer großen persönlichen Schuld. Der Regress ist nur bei besonders krassen und auch subjektiv schlechthin unentschuldbaren Pflichtverletzungen gerechtfertigt.[40] Nicht erforderlich ist, dass der Schädiger den Schaden vorausgesehen oder gar billigend in Kauf genommen hat. Die grobe Fahrlässigkeit muss der Sozialversicherungsträger beweisen, einen Anscheinsbeweis gibt es nicht, nicht einmal bei einem Verstoß gegen eine besonders wichtige UVV.[41]

Die Sozialversicherungsträger haben die Möglichkeit, nach billigem Ermessen, insbesondere unter Berücksichtigung der wirtschaftlichen Verhältnisse des Schädigers, auf den Ersatzanspruch ganz oder teilweise zu **verzichten** (§ 110 Abs. 2 SGB VII). Ist ein Verzicht geboten, so müssen sie sogar verzichten.[42]

5. Mankoabrede

Für ein **Manko,** d. h. für die Differenz zwischen dem Soll und dem Ist eines ihm anvertrauten Geld- oder Warenbestandes (z. B. Kassenfehlbetrag, Fehlbestand in einem Warenlager), haftet der Arbeitnehmer, wenn nichts anderes vereinbart ist, nach den allgemeinen Grundsätzen, d. h. bei Vorsatz oder Fahrlässigkeit; bei Fahrlässigkeit ist die Haftung nach den Grundsätzen über die Arbeitnehmerhaftung bei betrieblich veranlasster Tätigkeit beschränkt.[43]

Arbeitgeber und Arbeitnehmer können aber eine stärkere Haftung vereinbaren (sogenannte **Mankoabrede**). Sie können verabreden, dass der Arbeitnehmer auch ohne Verschulden für den Fehlbestand haftet und/oder dass er auch für nicht voll beherrschbare Umstände und Risiken wie die Beaufsichtigung von Mitarbeitern oder die Zugriffsmöglichkeit Dritter einzustehen hat. Dazu bedarf es aber einer eindeutigen und klaren Regelung. Sie ergibt sich noch nicht allein aus der Art der Tätigkeit oder aus der Stellung im Betrieb.[44] Voraussetzung für die erweiterte Haftung ist außerdem, dass der Arbeitnehmer ein Mankogeld oder eine höhere laufende Vergütung erhält. Die Haftung ist auf die Höhe dieses Entgeltteils beschränkt.[45] Im Ergebnis erhält der Arbeitnehmer also eine Prämie für den Fall, dass kein Manko auftritt.

III. Eigener Schaden des Arbeitnehmers

Erleidet der Arbeitnehmer bei einer betrieblich veranlassten Tätigkeit einen Sachschaden oder einen sonstigen Vermögensschaden, ohne dass der Arbeitgeber, ein Kollege oder sonst jemand ihn verschuldet hat (sogenannter **Eigenschaden**), so hat er diesen Schaden grundsätzlich selbst zu tragen. Ausnahmsweise kann er vom Arbeitgeber Ersatz unter dem Gesichtspunkt des **Aufwendungsersatzes** verlangen (§ 670 BGB analog), wenn der Schaden in dessen Betätigungsbereich entstanden ist, der Arbeitnehmer für den Schaden keine besondere Vergütung erhalten hat und er nicht zu seinem Betätigungsbereich gehört. Dem Betätigungsbereich des Arbeitgebers sind grundsätzlich alle Schadensrisiken zuzurechnen, die im Zusammenhang mit einer betrieblich veranlassten Tätigkeit stehen und die der Arbeitgeber hätte tragen müssen, wenn er die Arbeitsleistung selbst erbracht hätte oder wenn er dem Arbeitnehmer eigene Arbeitsmittel zur Verfügung gestellt hätte. Dabei kommt es weder darauf an, ob die Arbeit besonders gefährlich war, noch darauf, ob sich die Arbeitsvertragsparteien möglicher Risiken bewusst waren. Betrieblich veranlasst ist auch eine Fahrt mit dem eigenen Pkw zur Arbeitsstelle im Rahmen der Rufbereitschaft, wenn der Arbeitnehmer nur so rechtzeitig seine Arbeit aufnehmen kann.[46] Dagegen ist der Ersatzanspruch ausgeschlossen, wenn der Arbeitnehmer sein Vorgehen den Umständen nach nicht für erforderlich halten durfte, wenn er also beispielsweise sein eigenes Kraftfahrzeug für eine Dienstfahrt benutzt, obwohl ihm der Arbeitgeber die Benutzung der öffentlichen Verkehrsmittel angeboten hat.[47] Ein Verschulden des Arbeitnehmers ist nach den Grundsätzen über die Haftungsbeschränkung bei betrieblich veranlasster Tätigkeit zu berücksichtigen (§ 254 BGB analog).[48]

> **BEISPIEL:** Der häufigste und wichtigste Fall des Aufwendungsersatzes für Eigenschäden ist der der Benutzung des privaten PKWs für Dienstfahrten. Unternimmt der Arbeitnehmer mit seinem Kraftfahrzeug mit Zustimmung des Arbeitgebers eine Dienstfahrt und erspart der Arbeitgeber dadurch den Einsatz eines eigenen Kraftfahrzeugs, so kann der Arbeitnehmer bei einem Unfall vom Arbeitgeber Ersatz der Schadenskosten einschließlich eines etwaigen Nutzungsausfalls verlangen (nicht im Allgemeinen einen Rückstufungsschaden). Der Anspruch wird nicht dadurch ausgeschlossen, dass der Arbeitnehmer Kilometergeld im Rahmen der Lohnsteuerrichtlinien erhält. Allerdings muss er sich ein eigenes Verschulden an dem Unfall anrechnen lassen. Die Grundsätze über die Haftungsbeschränkung bei betrieblich veranlasster Tätigkeit gelten sozusagen spiegelverkehrt: Bei Vorsatz und gröbster Fahrlässigkeit ist ein Anspruch ausgeschlossen, ebenso in der Regel bei grober Fahrlässigkeit; bei mittlerer Fahrlässigkeit kann der Arbeitnehmer Ersatz eines Teilschadens verlangen, bei leichter vollen Schadensersatz.

Dem Arbeitgeber ist es nicht verboten, dem Arbeitnehmer **Geldstrafen oder Geldbußen** für Straftaten oder Ordnungswidrigkeiten, die dieser bei der Arbeitsausübung begeht, zu erstatten. Eine Pflicht des Arbeitgebers zur Erstattung besteht nur, wenn er durch eine Anordnung bewusst in Kauf nimmt, dass es zu der Straftat oder zu der Ordnungswidrigkeit kommt. Eine vorherige Zusage, die Geldstrafe oder die Geldbuße zu erstatten, ist unwirksam.[49]

IV. Pflichtendelegation

1. Grundsätze

Die zuständigen Behörden können eine Vielzahl öffentlich-rechtlicher Verpflichtungen durch Anordnungen und Bußgelder durchsetzen; nicht wenige Vorschriften sind sogar strafbewehrt. Aus den jeweiligen Normen ergibt sich, wer im Unternehmen zur Verantwortung gezogen werden kann. **„Jedermann"**-Vorschriften sind von allen im Betrieb Beschäftigten zu beachten; für ihre Einhaltung haftet jeder Mitarbeiter selbst. Das gilt insbesondere für die Normen des allgemeinen Strafrechts, wie Betrug, Untreue, Umweltvergehen. Die meisten Vorschriften, vor allem im sozialen und technischen Arbeitsschutzrecht, richten sich aber nur an den **Arbeitgeber.**[50] Diese Verpflichtungen hat er grundsätzlich selbst zu erfüllen, für Verstöße haftet er persönlich. In juristischen Personen haften die zuständigen **Mitglieder des Vorstands oder der Geschäftsführung** (§§ 14 Abs. 1 Nr. 1 StGB, 9 Abs. 1 Nr. 1 OWiG, 13 Abs. 1 Nr. 1, 2 ArbSchG), in Personenhandelsgesellschaften (OHG, KG, EWIV usw.) die **vertretungsberechtigten Gesellschafter** (§§ 14 Abs. 1 Nr. 2 StGB, 9 Abs. 1 Nr. 2 OWiG, 13 Abs. 1 Nr. 3 ArbSchG).

Dem Arbeitgeber steht es frei, wie er sicherstellt, dass die ihm obliegenden Verpflichtungen wirksam erfüllt werden. Er kann – und muss, da er nicht jeden einzelnen Arbeitsvorgang selbst zu beherrschen vermag – Verantwortung „nach unten" delegieren. Eine solche Pflichtendelegation ist grundsätzlich möglich. Sie hat zur Folge, dass die **zuständigen Mitarbeiter** nunmehr von der zuständigen Stelle in Anspruch genommen und – unter Umständen neben dem Arbeitgeber – mit Bußgeldern oder Strafen belegt werden können. Voraussetzung für die Übertragung von Verantwortung ist, dass dem Mitarbeiter zugleich die Entscheidungsbefugnisse in dem Verantwortungsbereich übertragen werden. Die bloße Übertragung von Verantwortung ohne gleichzeitige Übertragung von Entscheidungsbefugnissen macht nicht haftbar. Umgekehrt zieht Entscheidungsbefugnis aber eine entsprechende Verantwortlichkeit nach sich. Das hat zur Folge, dass mit dem Aufgabenbereich und den Befugnissen auch die Verantwortlichkeit wächst. Das Gesetz selbst unterscheidet nach diesem Kriterium zwischen Leitern von Betrieben oder Betriebsteilen und sonstigen Beauftragten.

2. Leiter von Betrieben und Betriebsteilen

Für **Leiter von Betrieben und Betriebsteilen** (§§ 14 Abs. 2 Nr. 1 StGB, 9 Abs. 2 Nr. 1 OWiG, 13 Abs. 1 Nr. 4 ArbSchG) ergibt sich die straf- und ordnungsrechtliche Verantwortlichkeit unmittelbar aus ihrer Stellung. Sie haften für alle Pflichten, die dem Arbeitgeber in dem von ihnen geführten Betrieb oder Betriebsteil obliegen, ohne dass ihnen diese Pflichten ausdrücklich übertragen werden müssten; die Pflichten müssen nicht einmal im Einzelnen festgelegt werden.

Den **Betrieb leitet,** wem die Führung des Betriebs nach innen und außen verantwortlich übertragen ist und wer infolgedessen selbstständig anstelle des Inhabers tätig wird.[51] Das können auch mehrere Personen sein, wenn sie gemeinsam für den Betrieb verantwortlich sind. Bloße **Beaufsichtigung** ist keine Betriebsleitung.[52] Auf die Dienstbezeichnung kommt es nicht an; entscheidend ist der sachliche Gehalt der tatsächlich wahrgenommenen Entscheidungsbefugnisse.[53]

Zum Teil leitet den Betrieb, wer einen räumlich und organisatorisch (Zweigstelle, Nebenstelle, Produktionsbetrieb innerhalb eines Werkes) oder einen sachlich abgegrenzten Betriebsteil (kaufmännischer oder technischer Bereich) leitet.[54] Damit ist nicht schon jeder Abteilungsleiter Leiter eines Betriebsteiles. Die Verantwortlichkeit richtet sich nach der Reichweite der mit der Funktion verbundenen Entscheidungsbefugnisse.[55]

3. Sonstige Mitarbeiter

Der Arbeitgeber kann darüber hinaus **sonstige Mitarbeiter** beauftragen, in eigener Verantwortung Aufgaben wahrzunehmen, die ihm als Inhaber des Betriebs obliegen (§§ 14 Abs. 2 Nr. 2 StGB, 9 Abs. 2 S. 1 Nr. 2 OWiG, 13 Abs. 1 Nr. 5 ArbSchG). Voraussetzung ist, dass diese Mitarbeiter für ein Aufgabengebiet verantwortlich sind, in dem sie selbstständig Entscheidungen treffen und Maßnahmen zur Durchsetzung der an sich dem Arbeitgeber obliegenden Verpflichtungen anordnen können.[56] Dafür kommen grundsätzlich alle Vorgesetzten bis hin zum Vorarbeiter in Frage.[57]

Die Beauftragung muss, anders als bei Leitern von Betrieben und Betriebsteilen, **ausdrücklich** erfolgen. Damit sollen für alle Beteiligten klare Verhältnisse geschaffen werden; die nachträgliche Abwälzung von Verantwortung soll verhindert werden. Eine stillschweigende Bestellung, das bloße Dulden oder die konkludente Billigung der tatsächlichen Wahrnehmung einer Aufgabe genügen nicht.[58] Nicht erforderlich ist ein förmlicher Übertragungsakt oder die Bekanntmachung der Beauftragung nach außen; die Übertragung im Rahmen eines Arbeitsvertrages reicht aus. Wie konkret die Beauftragung sein muss, hängt von den Umständen des Einzelfalles ab. Es genügt, wenn der Beauftragte im Wesentlichen erkennen kann, was er zu tun und worauf er zu achten hat. Unschädlich ist es, wenn er sich über einzelne Pflichten in seinem Aufgabengebiet genauer erkundigen muss. Zu einer wirksamen Übertragung reicht die Übergabe einer Stellenbeschreibung aus, nicht dagegen die bloße Verleihung einer Funktionsbezeichnung. Fehlt eine **Stellenbeschreibung,** können die Pflichten zusammen mit den Befugnissen (Kompetenzen) in einem **„Pflichten-Katalog"** beschrieben werden, der dem Mitarbeiter ausgehändigt wird.[59] Da der Arbeitgeber die Beweislast für die Wirksamkeit der Pflichtendelegation trägt, empfiehlt es sich, die übertragenen Verantwortungsbereiche so genau wie möglich zu fassen, d. h. präzise zu beschreiben, wer welche Verantwortung in welchem Bereich wahrzunehmen hat und welche Anordnungsbefugnisse ihm dabei eingeräumt wurden. Die Übertragung sollte schriftlich dokumentiert werden.[60]

Auch hier reicht der **Umfang der Pflichten,** für die der Mitarbeiter selbst einzustehen hat, (nur) so weit wie seine Entscheidungsbefugnis. Behält sich der Vorgesetzte vorherige Zustimmung vor, so handelt der Mitarbeiter nicht in eigener Verantwortung; nachträgliche Kontrolle schadet nicht. Können Pflichten nur durch Einsatz finanzieller Mittel erfüllt werden, so muss ihm die selbstständige Verfügung über die Mittel gestattet sein. Im Übrigen muss sich die Pflichtendelegation im Rahmen des „Sozialadäquaten" bewegen. Aufgaben und damit verbundene Pflichten dürfen nur so weit delegiert werden, wie dies in einer modernen arbeitsteiligen Wirtschaft allgemein üblich ist. Unwirksam ist die Beauftragung von Personen, die den Anforderungen offensichtlich nicht gewachsen sind, etwa eines Auszubildenden mit der Verantwortung für die Einhaltung der Ladenschlusszeiten.[61] Fehlen einem Mitarbeiter in sonstigen Fällen die Kenntnisse und Erfahrungen zur eigenverantwortlichen Wahrnehmung der übernommenen Aufgabe, so muss er den Arbeitgeber unterrichten; sonst haftet er.[62]

4. Technischer Arbeitsschutz und Unfallverhütung

Im Bereich des **technischen Arbeitsschutzes** und der **Unfallverhütung** ist die Pflichtendelegation an zusätzliche Bedingungen gebunden. Beauftragt werden dürfen nur zuverlässige und fachkundige Personen, die theoretisches Wissen und praktische Erfahrungen im Hinblick auf die übertragene Aufgabe haben (§ 13 Abs. 2 ArbSchG).[63] Nicht unproblematisch ist es, Verantwortlichkeiten an Fachkräfte für Arbeitssicherheit zu delegieren, weil sie nach der Konzeption des ASiG vornehmlich den Unternehmer beraten, aber nicht selbst entscheiden sollen. Unwirksam ist ihre Betrauung allerdings nicht,[64] vorausgesetzt, dass sie entscheidungsbefugt sind, und das heißt, dass sie Mitarbeitern allgemein oder zumindest bei Gefahr im Verzug Weisungen erteilen dürfen. Die Übertragung arbeitsschutzrechtlicher Pflichten bedarf der **Schriftform** (§ 13 Abs. 2 ArbSchG). Im Bereich der Unfallverhütung muss der Verpflichtete die schriftliche Bestätigung, in der der übertragene Verantwortungsbereich und seine Befugnisse beschrieben sind, unterzeichnen (§ 12 S. 1, 2 UVV „Allgemeine Vorschriften" – BGV A 1). Das Schriftformerfordernis dient der Klarheit und der Beweisbarkeit und damit der rechtlichen Absicherung sowohl des Arbeitgebers als auch der beauftragten Person.[65] Es ist aber keine Wirksamkeitsvoraussetzung; eine Führungskraft haftet auch dann, wenn ihr ein Aufgabenbereich nur mündlich zugewiesen wird.[66] Der Arbeitgeber hat die Verantwortungsbereiche der von ihm Beauftragten klar zu bezeichnen und abzugrenzen, und er hat dafür zu sorgen, dass sie sich untereinander abstimmen (§ 13 UVV „Allgemeine Vorschriften" – BGV A 1).

Für die Übertragung unfallverhütungsrechtlicher Pflichten werden in der Regel Mustervordrucke des Hauptverbandes der gewerblichen Berufsgenossenschaften verwendet:

**Bestätigung der Übertragung von Unternehmerpflichten
(§ 14 Abs. 1 S. 1 Nr. 2 StGB, § 9 Abs. 2 S. 1 Nr. 2 OWiG, § 13 Abs. 1 Nr. 5,
Abs. 2 ArbSchG, § 15 Abs. 1 Nr. 1 SGB VII, § 12 BGV A 1)**

Herrn/Frau

werden für den Betrieb/die Abteilung*

der Firma

(Name und Sitz der Firma)

die dem Unternehmer hinsichtlich des Arbeitsschutzes und der Verhütung von Arbeitsunfällen, Berufskrankheiten und arbeitsbedingten Gesundheitsgefahren obliegenden Pflichten übertragen, in eigener Verantwortung

- – Einrichtungen zu schaffen und zu erhalten*
- – Anordnungen und sonstige Maßnahmen zu treffen*
- – eine wirksame Erste Hilfe sicherzustellen*
- – ärztliche Untersuchungen oder sonstige arbeitsmedizinische Maßnahmen zu veranlassen,*

soweit ein Betrag von . . . € nicht überschritten wird.*

Dazu gehören insbesondere:

…, den …

Unterschrift des Unternehmers   Unterschrift des Verpflichteten

* Nichtzutreffendes streichen

Vorgeschlagenes Muster der Unfallversicherungsträger (Anhang 1 zur BGV A 1/GUV 0.1)

Verantwortungsbereich und Befugnisse können, je nachdem, ob Mitarbeiter aufgrund ihrer Stellung im Betrieb über den Einsatz finanzieller Mittel entscheiden können oder nicht, etwa wie folgt umschrieben werden:

(Dazu gehören insbesondere)

- ■ „die Verpflichtung, selbstständig Einrichtungen, die der Arbeitssicherheit dienen, zu beschaffen, sicherheitswidrige Zustände und sicherheitsorganisatorische Mängel abzustellen. Herr/ Frau . . . hat die Einhaltung der sicherheitstechnischen und -organisatorischen Maßnahmen sowie die Benutzung von persönlichen Schutzausrüstungen zu überwachen. Wird bei der Durchführung der erforderlichen Maßnahmen der Betrag von 10.000 € überschritten, so ist unverzüglich die Entscheidung des zuständigen Vorgesetzten einzuholen" oder

■ „die Verpflichtung, auf die jeweils einzuhaltenden Sicherheits-
maßnahmen hinzuweisen und ihre Einhaltung zu überwachen,
insbesondere die Benutzung der persönlich erforderlichen
Schutzausrüstungen. Herr/Frau ... hat seinem/ihrem Vorgesetzten sicherheitswidrige Zustände und sicherheitsorganisatorische
Mängel unverzüglich zu melden. Bei Gefahr im Verzug ist er/sie
zum sofortigen Eingreifen verpflichtet".

5. Pflicht zur Pflichtenübernahme

Ob ein Arbeitnehmer verpflichtet ist, Pflichten des Arbeitgebers zu
übernehmen, richtet sich nach seinem Arbeitsvertrag. Im Bereich
des Arbeitsschutzes sind Vorgesetzte und Aufsichtspersonen von
vornherein im Rahmen ihrer Kompetenzen verpflichtet, für die
Sicherheit der ihnen anvertrauten Mitarbeiter aktiv zu sorgen. Vorgesetzter ist, wer kraft seiner ihm arbeitsvertraglich zugewiesenen
Position in der Lage und verpflichtet ist, unterstellten Mitarbeitern
Anweisungen für ihre Arbeit zu geben.[67] Im gewerblichen Bereich
können das z. B. Meister, Kolonnenführer oder Vorarbeiter sein. Im
Übrigen kommt es darauf an, ob die Pflichtendelegation dem in
Aussicht genommenen Beauftragten zumutbar ist oder nicht. Zu-
mutbarkeit ist zu bejahen, wenn er nach Ausbildung, Erfahrung
und Arbeitsgebiet qualifiziert ist, die übertragenen Pflichten ordnungsgemäß zu erfüllen.[68]

6. Weiterdelegation

Unternehmerpflichten können weiterdelegiert werden. Sie sind
weiterzudelegieren, wenn sich die übertragenen Aufgaben anders
nicht erfüllen lassen.[69] Auf diese Weise entstehen vielfach gestufte
„Delegationsketten", die vom Unternehmer über Werksleiter,
Abteilungsleiter, Gruppenleiter, Meister bis hin zum Vorarbeiter reichen können. Sinnvollerweise verbleiben dabei diejenigen Verantwortlichkeiten auf der Ebene des Delegierenden, zu deren Erfüllung
die Mitarbeiter auf der niedrigeren Ebene nicht über ausreichende
Kenntnisse verfügen.

7. Folgen der Pflichtendelegation

Eine wirksame Pflichtenübertragung **entlastet** nicht nur die Unternehmensleitung, sondern auch alle Vorgesetzten in der Delegationskette. Ohne Übertragung besteht die Gefahr, dass sie wegen Organisationsverschuldens haften, d. h. weil sie es unterlassen haben, durch Benennung eines Verantwortlichen für Sicherheit zu sorgen. Der Schutz wirkt aber nur, wenn die Kette **lückenlos** ist und wenn jede Übertragung entweder von der Unternehmensleitung selbst vorgenommen wird (d. h. vom zuständigen Vorstandsmitglied oder Geschäftsführer) oder wenn die Weiterdelegation ausdrücklich genehmigt ist. Reißt die Kette, so haftet der Vorgesetzte, der – von oben her gesehen – das letzte Glied bildet. Im eigenen Interesse sollte man also bei personellen oder organisatorischen Änderungen immer darauf achten, dass die Pflichtdelegation auf dem laufenden gehalten wird.

Auch bei lückenloser Delegation bleibt die Haftung für **eigene Verstöße** gegen öffentlich-rechtliche Vorschriften, für die **Duldung** von Verstößen von Mitarbeitern sowie für Verschulden bei der **Auswahl** und/oder **Überwachung** von Aufsichtspersonen bestehen.[70] Zur sorgfältigen Auswahl gehört nicht nur die Bestellung eines genügend ausgebildeten und verantwortungsbewussten Mitarbeiters, sondern auch die Vergewisserung, dass er die Vorschriften kennt. Die allgemeine Anweisung, er solle sich damit vertraut machen, genügt nicht.[71] Der Vorgesetzte handelt fahrlässig, wenn er sich nicht entsprechende Gewissheit verschafft. Daneben hat er zu kontrollieren, ob die Beauftragten die ihnen übertragenen Pflichten sachgerecht, rechtzeitig und vollständig wahrnehmen. Hat der Vorgesetzte eine geeignete Person sorgfältig ausgewählt, darf er zunächst davon ausgehen, dass sie ihre Pflichten ordnungsgemäß erfüllt. Deuten jedoch Anhaltspunkte darauf hin, dass Aufgaben nicht wie geboten erfüllt werden, muss eingegriffen werden.[72] Dem Arbeitgeber bleibt in jedem Fall eine persönliche Restverantwortung, da er die organisatorischen Grundvoraussetzungen dafür zu schaffen hat, dass die mit den übertragenen Aufgaben verbundenen Pflichten auch tatsächlich erfüllt werden; hierfür trägt er die **„unternehmerische Oberaufsicht".**

18. Kapitel

Beendigung von Arbeitsverhältnissen

Die **wichtigsten Beendigungstatbestände** sind

(1) die Kündigung
(2) die Anfechtung
(3) die Befristung und die Bedingung
(4) die vereinbarte Altersgrenze
(5) der Aufhebungsvertrag und
(6) die Auflösung durch das Gericht.

I. Kündigung

Im Normalfall endet das Arbeitsverhältnis durch Kündigung, d. h. durch einseitige Erklärung des Arbeitgebers oder des Arbeitnehmers. Der Arbeitgeber kann, außer in Kleinbetrieben und in den ersten sechs Monaten des Arbeitsverhältnisses, nur kündigen, wenn er einen Kündigungsgrund hat. Zur Kündigung im Einzelnen siehe 19. Kapitel.

II. Anfechtung

In einigen wenigen Fällen kann das Arbeitsverhältnis durch Anfechtung beendet werden. Auch die Anfechtung ist eine **einseitige Erklärung,** und auch zur Anfechtung bedarf es eines Grundes. Anders als bei der Kündigung muss er aber nicht bei Ausspruch vorliegen, sondern zum Zeitpunkt des Vertragsschlusses. Angefochten wird nämlich die Willenserklärung, die zum Vertrag geführt hat. **Anfechtungsgrund** für den Arbeitgeber ist zumeist ein **Irrtum** über eine Eigenschaft des Arbeitnehmers (§ 119 Abs. 2 BGB), ohne den er bei verständiger Würdigung den Arbeitsvertrag nicht abgeschlossen hätte, oder eine Täuschung durch den Arbeitnehmer (§ 123 BGB). Eine Eigenschaft ist beispielsweise die Vertrauenswürdigkeit eines Kassierers oder eine gesundheitliche Einschränkung, die dem vorgesehenen Einsatz entgegensteht,[1] nicht dagegen eine Schwangerschaft[2] oder die Schwerbehinderteneigenschaft.[3] Eine **arglistige Täuschung** liegt vor, wenn der Bewerber einen Umstand verschwiegen hat, den er von sich aus hätte mitteilen müssen (die Arbeit kann zu dem vereinbarten Zeitpunkt nicht angetreten werden), oder wenn er auf eine zulässige Frage des Arbeitgebers eine falsche Auskunft gegeben hat und wenn das Unterlassen der Mitteilung oder die Auskunft ursächlich für den Abschluss des Arbeitsvertrags war. Die Anfechtung wegen Irrtums muss **unverzüglich** erklärt werden (§ 121 Abs. 1 S. 1 BGB), spätestens innerhalb von 14 Tagen ab Kenntnis des Anfechtungsgrundes,[4] die Anfechtung wegen arglistiger Täuschung **innerhalb eines Jahres** (§ 124 Abs. 1 BGB; allerdings entfällt das Anfechtungsrecht, wenn die Anfechtungsgründe infolge Zeitablaufs keine Bedeutung mehr haben, § 242 BGB[5]). Mit der Anfechtung endet das Arbeitsverhältnis. **Kündigungsschutzvorschriften gelten** für die Anfechtung **nicht**. Der **Betriebsrat hat keine Beteiligungsrechte**.

III. Befristung und Bedingung

Der befristete Vertrag endet mit Ablauf der Frist, für die er eingegangen ist, der bedingte mit Eintritt des Ereignisses, von dem die Parteien die Beendigung abhängig gemacht haben, ohne dass es einer Kündigung bedarf (§§ 15 Abs. 1, 2, 21 TzBfG; siehe Kapitel 2 VIII. 8.). Auch hier sind die **Kündigungsschutzvorschriften unanwendbar**, und der **Betriebsrat hat keine Beteiligungsrechte**. Bei einer Zweckbefristung (z. B. Aushilfe für die Dauer einer Krankheit, für einen Sonderverkauf) und bei einer Bedingung muss zwischen der (schriftlichen!) Mitteilung über den Tag der Zweckerreichung oder des Bedingungseintritts eine Frist von mindestens zwei Wochen liegen (§§ 15 Abs. 2, 21 TzBfG). Will der Arbeitnehmer geltend machen, dass die Befristung oder die Bedingung eines Arbeitsvertrages rechtsunwirksam ist, so muss er innerhalb von drei Wochen nach dem vereinbarten Ende Klage beim Arbeitsgericht auf Feststellung erheben, dass das Arbeitsverhältnis aufgrund der Befristung oder der Bedingung nicht beendet ist (§ 17 TzBfG).

IV. Vereinbarte Altersgrenze

Ein Unterfall des befristeten Vertrags ist der Vertrag, für den eine Altersgrenze vereinbart ist. **Eine gesetzliche Altersgrenze gibt es nicht.** Das Arbeitsverhältnis endet also nicht von selbst mit Erreichen eines bestimmten Lebensalters oder mit der Möglichkeit zum Bezug einer Rente. Üblich war bislang die **Vereinbarung** der Altersgrenze 65. Wegen der sukzessiven Anhebung der Altersgrenze auf die Vollendung des 67. Lebensjahres wird man jetzt auf dieses Alter oder auf das Erreichen der Regelaltersgrenze abstellen. Befristungen auf einen Zeitpunkt, zu dem Arbeitnehmer vor Erreichen der Regelaltersgrenze eine Altersrente beantragen können (langjährig Versicherte und Schwerbehinderte, §§ 36 f. SGB VI), gelten als auf das Erreichen der Regelaltersgrenze abgeschlossen, es sei denn, dass die Vereinbarung innerhalb der letzten drei Jahre vor diesem Zeitpunkt abgeschlossen oder von dem Arbeitnehmer bestätigt worden ist (§ 41 SGB VI). Altersgrenzen, die auf einen anderen Zeitpunkt abstellen, sind nur zulässig, wenn sie mit der Beschäftigungspolitik oder dem Arbeitsmarkt in Zusammenhang stehen.[6] Eine Altersgrenze 60, wie sie sich in manchen Verträgen mit Führungskräften findet, ist unwirksam. Der Vertrag ist in einem solchen Fall unbefristet. Er kann nur unter den allgemeinen Voraussetzungen gekündigt werden (z.B. erhebliche Abnahme der Leistungsfähigkeit, Ausnahme: leitende Angestellte nach § 14 Abs. 2 KSchG) (siehe Kapitel 19 IV.).

V. Aufhebungsvertrag

Eine große Rolle in der Praxis spielt der Aufhebungsvertrag, ein Unterfall des vom Gesetz sogenannten Auflösungsvertrags (§ 623 BGB).[7] Er ist heute der wichtigste und häufigste Fall einer Beendigung des Arbeitsverhältnisses ohne Kündigung. Seine **Hauptanwendungsgebiete** sind

- die Beendigung von Arbeitsverhältnissen von Arbeitnehmern, denen der Arbeitgeber sonst aus persönlichen Gründen oder aus Verhaltensgründen hätte kündigen müssen

- die Beendigung von Arbeitsverhältnissen, bei denen nicht sicher ist, ob eine Kündigung „durchgeht"

- die Beendigung von Arbeitsverhältnissen aus betrieblichen Gründen, wenn keine Sozialauswahl getroffen werden soll oder wenn Zweifel über die Richtigkeit der Sozialauswahl bestehen.

Der Aufhebungsvertrag ist der actus contrarius zum Arbeitsvertrag. Er muss **schriftlich** abgeschlossen werden (§ 623 BGB). Ein mündlicher Aufhebungsvertrag ist unwirksam (§ 125 BGB); das Arbeitsverhältnis bleibt bestehen.

Ausgleichsklauseln in Aufhebungsverträgen („Damit sind alle beiderseitigen Ansprüche aus dem Arbeitsverhältnis abgegolten.") sind grundsätzlich weit auszulegen. Die Parteien wollen das Arbeitsverhältnis in der Regel abschließend bereinigen und alle Ansprüche erledigen, gleichgültig ob sie daran dachten oder nicht. Deshalb werden von der Klausel im Allgemeinen auch ein Wettbewerbsverbot und eine Karenzentschädigung erfasst.[8]

Aufhebungsverträge werden nicht selten unter Zeitdruck oder ohne ausreichende Berücksichtigung der Folgen abgeschlossen. Die Rechtsprechung hat sich immer wieder mit Fällen befassen müssen, in denen der Abschluss den Arbeitnehmer gereut hat. Eine **Rückgängigmachung** gegen den Willen des Arbeitgebers kommt aber **nur in engen Grenzen** in Betracht.

Der Arbeitnehmer hat **kein Widerrufsrecht,** sofern nicht ausnahmsweise etwas anderes vereinbart ist (so in einigen Tarifverträgen des Einzelhandels). Der Arbeitgeber muss ihm keine Bedenkzeit einräumen. Er ist nicht verpflichtet, ihm Gelegenheit zur Rücksprache mit dem Betriebsrat, mit der Gewerkschaft oder einem Anwalt zu geben.[9] Der Arbeitnehmer kann zu dem Gespräch über den Aufhebungsvertrag aber ein Mitglied des Betriebsrats hinzuziehen, wenn dabei, wie häufig, die Beurteilung seiner Leistungen oder die Möglichkeit seiner beruflichen Entwicklung im Betrieb erörtert wird (§ 82 Abs. 2 BetrVG).[10]

Der/Die Arbeitnehmer(in) kann den Aufhebungsvertrag **nicht** mit der Begründung **anfechten,** er/sie habe **nicht gewusst,** dass sie schwanger[11] oder dass er/sie schwerbehindert sei, dass er/sie die Rechte aus Schutzgesetzen verliere,[12] dass er/sie von der Agentur für Arbeit gesperrt werde[13] oder dass ihm/ihr kein größerer Teil der Abfindung verbleibe.[14]

Nicht ausgeschlossen ist eine **Anfechtung wegen widerrechtlicher Drohung.** Dem Arbeitgeber ist es zwar nicht verboten, mit Kündigung zu drohen, falls der Arbeitnehmer nicht in einen Aufhebungsvertrag einwilligt. Voraussetzung ist aber, dass auch ein verständiger Arbeitgeber eine Kündigung ernsthaft in Betracht gezogen hätte.[15] Die Vertragsverletzung muss also an sich geeignet sein, einen Kündigungsgrund abzugeben; bei einer Pflichtverletzung im Leistungsbereich muss deshalb vorher in der Regel abgemahnt worden sein. Nicht entscheidend ist, ob der Arbeitgeber einen Kündigungsschutzprozess später tatsächlich gewonnen hätte. Zulässig ist auch eine Drohung mit Strafanzeige, wenn die Strafanzeige in innerem Zusammenhang mit der Kündigung steht (z. B. wegen Betrugs bei vermutetem Krankfeiern).[16]

Keinen Anfechtungsgrund bildet eine **Verletzung von Aufklärungspflichten** durch den Arbeitgeber über mögliche Folgen eines einvernehmlichen Ausscheidens. Hier entstehen unter Umständen Schadensersatzansprüche.[17] Kein Schadensersatzanspruch entsteht, wenn der Arbeitgeber den Hinweis an den Arbeitnehmer nach § 2 Abs. 2 S. 2 Nr. 3 SGB III über dessen Pflicht unterlässt, sich vor der Beendigung des Arbeitsverhältnisses unverzüglich bei der Agentur für Arbeit arbeitsuchend zu melden.[18]

Der Abschluss eines Aufhebungsvertrags kann bei anschließender Arbeitslosigkeit negative Auswirkungen auf das Arbeitslosengeld haben. Eine **Sperrzeit** von zwölf Wochen tritt nämlich ein, wenn der Beschäftigte das Arbeitsverhältnis gelöst und dadurch vorsätzlich oder grob fahrlässig die Arbeitslosigkeit herbeigeführt hat, ohne für sein Verhalten einen wichtigen Grund zu haben (§ 144 Abs. 1 S. 1, 2 Nr. 1 Alt. 1 SGB III). Einen wichtigen Grund hat er nur, wenn ihm ansonsten eine rechtmäßige Kündigung aus nicht verhaltensbedingten Gründen zum selben Zeitpunkt droht.[19] Die Sperrzeit lässt sich auch nicht mit Hilfe eines **Abwicklungsvertrags** – der Arbeitgeber kündigt den Vertrag, sodann vereinbart er mit dem Arbeitnehmer, dass dieser gegen Zahlung einer Abfindung auf Erhebung einer Kündigungsschutzklage verzichtet – vermeiden.[20] Zu der sperrzeitunschädlichen Kündigung nach § 1 a KSchG siehe Kapitel 19 IV. 1. c.

VI. Auflösung durch das Gericht

Ist eine Kündigung sozial ungerechtfertigt, dann hat das Gericht das Arbeitsverhältnis auf Antrag des Arbeitnehmers aufzulösen, wenn diesem die Fortsetzung des Arbeitsverhältnisses unzumutbar ist, und auf Antrag des Arbeitgebers, wenn eine den Betriebszwecken dienliche weitere Zusammenarbeit nicht zu erwarten ist (§ 9 KSchG). Eine Auflösung kommt vor allem dann in Betracht, wenn während eines Kündigungsschutzprozesses zwischen den Parteien Spannungen auftreten, die eine Fortsetzung des Arbeitsverhältnisses als sinnlos erscheinen lassen. Das ist vor allem anzunehmen, wenn es zu Beleidigungen, sonstigen ehrverletzenden Äußerungen oder persönlichen Angriffen des Arbeitnehmers gegen den Arbeitgeber, Vorgesetzte oder Kollegen kommt. Erklärungen des Prozessbevollmächtigten muss der Arbeitnehmer sich zurechnen lassen, wenn er sie sich zu eigen macht und sich auch nachträglich nicht von ihnen distanziert.[21] Der Arbeitgeber kann die Auflösung nur verlangen, wenn die Kündigung nicht (auch) aus anderen Gründen als wegen Sozialwidrigkeit unwirksam ist.[22]

VII. Kein Beendigungsgrund

Das Arbeitsverhältnis endet nicht von selbst:

- durch Eintritt teilweiser oder voller Erwerbsminderung[23]
- durch lange Krankheit oder durch dauernde Arbeitsunfähigkeit[24]
- durch Fernbleiben von der Arbeit, auch nicht z. B. durch Rückkehr eines ausländischen Arbeitnehmers in seine Heimat[25]
- durch Verpachtung oder Veräußerung des Betriebs oder des Unternehmens (§ 613 a BGB)
- durch Insolvenz des Arbeitgebers[26] oder
- durch Schließung eines Betriebs oder des gesamten Unternehmens.

In all diesen Fällen kann das Arbeitsverhältnis nur durch Kündigung oder durch Aufhebungsvertrag beendet werden. Im Falle einer Kündigung ist immer zu prüfen, ob ein Kündigungsgrund vorliegt.

19. Kapitel

Kündigung

Soll ein Arbeitsverhältnis durch Kündigung beendet werden, so prüft man zweckmäßigerweise in folgender Reihenfolge:

(1) Kann der Arbeitsvertrag gekündigt werden?

(2) Ist vor der Kündigung eine Zustimmung oder eine Anzeige erforderlich?

(3) Ist ein Grund für die Kündigung erforderlich?

(4) Wenn ja, liegt ein Grund

    (a) für eine ordentliche oder

    (b) für eine außerordentliche Kündigung vor?

(5) Innerhalb welcher Frist muss die Kündigung ausgesprochen werden?

(6) Ist der Arbeitnehmer vor der Kündigung anzuhören?

(7) Ist der Betriebsrat vor der Kündigung anzuhören?

(8) Wer kann die Kündigung aussprechen?

(9) In welcher Form muss gekündigt werden?

(10) Wann wird die Kündigungserklärung wirksam?

(11) Wann endet das Arbeitsverhältnis?

(12) Was gilt bis zum Ablauf der Kündigungsfrist?

(13) Muss der Arbeitnehmer während des Kündigungsprozesses weiterbeschäftigt werden?

(14) Kann der Arbeitnehmer Wiedereinstellung verlangen, wenn der Kündigungsgrund wegfällt?

I. Kann der Arbeitsvertrag gekündigt werden?

Jeder Arbeitsvertrag kann – schon vor Dienstantritt[1] – gekündigt werden. Die außerordentliche Kündigung kann nicht ausgeschlossen oder auch nur erschwert werden. Anders die ordentliche Kündigung: Sie kann sowohl ausgeschlossen als auch erschwert werden. Dabei ist zwischen befristeten und unbefristeten Arbeitsverträgen zu unterscheiden.

1. Befristete Arbeitsverhältnisse

In befristeten Arbeitsverhältnissen ist die ordentliche Kündigung ausgeschlossen, sofern nicht ausdrücklich oder stillschweigend etwas anderes vereinbart ist (§ 15 Abs. 3 TzBfG). Stillschweigend ist ordentliche Kündbarkeit beispielsweise vereinbart in Arbeitsverhältnissen, die auf das Erreichen der Regelaltersgrenze befristet sind. Im Berufsausbildungsverhältnis kann nach Ablauf der Probezeit (1 bis 3 Monate) ordentliche Kündbarkeit nicht vereinbart werden (§ 15 BBiG).

2. Unbefristete Arbeitsverhältnisse

Im unbefristeten Arbeitsverhältnis ist die ordentliche Kündigung zulässig, sofern nicht ein Gesetz etwas anderes bestimmt oder in einem Tarifvertrag, in einer Betriebsvereinbarung (selten) oder in einem Arbeitsvertrag etwas anderes vereinbart ist.

Es gibt drei **gesetzliche Regelungen,** die die ordentliche Kündigung ausschließen:

Der Arbeitgeber darf das Arbeitsverhältnis von der Zustellung des Einberufungsbescheides bis zur Beendigung des Grundwehrdienstes und während Wehrübungen nicht kündigen, und er darf nicht aus Anlass des Wehrdienstes kündigen (§ 2 ArbPlSchG). Ähnliches gilt bei Eignungsübungen und für Zivildienstleistende (§§ 2 EignÜG, 78 ZDG, 2 ArbPlSchG).

Betriebsverfassungsorgane einschließlich der Mitglieder des Wahlvorstandes und der Wahlbewerber sowie der Schwerbehindertenvertreter dürfen nur entlassen werden, wenn der Betrieb stillgelegt wird; bei Stilllegung einer Betriebsabteilung kommt es darauf an, ob die Übernahme in eine andere Abteilung (§ 15 Abs. 1, 3–5 KSchG, § 96 Abs. 3 SGB IX) oder in einen anderen Betrieb des Unternehmens[2] möglich ist.

Weder der bisherige Arbeitgeber noch der neue Inhaber kann das Arbeitsverhältnis wegen des Übergangs eines Betriebs oder Betriebsteils kündigen (§ 613 a Abs. 4 BGB).

Tarifverträge sehen mitunter vor, dass Arbeitnehmer mit einem bestimmten Lebensalter (40 oder 45 Jahre) nach einer bestimmten Dienstzeit (10 oder 15 Jahre) **„unkündbar"** werden. Damit wird die ordentliche Kündigung (nicht die außerordentliche Kündigung) ausgeschlossen. Der Ausdruck „unkündbar" ist also eigentlich nicht korrekt.

Betriebsvereinbarungen über „Unkündbarkeit" sind selten. Eher kommen Vereinbarungen in **Arbeitsverträgen** vor. Hier sind unterschiedliche Abstufungen denkbar: von der Unkündbarkeit unter bestimmten Voraussetzungen über das Abhängigmachen der Kündigung von bestimmten, ausdrücklich genannten Gründen bis hin zur Vereinbarung des Kündigungsausschlusses für eine bestimmte Zeit. Solche Vereinbarungen können unter Umständen auch schlüssig getroffen werden. Die Zusage einer Lebens- oder Dauerstellung genügt allerdings regelmäßig nicht.[3]

II. Ist vor der Kündigung eine Zustimmung oder eine Anzeige erforderlich?

Hier gibt es eine Reihe gesetzlicher Regelungen sowohl für die ordentliche als auch für die außerordentliche Kündigung.

1. Ordentliche Kündigung

Frauen kann während der **Schwangerschaft** und bis zum Ablauf von **vier Monaten nach der Entbindung** nur gekündigt werden, wenn die oberste Landesbehörde oder die von ihr bestimmte Stelle[4] die Kündigung ausnahmsweise für zulässig erklärt (§ 9 Abs. 1, 3 MuSchG).

Dasselbe gilt für Arbeitnehmer in **Elternzeit** ab dem Tag, von dem an schriftlich[5] Elternzeit verlangt wird, frühestens aber acht Wochen vor deren Beginn, sowie für Arbeitnehmer, die während der Elternzeit bei **ihrem**[6] Arbeitgeber in Teilzeit arbeiten (§ 18 BEEG).[7]

Schwerbehinderte mit einem Grad der Behinderung von mindestens 50% sowie ihnen Gleichgestellte können nach sechs Monaten Beschäftigung nur entlassen werden, wenn das Integrationsamt der Entlassung vorher zustimmt (§ 85 SGB IX).[8]

Massenentlassungen (§ 17 Abs. 1 KSchG)[9] werden frühestens einen Monat nach Anzeige beim Arbeitsamt wirksam, es sei denn, dass das Landesarbeitsamt einer früheren Wirksamkeit zustimmt (§ 18 Abs. 1 KSchG).

2. Außerordentliche Kündigung

Für Frauen während der **Schwangerschaft** und bis zum Ablauf von 4 Monaten nach der **Entbindung** gilt dasselbe wie bei der ordentlichen Kündigung (§ 9 Abs. 1, 3 MuSchG), ebenso für Arbeitnehmer in **Elternzeit** (§ 18 BEEG)[10] und für **Schwerbehinderte** (§ 91 SGB IX).

Betriebsverfassungsorganen einschließlich der Mitglieder des Wahlvorstandes und der Wahlbewerber sowie dem Schwerbehindertenvertreter kann nur dann außerordentlich gekündigt werden, wenn der Betriebsrat zustimmt oder wenn das Arbeitsgericht ihre Zustimmung auf Antrag des Arbeitgebers ersetzt (§ 15 Abs. 1, 3 KSchG, § 96 Abs. 3 SGB IX).

Bei **Wehrpflichtigen** und **Zivildienstleistenden** bleibt die außerordentliche Kündigung zwar zulässig, der Wehrdienst ist jedoch kein wichtiger Grund (§ 2 Abs. 3 S. 1, 2 ArbPlSchG); zu Ausnahmen in Kleinbetrieben vgl. § 2 Abs. 3 HS 2 ArbPlSchG.

III. Ist ein Grund für die Kündigung erforderlich?

Ein Grund für eine Kündigung ist immer dann erforderlich, wenn das Kündigungsschutzgesetz Anwendung findet.

Das ist nicht der Fall, d. h. es bedarf keines Grundes für Kündigungen, **in den ersten sechs Monaten** des Arbeitsverhältnisses (§ 1 Abs. 1 KSchG, sogenannte **Wartezeit**). Dabei kommt es nicht darauf an, wie lange die Probezeit dauert. Der Kündigungsschutz setzt bei einer Probezeit von sechs Wochen oder drei Monaten ebenso nach sechs Monaten ein wie bei einer Probezeit von einem Jahr. Eine Probezeit von mehr als sechs Monaten hat deshalb nur Sinn, wenn man ein befristetes Probearbeitsverhältnis vereinbart. Dann hat der Arbeitnehmer nach sechs Monaten zwar Kündigungsschutz, das Arbeitsverhältnis endet aber mit Ablauf der Frist. Zur Einhaltung der Sechs-Monats-Frist genügt es, dass dem Arbeitnehmer die Kündigung am letzten Tag der Frist zugeht. Zuvor muss der Betriebsrat angehört werden (§ 102 BetrVG). Die Kündigungsfrist kann danach ablaufen. Wird ein Arbeitnehmer also beispielsweise zum 1. 1. eingestellt, so kann „grundlos" bis zum 30. 6. gekündigt werden; dass die Kündigung erst zum 31. 7. oder zu einem anderen vereinbarten Zeitpunkt wirksam wird, schadet nicht.

Etwas anderes gilt ausnahmsweise, d. h. die Kündigung ist auch in den ersten sechs Monaten nicht grundlos zulässig, wenn dem Arbeitnehmer Kündigungsschutz schon für die ersten sechs Monate zugesagt ist. Das kann auch durch schlüssiges Verhalten geschehen, etwa wenn eine dringend benötigte Fachkraft, die aus einem anderen Unternehmen aus ungekündigter Stelle abgeworben wird, in den Einstellungsverhandlungen auf einen von Anfang an sicheren Arbeitsplatz Wert gelegt hat.

Eines Grundes bedarf es auch nicht für Kündigungen in **Kleinbetrieben,** in denen in der Regel zehn oder weniger Arbeitnehmer beschäftigt werden.[11] Bei der Feststellung der Zahl der beschäftigten Arbeitnehmer sind Teilzeitbeschäftigte mit einer regelmäßigen wöchentlichen Arbeitszeit von nicht mehr als 20 Stunden mit 0,5 und nicht mehr als 30 Stunden mit 0,75 zu berücksichtigen. Auszubildende zählen nicht mit (§ 23 Abs. 1 S. 2, 3 KSchG). Nicht entscheidend ist die Größe des Unternehmens.

Ebenso wenig ist ein Grund erforderlich bei der Kündigung eines **leitenden Angestellten** i. S. d. KSchG (§ 14 Abs. 2 KSchG). Leitende Angestellte i. S. d. KSchG sind nur die leitenden Angestellten i. S. d. Betriebsverfassungsgesetzes, die selbst Arbeitnehmer einstellen oder entlassen können, d. h. die die Einstellung oder die Kündigung aussprechen und unterschreiben können. Die Berechtigung muss eine bedeutende Anzahl von Arbeitnehmern oder eine Anzahl für das Unternehmen bedeutsamer Arbeitnehmer erfassen, und sie muss einen wesentlichen Teil der Tätigkeit ausmachen (siehe auch Kapitel 20 V. 2. a).[12]

Auch in **Arbeitsverhältnissen ohne Bestandsschutz** wird die Kündigung natürlich nicht grundlos ausgesprochen: Der Vorgesetzte kommt zu dem Schluss, dass der Arbeitnehmer die erforderliche Leistung nicht erbringt, man passt nicht zueinander, der erwartete Aufschwung bleibt aus, oder Aufträge brechen weg. Alle diese Gründe reichen aus.[13] Der Arbeitgeber braucht entgegenstehende Interessen des Arbeitnehmers (Alter, Unterhaltspflichten) nicht zu berücksichtigen.[14] Die Kündigung darf nur nicht gegen Treu und Glauben verstoßen, etwa indem sie zur Unzeit oder in verletzender Form oder aus sachfremden Motiven ausgesprochen wird, der Arbeitgeber darf sich nicht widersprüchlich verhalten,[15] und er muss in Kleinbetrieben bei der Sozialauswahl ein Mindestmaß an sozialer Rücksicht nehmen.[16] Ein Präventionsverfahren oder ein Eingliederungsmanagement (§ 84 Abs. 1, 2 SGB IX) muss in der Wartezeit nicht durchgeführt werden.[17]

IV. Wenn ja, liegt ein Kündigungsgrund vor?

Die ordentliche Kündigung eines Arbeitsverhältnisses, das unter das Kündigungsschutzgesetz fällt, ist nur wirksam, wenn sie **nicht sozial ungerechtfertigt** ist. Es müssen Umstände vorliegen, die sie bei verständiger Würdigung in Abwägung der Interessen beider Vertragsparteien und des Betriebs als billigenswert und angemessen erscheinen lassen.[18] Solche Gründe können in der **Person** oder im **Verhalten** des Arbeitnehmers oder im **Betrieb** liegen. Nicht erforderlich ist, dass dem Arbeitgeber die Fortsetzung des Arbeitsverhältnisses nicht mehr zugemutet werden kann. Ist dem Arbeitgeber die Fortsetzung des Arbeitsverhältnisses unter Berücksichtigung aller Umstände des Einzelfalles und unter Abwägung der Interessen beider Vertragsparteien bis zum Ablauf der Kündigungsfrist oder bis zum vereinbarten Arbeitsende nicht zumutbar, dann liegt ein wichtiger Grund für eine außerordentliche Kündigung vor (§ 626 Abs. 1 BGB).

Zwischen **ordentlicher** und **außerordentlicher Kündigung** mag theoretisch ein qualitativer Unterschied bestehen; tatsächlich sind die Übergänge fließend. Derselbe Sachverhalt kann je nach den Umständen eine ordentliche oder eine außerordentliche Kündigung rechtfertigen. So ist es ein Unterschied, ob eine kurzfristige Aushilfe oder ein Arbeitnehmer mit fünfzehnjähriger Betriebszugehörigkeit zwei Tage unentschuldigt fehlt, ob ein Arbeitnehmer auf einer gelegentlichen Dienstfahrt mit seinem eigenen Pkw unter Alkoholeinfluss einen Unfall verschuldet oder ein Direktionsfahrer im Wiederholungsfall, ob eine Mitarbeiterin ein paar Zigaretten aus einer Besucherschatulle nimmt oder ein Arbeitnehmer, dem sie als Verkäufer anvertraut sind.[19]

Die ordentliche Kündigung ist das **Minus** gegenüber der außerordentlichen Kündigung. Ein Umstand, der eine ordentliche Kündigung erlaubt, braucht eine außerordentliche Kündigung noch lange nicht zu rechtfertigen. Umgekehrt ist eine ordentliche Kündigung immer zulässig, wenn außerordentlich gekündigt werden kann. Denn bei einer außerordentlichen Kündigung müssen immer die Voraussetzungen für eine ordentliche Kündigung vorliegen, d. h. Gründe in der Person oder im Verhalten des Arbeitnehmers oder betriebliche Gründe, und sie müssen wichtig sein. Bei einer unwirksamen außerordentlichen kommt deshalb eine **Umdeutung** in eine ordentliche Kündigung in Betracht.[20]

1. Ordentliche Kündigung

Eine ordentliche Kündigung rechtfertigen können Gründe in der Person oder im Verhalten des Arbeitnehmers sowie betriebliche Gründe (§ 1 Abs. 2 S. 1 KSchG). Die ersten beiden kommen aus der Sphäre des Arbeitnehmers, die letzteren aus der des Betriebs. **Gründe im Verhalten** und **in der Person** unterscheiden sich danach, ob sie dem Arbeitnehmer **vorwerfbar** sind **oder nicht;** im ersten Fall könnte der Arbeitnehmer sich vertragsgetreu verhalten, tut es aber (vorsätzlich oder fahrlässig) nicht, im zweiten würde er es (vielleicht) gern wollen, kann es aber nicht. Bei der Prüfung, ob ein Kündigungsgrund vorliegt, verfährt die Rechtsprechung – trotz nicht ganz einheitlicher Terminologie – in vier Schritten. Sie fragt, ob **„an sich"** ein Kündigungsgrund vorliegt, d. h. ein Umstand, der die ordnungsgemäße Vertragsabwicklung stört oder unmöglich macht; sodann, ob diese Störung oder Unmöglichkeit auch in Zukunft anhält (**Prognose**) und ob sie nur durch Kündigung beseitigt werden kann (**ultima ratio**), schließlich, ob bei einer **Abwägung der Interessen** von Arbeitnehmer und Arbeitgeber die Interessen des Arbeitgebers an einer Kündigung überwiegen. Bei einer **betriebsbedingten Kündigung** kommt eine Interessenabwägung nicht in Betracht. Hier kann es nur darum gehen, den am wenigsten schutzbedürftigen Arbeitnehmer zu finden. Das geschieht durch die Sozialauswahl. Daraus ergibt sich das folgende Prüfschema.

Prüfschema für die ordentliche Kündigung:

	Personenbedingte Kündigung	Verhaltensbedingte Kündigung	Betriebsbedingte Kündigung
Kündigungsgrund	Erhebliche Beeinträchtigung der betrieblichen Interessen durch dem Arbeitnehmer nicht vorwerfbare Vertragsstörung	Dem Arbeitnehmer vorwerfbare Vertragsverletzung	Unternehmerische Entscheidung, aufgrund derer der Arbeitnehmer nicht mehr vertragsgerecht eingesetzt werden kann
Prognose	Vertragsstörung auch in Zukunft	Wiederholungsgefahr oder Störung des Vertrauensverhältnisses	Einsatzmöglichkeit entfällt auf Dauer oder für nicht absehbare Zeit

	Personenbedingte Kündigung	Verhaltensbedingte Kündigung	Betriebsbedingte Kündigung
ultima ratio	Versetzung auf einen (freien) Arbeitsplatz, auf dem nicht mit Vertragsstörungen zu rechnen ist, gegebenenfalls nach zumutbaren Fortbildungs- oder Umschulungsmaßnahmen oder zu geänderten Arbeitsbedingungen	Abmahnung, es sei denn, der Arbeitnehmer konnte nicht mit Hinnahme der Vertragsverletzung rechnen; Kürzung freiwilliger Leistungen; Versetzung auf einen (freien) Arbeitsplatz, auf dem nicht mit Vertragsverletzung zu rechnen ist	Abbau von Überstunden und Leiharbeit, Zuweisung eines anderen freien Arbeitsplatzes, gegebenenfalls nach zumutbaren Fortbildungs- oder Umschulungsmaßnahmen oder zu geänderten Arbeitsbedingungen
Interessenabwägung	Ursache und Ausmaß der Störung, störungsfreier Verlauf des Arbeitsverhältnisses, Lebens- und Dienstalter, Unterhaltspflichten	Ursache und Schwere der Vertragsverletzung (Verstoß gegen Arbeitsordnung, Arbeitsvertrag, ausdrückliche Anordnung, Grad des Verschuldens), Folgen (Störung von Betriebsfrieden oder Betriebsablauf), Schäden, störungsfreier Verlauf des Arbeitsverhältnisses, Lebens- und Dienstalter, Unterhaltspflichten	Statt Interessenabwägung: Sozialauswahl – Vergleichsgruppe bilden – den sozial am wenigsten Schutzbedürftigen auswählen – prüfen, ob die Weiterbeschäftigung im berechtigten betrieblichen Interesse liegt

a) Personenbedingte Kündigung

aa) Erhebliche Beeinträchtigung betrieblicher Interessen: Voraussetzung einer personenbedingten Kündigung ist, dass der Arbeitnehmer aus persönlichen Gründen seine arbeitsvertraglichen Verpflichtungen nicht (mehr) oder nicht (mehr) in ausreichendem Maße zu erfüllen vermag und dass dadurch betriebliche oder wirtschaftliche Interessen des Arbeitgebers erheblich beeinträchtigt werden. Eine erhebliche Beeinträchtigung kann bestehen in einer

- schwerwiegenden **Störung im Betriebsablauf**
  - bei **Fehlzeiten:** Stillstand von Maschinen, Rückgang der Produktion wegen kurzfristig eingesetzten, erst einzuarbeitenden Ersatzpersonals, Überlastung des verbleibenden Personals

281

oder Abzug von an sich benötigten Arbeitskräften aus anderen Bereichen, die nicht durch Überbrückungsmaßnahmen (Aushilfskraft, Einsatz eines Arbeitnehmers aus der Personalreserve) vermieden werden kann,[21]

– bei **Minderung der Leistung**: Leistungen, die qualitativ und/oder quantitativ nicht dem Vertragsinhalt entsprechen,[22]

■ erheblichen **wirtschaftlichen Belastung des Arbeitgebers**. Dabei ist nur auf die Kosten des Arbeitsverhältnisses abzustellen; es kommt nicht auf die Kosten für das Unternehmen insgesamt an.[23]

bb) Negative Prognose: Zum Zeitpunkt der Kündigung müssen Umstände vorliegen, die mit einiger Sicherheit auf **künftige Vertragsstörungen** schließen lassen (z. B. Fehlzeiten wegen Krankheit, zu geringe oder geringwertige Leistung). Die tatsächliche Entwicklung nach Ausspruch der Kündigung kann zur Korrektur der Prognose nur benutzt werden, wenn kein neuer Kausalverlauf in Gang gesetzt wird (z. B. der Arbeitnehmer willigt in eine bisher abgelehnte Therapie oder Operation ein,[24] oder er ändert seine Lebensführung und tut mehr für seine körperliche Ertüchtigung).[25]

cc) Ultima ratio: Die Kündigung muss das **letzte Mittel** sein. Zu prüfen ist zuvor, ob der Arbeitnehmer nicht, gegebenenfalls nach zumutbaren Fortbildungs- oder Umschulungsmaßnahmen oder, gegebenenfalls zu geänderten Arbeitsbedingungen, auf einem anderen freien oder bis zum Ablauf der Kündigungsfrist frei werdenden Arbeitsplatz weiterbeschäftigt werden kann,[26] auf dem sich die Mängel nicht oder nur unbedeutend auswirken.[27] Bei einem schwerbehinderten Menschen können mildere Mittel auch die in § 84 Abs. 1 SGB IX genannten Möglichkeiten und Hilfen sein.[28]

dd) Interessenabwägung: Bei der Interessenabwägung ist zu prüfen, ob die Beeinträchtigungen aufgrund der Besonderheiten des Einzelfalles vom Arbeitgeber **billigerweise noch hinzunehmen** sind oder ob sie ihm nicht mehr zugemutet werden können.[29] Hierbei sind alle wesentlichen Umstände zu berücksichtigen: ob die Ursache für die Störung im Betrieb liegt, ob und inwieweit das Arbeitsverhältnis bisher störungsfrei verlaufen ist, Alter und Unterhaltspflichten des Arbeitnehmers, bei einer krankheitsbedingten Kündigung immer auch eine Schwerbehinderung.[30] Die dauernde Leistungsunfähigkeit des Arbeitnehmers führt grundsätzlich zu einer für den Arbeitgeber nicht mehr tragbaren betrieblichen Beeinträchtigung,[31] die Ungewissheit über die Wiederherstellung der Arbeitsfähigkeit jedenfalls dann, wenn der Arbeitnehmer längere Zeit arbeitsunfähig war (siehe unten 3. Stichwort „Krankheit").[32] Keine besonderen Bemühungen um einen anderweitigen Einsatz wird man vom Arbeitgeber verlangen können, wenn er den Arbeitsplatz über Jahre hinweg trotz von Anfang an auftretender Fehlzeiten freigehalten und der Arbeitnehmer Gespräche zur Prüfung eines solchen Einsatzes abgelehnt hat.[33]

b) Verhaltensbedingte Kündigung

aa) Vertragsverletzung: Der Arbeitnehmer muss gegen eine Vertragspflicht verstoßen haben. Offen ist, ob jede Vertragspflichtverletzung ausreicht oder nur eine solche von einigem Gewicht.[34] Die Frage wird jedenfalls bei ständiger Wiederholung oder beharrlicher Weigerung, sich vertragsgemäß zu verhalten, in ersterem Sinne zu entscheiden sein. Verschulden ist nach Ansicht des BAG nicht unbedingt erforderlich.[35]

bb) Negative Prognose: Durch den Vertragsverstoß muss das für das Vertragsverhältnis notwendige Mindestmaß an **Vertrauen** zerstört sein, oder es müssen **weitere Vertragsverstöße** zu besorgen sein. Letzteres ist im Allgemeinen anzunehmen, wenn der Arbeitnehmer trotz einschlägiger **Abmahnung** erneut gegen Vertragspflichten verstößt. Einschlägig ist eine Abmahnung, wenn sie gleichartige Pflichtverletzungen betrifft.[36]

> **BEISPIELE:** Zuspätkommen, Überziehen von Pausen, vorzeitiges Verlassen des Arbeitsplatzes, Internetsurfen während der Arbeitszeit (= Arbeitszeitverstöße);[37] nicht: Fernbleiben von einem Besprechungstermin und unpünktliche Fertigstellung eines Berichts (= Arbeitsverweigerung und Schlechtleistung).[38]

Eine Störung des Betriebsablaufs oder des Betriebsfriedens ist nicht erforderlich.[39]

cc) Ultima ratio: Die Kündigung muss erforderlich sein, d. h. es darf kein **milderes Mittel** geben, um dem Vertragsverstoß zu begegnen. Ein milderes Mittel kann vor allem eine Abmahnung sein (siehe Kapitel 15 II.); in Betracht kommt aber auch eine Kürzung des Entgelts (insbesondere bei verschuldeter Minder- oder Schlechtleistung)[40] oder eine Versetzung auf einen anderen (freien) Arbeitsplatz (etwa bei Streitereien). Kein milderes Mittel, das einer Kündigung vorausgehen müsste, ist die Verhängung einer Betriebsbuße.[41]

dd) Interessenabwägung: Bei der Interessenabwägung sind zugunsten des Arbeitnehmers insbesondere Alter, Betriebszugehörigkeit und Unterhaltspflichten zu berücksichtigen, zugunsten des Arbeitgebers die Schwere der Vertragsverletzung, der Grad des Verschuldens und ob es zu Störungen des Betriebsablaufs oder des Betriebsfriedens oder zu Schäden gekommen ist.[42]

c) Betriebsbedingte Kündigung

aa) Unternehmerische Entscheidung: Voraussetzung ist eine unternehmerische Entscheidung, die das Bedürfnis für die Weiterbeschäftigung eines oder mehrerer Arbeitnehmer in der bisherigen Art und Weise entfallen lässt.[43] Das Bedürfnis entfällt zumeist durch Wegfall von Arbeitsplätzen, aber auch durch Umgestaltung eines Arbeitsplatzes oder – teilweise – durch Wegfall des Bedarfs für eine Vollzeittätigkeit. Die Entscheidung kann auf **inner-** (Rationalisierung, Betriebseinschränkung, neue Produktions- oder Arbeitsverfahren) **oder außerbetrieblichen Ursachen** (Auftrags- oder Absatzmangel, Umsatzrückgang, Gewinnverfall) beruhen.[44] Sie unterliegt nur einer **Missbrauchskontrolle** dahin, ob sie offensichtlich unsachlich, unvernünftig oder willkürlich war; auf Zweckmäßigkeit kann das Arbeitsgericht sie nicht nachprüfen.[45]

bb) Wegfall eines Arbeitsplatzes: Die Entscheidung muss nicht zum Wegfall eines konkreten Arbeitsplatzes führen. Es genügt, dass **mehr Arbeitskräfte** da sind, **als** der Arbeitgeber für die vorhandene Arbeit **benötigt**.[46] Wer den geringeren Arbeitsbedarf erledigt, ist eine Frage der Sozialauswahl. Im Prozess muss der Arbeitgeber darlegen, welche unternehmerische Maßnahme er getroffen hat und wie er sie umsetzt (z. B. Vergabe von Arbeit an Fremdfirmen, Verzicht auf bestimmte Aufträge, Reorganisation).[47] Bindet er sich an äußere Umstände (z. B. Auftragsrückgang), dann muss er dartun, dass die Aufträge im behaupteten Umfang zurückgegangen sind und dass sich der Rückgang unmittelbar auf die Beschäftigungsmöglichkeiten auswirkt.[48] Der bloße Entschluss, Arbeitskräfte abzubauen, genügt nicht; der Arbeitgeber muss darlegen, dass die verbleibenden Arbeitnehmer in der Lage sind, die vorhandene Arbeit im Rahmen ihrer Arbeitsverträge zu erledigen.[49] Das gilt auch, wenn er eine Hierarchieebene abbauen will.[50] Kein Kündigungsgrund liegt vor, wenn der Arbeitgeber die Arbeit statt durch eigene durch Leiharbeitnehmer verrichten lassen will – hier verringert sich, anders als bei der Vergabe an Fremdfirmen oder an freie Mitarbeiter, die Arbeitsmenge nicht.[51]

Unzulässig ist die „**Austauschkündigung**", d.h. die Ersetzung eines Mitarbeiters durch einen als besser angesehenen. Dasselbe gilt bei einer Änderung des Anforderungsprofils, für die kein betrieblicher Anlass besteht. In beiden Fällen bleibt der Arbeitsplatz erhalten.[52]

Der Arbeitgeber muss mit der Kündigung nicht abwarten, bis tatsächlich keine Beschäftigungsmöglichkeit mehr besteht. Die Kündigung kann bereits ausgesprochen werden, wenn im Zeitpunkt des Ausspruchs aufgrund einer vernünftigen betriebswirtschaftlichen Betrachtung davon auszugehen ist, dass ein betrieblicher Grund die Beschäftigung eines Arbeitnehmers bis zum **Ablauf der vereinbarten Kündigungsfrist** entbehrlich macht.[53] Ändern sich die betrieblichen Verhältnisse nach Ausspruch der Kündigung unvorhergesehen (unerwarteter Auftrag; Betrieb sollte stillgelegt werden, es findet sich unverhofft ein Käufer), so ändert das an der Wirksamkeit der Kündigung nichts.[54] Der Arbeitnehmer kann dann aber einen Wiedereinstellungsanspruch haben (siehe unten XIV.).

cc) **Ultima ratio**: Die Kündigung ist nur zulässig als letztes Mittel. Vorher ist zu prüfen,

■ ob **Überstunden** oder **Leiharbeit** abgebaut werden können

■ ob die **Arbeit gestreckt** werden kann.[55] Voraussetzung ist ein vorübergehender Arbeitsmangel. Ob **Kurzarbeit** einer Entlassung vorgeht, ist offen;[56] jedenfalls braucht der Arbeitgeber keine Kurzarbeit einzuführen, wenn der Betriebsrat von seinem Initiativrecht keinen Gebrauch macht.[57] Eine **allgemeine Arbeitszeitverkürzung** kann nicht verlangt werden[58]

■ ob der Arbeitnehmer **auf einem anderen** freien oder bis zum Ablauf der Kündigungsfrist frei werdenden **Arbeitsplatz**[59] im selben Betrieb oder in einem anderen Betrieb des Unternehmens oder, bei Konzernklausel im Arbeitsvertrag und bei bestimmendem Einfluss des Arbeitgebers auf die „Versetzung",[60] des Konzerns **weiterbeschäftigt** werden kann

■ ob der Arbeitnehmer auf einem anderen freien Arbeitsplatz nach zumutbaren **Umschulungs-** oder **Fortbildungsmaßnahmen** weiterbeschäftigt werden kann

■ ob der Arbeitnehmer auf einem anderen freien Arbeitsplatz, eventuell **zu geänderten Arbeitsbedingungen** (geringerwertige Tätigkeit, Kürzung übertariflicher Zulagen, Teilzeitarbeit), beschäftigt werden kann (§ 1 Abs. 2 KSchG). Der Arbeitgeber muss dem Arbeitnehmer den Arbeitsplatz von sich aus anbieten und ihm, wenn er ihn nicht annimmt, grundsätzlich[61] eine Änderungskündigung aussprechen.[62]

dd) Interessenabwägung: Eine Interessenabwägung findet **nicht** statt;[63] den Heizer auf der E-Lok gibt es nach deutschem Recht nicht. Stattdessen ist eine Sozialauswahl vorzunehmen, wenn für eine Entlassung zwei oder mehr Arbeitnehmer in Frage kommen (§ 1 Abs. 3 KSchG).

ee) Sozialauswahl: Die Sozialauswahl erfolgt in **drei Schritten:**

Als erstes wird der **Kreis der Arbeitnehmer** ermittelt, die in die Sozialauswahl einzubeziehen sind. Dazu gehören alle Arbeitnehmer des Betriebs (auch die eines Gemeinschaftsbetriebs,[64] nicht aber nur die eines Betriebsteils[65] oder umgekehrt die des gesamten Unternehmens[66]), die mindestens sechs Monate im Unternehmen beschäftigt sind, deren ordentliche Kündbarkeit nicht durch Gesetz oder Vertrag ausgeschlossen ist und die vergleichbare Tätigkeiten ausüben, die also untereinander **austauschbar** sind.[67] Vergleichbar sind nur gleichartige und gleichwertige Tätigkeiten, d. h. Tätigkeiten auf derselben hierarchischen Ebene; das gilt auch, wenn ein Arbeitnehmer bereit ist, eine höher- oder geringerwertige Tätigkeit zu übernehmen.[68] Bei nur teilweiser Identität der Tätigkeiten setzt die Austauschbarkeit vergleichbare Fähigkeiten und Kenntnisse voraus.[69] Die Notwendigkeit einer Einarbeitung für die Dauer der üblichen Einarbeitungszeit schadet nicht. Nicht einbezogen werden die Arbeitnehmer, die nach ihrem Arbeitsvertrag nicht mit einer dieser Tätigkeiten betraut werden können.[70] Teilzeitkräfte sind in die Auswahlentscheidung einzubeziehen, wenn es dem Arbeitgeber nur darum geht, das Arbeitsvolumen zu verringern; anders, wenn er aus organisatorischen Gründen nur mit Vollzeitkräften arbeiten will.[71]

In die soziale Auswahl **nicht einzubeziehen** sind Arbeitnehmer, deren Weiterbeschäftigung, insbesondere wegen ihrer **Kenntnisse, Fähigkeiten** und **Leistungen** oder zur **Sicherung einer ausgewogenen Personalstruktur** des Betriebes **im berechtigten betrieblichen Interesse** liegt (§ 1 Abs. 3 S. 2 KSchG). Der Betrieb kann also Arbeitnehmer behalten, die eine – nicht nur unerheblich – bessere Leistung erbringen, die für einen geordneten Arbeits- und Betriebsablauf gebraucht werden (z. B. Kontakte zu Kunden oder Lieferanten; im Rahmen der Nachfolgeplanung für Führungsaufgabe vorgesehen; bei Schaffung flacher Hierarchien besonders ausgeprägtes Verantwortungsbewusstsein[72]) oder die aufgrund ihrer Fähigkeiten und Kenntnisse vielseitiger einsetzbar sind (Springer; Facharbeiter, der auch Hilfsarbeiten mit verrichtet).[73] Allerdings ist das betriebliche Interesse an einer Herausnahme aus der Sozialauswahl gegen das Interesse des sozial Schwächeren abzuwägen. Je schwerer das soziale Interesse wiegt, umso gewichtiger müssen die Gründe für die Herausnahme des Leistungsträgers sein.[74] Krankheit kann nur ausnahmsweise zu Lasten des Arbeitnehmers berücksichtigt werden, etwa wenn bei einer Schlüsselkraft mit Schlüsselqualifikation ein kurzfristiger Ersatz nicht oder nur mit sehr großen Schwierigkeiten organisiert werden kann oder wenn bei einer Sozialauswahl allein nach sozialen Kriterien nur noch oder im Wesentlichen nur noch Arbeitnehmer mit hohen Fehlzeiten verbleiben.[75] Sicherung einer ausgewogenen Personalstruktur heißt vor allem **Beibehaltung der** bestehenden Altersstruktur. Bei einer Massenkündigung kann man die Belegschaft also in Altersgruppen einteilen (z. B. bis zu 30-jährige, 30- bis 40-jährige, 40- bis 50-jährige, über 50-jährige), und aus jeder Gruppe können prozentual gleich viele Arbeitnehmer entlassen werden.[76] **Nicht** gedeckt durch das Gesetz ist die **Schaffung einer ausgewogenen Personalstruktur.**[77]

Sodann ist zu prüfen, wen die Kündigung am wenigsten hart trifft. Zu entlassen ist der Arbeitnehmer, der **am wenigsten sozial schutzbedürftig** ist.[78] Auswahlkriterien sind **Dienstalter, Lebensalter,**[79] **Unterhaltspflichten und eine Schwerbehinderung** (§ 1 Abs. 3 S. 1 KSchG). Weitere Umstände dürfen nicht berücksichtigt werden.[80] Der Arbeitgeber hat aber einen gewissen Wertungsspielraum (vgl. § 1 Abs. 3 S. 1 KSchG: „nicht oder nicht ausreichend berücksichtigt").[81] Ein Punkteschema, in dem festgelegt wird, wie die gesetzlichen Kriterien im Verhältnis zueinander zu bewerten sind, kann bei der Auswahl helfen. Als Richtlinie über die Auswahl bei Kündigungen unterliegt es der Mitbestimmung des Betriebsrats nach § 95 Abs. 1 BetrVG, und zwar auch dann, wenn es nur einmalig für eine konkret anstehende Kündigung benutzt wird.[82] Empfehlenswert ist der Abschluss einer Betriebsvereinbarung, weil in diesem Fall die Sozialauswahl nur auf grobe Fehlerhaftigkeit überprüft werden kann (§ 1 Abs. 4 KSchG i. V. m. § 95 BetrVG). Grob fehlerhaft ist eine Gewichtung von Sozialdaten dann, wenn einzelne Sozialdaten überhaupt nicht, eindeutig unzureichend oder mit eindeutig überhöhter Bedeutung berücksichtigt werden.[83] Sind bei einer Kündigung aufgrund einer Betriebsänderung die Arbeitnehmer, denen gekündigt werden soll, in einem Interessenausgleich namentlich bezeichnet (sogenannte **Namensliste**), so wird vermutet, dass die Kündigung durch dringende betriebliche Erfordernisse bedingt ist, die einer Weiterbeschäftigung im Betrieb oder in einem anderen Betrieb des Unternehmens entgegenstehen.[84] Außerdem kann die Sozialauswahl nur auf grobe Fehlerhaftigkeit überprüft werden (§ 1 Abs. 5 S. 1, 2 KSchG).

Sozialauswahl bei der betriebsbedingten Kündigung

Sozialauswahl	
Inhalt	**Ziel**
Personelle Konkretisierung der Kündigung unter sozialen Gesichtspunkten	Herausfinden des sozial am wenigsten Schutzbedürftigen
Einzubeziehender Personenkreis: vergleichbare Arbeitnehmer	

Vergleichbar sind Arbeitnehmer, die gegeneinander austauschbar sind
Nicht einzubeziehen: Arbeitnehmer mit gesetzlichem und tariflichem (str.) Sonderkündigungsschutz

horizontaler Vergleich	vertikaler Vergleich	räumlicher Vergleich
Arbeitnehmer, denen dieselbe Arbeit zugewiesen werden kann	Arbeitnehmer auf derselben hierarchischen Ebene	Arbeitnehmer im selben Betrieb

Nicht einzubeziehen: Arbeitnehmer, deren Weiterbeschäftigung im berechtigten betrieblichen Interesse liegt

wegen ihrer Kenntnisse, Fähigkeiten und Leistungen	zur Sicherung einer ausgewogenen Personalstruktur des Betriebes	nicht ausreichend reine Nützlichkeitserwägungen

Auswahlkriterien ("soziale Gesichtspunkte")

stets zu berücksichtigen	nie zu berücksichtigen	Gewichtung der Kriterien
– Dauer der Betriebszugehörigkeit – Lebensalter – Unterhaltspflichten – Schwerbehinderung	– Möglichkeit der Inanspruchnahme vorzeitigen Altersruhegeldes – Vermögenslage des Arbeitnehmers – Einkommen und Vermögen von Familienangehörigen – Leistungsmängel – Verhaltensmängel	– Arbeitgeber muss alle Kriterien ausreichend berücksichtigen; dabei kommt ihm ein Beurteilungsspielraum zu – in einem Tarifvertrag oder in einer Betriebsvereinbarung Prüfung nur auf grobe Fehlerhaftigkeit

Sonderfall: Namensliste im Interessenausgleich

Vermutung, dass die Kündigung durch dringende betriebliche Erfordernisse bedingt ist	Prüfung der (gesamten) Sozialauswahl nur auf grobe Fehlerhaftigkeit

ff) Abfindung: Das Kündigungsschutzgesetz sieht jetzt bei betriebsbedingten Kündigungen einen **Abfindungsanspruch** vor (§ 1 a KSchG). Der Anspruch steht unter einer doppelten Bedingung:

■ dass der Arbeitgeber in der (schriftlichen) Kündigungserklärung darauf hinweist, dass die Kündigung auf dringende betriebliche

Gründe gestützt ist und der Arbeitnehmer bei Verstreichenlassen der Klagefrist eine Abfindung beanspruchen kann, und

■ dass der Arbeitnehmer keine Kündigungsschutzklage erhebt.[85]

Die Abfindung beträgt 0,5 Monatsverdienste je Dienstjahr, wobei Dienstzeiten von mehr als sechs Monaten aufzurunden sind.

Unabhängig davon können Arbeitgeber und Arbeitnehmer nach wie vor Abfindungen in beliebiger Höhe vereinbaren. Sie können einen Anspruch auch davon abhängig machen, dass der Arbeitnehmer die Drei-Wochen-Frist für die Kündigungsschutzklage verstreichen lässt.[86] Das Verfahren nach § 1 a KSchG hat für den Arbeitnehmer den Vorteil, dass **keine Sperrzeit** beim Arbeitslosengeld eintritt. Der Arbeitnehmer wirkt nämlich nicht aktiv an der Arbeitsaufgabe mit. Allein die mangelnde Bereitschaft, sich gegen den Willen des Arbeitgebers im Beschäftigungsverhältnis zu behaupten, rechtfertigt den Eintritt einer Sperrfrist nicht.[87]

2. Außerordentliche Kündigung

Eine außerordentliche Kündigung ist zulässig, wenn ein **wichtiger Grund** vorliegt, d. h. wenn Tatsachen vorliegen, aufgrund derer dem Kündigenden unter Berücksichtigung aller Umstände des Einzelfalles und unter Abwägung der Interessen beider Vertragsteile die Fortsetzung des Arbeitsverhältnisses bis zum Ablauf der Kündigungsfrist oder bis zu der vereinbarten Beendigung des Arbeitsverhältnisses **nicht zugemutet** werden kann (§ 626 Abs. 1 BGB). Die Prüfung erfolgt in denselben Schritten wie bei der ordentlichen Kündigung. Es ist also zu fragen, ob ein Grund vorliegt, der die außerordentliche Kündigung „an sich" rechtfertigt, ob es kein milderes Mittel gibt, und es ist eine Interessenabwägung vorzunehmen. Nur der Maßstab ist ein anderer, strengerer.

a) Kündigungsgrund

Auch die außerordentliche Kündigung kann aus Gründen in der **Person** oder im **Verhalten** des Arbeitnehmers oder aus **betrieblichen Gründen** ausgesprochen werden. Im Normalfall liegt der Kündigungsgrund im Verhalten, d. h. in einer schuldhaften[88] Vertragsverletzung. Gründe in der Person und betriebliche Gründe werden nur ganz selten eine außerordentliche Kündigung rechtfertigen, und zwar hauptsächlich dann, wenn die ordentliche Kündigung durch Tarifvertrag oder Arbeitsvertrag ausgeschlossen ist.[89]

b) Ultima ratio

Mildere Mittel sind insbesondere die **Abmahnung** und die **ordentliche Kündigung**.[90] Darüber hinaus sind alle (milderen) Mittel zu prüfen, die bei der ordentlichen Kündigung in Frage kommen. Einem „unkündbaren" Arbeitnehmer kann wegen krankheitsbedingter Arbeitsunfähigkeit nur gekündigt werden, wenn auch kein leidensgerechter Arbeitsplatz mit Hilfe des Weisungsrechts freigemacht werden kann.[91] Der Arbeitgeber ist jedoch nicht verpflichtet, den Arbeitnehmer bis zum Ablauf der ordentlichen Kündigungsfrist unter Fortzahlung der Bezüge von der Arbeit freizustellen.[92]

c) Interessenabwägung

Hier sind insbesondere das Gewicht und die Auswirkungen einer Vertragspflichtverletzung, eine mögliche Wiederholungsgefahr, der Grad des Verschuldens des Arbeitnehmers sowie die Dauer des Arbeitsverhältnisses und dessen störungsfreier Verlauf zu berücksichtigen.[93] Dabei ist der besondere Maßstab des § 626 Abs. 1 BGB zu beachten, wonach die Fortsetzung des Arbeitsverhältnisses unter Berücksichtigung aller Umstände **bis zum Ablauf der Kündigungsfrist** oder bis zum vereinbarten Ende des Arbeitsverhältnisses **unzumutbar** sein muss. Bei kürzerer Kündigungsfrist und kürzerer Vertragsdauer ist dem Kündigenden das Abwarten in der Regel eher zumutbar als bei längerer oder gar bei Ausschluss der ordentlichen Kündigung. Das führt zu dem paradoxen Ergebnis, dass dem besser geschützten Arbeitnehmer mitunter eher eine außerordentliche Kündigung droht als dem weniger gut geschützten. Das Ergebnis lässt sich nur dadurch korrigieren, dass an die Pflicht des Arbeitgebers, den Arbeitnehmer nach Möglichkeit im Unternehmen weiterzubeschäftigen, besonders hohe Anforderungen gestellt werden. Er muss mit allen zumutbaren Mitteln, auch durch Umorganisation und Freimachen geeigneter gleichwertiger Arbeitsplätze, eine Weiterbeschäftigung versuchen.[94] Außerdem muss dem Arbeitnehmer jedenfalls bei betriebs- (Stilllegung,[95] Wegfall des Arbeitsplatzes[96]) und personenbedingter Kündigung (insbesondere bei Krankheit[97]) die Kündigungsfrist zugestanden werden, die er ohne Ausschluss der ordentlichen Kündigung hätte.[98]

Das Recht zur außerordentlichen Kündigung kann **weder erweitert noch eingeschränkt** und schon gar **nicht ausgeschlossen** werden.[99] Die Vereinbarung absoluter Kündigungsgründe, wie sie noch in manchen Arbeitsordnungen zu finden ist, ist unwirksam; immer muss gefragt werden, ob die Aufrechterhaltung des Arbeitsverhältnisses bis zum vorgesehenen Ende zumutbar ist. Allerdings wird die Vereinbarung von Kündigungsgründen ein Fingerzeig dafür sein, dass die Parteien ihnen im Arbeitsverhältnis besondere Bedeutung beigemessen haben.[100]

3. Einzelne Kündigungsgründe

Im Folgenden werden in alphabetischer Reihenfolge Gründe für eine Kündigung dargestellt. Es wird jeweils angegeben, ob nur eine ordentliche Kündigung in Betracht kommt oder ob gegebenenfalls eine außerordentliche Kündigung möglich ist und ob der Arbeitgeber vorher abmahnen muss. Die Gründe sind keine absoluten Gründe. Zusätzlich sind immer die oben beschriebenen Prüfungen vorzunehmen: bei einer personenbedingten Kündigung, ob Störungen im Betriebsablauf oder im Leistungs-Gegenleistungs-Gefüge vorliegen, bei der verhaltensbedingten, ob es zu Vertragsverletzungen gekommen, bei der betriebsbedingten, ob ein Arbeitsplatz weggefallen ist. Bei allen Kündigungen ist eine Prognose anzustellen, und es ist zu fragen, ob es nicht ein milderes Mittel gibt; bei personen- und verhaltensbedingten Kündigungen, ob bei einer Interessenabwägung die Interessen des Arbeitgebers an der Kündigung überwiegen, bei der betriebsbedingten Kündigung, ob die Sozialauswahl zu Lasten des gekündigten Arbeitnehmers ausgefallen ist. Die Ausführungen zur ordentlichen Kündigung (siehe oben IV. 1.), zur außerordentlichen Kündigung (siehe oben IV. 2.) und zur Abmahnung (siehe Kapitel 15 II.) sind sozusagen vor die Klammer gezogene Ergänzungen des folgenden Textes; sie sind immer mitzulesen.

Abkehrwille: Bloße gelegentliche Unmutsäußerungen reichen nicht aus, auch nicht der bloße Abschluss eines Arbeitsvertrags mit einem anderen Arbeitgeber,[101] wohl aber eine deutliche Erklärung, wenn der Arbeitgeber gerade eine schwer zu findende Ersatzkraft zur Hand hat.[102]

→ Ordentliche Kündigung.

Absatzstockung: Siehe Betriebliche Erfordernisse.

Abwerbung: Unzulässig ist sowohl die Abwerbung für einen bestehenden als auch die für einen künftig zu eröffnenden Betrieb. Die Mitteilung über die Möglichkeit zu einer Tätigkeit genügt nicht; erforderlich ist eine Beeinflussung des Willens.[103]

→ Ordentliche Kündigung, in schweren Fällen, z. B. bei Vertrauensstellung des Abwerbenden, bei entgeltlicher Tätigkeit oder bei Abwerbung für einen Mitbewerber, außerordentliche Kündigung.

Aids: Es gelten die Grundsätze für die Kündigung bei lang andauernder Krankheit. Eine (bloße) HIV-Infektion rechtfertigt eine Kündigung nur bei konkreter Ansteckungsgefahr; verlangen die Kollegen die Kündigung, gelten die Grundsätze über die Druckkündigung.

Alkohol: Gemeint sind alkoholbedingte Minder- oder Schlechtleistung, die Herbeiführung von Unfallgefahren, bei (absolutem) Alkoholverbot der Verstoß dagegen. Bei der Abwägung sind zu berücksichtigen: Tätigkeit (Fahrer), Stellung im Betrieb (Vorgesetzter), Anlass (Fasching), Verhalten des Vorgesetzten (Duldung, Mitmachen), Gepflogenheiten im Betrieb und in der Branche, mögliche Gefahren. Außerdienstliche Trunkenheit ist nur von Bedeutung, wenn dadurch das Arbeitsverhältnis konkret berührt wird.[104]

→ Abmahnung, ordentliche Kündigung, in schweren Fällen außerordentliche Kündigung.

Alkoholismus: Beruhen Alkoholgenuss während der Arbeitszeit oder alkoholbedingte Vertragsverletzungen auf Trunksucht, so gelten die Grundsätze über die Krankheit, wobei allerdings an die negative Gesundheitsprognose geringere Anforderungen zu stellen sind. Vor einer Kündigung ist grundsätzlich der Erfolg einer Entziehungskur abzuwarten.[105]

Bestehen Zweifel, ob alkoholbedingte Vertragsverletzungen auf Trunksucht beruhen oder nicht, so ist der Arbeitnehmer anzuhören. Werden ihm Sinn und Zweck des Gesprächs verdeutlicht und verneint er Alkoholabhängigkeit, so muss er sich später unter Umständen an seinen Antworten festhalten lassen, d. h. er muss sich so behandeln lassen, als liege keine Trunksucht vor (siehe Kapitel 12 I. 5.). Bleiben Restzweifel, so sollte eindringlich abgemahnt werden.

→ Abmahnung, wenn Zweifel bestehen, ob Alkoholismus vorliegt, ordentliche Kündigung.

Alter: Das Erreichen eines bestimmten Lebensalters oder des Lebensjahres, in dem Altersruhegeld bezogen werden kann, rechtfertigt eine Kündigung nicht.[106] Gegebenenfalls kommt eine Kündigung wegen Leistungsmängeln (siehe unten Stichwort „Leistung") in Betracht.

Die Praxis behilft sich dadurch, dass sie den Arbeitsvertrag auf das Lebensjahr, ab dem eine Altersrente bezogen werden kann, befristet. Der Vertrag läuft dann mit Vollendung dieses Lebensjahres von selbst aus. Zur Altersgrenze siehe Kapitel 18 IV.

Anzeige: Anzeigen bei den Behörden (Finanzbehörden, Strafbehörden, Gewerbeaufsicht) dürfen keine unverhältnismäßige Reaktion auf ein Verhalten des Arbeitgebers oder seiner Repräsentanten darstellen. Indizien für eine Unverhältnismäßigkeit der Reaktion können sich aus der Berechtigung der Anzeige, der Motivation des Anzeigenden und einem fehlenden innerbetrieblichen Hinweis auf die angezeigten Missstände ergeben (vgl. § 17 Abs. 2 S. 1 ArbSchG, § 21 Abs. 6 GefahrstoffVO). Erlangt der Arbeitnehmer von Straftaten Kenntnis, so hat er zunächst eine innerbetriebliche Klärung zu versuchen, sofern es sich nicht um schwerwiegende oder vom Arbeitgeber selbst begangene Straftaten handelt, er sich bei Nichtanzeige selbst einer Strafverfolgung aussetzen würde oder Abhilfe nicht zu erwarten ist oder der Arbeitgeber trotz eines Hinweises nicht abhilft. Eine innerbetriebliche Klärung ist insbesondere zu versuchen, wenn es sich um Straftaten von Mitarbeitern handelt, die – auch – den Arbeitgeber schädigen.[107]

→ Ordentliche Kündigung,[108] insbesondere bei verwerflichem Motiv (den Arbeitgeber schädigen oder „fertig machen") und haltlosen Vorwürfen u. U. außerordentliche Kündigung.

Arbeitserlaubnis: Vor rechtskräftiger Entscheidung ist eine ordentliche Kündigung nur möglich, wenn mit Erteilung der Erlaubnis in absehbarer Zeit nicht zu rechnen ist und der Arbeitsplatz ohne erhebliche Beeinträchtigung nicht offengehalten werden kann; nach rechtskräftiger Versagung der Erlaubnis ohne Weiteres.[109]

Arbeitsordnung: Siehe Betriebliche Ordnung.

Arbeitsschutzbestimmungen: Weigerung, die notwendigen Arbeitsschutzbestimmungen zu beachten (z. B. Schutzhelm oder Sicherheitsschuhe zu tragen).[110]

→ Abmahnung, ordentliche Kündigung oder außerordentliche Kündigung.

Arbeitsverweigerung: In der Praxis im Allgemeinen beharrliche Arbeitsverweigerung genannt; gemeint ist generell die Weigerung, Vertragspflichten ordnungsgemäß zu erfüllen. Erforderlich ist eine intensive und nachhaltige Weigerung, die Ausdruck einer Widersetzlichkeit ist. Nachlässigkeit und Vergesslichkeit genügen nicht. Beharrlichkeit folgt in der Regel aus wiederholter Weigerung, kann aber bei nachdrücklicher Ermahnung durch Vorgesetzten mit Hinweis auf die Folgen auch bei einmaliger Weigerung vorliegen.[111]

Arbeitsverweigerung ist in vielen Formen denkbar:

- die Arbeit insgesamt wird verweigert, etwa nach einer zulässigen, aber unerwünschten Versetzung
- ein Auftrag wird nicht ausgeführt, beispielsweise eine Dienstfahrt, Nebenarbeiten werden verweigert
- es wird absichtlich nicht die volle Leistung erbracht (Langsamarbeit)
- es wird absichtlich nicht die richtige Leistung erbracht (Schlechtarbeit)
- der Arbeitnehmer weigert sich, im Leistungslohn zu arbeiten
- Überstunden oder Sonntagsarbeit werden verweigert[112]

- der Arbeitnehmer weigert sich, seine Leistung kontrollieren zu lassen oder an der Kontrolle mitzuwirken, etwa Berichte zu erstellen oder zu einer Rücksprache zu erscheinen

- i. d. R. genügt auch die Drohung mit Arbeitsverweigerung (z. B. sich krankschreiben zu lassen).[113]

Voraussetzung ist immer, dass der Arbeitnehmer nach Tarifvertrag, Betriebsvereinbarung oder Arbeitsvertrag zu der Leistung (z. B. Arbeit im Leistungslohn, Überstunden) verpflichtet ist. Die verlangte Leistung darf nicht rechtswidrig (Verstoß gegen Arbeitszeitrecht, Unfallverhütungsvorschriften usw.) oder unzumutbar (Streikarbeit) sein.

→ Grundsätzlich Abmahnung, ordentliche Kündigung bei endgültiger Ablehnung, gegebenenfalls nach einer den Umständen entsprechenden Überlegungsfrist für den Arbeitnehmer, außerordentliche Kündigung bei grobem oder wiederholtem Verstoß.

Auftragsmangel: Siehe Betriebliche Erfordernisse.

Außerdienstliches Verhalten: Nur bei negativer Auswirkung auf den Betrieb oder bei Bezug zum Arbeitsverhältnis, sei es, dass Betriebsmittel oder betriebliche Einrichtungen benutzt werden, sei es, dass Zweifel an Zuverlässigkeit und Vertrauenswürdigkeit des Arbeitnehmers entstehen,[114] z. B. Eigentumsdelikte des Kassierers, herabsetzende Äußerungen eines leitenden Angestellten in der Öffentlichkeit über Produkte oder Kreditwürdigkeit eines Unternehmens, nicht unbeträchtliche Schulden bei Mitarbeitern, denen Geld anvertraut ist oder die über Vermögenswerte des Unternehmens entscheiden können, tendenzwidriges Verhalten eines Tendenzträgers, z. B. Austritt eines in einem katholischen Krankenhaus angestellten Assistenzarztes aus der katholischen Kirche.[115]

→ Abmahnung, ordentliche Kündigung, u. U. außerordentliche Kündigung.

Beleidigung: Grobe Beleidigung des Arbeitgebers, eines Vorgesetzten oder eines Kollegen, die nach Form und Inhalt eine erhebliche Ehrverletzung bedeutet. Dafür, ob eine Beleidigung grob ist, sind alle Umstände zu berücksichtigen (Reizung durch Beleidigten, Erregung, Sprachgebrauch der Beteiligten, daher Götz-Zitat nicht generell grobe Beleidigung).[116] Nicht ausreichend ist in der Regel die Weitergabe einer ehrenrührigen Äußerung über einen Vorgesetzten in einem Gespräch unter Kollegen, wenn der Gesprächspartner grundlos die Vertraulichkeit bricht.[117]

→ In leichteren Fällen Abmahnung, sonst ordentliche Kündigung oder außerordentliche Kündigung.

Betriebliche Erfordernisse: Wegfall von Arbeitsplätzen im Betrieb, gleichgültig ob aufgrund freien unternehmerischen Entschlusses (organisatorische Änderung, Schließung einer Abteilung, Rationalisierung, Vergabe von Arbeiten an Fremdfirmen) oder aufgrund Einwirkung des Marktes (Auftrags-, Absatz-, Umsatz- oder Gewinnrückgang).[118]

→ Ordentliche Kündigung, außerordentliche Kündigung, wenn die ordentliche Kündigung ausgeschlossen ist.

Betriebliche Ordnung: Sammelbegriff für Vorschriften über das Verhalten im Betrieb. Die Regeln über die betriebliche Ordnung finden sich im Allgemeinen in der Arbeitsordnung. Soweit das Verhalten an sich nicht schon gegen Vertragspflichten verstößt (z. B. bei Alkohol- oder Rauchverbot), ist eine konkrete Störung von Betriebsablauf oder Betriebsfrieden erforderlich, beispielsweise das Verbreiten von Flugblättern mit wahrheitswidrigem Inhalt, heimliche Tonbandaufnahmen in der Betriebsversammlung, politische Betätigung im Betrieb oder das Tragen provozierender Plaketten.[119]

→ Abmahnung, ordentliche Kündigung, gegebenenfalls außerordentliche Kündigung.

Betriebsfrieden: Siehe Betriebliche Ordnung.

Betriebsstilllegung: Siehe Betriebliche Erfordernisse.

Betriebsveräußerung: Für sich allein kein Kündigungsgrund (§ 613 a Abs. 4 BGB); bei Wegfall von Arbeitsplätzen siehe Betriebliche Erfordernisse.

Diebstahl: Der Arbeitgeber braucht die Entwendung auch geringwertiger Sachen nicht hinzunehmen.[120] Die Vertragsverletzung wiegt schwerer, wenn die Straftat mit der geschuldeten Tätigkeit zusammenhängt.[121]

→ Abmahnung, wenn Arbeitnehmer annehmen konnte, sein Verhalten sei nicht oder nicht grob vertragswidrig,[122] sonst ordentliche Kündigung oder außerordentliche Kündigung.

Eignung, mangelnde fachliche oder persönliche: Z. B. mangelnde Führungsfähigkeit, Fehlen einer erforderlichen Erlaubnis (Arbeitserlaubnis, Fahrerlaubnis), Sicherheitsbedenken oder begründete Bedenken des Geheimnisverrats. Mangelnde Eignung kann sich auch aus außerbetrieblichen Straftaten ergeben (Vermögensdelikte eines Kassierers).

→ Abmahnung, wenn vom Arbeitnehmer beeinflussbar,[123] ordentliche Kündigung und in Ausnahmefällen außerordentliche Kündigung.

Gewinnverfall: Siehe Betriebliche Erfordernisse.

Gewissensentscheidung: Arbeitnehmer sieht sich aufgrund ernster sittlicher Entscheidung außerstande, seine Arbeit zu verrichten („Gewissensnot").[124]

→ Ordentliche Kündigung.

Internetnutzung, private unerlaubte: Nutzung entgegen einem ausdrücklichen Verbot des Arbeitgebers, Herunterladen erheblicher Datenmengen auf betriebliche Datensysteme, Verursachung von Kosten, Nichterbringen der Arbeitsleistung infolge privaten Surfens, Herunterladen strafbarer oder pornografischer Darstellungen, Installation einer Anonymisierungssoftware.

→ Abmahnung, vor allem bei „ausschweifender" Nutzung des Internets während der Arbeitszeit (knapp drei Stunden in zwei Tagen können ausreichen) und bei Herunterladen strafbarer oder pornografischer Darstellungen ordentliche oder außerordentliche Kündigung.[125]

Konkurrenz: Konkurrenztätigkeit im (fachlichen und räumlichen) Tätigkeitsbereich des Arbeitgebers, gleichgültig ob für eigenes Unternehmen des Arbeitnehmers oder für fremdes Unternehmen.[126] Vorbereitungshandlungen (Anmieten von Räumen, Beschaffung von Waren) sind noch keine Konkurrenztätigkeit,[127] i. d. R. aber Anzeichen für Abkehrwillen (siehe oben unter dem Stichwort „Abkehrwille").

→ In minder schweren Fällen Abmahnung, sonst ordentliche Kündigung, i. d. R. außerordentliche Kündigung.

Tätigkeit von Angehörigen oder eines Lebenspartners in einem Konkurrenzunternehmen, wenn Anhaltspunkte dafür bestehen, dass mit Illoyalitäten zu rechnen ist, aus denen dem Unternehmen Schäden drohen.[128]

→ Kündigung.

Kontrolleinrichtungen: Umgehung oder Missbrauch von Kontrolleinrichtungen, vor allem Stempelnlassen bei Abwesenheit durch Dritte oder für Dritte oder Veränderung von Zeitangaben auf der Stempelkarte (Urkundenfälschung und, wenn dadurch Lohn erschlichen wird, außerdem Betrug).[129]

→ Ordentliche Kündigung, i. d. R. außerordentliche Kündigung.

Krankheit

Häufige Kurzerkrankungen: Der Arbeitnehmer muss in der Vergangenheit für einen „hinreichend prognosefähigen Zeitraum" (± zwei Jahre)[130] immer wieder wegen Krankheit gefehlt haben. Fehlzeiten bis zu sechs Wochen im Jahr genügen allenfalls bei kurzfristigem Arbeitsverhältnis. Im Normalfall dürfte die Grenze bei acht bis neun Wochen liegen.[131]

Daraus muss zu schließen sein, dass auch in Zukunft Ausfallzeiten von mehr als sechs Wochen pro Jahr anfallen. Aus häufigen Erkrankungen kann auf Anfälligkeit geschlossen werden. Ausgeheilte Leiden zählen bei der Prognose nicht mit.[132]

Die zu erwartenden Ausfallzeiten müssen zu Arbeitsablaufstörungen führen oder zu derartigen Entgeltfortzahlungskosten, dass sie dem Arbeitgeber auch unter Berücksichtigung der besonderen Verhältnisse des einzelnen Arbeitnehmers nicht zuzumuten sind.[133] Wegen der Unvorhersehbarkeit weiterer Erkrankungen und der Schwierigkeit, sich darauf organisatorisch einzurichten, werden Betriebsablaufstörungen nicht selten zu erwarten sein. Bei der Belastung mit Lohnfortzahlungskosten ist zu berücksichtigen, dass der Lohnfortzahlungszeitraum bei jeder neuen Krankheit neu zu laufen beginnt.

Kündigung wegen Krankheit				
	Arbeitsunfähigkeit auf Dauer	Langandauernde Arbeitsunfähigkeit	Häufige Kurzerkrankung	Krankheitsbedingte Leistungsminderung
Kündigungsgrund	Arbeitnehmer arbeitsunfähig	Arbeitnehmer seit längerem nicht arbeitsfähig (ausreichend jedenfalls acht Monate)	Störung im Betriebsablauf und/oder wirtschaftliche Belastung mit Kosten der Entgeltfortzahlung durch Fehlzeiten von mehr als sechs Wochen jährlich	Arbeitnehmer krankheitsbedingt nicht mehr zur vollen Erbringung der geschuldeten Leistung fähig
Negative Prognose	Mit Wiederherstellung der Arbeitsfähigkeit kann nicht oder zumindest in den nächsten 2 Jahren nicht gerechnet werden	Mit Wiederherstellung der Arbeitsfähigkeit kann in absehbarer Zeit nicht gerechnet werden, siehe Stichwort „Lang andauernde Krankheit"	Besorgnis künftiger Erkrankungen von mehr als sechs Wochen jährlich	Arbeitnehmer wird auch künftig Minderleistungen in nicht unerheblichem Umfang erbringen
Ultima ratio	keine mildere Maßnahme denkbar	Durchführung von Überbrückungsmaßnahmen (Einstellung von Aushilfskräften, Überstunden, Umorganisation); Versetzung auf einen (freien) Arbeitsplatz, wenn dort mit weniger Fehlzeiten zu rechnen ist	Durchführung von Überbrückungsmaßnahmen (insb. Vertretung); Versetzung auf einen (freien) Arbeitsplatz, wenn dort mit weniger Fehlzeiten zu rechnen ist	Versetzung auf einen (freien) anderen Arbeitsplatz, auf dem höhere Leistung erwartet werden kann, ggf. nach zumutbaren Fortbildungs- oder Umschulungsmaßnahmen oder zu geänderten Arbeitszeiten
Interessenabwägung	entfällt	Ausmaß und Ursache (betrieblich/privat) der Fehlzeiten bzw. der Leistungsminderung des Arbeitnehmers, Verschulden bzgl. Entstehung der Krankheit („Verschulden gegen sich selbst"), Höhe der wirtschaftlichen Belastung, Ausmaß und Vermeidbarkeit der Betriebsablaufstörungen, Größe des Betriebs, Stellung des Arbeitnehmers im Betrieb, bisheriger Verlauf des Arbeitsverhältnisses, Lebens- und Dienstalter des Arbeitnehmers, Unterhaltspflichten des Arbeitnehmers, Schwerbehinderung		

Die Möglichkeit zur Umsetzung auf einen Arbeitsplatz, auf dem voraussichtlich keine oder weniger Ausfallzeiten entstehen, und zumutbare Überbrückungsmaßnahmen gehen einer Kündigung vor.[134] Bei der Interessenabwägung sind vor allem das Ausmaß der Betriebsablaufstörungen und die Kosten (50% über 6 Wochen „erheblich",[135] 100% darüber „außergewöhnlich"[136]) den zugunsten des Arbeitnehmers sprechenden Umständen (längerer störungsfreier Verlauf des Arbeitsverhältnisses, betriebliche Ursache für die Krankheit, Alter, Familienstand, ggf. Schwerbehinderung)[137] gegenüberzustellen.

→ Ordentliche Kündigung.

Lang andauernde Krankheit: Der Arbeitnehmer muss in der Vergangenheit längere Zeit gefehlt haben. Wo die Untergrenze liegt, ist fraglich. Acht Monate hat das BAG jedenfalls als ausreichend angesehen.[138]

Mit dem Ende der Arbeitsunfähigkeit darf bei Kündigungszugang in absehbarer Zeit nicht zu rechnen sein.[139] Bei absehbarer Gesundung ist eine Kündigung in aller Regel ebensowenig gerechtfertigt, wie wenn der Arbeitnehmer bereit ist, sich einer erfolgversprechenden Heilbehandlung zu unterziehen.[140]

Die zu erwartenden Ausfallzeiten müssen zu Arbeitsablaufstörungen führen oder zu derartigen Lohnfortzahlungskosten, dass sie dem Arbeitgeber auch unter Berücksichtigung der besonderen Verhältnisse des einzelnen Arbeitnehmers nicht zuzumuten sind. Arbeitsablaufstörungen werden sich wegen der Vorhersehbarkeit der Ausfallzeit weitgehend vermeiden lassen; notfalls ist eine Aushilfe einzustellen.[141] In Schlüsselpositionen kann das anders aussehen. Die Lohnfortzahlungskosten beschränken sich bei lang andauernder Krankheit im Allgemeinen auf sechs Wochen; danach tritt die Krankenkasse ein.

Der Arbeitgeber muss sich bemühen, den Arbeitnehmer auf einem gleichwertigen oder wenigstens zumutbaren leidensgerechten Arbeitsplatz zu beschäftigen. Notfalls muss er einen solchen Platz durch Umorganisation frei machen, soweit er das kraft Direktionsrechts kann, und er muss sich dafür um die Zustimmung des Betriebsrats bemühen (§ 99 BetrVG).[142] Zum betrieblichen Eingliederungsmanagement siehe Kapitel 11 I. 3.

An die Sozialrechtfertigung einer Kündigung wegen lang andauernder Krankheit stellt die Rechtsprechung hohe Anforderungen; der Arbeitgeber hat auf einmalige Schicksalsschläge Rücksicht zu nehmen.[143] Das gilt vor allem, wenn die Krankheit betriebliche Ursachen hat oder wenn sie altersbedingt ist; bei chronischen Leiden soll es sich zu Lasten des Arbeitgebers auswirken, wenn er bei Einstellung davon wusste.[144]

→ Ordentliche Kündigung (selten).

Dauernde Arbeitsunfähigkeit wegen Krankheit: Ist davon auszugehen, dass der Arbeitnehmer wegen einer Krankheit auf Dauer arbeitsunfähig bleibt, so kann das Arbeitsverhältnis beendet werden. Dasselbe gilt, wenn in den nächsten 24 Monaten nicht mit Wiederherstellung der Arbeitsfähigkeit gerechnet werden kann.[145] Auf Störungen im Betriebsablauf und auf die Höhe der Lohnfortzahlungskosten kommt es nicht an.

→ Ordentliche Kündigung, außerordentliche Kündigung, wenn die ordentliche Kündigung ausgeschlossen ist.[146]

Gesundheitswidriges Verhalten: Das Verhalten des Arbeitnehmers muss geeignet sein, die Genesung zu verzögern (z. B. schwere körperliche Arbeit bei Arbeitsunfähigkeit wegen Bandscheibenleidens);[147] zu einer tatsächlichen Verzögerung muss es nicht kommen.[148]

→ Abmahnung,[149] ordentliche Kündigung, in schweren Fällen außerordentliche Kündigung, Ersatz von Detektivkosten.

Leistungsminderung wegen Krankheit: Siehe Leistung.

Nichtanzeige oder verspätete Anzeige der Erkrankung,[150] Nichtvorlage oder verspätete Vorlage des Attests:[151]

→ Abmahnung, bei beharrlicher Weigerung, hartnäckiger Wiederholung und bei besonderer Bedeutung für das Arbeitsverhältnis ordentliche Kündigung, u. U. außerordentliche Kündigung.

Drohung mit Krankheit: Siehe Arbeitsverweigerung.

Krankfeiern: Täuscht der Arbeitnehmer eine Krankheit vor, so fehlt er nicht nur unentschuldigt, sondern er begeht, da er sich ungerechtfertigt die Lohnfortzahlung erschleicht, einen Betrug.

→ In minder schweren Fällen Abmahnung, sonst ordentliche Kündigung, außerordentliche Kündigung, Ersatz von Detektivkosten. Bei dringendem Verdacht des Krankfeierns aufgrund schwerwiegender Indizien (siehe Kapitel 11 V. 2.) bedingte Abmahnung, ordentliche oder außerordentliche Verdachtskündigung.

Leistung: Bei Schlechtleistung (Arbeitnehmer macht Fehler, die über das hinausgehen, was jedem einmal passieren kann) und Minderleistung (Arbeitnehmer erbringt nicht die Leistung, die von ihm nach dem Arbeitsvertrag erwartet werden darf) kommt es darauf an, ob der Arbeitnehmer bei gehöriger Anstrengung die geschuldete Leistung hätte erbringen können oder nicht. Hätte der Arbeitnehmer die Leistung erbringen können, dann kommen Abmahnung und ordentliche Kündigung in Betracht.

Kann der Arbeitnehmer die Leistung unzweifelhaft nicht erbringen, dann scheidet eine Abmahnung aus, stattdessen bleiben bei erheblicher Minderleistung (jedenfalls bei einem Drittel) oder nicht unbeträchtlicher Schlechtleistung Änderungskündigung zur Entgeltreduzierung oder zur Zuweisung einer anderen Tätigkeit sowie ordentliche Kündigung;[152] anders u. U., wenn der Vertrag auf ein bestimmtes Alter befristet ist und die Minder- oder Schlechtleistung auf Altersgründen beruht und der Arbeitnehmer dem Betrieb schon längere Zeit angehört.

Lohnpfändungen: Bei Lohnpfändungen oder -abtretungen, die im Einzelfall einen derartigen Arbeitsaufwand des Arbeitgebers verursachen, dass dies zu wesentlichen Störungen im Arbeitsablauf (etwa in der Lohnbuchhaltung oder in der Rechtsabteilung) oder in der betrieblichen Organisation führt:[153]

→ Abmahnung (nach BAG entbehrlich), ordentliche Kündigung.

Wegen Lohnpfändungen infolge von Schulden bei Arbeitnehmern in Vertrauensstellung siehe Außerdienstliches Verhalten.

Nebenpflicht, schuldhafte Verletzung von: Je nach Gewicht Abmahnung, ordentliche, bei erschwerenden Umständen (z.B. nachhaltiger Verstoß gegen berechtigte Weisungen) auch außerordentliche Kündigung.[154]

Nebentätigkeit, unerlaubte: Je nach Schwere der Vertragsverletzung (Beeinträchtigung der Leistungsfähigkeit, Konkurrenz, Nebenbeschäftigung während der Arbeitszeit) kommen in Betracht Abmahnung, ordentliche Kündigung, u. U. außerordentliche Kündigung.

Rationalisierung: Siehe Betriebliche Erfordernisse.

Rücksprache: Beharrliche Weigerung, zu einer dienstlichen Rücksprache zum Vorgesetzten zu kommen. Der Arbeitnehmer kann nicht verlangen, dass an dem Gespräch eine Person seines Vertrauens, insbesondere nicht, dass ein Betriebsfremder teilnimmt.[155]

→ Abmahnung, ordentliche Kündigung oder außerordentliche Kündigung.

Schmiergeld: Fordern oder Annehmen von Vorteilen, die über gebräuchliche Gelegenheitsgeschenke hinausgehen, auch wenn kein pflichtwidriges Handeln damit verbunden ist.[156] Bei unlauterer Bevorzugung von Lieferanten Straftat nach § 299 StGB.

→ Abmahnung nur, wenn Schlendrian eingerissen ist, sonst grundsätzlich ordentliche Kündigung, i. d. R. außerordentliche Kündigung.

Sexuelle Belästigung: Abmahnung, ordentliche Kündigung, in schwerwiegenden Fällen außerordentliche Kündigung.[157]

Spesenbetrug: Abmahnung nur, wenn Ungenauigkeiten bei der Abrechnung bislang geduldet wurden, sonst auch bei einmaligem Vorfall und geringem Betrag ordentliche oder außerordentliche Kündigung.[158] Das gilt auch, wenn gezielt nach falschen Abrechnungen gesucht wird, um einen missliebigen Arbeitnehmer loszuwerden.[159]

Tätlichkeit (Auseinandersetzung im Betrieb): Für den Angreifer, d. h. für den, der die Ursache gesetzt hat, i. d. R. ordentliche oder außerordentliche Kündigung.[160]

Telefongespräche, unerlaubte private: Abmahnung, ordentliche oder außerordentliche Kündigung.[161]

Umsatzrückgang: Siehe Betriebliche Erfordernisse.

Unentschuldigtes Fehlen: Es ist gleichgültig, ob offen oder verdeckt gefehlt wird (Krankmelden, Vorspiegeln von Gründen für bezahlte oder unbezahlte Freistellung).

→ In weniger schweren Fällen Abmahnung, bei Wiederholung und in schwerwiegenden Fällen ordentliche oder außerordentliche Kündigung, vor allem, wenn zugleich Straftat (Erschleichen von Lohn, Urkundenfälschung).[162]

Unpünktlichkeit: Wiederholtes Zuspätkommen, auch bei weitem Weg zur Arbeit,[163] Überziehen der Pausen, vorzeitiges Weggehen, selbst wenn es dadurch nicht zu einer Störung des Betriebsablaufs oder des Betriebsfriedens gekommen ist.[164]

→ Abmahnung, ordentliche oder außerordentliche Kündigung.

Urlaub: Unberechtigter Antritt (Arbeitgeber bestimmt Zeitpunkt unter Berücksichtigung der Belange des Arbeitnehmers, § 7 Abs. 1 BUrlG) oder Verlängerung des Urlaubs ohne Zustimmung oder gegen den ausdrücklichen Willen des Arbeitgebers[165] (auch Verlängerung um Krankheitstage):[166] in leichteren Fällen, vor allem bei leicht fahrlässigem Rechtsirrtum, Abmahnung, sonst ordentliche oder außerordentliche Kündigung.

Verdachtskündigung: Der Verdacht muss sich auf eine strafbare Handlung mit Bezug auf das Arbeitsverhältnis oder auf eine erhebliche Vertragsverletzung richten. Er muss dringend sein, d. h. aus Beweisanzeichen muss sich eine hohe Wahrscheinlichkeit eines Vertragsverstoßes ergeben. Der Arbeitgeber muss alles zur Aufklärung tun, was ihm zumutbar ist, vor allem dem Arbeitnehmer Gelegenheit zur Stellungnahme geben.[167]

→ Ordentliche oder außerordentliche Kündigung. Auch eine ordentliche Kündigung setzt eine derart gravierende Beeinträchtigung des Arbeitsverhältnisses voraus, dass dem Arbeitgeber die Fortsetzung nicht mehr zumutbar ist.[168]

Verschwiegenheit: Weitergabe von Betriebsgeheimnissen und betrieblicher Interna, soweit eine Pflicht zu vertraulicher Behandlung besteht, ebenso Verstöße gegen den Datenschutz. Die konkrete Gefahr der Weitergabe reicht aus, etwa bei verwandtschaftlichen oder engen freundschaftlichen Beziehungen leitender Mitarbeiter zu Mitarbeitern von Konkurrenzunternehmen bei Anhaltspunkten für Geheimnisverrat.[169]

→ Abmahnung, ordentliche Kündigung oder außerordentliche Kündigung.

Weisung, Verstoß gegen berechtigte:

→ Abmahnung, ordentliche oder außerordentliche Kündigung.[170]

Wettbewerb: Siehe Konkurrenz.

Whistleblowing: Siehe Anzeige.[171]

V. Innerhalb welcher Frist muss die Kündigung ausgesprochen werden?

1. Ordentliche Kündigung

Der Ausspruch der ordentlichen Kündigung ist an **keine bestimmte Frist** gebunden. Sie wird unzulässig, wenn der Arbeitgeber dem Arbeitnehmer verzeiht, wenn er ihn abmahnt,[172] wenn er auf die Kündigung verzichtet oder wenn er das Recht zur Kündigung verwirkt. **Verwirkung** tritt ein, wenn der Arbeitgeber mit der Kündigung längere Zeit zugewartet hat, der Arbeitnehmer daraus geschlossen hat und aufgrund des Verhaltens des Arbeitgebers auch daraus schließen durfte, dass der Arbeitgeber nicht mehr kündigen werde, und wenn der Arbeitnehmer sich darauf eingerichtet, also beispielsweise eine andere Stelle ausgeschlagen hat. Der Arbeitgeber darf Kündigungsgründe nicht längere Zeit auf Vorrat halten.[173]

2. Außerordentliche Kündigung

Eine außerordentliche Kündigung kann nur innerhalb von **zwei Wochen** erfolgen. Die Frist beginnt mit dem Zeitpunkt, in dem der Arbeitgeber von den für die Kündigung maßgebenden Tatsachen Kenntnis erlangt (§ 626 Abs. 2 BGB, sogenannte **Kündigungserklärungsfrist**). Erforderlich ist eine zuverlässige und möglichst umfassende Kenntnis der Tatsachen, die für die Entscheidung über die außerordentliche Kündigung benötigt werden; dazu gehören sowohl die für als auch gegen die Kündigung sprechenden Umstände sowie die Beschaffung der erforderlichen Beweismittel. Bei Unkenntnis wird die Frist nicht in Lauf gesetzt, mag die Unkenntnis auch auf grober Fahrlässigkeit beruhen. Der Arbeitgeber darf, um sich die notwendige Kenntnis zu verschaffen, Ermittlungen anstellen und den Betroffenen anhören, ohne dass die Frist zu laufen beginnt. Die **Ermittlungen** sind ohne Hektik, aber mit der gebotenen Eile zu betreiben.[174] Eine Regelfrist gibt es dafür nicht; das LAG Frankfurt/Main hat drei Monate als zu lang angesehen.[175] Für die **Anhörung** billigt das BAG dem Arbeitgeber im Regelfall eine Woche ab Kenntniserlangung (= Abschluss der Ermittlungen) zu.[176] Bei Erkrankung des Arbeitnehmers ist die Frist gehemmt, solange der Arbeitnehmer nicht angehört werden kann.[177] Wird gegen den Arbeitnehmer ein **Strafverfahren** eingeleitet, kann grundsätzlich die Rechtskraft des Urteils abgewartet werden.[178] Bei einer **Verdachtskündigung** beginnt die Frist von neuem, wenn der Arbeitgeber neue Tatsachen erfährt oder neue Beweismittel erlangt, die den Verdacht verstärken.[179] Ist eine Verdachtskündigung für unwirksam erklärt worden, so ist eine außerordentliche Kündigung, die sich nunmehr auf die Verurteilung stützt, zulässig.[180] Bei sogenannten **Dauergründen** – wiederholte Vorfälle, wie mehrfache Unpünktlichkeit – beginnt die Frist mit dem letzten Glied der Kette der Pflichtverletzungen.[181] Dabei können unterstützend auch länger als zwei Wochen zurückliegende Ereignisse herangezogen werden. Entsprechendes gilt für **Dauertatbestände,** wie unentschuldigtes Fehlen, eigenmächtiger Urlaubsantritt oder Wegfall eines Arbeitsplatzes.[182]

Der Arbeitgeber (= der „**Kündigungsberechtigte**") hat Kenntnis erlangt, wenn derjenige um die entscheidenden Tatsachen weiß, der im konkreten Fall zur Kündigung befugt ist.[183] Ihm stehen Personen in ähnlicher Stellung gleich, wenn sie zur Aufklärung der für die Kündigung maßgeblichen Umstände verpflichtet sind oder wenn sie den Arbeitgeber darüber zu unterrichten haben und wenn der Arbeitgeber sich nach Treu und Glauben eine fehlende Unterrichtung zurechnen lassen muss[184] (Abteilungsleiter, Meister, Werkschutz).[185] Bei Gesamtvertretung genügt die Kenntnis eines Vertretungsberechtigten.[186]

Die Kündigung muss innerhalb der Zwei-Wochen-Frist **zugehen;** der Ausspruch der Kündigung innerhalb dieser Frist genügt nicht.[187] Der Tag der Kenntniserlangung zählt bei der Fristberechnung nicht mit (§ 187 Abs. 1 BGB). Die Frist wird nicht durch die Dreitagefrist für die Anhörung des **Betriebsrats** verlängert.

Bei **Schwerbehinderten** ist die Frist gewahrt, wenn die Zustimmung des Integrationsamtes innerhalb von zwei Wochen nach Kenntniserlangung von dem Kündigungsgrund beantragt wird und wenn die Kündigung unverzüglich nach Erteilung der Zustimmung oder nach Ablauf der 2-Wochen-Frist, die das Integrationsamt für seine Entscheidung hat, ausgesprochen wird (§ 91 Abs. 2, 3, 5 SGB IX). Dasselbe gilt sinngemäß für die Kündigung einer Frau im **Mutterschutz**[188] und eines Arbeitnehmers in **Elternzeit;** hier hat die Behörde allerdings keine Frist einzuhalten, so dass der Arbeitgeber erst nach Erteilung der – gegebenenfalls im Klagewege erzwungenen – Zustimmung kündigen kann (und muss).[189] Soll einem **Wahlbewerber,** einem Mitglied eines **Wahlvorstandes** oder eines **Betriebsverfassungsorgans** außerordentlich gekündigt werden, so ist die Zustimmung des Betriebsrats innerhalb der 14-Tage-Frist einzuholen. Stimmt der Betriebsrat nicht zu, so muss auch der Antrag auf Ersetzung der Zustimmung noch innerhalb der 14-Tage-Frist beim Arbeitsgericht eingehen.[190]

Gewährt der Arbeitgeber dem Arbeitnehmer mit dessen Einverständnis **Bedenkzeit** über den Abschluss eines Aufhebungsvertrags, dann kann sich der Arbeitnehmer nicht auf den Ablauf der Frist berufen, wenn der Arbeitgeber unverzüglich nach Ablauf der Bedenkzeit kündigt.[191] Nach Fristablauf bleibt dem Arbeitgeber die Möglichkeit der ordentlichen Kündigung.

VI. Ist der Arbeitnehmer vor der Kündigung anzuhören?

Eine Anhörung des Betroffenen ist nicht erforderlich, sofern nicht ausdrücklich etwa in einem Tarifvertrag oder in der Arbeitsordnung etwas anderes bestimmt ist.[192] In aller Regel ist es aber ein Gebot der Fairness, dem Mitarbeiter Gelegenheit zur Stellungnahme zu geben. Bei der **Verdachtskündigung** muss er die Möglichkeit haben, sich zu rechtfertigen; sonst ist die Kündigung unwirksam.[193]

VII. Ist der Betriebsrat vor der Kündigung anzuhören?

Der Betriebsrat ist vor **jeder** Kündigung zu hören, und zwar sowohl vor der ordentlichen als auch vor der außerordentlichen Kündigung (§ 102 Abs. 1 S. 1 BetrVG). Eine Anhörung ist auch bei der Kündigung in der Probezeit erforderlich und bei der Kündigung in den ersten sechs Monaten der Betriebszugehörigkeit, bei der Entlassung von Aushilfen (einschließlich Werkstudenten) genauso wie in Eilfällen.[194]

Der Arbeitgeber – in der Regel die Personalabteilung – hat dem Betriebsrat die **Person** des Arbeitnehmers zu nennen, dem er kündigen will, die **Art der Kündigung,** den **Kündigungstermin** und die **Gründe** für die Kündigung.[195] Zu den Angaben zur Person gehören Alter, Familienstand, Zahl der Unterhaltsberechtigten, Dienstjahre, Arbeitsbereich und Sonderkündigungsschutz, soweit bekannt. Art der Kündigung meint ordentliche oder außerordentliche Kündigung. Eine falsche Berechnung der Kündigungsfrist ist unschädlich.[196]

Die Tatsachen, auf die der Arbeitgeber die Kündigung stützt, sind dem Betriebsrat **vollständig** mitzuteilen.[197] Eine pauschale, schlag- oder stichwortartige Bezeichnung genügt in der Regel nicht.[198] Der maßgebende Kündigungssachverhalt ist vielmehr so konkret zu beschreiben, dass der Betriebsrat ohne zusätzliche eigene Nachforschungen in die Lage versetzt wird, die Stichhaltigkeit der Kündigungsgründe zu prüfen, sich über eine Stellungnahme schlüssig zu werden und substantiiert Bedenken zu erheben.[199] Bei einer **verhaltensbedingten Kündigung** muss der Arbeitgeber dem Betriebsrat sowohl die belastenden als auch die entlastenden Umstände nennen.[200] Bei einer Kündigung wegen häufiger **Kurzerkrankungen** hat er die Fehlzeiten und – soweit bekannt – die Art der Erkrankung, die Umstände, aus denen sich die negative Prognose ergibt, sowie die wirtschaftlichen Belastungen und die betrieblichen Beeinträchtigungen mitzuteilen, die infolge der Fehlzeiten entstanden sind und mit denen noch gerechnet werden muss.[201] Ist der Arbeitnehmer auf Dauer arbeitsunfähig krank, dann genügt die Information darüber.[202] Bei einer **betriebsbedingten** Kündigung gehören zu den Gründen, die der Arbeitgeber mitzuteilen hat, nicht nur die dringenden betrieblichen Erfordernisse, sondern auch die Umstände, die seiner Ansicht nach für die Sozialauswahl maßgeblich sind.[203] Ausnahmsweise reicht ein bloßes Werturteil (z. B. „nicht hinreichende Arbeitsleistung") dann aus, wenn der Arbeitgeber seine Motivation nicht durch konkrete Tatsachen belegen kann.[204] Der Betriebsrat ist ordnungsgemäß angehört worden, wenn der Arbeitgeber ihm die aus seiner Sicht tragenden Kündigungsgründe mitgeteilt hat.[205] Bei einer Kündigung in der Wartezeit (d.h. in den ersten sechs Monaten) genügt die Mitteilung der subjektiven Wertungen[206] („entspricht nicht unseren Erwartungen"; „passt nicht in das Team").

Die Kündigung ist **unwirksam,** wenn der Arbeitgeber den Betriebsrat überhaupt nicht oder nicht im geschilderten Umfang angehört hat (§ 102 Abs. 1 S. 3 BetrVG). Eine Anhörung nach Ausspruch der Kündigung kann den Mangel nicht heilen (§ 102 Abs. 1 S. 1 BetrVG: „vor" jeder Kündigung). Einer erneuten Anhörung bedarf es sogar, wenn der Arbeitgeber wegen desselben Sachverhalts – vorsorglich – erneut kündigt.[207]

Genügt die Anhörung den Anforderungen, hat der Arbeitgeber aber nicht alle für die Kündigung bedeutsamen Tatsachen vorgetragen, so kann er sich im Kündigungsschutzprozess nur auf die Tatsachen berufen, die er dem Betriebsrat genannt hat;[208] das gilt auch für die Art der Kündigung.[209] Eine **spätere Ergänzung** ist in zwei Fällen möglich: einmal, wenn es nur um eine Abrundung geht,[210] zum anderen, wenn dem Arbeitgeber ein Sachverhalt im Zeitpunkt der Anhörung nicht bekannt war;[211] im zweiten Fall muss er die Anhörung allerdings nachholen.[212]

Die Unterrichtung des Betriebsrats kann **mündlich oder schriftlich** erfolgen. Aus Beweisgründen – Einhaltung der Fristen – ist zumindest in größeren Betrieben eine Information mit Hilfe eines Formulars zweckmäßig und üblich.

Vor seiner Stellungnahme soll der Betriebsrat den Arbeitnehmer anhören (§ 102 Abs. 2 S. 4 BetrVG). Ein Unterlassen der Anhörung hat keine Rechtsfolgen.[213]

Der Betriebsrat hat **vier Möglichkeiten** zu reagieren. Er kann

- der Kündigung **zustimmen.** Im Kündigungsschutzverfahren wird sich das bei der Beweiswürdigung in der Regel zugunsten des Arbeitgebers auswirken.

- die **Frist,** in der er Bedenken anmelden oder der Kündigung widersprechen könnte, **verstreichen lassen,** ohne etwas zu unternehmen. Mit Ablauf der Frist gilt seine Zustimmung als erteilt (§ 102 Abs. 2 S. 2 BetrVG).

- **Bedenken anmelden** (§ 102 Abs. 2 S. 1, 3 BetrVG) oder

- der Kündigung **widersprechen** (§ 102 Abs. 3 BetrVG). Für beide Fälle gelten dieselben Voraussetzungen: Die Mitteilung muss **schriftlich,** bei einer ordentlichen Kündigung **innerhalb einer Woche** (§ 102 Abs. 2 S. 1 BetrVG), bei einer außerordentlichen unverzüglich, spätestens innerhalb von drei (Kalender)Tagen (§ 102 Abs. 2 S. 3 BetrVG), unter Angabe von **Gründen** erfolgen.

Als **Gründe** kommen in Betracht, dass

- der Arbeitgeber bei der **Auswahl** des zu kündigenden Arbeitnehmers **soziale Gesichtspunkte** nicht oder nicht ausreichend berücksichtigt hat (Nr. 1, nur bei der betriebsbedingten Kündigung)

- die Kündigung gegen eine **Auswahlrichtlinie** verstößt (Nr. 2, nur betriebsbedingte Kündigung)

- der zu kündigende Arbeitnehmer **an einem anderen Arbeitsplatz** im selben Betrieb oder in einem anderen Betrieb des Unternehmens **weiterbeschäftigt** werden kann (Nr. 3, alle Kündigungen). Der Betriebsrat muss einen anderen freien Platz nennen, der seiner Meinung nach in Frage kommt.[214] Nicht ausreichend ist das Vorbringen, der Arbeitnehmer könne an seinem jetzigen Arbeitsplatz weiterbeschäftigt werden.[215]

- die Weiterbeschäftigung des Arbeitnehmers nach zumutbaren **Umschulungs- oder Fortbildungsmaßnahmen** möglich ist (Nr. 4). Hier muss der Betriebsrat die Bildungsmaßnahme bezeichnen und sagen, an welchem Platz der Arbeitnehmer seiner Ansicht nach beschäftigt werden kann.

- eine Weiterbeschäftigung des Arbeitnehmers **unter geänderten Vertragsbedingungen** möglich ist und der Arbeitnehmer sein Einverständnis damit erklärt hat (Nr. 5).

Die Folgen von Bedenken und Widerspruch sind unterschiedlich. Meldet der Betriebsrat nur Bedenken an, so hat das allenfalls Auswirkungen auf die **Beweiswürdigung** in einem eventuellen Kündigungsschutzverfahren. Widerspricht er frist- und formgerecht und erhebt der Arbeitnehmer Kündigungsschutzklage, dann muss der Arbeitgeber ihn auf Verlangen bei unveränderten Arbeitsbedingungen bis zum rechtskräftigen Abschluss des Rechtsstreits **weiterbeschäftigen** (siehe unten XIII. 1.).

Gleichgültig, wie der Betriebsrat reagiert: Sobald er **abschließend Stellung** nimmt, kann der Arbeitgeber kündigen. Mängel bei der Willensbildung des Betriebsrats haben Auswirkungen auf die Ordnungsgemäßheit des Anhörungsverfahrens nur dann, wenn der Arbeitgeber sie selbst veranlasst hat.[216]

Da der Arbeitgeber keinen Einfluss auf die Entscheidung des Betriebsrats hat, muss der Vorgesetzte, der einem Mitarbeiter kündigen möchte, vorsichtshalber die **Frist** von drei bzw. sieben Tagen **einplanen.** Das ist besonders wichtig bei außerordentlichen Kündigungen, weil die 14-Tage-Frist, innerhalb der sie ausgesprochen werden muss, durch die Frist für die Anhörung des Betriebsrats nicht verlängert wird, sowie dann, wenn Termine einzuhalten sind (z. B. ein Monat zum Monatsende oder sechs Wochen zum Vierteljahresende). Zu berücksichtigen ist weiter die für den Zugang erforderliche Zeit, d. h., wenn das Kündigungsschreiben dem Arbeitnehmer nicht am Arbeitsplatz ausgehändigt werden kann, mindestens die übliche Postlaufzeit.

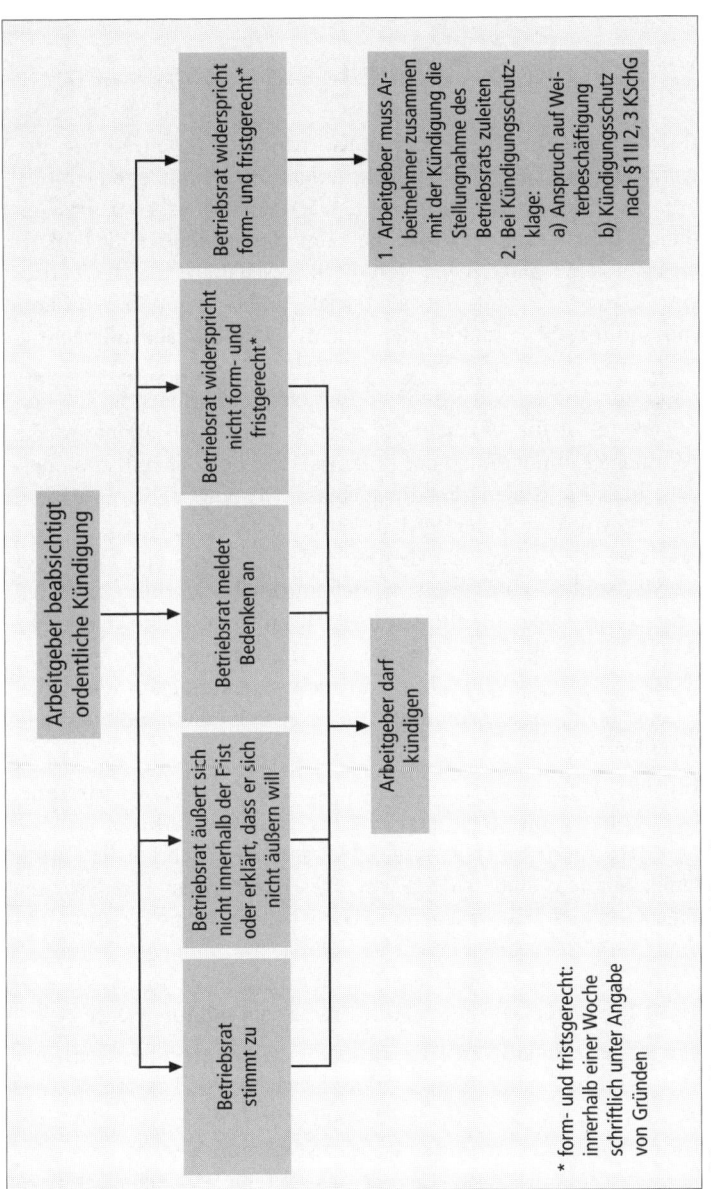

Abb. 6: Mitbestimmung bei Kündigungen

Arbeitgeber beabsichtigt ordentliche Kündigung

Betriebsrat stimmt zu

Betriebsrat äußert sich nicht innerhalb der Frist oder erklärt, dass er sich nicht äußern will

Betriebsrat meldet Bedenken an

Betriebsrat widerspricht nicht form- und fristgerecht*

Betriebsrat widerspricht form- und fristgerecht*

Arbeitgeber darf kündigen

1. Arbeitgeber muss Arbeitnehmer zusammen mit der Kündigung die Stellungnahme des Betriebsrats zuleiten
2. Bei Kündigungsschutzklage:
   a) Anspruch auf Weiterbeschäftigung
   b) Kündigungsschutz nach § 1 II 2, 3 KSchG

* form- und fristgerecht: innerhalb einer Woche schriftlich unter Angabe von Gründen

VIII. Wer kann die Kündigung aussprechen?

Es ist zu unterscheiden zwischen **Können** und Dürfen. Können betrifft die Frage, ob eine Kündigungserklärung gegenüber einem Mitarbeiter wirksam ist, Dürfen die Frage, ob ein Mitarbeiter zur Kündigung befugt ist. Jeder **Prokurist** kann kündigen, denn die Prokura ermächtigt zu allen Arten von Rechtsgeschäften, die der Betrieb eines Handelsgeschäfts mit sich bringt. Ähnliches gilt für den **Generalhandlungsbevollmächtigten.** Beim **Handlungsbevollmächtigten,** der eine Art- oder Spezialvollmacht hat, kommt es darauf an, ob er zur Abgabe von Kündigungserklärungen ermächtigt ist. Entscheidend für die Wirksamkeit einer Kündigungserklärung ist das rechtliche Können. Auch der Prokurist oder der Generalhandlungsbevollmächtigte, dem der Arbeitgeber die Kündigung von Mitarbeitern ausdrücklich untersagt hat, kann wirksam kündigen. Er muss sich aber u. U. gegenüber dem Arbeitgeber disziplinarisch verantworten, weil er seine (internen) Befugnisse überschritten hat; möglicherweise ist das für ihn sogar ein Kündigungsgrund. Derjenige, den der Arbeitgeber zur Abgabe von Kündigungserklärungen ausdrücklich bevollmächtigt hat, darf nicht nur kündigen, sondern er kann es auch immer; zumindest hat er eine Spezial(handlungs)vollmacht.

In vielen Unternehmen gilt der Grundsatz der **Gesamtvertretung.** Dort können nur zwei vertretungsberechtigte Mitarbeiter gemeinsam das Unternehmen vertreten. Das gilt dann auch für die Kündigung. Meistens sind es der Fachvorgesetzte und der Personalleiter. Eine Kündigung durch einen der beiden allein ist unwirksam. Allerdings kann jeder von ihnen seine Vollmacht mündlich oder schriftlich auf den anderen übertragen; dann genügt es, wenn beispielsweise der Personalleiter für den Fachvorgesetzten mit unterschreibt.[217]

Der Arbeitnehmer kann verlangen, dass der kündigende Mitarbeiter seine **Vollmacht** durch eine Urkunde **nachweist.** Legt der Kündigende (oder einer der beiden Kündigenden) diese Urkunde nicht vor und weist der Arbeitnehmer die Kündigung deshalb unverzüglich, etwa innerhalb von drei oder – wenn ein Wochenende dazwischen liegt – von fünf Tagen,[218] zurück, so ist die Kündigung unwirksam (§ 174 BGB). Eine Ausnahme gilt für Prokuristen, weil deren Vollmacht sich aus dem für jeden einsehbaren Handelsregister ergibt, in der Regel für den Personal- und für den Betriebsleiter, weil mit deren Stellung üblicherweise die Vollmacht für Kündigungen verbunden ist, und für Mitarbeiter, deren Kündigungsberechtigung der Arbeitgeber bekannt gemacht hat.[219] Die Zurückweisung von Kündigungserklärungen spielt in Prozessen eine nicht unerhebliche Rolle.

Die **Rücknahme einer** wirksam zugegangenen **Kündigung** kann nicht mehr einseitig, sondern nur noch im gegenseitigen Einvernehmen erfolgen. Der Kündigende kann regelmäßig auch nicht geltend machen, seine Kündigung sei unwirksam (z. B. der Arbeitnehmer, den seine fristlose Eigenkündigung reut, mit der Begründung, es habe an einem wichtigen Grund gefehlt).[220]

IX. In welcher Form muss gekündigt werden?

Die Kündigung kann nur **schriftlich** erklärt werden. Die elektronische Form (§ 126 a BGB) ist ausgeschlossen (§ 623 BGB).

Ist Kündigung durch Einschreiben vereinbart und soll die Form nur dem Nachweis des Zugangs dienen, so ist auch eine Kündigung durch einfaches Schreiben wirksam, wenn der Nachweis auf andere Weise geführt werden kann.[221] Für die Kündigung des Arbeitnehmers kann in Formulararbeitsverträgen eine strengere Form als die Schriftform – also auch Einschreiben – nicht vereinbart werden (§ 309 Nr. 13 BGB).

X. Wann wird die Kündigungserklärung wirksam?

Die Kündigung wird wirksam mit **Zugang.** Einer Zustimmung des Arbeitnehmers oder auch nur einer Bestätigung bedarf es nicht.

Die Kündigung geht zu, wenn sie in den Bereich des Arbeitnehmers gelangt und sobald bei Annahme gewöhnlicher Umstände damit zu rechnen ist, dass er von ihr Kenntnis nehmen konnte. Es kommt also nicht darauf an, ob der Arbeitnehmer die Erklärung tatsächlich zur Kenntnis nimmt, sondern nur, ob er die Möglichkeit zur Kenntnisnahme hatte.[222]

Im Einzelnen bedeutet das:

- **Aushändigung** eines Schreibens **an einen anwesenden Arbeitnehmer:** Zugang mit Übergabe.

- Einwurf in den **Briefkasten:** Zugang zu dem Zeitpunkt, zu dem üblicherweise mit Leerung gerechnet werden kann.[223]

- Einlegen in **Postfach:** Zugang zu dem Zeitpunkt, zu dem üblicherweise mit Leerung gerechnet werden kann.[224]

- Unter der **Wohnungstür** durchschieben: Zugang mit Durchschieben.[225]

- Aushändigung an eine **Person,** die nach der Verkehrssitte als **ermächtigt** anzusehen ist, den Arbeitnehmer in der Empfangsannahme **zu vertreten,** insbesondere an Familienangehörige, Hausangestellte, Zimmervermieter: Zugang zu dem Zeitpunkt, an dem mit Aushändigung gerechnet werden kann.[226]

- **Übergabeeinschreiben:** Zugang mit Aushändigung, bei Einwurf eines Benachrichtigungszettels erst, wenn der Arbeitnehmer den Brief abholt oder wenn er ihn hätte abholen können; letzteres gilt allerdings nur dann, wenn er mit einer Kündigung rechnen musste.[227]

- **Einwurfeinschreiben:** wie Brief.

Keine Besonderheiten gelten (mehr), wenn dem Arbeitnehmer eine Kündigungserklärung bei **Abwesenheit wegen Urlaubs,** wegen eines **Krankenhausaufenthalts** oder einer **Kur** zugestellt wird, und zwar gleichgültig, ob der Arbeitgeber von der Abwesenheit weiß oder nicht.[228] Schreibt der Arbeitgeber an die Heimatadresse, so bleibt es bei den allgemeinen Grundsätzen. Die Kündigung geht in dem Augenblick zu, in dem unter normalen Umständen mit Kenntnisnahme, d. h. mit Leerung des Briefkastens, gerechnet werden kann.[229] Hat der Arbeitnehmer der Post einen Nachsendeauftrag gegeben, so geht die Verzögerung zu seinen Lasten. Schickt der Arbeitgeber die Kündigung an die Urlaubsanschrift (Krankenhaus, Kuradresse), so gelten die allgemeinen Grundsätze.[230] Der Arbeitnehmer erleidet durch eine spätere Kenntnisnahme keinen Nachteil, weil er bei einer Versäumung der 3-Wochen-Frist die nachträgliche Zulassung der Kündigungsschutzklage beantragen kann.[231] **Zieht der Arbeitnehmer um,** ohne das dem Arbeitgeber anzuzeigen, so geht eine Verzögerung zu seinen Lasten. Geht ihm die Kündigung gar nicht zu, so muss er sich so behandeln lassen, als wäre sie ihm zum normalen Zeitpunkt zugegangen; der Arbeitgeber muss die Erklärung allerdings unverzüglich wiederholen, wenn er die neue Anschrift erfährt.[232]

Kosten und Risiko der Übermittlung trägt grundsätzlich der Kündigende. Die Erklärung geht nicht oder verspätet zu, wenn der Brief **ungenügend frankiert** oder mit einer **fehlerhaften Anschrift** versehen ist. Der Kündigende trägt auch die Beweislast für den Zugang der Kündigung. Es gibt keine Vermutung dafür, dass ein zur Post gegebener Brief auch tatsächlich zugegangen ist.[233] Ein sicherer **Nachweis** lässt sich nur bei Aushändigung durch Boten oder bei Übersendung der Kündigung durch Übergabeeinschreiben erbringen. Beim Einwurfeinschreiben, das gegenüber dem Übergabeeinschreiben Vorteile hinsichtlich des Zeitpunkts des Zugangs bietet, bleiben Zweifel.[234]

Ist die Kündigung zugegangen, kann sie nur im gegenseitigen Einvernehmen zurückgenommen werden.[235]

XI. Wann endet das Arbeitsverhältnis?

Bei einer ordentlichen Kündigung endet das Arbeitsverhältnis mit Ablauf der gesetzlichen oder der vereinbarten Frist. Die **gesetzlichen Kündigungsfristen** betragen einheitlich für alle Arbeitnehmer

während der Probezeit, längstens für 6 Monate	2 Wochen
nach der Probezeit bis zur Vollendung des 2. Dienstjahres	4 Wochen zum 15. oder zum Monatsende
nach 2 Dienstjahren	1 Monat zum Monatsende
nach 5 Dienstjahren	2 Monate zum Monatsende

nach 8 Dienstjahren	3 Monate zum Monatsende
nach 10 Dienstjahren	4 Monate zum Monatsende
nach 12 Dienstjahren	5 Monate zum Monatsende
nach 15 Dienstjahren	6 Monate zum Monatsende
nach 20 Dienstjahren	7 Monate zum Monatsende

In Betrieben mit bis zu 20 Arbeitnehmern kann die 4wöchige Grundkündigungsfrist ohne festen Endtermin vereinbart werden. Bei der Zahl der beschäftigten Arbeitnehmer sind Auszubildende nicht mitzuzählen, Teilzeitbeschäftigte mit einer regelmäßigen wöchentlichen Arbeitszeit von nicht mehr als 20 Stunden mit 0,5 und nicht mehr als 30 Stunden mit 0,75 zu berücksichtigen (§ 622 Abs. 1–3, 5 S. 1 Nr. 2 BGB). Die verlängerten Kündigungsfristen (nach zwei Dienstjahren) gelten nur für Kündigungen durch den Arbeitgeber. Für Kündigungen durch den Arbeitnehmer gelten sie nur, wenn das vereinbart ist.

Die Kündigungsfristen sind **Mindestfristen.** Sie können nur durch Tarifvertrag abgekürzt werden, hier allerdings bis auf Null (z. B. Kündigung zum Schichtende oder mit einer Frist von drei Tagen). Bei **Aushilfen** ist für die ersten drei Monate der Beschäftigung auch eine Abkürzung durch Arbeitsvertrag zulässig (§ 622 Abs. 4, 5 S. 1 Nr. 1 BGB).

Eine **Verlängerung** der Kündigungsfristen (z. B. auf 1 Jahr) und die Beschränkung auf bestimmte Termine (z. B. zum Vierteljahresende) ist zulässig (§ 622 Abs. 5 S. 2 BGB).

Die Kündigungsfristen **für den Arbeitnehmer** dürfen **nicht länger** sein **als** die **für den Arbeitgeber** (§ 622 Abs. 6 BGB). Wird dennoch für die Kündigung durch den Arbeitnehmer eine längere Frist vereinbart, so gilt sie auch für die Kündigung durch den Arbeitgeber.[236]

Bei der **Berechnung** der Fristen zählt der Tag, an dem gekündigt wird, nicht mit (§ 187 Abs. 1 BGB). Eine Kündigung mit einer Frist von 1 Monat zum Monatsende muss also spätestens am Letzten des Vormonats ausgesprochen werden (z. B. 30. Juni zum 31. Juli).

Fällt der letzte Tag der Frist für die Kündigungserklärung auf einen **Samstag, Sonntag oder Feiertag,** so muss die Kündigung spätestens an diesem Tag zugehen. Eine Kündigung am ersten darauffolgenden Arbeitstag genügt nicht. Wird der Kündigungstermin versäumt, so gilt die Kündigung in der Regel zum nächstzulässigen Termin.[237]

Eine **vorzeitige Kündigung,** also z. B. eine Kündigung zum übernächsten Termin, ist zulässig, es sei denn, dass damit der Kündigungsschutz umgangen werden soll (z. B. wenn der Arbeitgeber dem besonderen Kündigungsschutz wegen bevorstehender Anerkennung als Schwerbehinderter ausweichen will; § 162 BGB analog).[238]

Eine mit **zu kurzer Kündigungsfrist** ausgesprochene Kündigung ist in der Regel in eine Kündigung zum nächstzulässigen Termin umzudeuten.[239]

XII. Was gilt bis zum Ablauf der Kündigungsfrist?

1. Suspendierung (Freistellung)

Ein Arbeitnehmer kann ausnahmsweise durch den Arbeitgeber von seiner Arbeit suspendiert werden, wenn **überwiegende schutzwerte Interessen** des Arbeitgebers dem Beschäftigungsanspruch entgegenstehen.[240] Das gilt vor Ausspruch der Kündigung ebenso wie in dem Zeitraum zwischen Kündigung und Ablauf der Kündigungsfrist. Vor Ausspruch der Kündigung hat die Suspendierung vor allem Bedeutung für die Zeit, in der der Betriebsrat angehört wird, und für die Zeit, in der Ermittlungen laufen. Voraussetzung für eine Suspendierung ist immer, dass dem Unternehmen ein nicht ganz unbeträchtlicher **Schaden** droht: die Abwerbung von Kunden oder (z. B. bei Außendienstmitarbeitern, vor allem bei Wechsel zu einem Mitbewerber) die Weitergabe von Geschäftsgeheimnissen,[241] ein Ansehensverlust in der Öffentlichkeit, die Beseitigung von Unterlagen oder das Verwischen von Spuren, bei Vorgesetzten auch die Demotivation der Mitarbeiter.[242] Bei **leitenden Angestellten** sind die Anforderungen an eine Suspendierung geringer; hier wird im Allgemeinen schon der Vertrauensverlust genügen.[243] Trotz Suspendierung behält der Arbeitnehmer grundsätzlich den **Entgeltanspruch.** Das kann ausnahmsweise einmal anders sein, vor allem wenn der Arbeitnehmer Leib und Leben, Ehre oder Eigentum des Arbeitgebers unmittelbar und nachhaltig gefährdet.[244]

2. Urlaub

Der Arbeitgeber kann grundsätzlich bestimmen, dass der Arbeitnehmer den Resturlaub **in der Kündigungsfrist** nimmt, und zwar auch dann, wenn ein anderer Urlaubszeitpunkt bereits fest vorgesehen war.[245] Etwas anderes gilt, wenn der Arbeitnehmer an dem ursprünglichen Termin ein besonderes Interesse hat, eine Reise z. B. bereits fest gebucht ist oder er nur zu dieser Zeit mit seiner Familie gemeinsam in Urlaub gehen kann oder – vor allem bei kurzen Kündigungsfristen – wenn dadurch der Urlaub zerstückelt oder die Stellensuche beeinträchtigt würde.[246]

Auch der Arbeitnehmer kann verlangen, dass ihm der Resturlaub im Kündigungszeitraum gewährt wird, es sei denn, dass dem dringende betriebliche Belange entgegenstehen.[247] Eigenmächtige Urlaubsnahme ist nicht erlaubt und kann Grund für eine außerordentliche Kündigung sein.[248] Vor allem bei Beendigung des Arbeitsverhältnisses auf Veranlassung des Arbeitgebers empfiehlt es sich im Allgemeinen schon im Unternehmensinteresse, dem Wunsch des Arbeitnehmers nachzukommen.

Der Arbeitgeber kann bestimmen, dass mit einer **Freistellung** Urlaubsansprüche abgegolten werden. Das gilt uneingeschränkt allerdings nur bei unwiderruflicher Freistellung.[249] Bei widerruflicher Freistellung muss der Arbeitgeber angeben, welche Zeit als Urlaub gelten soll. Nur dann ist es dem Arbeitnehmer nämlich möglich, diese Zeit uneingeschränkt selbstbestimmt zu nutzen. Zweifel, auch etwa zu der Frage, welche Urlaubsansprüche mit der Freistellung abgegolten sein sollen, gehen zu Lasten des Arbeitgebers.[250] Unzulässig ist es, eine Freistellung während der Kündigungsfrist nachträglich mit Urlaub zu verrechnen.[251]

Kann der Resturlaub vor Ablauf der Kündigungsfrist nicht gewährt oder genommen werden, so ist er **abzugelten** (§ 7 Abs. 4 BUrlG).

Allerdings kann der Arbeitnehmer nicht nachträglich Urlaubsabgeltung verlangen mit der Begründung, er habe den Urlaub ganz oder teilweise zur Stellensuche genutzt.[252]

3. Freistellung zur Arbeitssuche

Nach der Kündigung des Arbeitsverhältnisses hat der Arbeitnehmer Anspruch, **für eine angemessene Zeit** zur Stellensuche freigestellt zu werden (§ 629 BGB). Welche Zeit angemessen ist, ergibt sich aus der Abwägung der beiderseitigen Interessen. Der Anspruch besteht nur in Arbeitsverhältnissen, die für längere Dauer abgeschlossen oder zumindest gedacht waren, also nicht in Probe- oder Aushilfsarbeitsverhältnissen. Endet das Arbeitsverhältnis durch Aufhebungsvertrag, so entsteht der Anspruch mit Abschluss dieses Vertrags, bei einem (auf längere Zeit geschlossenen) befristeten Vertrag zu dem Zeitpunkt, zu dem bei einem unbefristeten Vertrag die Kündigungsfrist zu laufen beginnen würde.[253] Ob der Arbeitnehmer sich selbst frei nehmen kann, wenn der Arbeitgeber die Freistellung verweigert, ist sehr umstritten.[254] Der vorsichtige Arbeitnehmer wird eine einstweilige Verfügung beim Arbeitsgericht beantragen. Die Zeit der Stellensuche ist grundsätzlich zu vergüten (§ 616 Abs. 1 BGB).

4. Freistellung zur Meldung bei der Agentur für Arbeit

Arbeitnehmer, deren Arbeitsverhältnis endet, sind verpflichtet, sich spätestens 3 Monate vor dessen Beendigung persönlich bei der Agentur für Arbeit arbeitssuchend zu melden. Liegen zwischen der Kenntnis des Beendigungszeitpunkts und der Beendigung des Arbeitsverhältnisses weniger als drei Monate, hat die Meldung innerhalb von drei Tagen nach Kenntnis zu erfolgen (§ 37 b S. 1, 2 SGB III). Der Arbeitgeber hat den Arbeitnehmer auch dafür bezahlt von der Arbeit freizustellen (§§ 616, 629 BGB).

XIII. Muss der Arbeitnehmer während des Kündigungsprozesses weiterbeschäftigt werden?

1. Betriebsverfassungsrechtlicher Weiterbeschäftigungsanspruch

Hat der Betriebsrat einer ordentlichen Kündigung frist- und ordnungsgemäß widersprochen und hat der Arbeitnehmer nach dem Kündigungsschutzgesetz Klage auf Feststellung erhoben, dass das Arbeitsverhältnis durch die Kündigung nicht aufgelöst ist, so muss der Arbeitgeber auf Verlangen des Arbeitnehmers diesen nach Ablauf der Kündigungsfrist **bis zum** rechtskräftigen **Abschluss** des **Rechtsstreits** bei unveränderten Arbeitsbedingungen weiterbeschäftigen. Auf Antrag des Arbeitgebers kann das Gericht ihn durch einstweilige Verfügung von dieser Verpflichtung entbinden, wenn

- die Klage des Arbeitnehmers keine hinreichende Aussicht auf Erfolg bietet oder mutwillig erscheint oder

- die Weiterbeschäftigung des Arbeitnehmers zu einer unzumutbaren wirtschaftlichen Belastung des Arbeitgebers führen würde oder

- der Widerspruch des Betriebsrats offensichtlich unbegründet war (§ 102 Abs. 5 BetrVG).

2. Allgemeiner Weiterbeschäftigungsanspruch

Unabhängig vom betriebsverfassungsrechtlichen Weiterbeschäftigungsanspruch hat der Arbeitnehmer Anspruch auf vertragsgemäße Beschäftigung über den Ablauf der Kündigungsfrist oder über den Zugang einer fristlosen Kündigung hinaus bis zum rechtskräftigen Abschluss des Kündigungsschutzprozesses, wenn die Kündigung offensichtlich unwirksam ist (z.B. Betriebsrat nicht angehört) und überwiegende schutzwerte Interessen des Arbeitgebers einer solchen Beschäftigung nicht entgegenstehen.[255]

Die Ungewissheit über den Ausgang des Kündigungsschutzprozesses begründet ein schutzwertes Interesse des Arbeitgebers an der Nichtbeschäftigung des gekündigten Arbeitnehmers für die Dauer des Prozesses. In der Regel überwiegt dieses das Beschäftigungsinteresse des Arbeitnehmers so lange, bis ein Urteil die Unwirksamkeit der Kündigung feststellt. Solange ein solches Urteil existiert, kann die Ungewissheit des Prozessausgangs für sich allein ein überwiegendes Gegeninteresse des Arbeitgebers nicht mehr begründen. Liegen allerdings zusätzliche Umstände vor (z.B. Gefahr von Schäden durch Verrat von Geschäftsgeheimnissen), so kann es im Einzelfall anders sein.[256]

XIV. Kann der Arbeitnehmer Wiedereinstellung verlangen, wenn der Kündigungsgrund wegfällt?

Voraussetzung für eine wirksame Kündigung ist eine negative Prognose: dass der Arbeitnehmer nicht mehr oder zumindest nicht mehr vertragsgerecht beschäftigt werden kann, dass das Arbeitsverhältnis zerrüttet ist oder dass der Arbeitnehmer die vertragliche Leistung nicht mehr erbringen kann. Die Umstände, auf die sich die Prognose stützt, mussen zur Zeit des Zugangs der Kündigungserklärung vorliegen. Eine wirksame Kündigung bleibt auch dann wirksam, wenn es sich aufgrund einer Änderung der Umstände herausstellt, dass die **Prognose falsch** war.[257] Der Arbeitnehmer kann dann aber einen Wiedereinstellungsanspruch haben. Das gilt vor allem bei der betriebsbedingten Kündigung: wenn sich etwa wider Erwarten die Auftragslage verbessert und der Arbeitgeber sich entschließt, die Produktion weiterzuführen,[258] oder wenn es doch noch gelingt, einen Käufer für den Betrieb oder Betriebsteil zu finden.[259] Kann der Arbeitgeber – oder der Erwerber – mehrere Arbeitnehmer weiterbeschäftigen, so muss er unter denen, die für die Weiterarbeit in Frage kommen, eine Sozialauswahl treffen.[260] Bei verhaltensbedingten Kündigungen wird die Prognose kaum einmal günstiger werden, bei der personenbedingten nur in Ausnahmefällen[261] (z. B. Verdachtskündigung; aber auch da reicht ein Freispruch mangels Beweises nicht aus[262]): das BAG hat die negative Prognose wegen der hohen Rückfallgefahr selbst nach einer Entziehungskur nicht als widerlegt angesehen.[263]

Ein Wiedereinstellungsanspruch kommt nur dann in Betracht, wenn die Umstände, die die Prognose widerlegen, vor **Ablauf der Kündigungsfrist** eintreten.[264] Etwas anderes gilt lediglich, wenn es erst danach zu einem Betriebsübergang kommt, etwa weil der Nachfolger den größten Teil der Belegschaft übernimmt.[265]

Der Anspruch auf Wiedereinstellung **entfällt** bei einer personenbedingten Kündigung, wenn der Arbeitgeber den Arbeitsplatz bereits anderweitig besetzt hat,[266] bei einer betriebsbedingten wegen beabsichtigter **Stilllegung**, wenn ein schließlich doch gefundener Käufer den Erwerb von vorherigen Rationalisierungsmaßnahmen abhängig macht,[267] generell, wenn der Arbeitgeber die Tätigkeit künftig freien Mitarbeitern (nicht Leiharbeitnehmern) oder einer Fremdfirma übertragen will.

Der **Betriebsrat** hat bei der Wiedereinstellung kein Mitbestimmungsrecht. Er ist aber zu unterrichten. Können mehrere Arbeitnehmer wiedereingestellt werden, so kann er widersprechen, wenn der Arbeitgeber soziale Gesichtspunkte nicht oder nicht ausreichend berücksichtigt hat.[268]

20. Kapitel

Beteiligung von Betriebsrat und Sprecherausschuss

Betriebsrat und – falls vorhanden – Sprecherausschuss haben in außerordentlich vielen Angelegenheiten Beteiligungsrechte, von der Gestaltung des Arbeitsplatzes über Versetzungen und Überstunden bis hin zur Anrechnung übertariflicher Zulagen und zu Betriebsstilllegungen. Bei jeder betrieblichen Entscheidung ist deshalb zu überlegen, ob die Belegschaftsvertretung zu beteiligen ist. In einer ersten Stufe ist zu prüfen, ob der Arbeitgeber dem Arbeitnehmer gegenüber zu einer Maßnahme berechtigt ist, sodann, ob Beteiligungsrechte bestehen. Dabei gilt eine Grundregel: Das Verhältnis Belegschaftsvertretung/Arbeitgeber steht völlig selbstständig neben dem Verhältnis Arbeitgeber/Arbeitnehmer. Das hat zur Folge, dass die Zustimmung des Betriebsrats/Sprecherausschusses grundsätzlich nicht die des Arbeitnehmers ersetzt und umgekehrt. Eine Versetzung ist auch dann beteiligungspflichtig, wenn der Arbeitnehmer zustimmt oder sie gar wünscht, und der Arbeitgeber muss andererseits dem Arbeitnehmer gegenüber zur Versetzung berechtigt sein, auch wenn der Betriebsrat der Versetzung zugestimmt oder sie gar gefordert hat.

Eine weitere Folge ist, dass die Systematik des Betriebsverfassungsrechts und die des Individualarbeitsrechts sich nicht decken. Um beim Beispiel der Versetzung zu bleiben: Eine Änderung der Tätigkeit oder der organisatorischen Eingliederung oder des Arbeitsortes kann – je nach Vertragsgestaltung – durch Weisung geschehen oder durch einvernehmliche Vertragsänderung oder durch Änderungskündigung. Sie mag in der betrieblichen Umgangssprache als Versetzung oder als Umsetzung bezeichnet oder gar nicht mit einem dieser Begriffe in Verbindung gebracht werden. Die Frage der Beteiligung richtet sich allein nach Betriebsverfassungsrecht. Das Betriebsverfassungsrecht bestimmt, wann eine beteiligungspflichtige Versetzung vorliegt. Sind die Voraussetzungen des § 95 Abs. 3 BetrVG oder des § 31 Abs. 1 SprAuG erfüllt, dann ist die Maßnahme beteiligungspflichtig, ohne dass es auf die individualrechtliche Lage ankommt. Man muss also immer in beiden Systemen denken.

Versetzung			
individualrechtlich	Weisung	Änderungsvertrag	Änderungs-kündigung
Betriebsverfassungs-rechtlich	wenn Versetzung i. S. d. § 99 BetrVG: Zustimmung des Betriebs-rats erforderlich; andernfalls: mitbestimmungsfrei		
			immer Anhörung nach § 102 BetrVG, ggf. zusätzlich Zu-stimmung nach § 99 BetrVG

BEISPIEL: Ein Beispiel soll die Zusammenhänge verdeutlichen: Robert Meier ist als Betriebsschlosser in der Y-AG beschäftigt. In seinem Arbeitsvertrag steht: „Sie sind in unserem Unternehmen als Betriebsschlosser tätig. Wir sind berechtigt, Ihnen aus betrieblichen oder persönlichen Gründen auch eine andere gleichwertige Arbeit in einem anderen Betrieb unseres Unternehmens zuzuweisen, die Ihren Fähigkeiten und Kenntnissen entspricht, und zwar sowohl in Normal- als auch in vollkontinuierlicher Wechselschicht." Meier soll für drei Wochen in der Zentralwerkstatt den erkrankten Franz Müller vertreten.

Kann die Y-AG Meier in die Zentralwerkstatt versetzen? Ja. Nach dem Arbeitsvertrag kann die Y-AG Meier auch andere Arbeiten zuweisen. Bei ihrer Entscheidung hat sie billiges Ermessen zu wahren, d. h. ihre Interessen gegenüber denen des Meier abzuwägen. Die Versetzung ist betriebsbedingt; entgegenstehende Interessen des Meier sind nicht ersichtlich. Die Y-AG kann Meier also für drei Wochen in der Zentralwerkstatt beschäftigen.

Hat der Betriebsrat ein Mitbestimmungsrecht? Das hängt davon ab, ob in der Anordnung der Krankheitsvertretung die Zuweisung eines anderen Arbeitsbereichs liegt, die voraussichtlich die Dauer von einem Monat überschreitet oder die mit einer erheblichen Änderung der Umstände verbunden ist, unter denen die Arbeit zu leisten ist (§ 95 Abs. 3 BetrVG). Die erste Voraussetzung ist erfüllt. Die Tätigkeit in der Zentralwerkstatt ist eine andere als die als Betriebsschlosser; außerdem ändert sich die organisatorische Eingliederung. Damit hat Meier einen anderen Arbeitsbereich. Die Zuweisung des anderen Arbeitsbereichs erfolgt aber nur für drei Wochen, d. h. für weniger als einen Monat, und die Umstände, unter denen Meier die Arbeit zu leisten hat, ändern sich nicht erheblich. Damit hat der Betriebsrat kein Mitbestimmungsrecht.

Wie wäre es, wenn Meier den erkrankten Norbert Bauer in der Zentralwerkstatt vertreten sollte, der in Wechselschicht arbeitet? Individualrechtlich gilt dasselbe wie oben. Aufgrund der Versetzungsklausel im Arbeitsvertrag kann die Y-AG von Meier verlangen, dass er die Vertretung übernimmt. Hier hat der Betriebsrat jedoch ein Mitbestimmungsrecht. Der Arbeitsbereich ist ein anderer, und die Umstände, unter denen Meier zu arbeiten hat, ändern sich erheblich.

Wie wäre es, wenn im Arbeitsvertrag eine Versetzungsklausel fehlte und wenn die Y-AG Meier auf Dauer in die Zentralwerkstatt versetzen möchte? Dann müsste die Y-AG mit Meier entweder eine Änderung des Arbeitsvertrags vereinbaren, oder sie müsste, wenn Meier damit nicht einverstanden ist, eine Änderungskündigung aussprechen.

Der Betriebsrat hätte ein Mitbestimmungsrecht nach § 99 BetrVG, denn Meier würde nunmehr für länger als einen Monat ein anderer Arbeitsbereich zugewiesen. Ist Meier mit der Versetzung nicht einverstanden und muss die Y-AG eine Änderungskündigung aussprechen, dann muss sie den Betriebsrat außerdem zu der Änderungskündigung nach § 102 BetrVG anhören.

Auf eine Darstellung des Betriebsverfassungsrechts muss hier verzichtet werden. Eine systematische Übersicht zum Selbststudium findet sich in dem Lehrbuch von Hromadka/Maschmann, Arbeitsrecht, Band 2, 5. Aufl. 2010. Die wichtigsten Probleme im Zusammenhang mit den individualrechtlichen Fragen, die in diesem Buch besprochen werden, sind jeweils in dem einschlägigen Kapitel abgehandelt, und zwar zumeist am Ende. Hier können nur einige wenige zusätzliche Hilfen, vor allem zur Selbsthilfe, gegeben werden.

I. Gesprächspartner

In den meisten Unternehmen ist Gesprächspartner des Betriebsrats die **Personalabteilung.** Damit soll sichergestellt werden, dass dem Betriebsrat ein sachkundiger Partner gegenübersteht, der für eine einheitliche Wahrnehmung der Unternehmensinteressen sorgt. Vielfach gibt es aber auch eine Arbeitsteilung. Der **Werksleiter** (kaufmännische, technische, Verkaufsniederlassungsleiter) nimmt beispielsweise an den monatlichen Besprechungen mit dem Betriebsrat teil (§ 74 Abs. 1 BetrVG), oder der **Abteilungsleiter** holt die Zustimmung zu mitbestimmungspflichtigen Angelegenheiten in seinem Arbeitsgebiet, etwa zu Überstunden, ein. Wer auf Arbeitgeberseite zuständig ist, richtet sich nach der internen Aufgabenverteilung. Der Unternehmer ist frei in der Festlegung. Die Rechtsprechung verlangt nur, dass der Arbeitgebervertreter für die jeweilige Frage **sachkompetent** ist. Nicht notwendig ist, dass er auch die Befugnis besitzt, die möglicherweise notwendig werdenden Entscheidungen zu treffen.[1]

Es ist selbstverständlich, dass der Gesprächspartner des Betriebsrats das **„ABC" der Mitbestimmung** beherrschen muss. Dasselbe gilt aber auch für die anderen Führungskräfte. Nur so ist zu erreichen, dass mitbestimmungspflichtige Tatbestände an die zuständige Abteilung herangetragen werden. Die meisten Verstöße gegen das Betriebsverfassungsrecht haben ihre Ursache nicht in Böswilligkeit, sondern in Unkenntnis.

Gesprächspartner auf der anderen Seite ist der **Betriebsrat** als Gremium. Dabei muss man unterscheiden: Der **Vorsitzende** und, wenn er verhindert ist, sein **Stellvertreter** vertreten den Betriebsrat nach außen. Sie geben für den Betriebsrat Erklärungen ab und nehmen für den Betriebsrat Erklärungen entgegen (§ 26 Abs. 2 BetrVG). Sie können aber nicht entscheiden. Die Entscheidung trifft der Betriebsrat in seiner Gesamtheit. Es genügt deshalb nicht, die Zustimmung des Vorsitzenden zu einer Maßnahme einzuholen. Sagt der Vorsitzende beispielsweise spontan zu einer Versetzung ja, so fehlt es an einer wirksamen Zustimmung. Zwar braucht der Arbeitgeber grundsätzlich nicht nachzuprüfen, ob der Betriebsrat seinen Willen ordnungsgemäß gebildet hat; anders ist es aber, wenn er das deutlich erkannt oder gar veranlasst hat.[2]

In größeren Betrieben, ab 201 Arbeitnehmer, ist ein **Betriebsausschuss** zu bilden. Der Betriebsausschuss besteht aus dem Betriebsratsvorsitzenden und seinem Stellvertreter sowie bei 9 bis 15 Betriebsratsmitgliedern aus 3, bei 17 bis 23 aus 5, bei 25 bis 35 aus 7 und bei 37 oder mehr Betriebsratsmitgliedern aus 9 weiteren Mitgliedern (§ 27 Abs. 1 BetrVG). Er führt die laufenden Geschäfte des Betriebsrats (§ 27 Abs. 2 S. 1 BetrVG). Dazu gehört alles, was routinemäßig anfällt, wie die Entgegennahme von Beschwerden, die Vorbereitung von Betriebsratssitzungen und Betriebsversammlungen, Vorbesprechungen mit dem Arbeitgeber usw., nicht aber die Wahrnehmung von Mitbestimmungsrechten.[3] Der Betriebsrat kann ihm jedoch durch Beschluss Aufgaben zur selbstständigen Erledigung übertragen, auch die Wahrnehmung von Mitbestimmungsrechten; nicht übertragbar ist lediglich der Abschluss von Betriebsvereinbarungen. Die Übertragung bedarf der Schriftform (§ 27 Abs. 2 S. 2, 3 BetrVG). Neben dem Betriebsausschuss kann der Betriebsrat weitere (kleinere, auch Einmann)**Ausschüsse** bilden, z. B. Personal-, Entgelt-, Küchenkommissionen, und ihnen bestimmte Aufgaben übertragen. Zulässig sind auch **gemeinsame Ausschüsse** mit Vertretern des Arbeitgebers (§ 28 BetrVG).

In Betrieben bis zu 200 Arbeitnehmern können die laufenden Geschäfte auf den **Vorsitzenden** oder ein anderes Betriebsratsmitglied übertragen werden (§ 27 Abs. 3 BetrVG). In Betrieben mit mehr als 100 Arbeitnehmern können auch **Ausschüsse** gebildet werden (§ 28 Abs. 1 BetrVG). Die Übertragung von Aufgaben zur selbstständigen Erledigung ist allerdings nicht möglich.

II. Beteiligungsarten

Beteiligungsarten		wichtigste Fälle	Entscheidung bei Nicht-Einigung
Mitbestimmung	Mitbestimmung i. e. S.	§§ 87, 91, 98, 112 BetrVG	Einigungsstelle
	eingeschränktes Zustimmungsver-weigerungsrecht	§ 99 BetrVG	Arbeitsgericht
Mitwirkung	Beratung	§§ 90, 96, 106, 111 BetrVG und SprAuG	Arbeitgeber
	Anhörung	§ 102 BetrVG	
	Unterrichtung	§ 105 BetrVG	

Die Beteiligungsrechte der Belegschaftsvertretungen werden nicht selten unter dem Oberbegriff Mitbestimmung zusammengefasst. Häufig spricht man auch von Mitwirkung und betrachtet die Mitbestimmung als Unterfall. In der Fachliteratur setzt sich immer mehr das neutrale Wort **„Beteiligung"** als Oberbegriff durch. Beteiligung bedeutet dann Mitbestimmung im eigentlichen Sinne und Mitwirkung i. S. sonstiger Einschaltung. Mitbestimmung wiederum zerfällt – nach der Reihenfolge der Intensität – in Mitbestimmung im engeren Sinne und in ein beschränktes Zustimmungsverweigerungs-(= Veto)recht, Mitwirkung in Beratung, Anhörung und Unterrichtung.

Während der **Betriebsrat** Mitbestimmungs- und Mitwirkungs-rechte hat, hat der **Sprecherausschuss** nur Mitwirkungsrechte. Im Einzelnen:

1. Mitbestimmung

Der Arbeitgeber kann nicht ohne Zustimmung des Betriebsrats handeln. Der Betriebsrat trifft seine Entscheidung nach billigem Er-messen. Entsprechend dem Grundsatz der vertrauensvollen Zusam-menarbeit hat er die Belange des Betriebs und der betroffenen Arbeitnehmer angemessen zu berücksichtigen. Im Streitfalle entscheidet die Einigungsstelle (vgl. z. B. § 87 Abs. 2 S. 1 BetrVG).

2. Zustimmungsverweigerungsrecht

Der Arbeitgeber kann nicht ohne Zustimmung des Betriebsrats handeln. Der Betriebsrat kann seine Zustimmung aber nur aus den im Gesetz genannten Gründen verweigern. Stützt er sich auf andere Gründe, so ist die Verweigerung oder der Widerspruch unbeachtlich; er hat also eine Art eingeschränktes Vetorecht. Im Streitfalle entscheidet das Arbeitsgericht (z. B. §§ 99 f. BetrVG).

3. Beratung

Der Arbeitgeber hat dem Betriebsrat oder dem Sprecherausschuss von sich aus Gründe und Gegengründe darzulegen und sie in einem Gespräch mit ihm gegeneinander abzuwägen. Die Entscheidung trifft er nach der Beratung allein (z. B. § 90 BetrVG).

4. Anhörung

Der Arbeitgeber muss dem Vertretungsorgan die Möglichkeit geben, sich zu äußern, d. h. Wünsche, Anregungen oder Einwendungen vorzubringen, und er muss sich mit seinem Vorbringen auseinandersetzen. Der Unterschied zur Beratung liegt darin, dass die Initiative zu einem Gespräch über Gründe und Gegengründe dem Betriebsrat überlassen bleibt (vgl. § 102 BetrVG).

5. Unterrichtung

Die schwächste Art der Beteiligung ist die Unterrichtung. Sie kann selbstständiges Informationsrecht sein oder Vorstufe einer weitergehenden Beteiligung (vgl. §§ 80 Abs. 2, 105 BetrVG). Im zweiten Fall liegt die Grenze da, wo ein Beteiligungsrecht offenbar nicht in Frage kommt.[4]

6. Initiativrecht

Von der Frage der Mitwirkung ist die nach dem Initiativrecht zu unterscheiden. Hier geht es darum, ob der Arbeitgeber auf Wunsch des Betriebsrats oder des Sprecherausschusses tätig werden muss. Der Betriebsrat hat ein Initiativrecht grundsätzlich in allen sozialen Angelegenheiten (§ 87 BetrVG),[5] aber auch vor allem in einer Reihe personeller Angelegenheiten: bei Personalplanung und interner Stellenausschreibung (§§ 92 Abs. 2, 93 BetrVG), Auswahlrichtlinien und Berufsbildung (§§ 95 Abs. 2, 96 Abs. 1 BetrVG); ja er kann die Entfernung von Arbeitnehmern aus dem Betrieb verlangen, die den Betriebsfrieden stören (§ 104 BetrVG). Darüber hinaus kann er alle Maßnahmen beantragen, die dem Betrieb und der Belegschaft dienen (§ 80 Abs. 1 Nr. 2 BetrVG). Der Sprecherausschuss kann tätig werden, soweit er Belange der leitenden Angestellten wahrnimmt (§ 25 SprAuG).

III. Beteiligungsformen

Der Arbeitgeber kann mit dem Betriebsrat und mit dem Sprecherausschuss **Vereinbarungen** abschließen (§ 77 BetrVG, § 28 SprAuG). Die Vereinbarungen können sich beschränken auf die Begründung von Rechten und Pflichten zwischen den Betriebspartnern. Solche Vereinbarungen nennt man **Regelungsabreden** oder **Betriebsabsprachen** oder schlicht Vereinbarungen. Schaffen sie zusätzlich oder stattdessen Rechte und Pflichten zwischen Arbeitgeber und Arbeitnehmern, dann handelt es sich um **Betriebsvereinbarungen** oder – wenn Vertragspartner der Sprecherausschuss ist – Sprecherausschussvereinbarungen.[6] Für die Vereinbarungen mit dem Sprecherausschuss gelten im Wesentlichen dieselben Grundsätze wie für Betriebsvereinbarungen.

1. Regelungsabreden

Das Hauptanwendungsgebiet für Regelungsabreden sind die mitbestimmungs- und die mitwirkungspflichtigen Angelegenheiten. Absprachen können aber auch etwa getroffen werden über organisatorische Fragen, also über die Geschäftsführung des Betriebsrats oder des Sprecherausschusses. Der Arbeitgeber kann sich beispielsweise verpflichten, eine Fachzeitschrift, Bücher usw. für die Belegschaftsvertretung zu abonnieren oder ihr eine Halbtagsschreibkraft zur Verfügung zu stellen; der Betriebsrat oder der Sprecherausschuss umgekehrt, Betriebsversammlungen oder Vollversammlungen zu bestimmten Zeitpunkten abzuhalten oder nicht abzuhalten. Regelungsabreden bedürfen keiner Form.

2. Betriebs- und Sprecherausschussvereinbarungen

Betriebsvereinbarung und Sprecherausschussvereinbarung sind die Gesetze des Betriebes. Da sie – obwohl zivilrechtliche Verträge – wie Gesetze im materiellen Sinn unmittelbar Rechte und Pflichten für die Arbeitnehmer begründen, pflegt man sie als **Normenverträge** zu bezeichnen. Sie können Regelungen enthalten über den Abschluss, den Inhalt und die Beendigung von Arbeitsverträgen sowie Normen über betriebliche (Ordnungsvorschriften oder Vorschriften über Einrichtungen für die Belegschaft, wie Kantinen oder Sozialräume) und betriebsverfassungsrechtliche Fragen. Betriebsvereinbarungen und Sprecherausschussvereinbarungen müssen schriftlich abgeschlossen werden; sie sind von beiden Seiten zu unterzeichnen (§ 77 Abs. 2 S. 1, 2 BetrVG, § 28 Abs. 1 SprAuG). Betriebsvereinbarungen hat der Arbeitgeber darüber hinaus an geeigneter Stelle im Betrieb, etwa in der Personalabteilung oder im Betriebsbüro, auszulegen (§ 77 Abs. 2 S. 3 BetrVG).

Betriebsvereinbarungen und Sprecherausschussvereinbarungen gelten **unmittelbar und zwingend** (§ 77 Abs. 4 S. 1 BetrVG, § 28 Abs. 2 S. 1 SprAuG), d. h. sie gelten, ohne dass das im Arbeitsvertrag vereinbart werden müsste, und selbst dann, wenn etwas anderes vereinbart ist. Die arbeitsvertragliche Vereinbarung ungünstigerer Bedingungen ist unzulässig, sofern nicht ausdrücklich in einer **Öffnungsklausel** etwas anderes vorgesehen ist; der Arbeitnehmer hat trotz entgegenstehenden Arbeitsvertrags Anspruch auf die günstigere Regelung.[7] **Günstigere vertragliche Abmachungen** sind zulässig (§ 28 Abs. 2 S. 2 SprAuG)[8] und weithin üblich. Im Verhältnis zu

Einheitsarbeitsbedingungen über Sozialleistungen geht die Rechtsprechung allerdings von einem **kollektiven Günstigkeitsprinzip** aus.[9] Sozialleistungen können durch Betriebsvereinbarung oder durch Sprecherausschussvereinbarung geändert werden, wenn die Regelung für die Belegschaft bzw. für die leitenden Angestellten insgesamt sich nicht verschlechtert (siehe unten Kapitel 22 III.). Im Übrigen sind Verschlechterungen von Sozialleistungen und Änderungen sonstiger Arbeitsbedingungen nur zulässig bei **„Betriebsvereinbarungsoffenheit"**, d. h. wenn die Arbeitsverträge einen Widerrufsvorbehalt für Betriebsvereinbarungen enthalten oder wenn sie individualrechtlich widerrufen werden könnten.[10] Eine Altersgrenze, die im Arbeitsvertrag auf 65 1/2 Jahre festgelegt ist, kann also nicht durch Betriebsvereinbarung auf 65 Jahre abgesenkt werden,[11] oder ein Weihnachtsgeld in Höhe eines Monatsgehalts auf ein halbes Monatsgehalt. Etwas anderes gilt, wenn das Weihnachtsgeld ohne Rechtsanspruch oder widerruflich gewährt wurde oder wenn sich aus der Vereinbarung ergibt, dass es durch Betriebsvereinbarung gekürzt werden kann.

IV. Beteiligungspflichtige Angelegenheiten

Auf eine Darstellung der beteiligungspflichtigen Angelegenheiten muss hier verzichtet werden. Insoweit sei wieder auf Hromadka/ Maschmann, Arbeitsrecht Band 2, 5. Aufl. 2010, verwiesen (siehe dort § 16 Rn. 11 ff.). Beim Auffinden der einschlägigen Normen möge aber folgender Überblick über die gesetzliche Gliederung helfen:

1. Betriebsverfassungsgesetz

a) Soziale Angelegenheiten

Die sozialen Angelegenheiten (§§ 87 ff. BetrVG) betreffen den Inhalt des Arbeitsvertrages. Kern sind die Materien, die üblicherweise in den Arbeitsordnungen geregelt werden. In den meisten Fällen geht es um kollektive Regelungen (Ausnahmen: Nr. 5 und 9). **Kollektive Regelungen** sind solche, die nicht durch die konkreten Umstände

des einzelnen Arbeitsverhältnisses bedingt sind und die sich folge-
richtig nicht auf dieses Arbeitsverhältnis beschränken.[12] Zu ihnen
zählen grundsätzlich alle Maßnahmen und Vereinbarungen, die sich
auf mehrere Arbeitnehmer – sei es sogleich, sei es im Laufe der Zeit
– auswirken oder auswirken können. Gleichgültig ist, ob ein konkreter, einmaliger Sachverhalt geregelt wird oder ob eine Dauerrege-
lung geschaffen wird. Das Mitbestimmungsrecht des Betriebsrats
entfällt, wenn und soweit ein Gesetz oder ein Tarifvertrag eine
Angelegenheit abschließend regelt. Tarifliche Rahmenvorschriften
oder Richtlinien lassen das Mitbestimmungsrecht bestehen.[13] Der
Betriebsrat hat grundsätzlich ein Initiativrecht.[14] Das Mitbestimmungsrecht besteht auch bei vorläufigen Maßnahmen und in Eilfällen,[15] nicht aber in **Notfällen,**[16] d. h. bei unvorhersehbaren Ereignissen, für die nicht in zumutbarer Weise Vorsorge getroffen werden
kann und die zu einem nicht ganz unbeträchtlichen Schaden führen
können. Für **Eilfälle** muss Vorsorge getroffen werden. Arbeitgeber
und Betriebsrat können prophylaktisch im Voraus Regelungen vereinbaren.[17] Dem Arbeitgeber kann z. B. gestattet werden, unter bestimmten Voraussetzungen Maßnahmen allein zu treffen.[18] Verletzt
der Arbeitgeber das Mitbestimmungsrecht des Betriebsrats, so ist
die Maßnahme oder Vereinbarung **unwirksam.**[19] Der Arbeitnehmer
kann die Ausführung verweigern, der Betriebsrat Unterlassung
verlangen.[20] Wird der Arbeitnehmer jedoch durch eine wegen Verletzung des Mitbestimmungsrechts unwirksame Maßnahme oder
Vereinbarung begünstigt, so kann der Arbeitgeber sich auf die Unwirksamkeit nicht berufen.[21]

b) Technisch-organisatorische Angelegenheiten

Hier geht es um die Planung von betrieblichen Räumen, von technischen Anlagen, Arbeitsverfahren, Arbeitsabläufen und Arbeitsplätzen (§§ 90 f. BetrVG). Die Arbeitsbedingungen sollen den Leis-
tungsvoraussetzungen beim Menschen nach Möglichkeit angepasst
werden. Die Arbeitswelt soll humanisiert, die Arbeit menschenge-
recht gestaltet werden, konkret:

- Chronische und akute Schäden der Gesundheit sollen vermieden
- menschliche Leistungsgrenzen nicht überschritten

- innerhalb der Leistungsgrenzen hohe Beanspruchungen verringert und

- Unterforderungen auf ein Maß gebracht werden, das der normalen Funktionsfähigkeit des Menschen entspricht.[22]

c) Personelle Angelegenheiten

Unter personellen Angelegenheiten (§§ 92 ff. BetrVG) versteht das Gesetz die

- **allgemeinen personellen Angelegenheiten:** Personalplanung, interne Stellenausschreibung, Personalfragebogen, Beurteilungsgrundsätze und Auswahlrichtlinien (§§ 92 ff. BetrVG)

- **Berufsbildung** einschließlich der nicht arbeitsplatzbezogenen Informationsveranstaltungen (§§ 96 ff. BetrVG) und

- **personellen Einzelmaßnahmen** (§§ 99 ff. BetrVG); das sind Einstellung, Versetzung und Kündigung sowie Ein- und Umgruppierung. Der Arbeitgeber muss den Betriebsrat über die geplanten Maßnahmen unterrichten und seine Zustimmung einholen (§ 99 Abs. 1 S. 1 BetrVG). Der Betriebsrat hat eine Art beschränktes Vetorecht, d. h. er kann die Zustimmung unter bestimmten Voraussetzungen verweigern (§ 99 Abs. 2 BetrVG). Macht er von diesem Recht Gebrauch, so muss der Arbeitgeber, wenn er die Maßnahme trotzdem durchführen will, das Arbeitsgericht anrufen (§ 99 Abs. 4 BetrVG). Bei Kündigungen genügt die vorherige Anhörung des Betriebsrates (§ 102 Abs. 1 BetrVG).

d) Wirtschaftliche Angelegenheiten

Gemeint sind die unternehmerischen Entscheidungen (§§ 106 ff. BetrVG). Des Sachzusammenhangs wegen ist hier auch der Sozialplan geregelt (§ 112 BetrVG).

2. Sprecherausschussgesetz

a) Gehaltsgestaltung und sonstige Allgemeine Arbeitsbedingungen

Die Unterrichtungspflicht (§ 30 S. 1 Nr. 1 SprAuG) beschränkt sich auf kollektive Regelungen; der Sprecherausschuss hat kein Initiativrecht.

b) Beurteilungsgrundsätze

Auch bei Einführung oder Änderung allgemeiner Beurteilungsgrundsätze ist der Sprecherausschuss rechtzeitig zu unterrichten (§ 30 S. 1 Nr. 2 SprAuG).

c) Personelle Maßnahmen

Beteiligungspflichtig sind Einzelmaßnahmen von der Einstellung über personelle Veränderungen bis zum Ausscheiden aus dem Betrieb[23] (§ 31 SprAuG).

d) Wirtschaftliche Angelegenheiten einschließlich Sozialplan

Der Sprecherausschuss ist mindestens einmal im Kalenderhalbjahr über die wirtschaftlichen Angelegenheiten des Betriebs und des Unternehmens i. S. d. § 106 Abs. 3 BetrVG zu unterrichten, soweit dadurch nicht die Betriebs- oder Geschäftsgeheimnisse des Unternehmens gefährdet werden (§ 32 Abs. 1 SprAuG). Auch über geplante Betriebsänderungen i. S. d. § 111 BetrVG, die auch wesentliche Nachteile für leitende Angestellte zur Folge haben können, ist rechtzeitig und umfassend zu unterrichten (§ 32 Abs. 2 SprAuG). Entstehen leitenden Angestellten infolge der geplanten Betriebsänderung wirtschaftliche Nachteile, hat der Unternehmer mit dem Sprecherausschuss über Maßnahmen zum Ausgleich oder zur Milderung dieser Nachteile zu beraten.

V. Organisation der Betriebsverfassung

Die Betriebsverfassung gilt für die Arbeitnehmer des Betriebs (§ 5 Abs. 1 BetrVG, § 1 SprAuG), d. h. für alle Betriebsangehörigen, die in einem Arbeitsverhältnis zu dem Betriebsinhaber stehen, die sich dem Arbeitgeber also zur Leistung von Diensten nach dessen Weisungen verpflichtet haben. Das sind die leitenden Angestellten (§ 1 SprAuG, § 5 Abs. 3 BetrVG) und alle sonstigen Arbeitnehmer einschließlich der zu ihrer Berufsausbildung Beschäftigten (§ 6 BetrVG). Ob sie in Voll- oder Teilzeitarbeit tätig sind, kurzfristig oder auf Dauer beschäftigt werden, ist gleichgültig.[24] Nicht zu den Arbeitnehmern des Betriebs zählen vor allem Vorstandsmitglieder und Geschäftsführer, freie Mitarbeiter, Leiharbeitnehmer (vgl. dazu § 14 AÜG) und Arbeitnehmer, die für Fremdfirmen arbeiten, z. B. das Personal von Bewachungs- und Reinigungsunternehmen.

1. Organisatorische Ebenen

Für die Bildung von Betriebsverfassungsorganen unterscheidet das Betriebsverfassungsrecht **vier Ebenen:** den Betrieb, in dem sich das konkrete tägliche Arbeitsleben abspielt, als Zentralebene, das Unternehmen als Zusammenfassung aller Betriebe desselben Inhabers, den Konzern als Zusammenfassung mehrerer Unternehmen unter einheitlicher Leitung und die Abteilung als Untergliederung des Betriebs.

a) Betrieb

Der Betrieb ist die organisatorische Einheit, mit der ein Unternehmer allein oder in Gemeinschaft mit seinen Mitarbeitern mit technischen und immateriellen Mitteln bestimmte arbeitstechnische Zwecke fortgesetzt verfolgt, die sich nicht in der Befriedigung von Eigenbedarf erschöpfen;[25] er ist eine vom arbeitstechnischen Zweck her bestimmte räumlich-organisatorische Einheit: das Werk, die Verkaufsniederlassung, die Verwaltung. Mehrere Unternehmen können einen **gemeinsamen Betrieb** haben (§ 1 Abs. 1 S. 2, Abs. 2

BetrVG). Voraussetzung ist, dass sie sich rechtlich zu einer gemeinsamen Leitung verbunden haben, die sich auf die wesentlichen Funktionen in personellen und sozialen Angelegenheiten erstreckt.[26]

b) Unternehmen

Das Unternehmen ist die Einheit, mit der der Unternehmer entferntere wirtschaftliche oder ideelle Zwecke verfolgt; es ist die rechtlich-wirtschaftliche Einheit: die Aktiengesellschaft, die GmbH, der Einzelunternehmer.

c) Konzern

Der Konzern ist die Zusammenfassung mehrerer selbstständiger Unternehmen unter einheitlicher Leitung (§ 18 Abs. 1 AktG): Muttergesellschaft und Tochtergesellschaft.

d) Abteilung

Die Abteilung ist eine organisatorische und/oder räumliche Einheit innerhalb eines Betriebs: der Einkauf, der Vertrieb, das Lager, eine Einheit in der Produktion (vor allem letztere in der Praxis mitunter Betrieb genannt).

2. Belegschaftsgruppen

Die Belegschaft wird in **drei Gruppen** unterteilt: in die leitenden Angestellten, die (sonstigen) Arbeitnehmer (= die ehemaligen Angestellten und Arbeiter) und die jugendlichen Arbeitnehmer und Auszubildenden unter 25.

a) Leitende Angestellte

„Leitender Angestellter ist, wer nach Arbeitsvertrag und Stellung im Unternehmen oder im Betrieb

(1) zur **selbstständigen Einstellung und Entlassung** von im Betrieb oder in der Betriebsabteilung beschäftigten Arbeitnehmern berechtigt ist oder

(2) **Generalvollmacht oder Prokura** hat und die Prokura auch im Verhältnis zum Arbeitgeber nicht unbedeutend ist oder

(3) regelmäßig **sonstige Aufgaben** wahrnimmt, die **für den Bestand und die Entwicklung des Unternehmens** oder eines Betriebs **von Bedeutung** sind und deren Erfüllung besondere Erfahrungen und Kenntnisse voraussetzt, wenn er dabei entweder die Entscheidungen im Wesentlichen frei von Weisungen trifft oder sie maßgeblich beeinflusst; dies kann auch bei Vorgaben insbesondere aufgrund von Rechtsvorschriften, Plänen oder Richtlinien sowie bei Zusammenarbeit mit anderen leitenden Angestellten gegeben sein" (§ 5 Abs. 3 BetrVG).

Grundgedanke der nach wie vor nicht leicht zu lesenden gesetzlichen Regelung ist die **Teilhabe an der Unternehmensleitung bei eigenem Entscheidungsspielraum.**[27]

Der leitende Angestellte muss seine Funktion **nach Arbeitsvertrag und Stellung** im Unternehmen oder im Betrieb wahrnehmen. Er muss dazu berechtigt sein, und die Funktion darf ihm nicht nur zugesagt sein; er muss sie auch tatsächlich ausüben.

Einstellungs- und Entlassungsberechtigung i. S. d. Nr. 1 hat, wer intern die Entscheidung über die Einstellung von Bewerbern trifft und wer den Arbeitsvertrag und die Kündigung oder den Aufhebungsvertrag mit unterzeichnen darf. Dass andere Stellen, etwa die Personalabteilung, beratend mitwirken, schadet nicht; auch nicht das Erfordernis einer zweiten Unterschrift zu Kontrollzwecken. Anders ist es, wenn die Entscheidung über Einstellung oder Entlassung inhaltlich nur gemeinsam mit einer anderen Stelle getroffen werden kann oder wenn der Vorgesetzte sich die Letztentscheidung vorbehält. Unter Nr. 1 fällt praktisch immer der **Personalleiter,** vielfach auch der Werksleiter.

Generalvollmacht ist eine umfassende bürgerlich-rechtliche Vollmacht, die nur in wenigen Unternehmen und auch da nur wenigen Arbeitnehmern auf der Ebene unterhalb des Vorstandes oder der Geschäftsführung verliehen wird. **Prokura** ist die Vollmacht nach §§ 48 ff. HGB. Honorarprokura und Zeichnungsbefugnis ohne entsprechendes Aufgabengebiet reichen nicht aus,[28] auch nicht Prokura in einer Stabsfunktion.[29] **Handlungsbevollmächtigte** (§§ 54 ff. HGB) können nach Nr. 3 leitende Angestellte sein.

Sonstige Aufgaben mit Bedeutung für Bestand und Entwicklung des Unternehmens oder eines Betriebs sind Tätigkeiten, die mit einem nicht unbeträchtlichen Einfluss auf die wirtschaftliche, technische, kaufmännische, organisatorische, personelle oder wissenschaftliche Führung des Unternehmens oder des Betriebs verbunden sind, also die **gehobenen** (früheren) **Angestelltentätigkeiten.**[30] Ob eine Tätigkeit für ein Unternehmen wichtig ist, richtet sich nach dessen Struktur. In High-Tech-Unternehmen haben Forschung und Produktion eine andere Bedeutung als in einem Unternehmen, das Massenartikel herstellt; hier sind Marketing, Vertrieb und vielleicht die Anwendungstechnik für das Unternehmen zentrale Aufgaben. Ob die Tätigkeit in der **Linie** oder im **Stab** wahrgenommen wird, ist gleichgültig. Es reicht auch aus, dass sie für den Betrieb wichtig ist. Der Betriebsleiter in betriebsratsfähigen Betrieben wird deshalb zumeist leitender Angestellter sein.

Die Erfüllung der Aufgaben muss **besondere Erfahrungen und Kenntnisse** voraussetzen. Entscheidend ist das Anforderungsprofil, nicht die Qualifikation des Angestellten. Wem eine leitende Tätigkeit übertragen wird, der hat im Allgemeinen auch die notwendigen Erfahrungen und Kenntnisse.

Der Angestellte trifft seine Entscheidungen **im Wesentlichen frei von Weisungen,** wenn er im Normalfall ohne verbindliche Weisung und ohne Einholung einer Zustimmung über Ziele und Wege in seinem Zuständigkeitsbereich selbst bestimmt. **Maßgeblich beeinflusst** sind Entscheidungen, wenn sie von einem Angestellten so vorbereitet werden, dass der Entscheidungsträger das Ergebnis der Überlegungen nicht unbeachtet lassen kann, d. h. wenn er es in seine Überlegungen einbeziehen muss.[31] Der Tatbestand ist in erster Linie auf Stabsangestellte zugeschnitten; er ist aber durchaus auch offen für Linienvorgesetzte, denen formell die Entscheidungsbefugnis fehlt.

Verbleiben dem Angestellten wichtige Entscheidungen, dann schaden **Vorgaben aufgrund von Rechtsvorschriften, Richtlinien und**

Plänen oder durch Zusammenarbeit mit anderen leitenden Angestellten nicht.

Die Aufgaben müssen **regelmäßig** anfallen, nicht nur gelegentlich.[32] Regelmäßig ist nicht gleichzusetzen mit überwiegend im Sinne eines Zeitanteils; die dauernde latente Notwendigkeit, unternehmerische Entscheidungen vorzubereiten, zu treffen oder in der Durchführung zu überwachen, genügt, wenn sie sich immer wieder konkretisiert.

Für den Fall, dass **Zweifel** bei der Anwendung der Nr. 3 verbleiben, enthält Abs. 4 Auslegungsregeln:

„Leitender Angestellter nach Absatz 3 Nr. 3 ist im Zweifel, wer

1. aus Anlass der letzten Wahl des Betriebsrats, des Sprecherausschusses oder von Aufsichtsratsmitgliedern der Arbeitnehmer oder durch rechtskräftige gerichtliche Entscheidung den leitenden Angestellten zugeordnet worden ist oder

2. einer Leitungsebene angehört, auf der in dem Unternehmen überwiegend leitende Angestellte vertreten sind, oder

3. ein regelmäßiges Jahresarbeitsentgelt erhält, das für leitende Angestellte in dem Unternehmen üblich ist, oder,

4. falls auch bei der Anwendung der Nr. 3 noch Zweifel bleiben, ein regelmäßiges Jahresarbeitsentgelt erhält, das das Dreifache der Bezugsgröße nach § 18 des Vierten Buches Sozialgesetzbuch überschreitet."

Nr. 1 enthält eine Art **Besitzstandsklausel.** Sie gilt aber nicht, wenn sich die Tätigkeit seit den letzten Wahlen oder seit der gerichtlichen Entscheidung derart geändert hat, dass die Voraussetzungen für die Zurechnung zu den leitenden Angestellten offensichtlich entfallen sind.

Derselben **Leitungsebene** im Sinne der Nr. 2 gehört an, wer auf einer Stufe gleicher Wertigkeit tätig ist. Nicht entscheidend ist die Delegationsebene, d. h. die Zahl der hierarchischen Stufen. Überwiegend bedeutet mehr als 50%.

Regelmäßig ist ein **Jahresarbeitsverdienst,** von dem anzunehmen ist, dass er bei normalem Verlauf voraussichtlich ein Jahr anhalten wird; üblich ist er, wenn die leitenden Angestellten ihn im Normalfall, d. h. nach voller Einarbeitung bei Vollzeitarbeit, erhalten. Es kommt nicht darauf an, ob in dem betreffenden Bereich mehr leitende Angestellte oder sonstige AT-Angestellte tätig sind; das Kriterium des „überwiegend" fehlt hier.

Bleiben Zweifel, ob ein Jahresarbeitsverdienst in einem Unternehmen für leitende Angestellte üblich ist, dann ist leitender Angestellter, wer **mehr als das Dreifache der Bezugsgröße des § 18 SGB IV** verdient (2012: mehr als 94.500 € (D West) bzw. 80.640 € (D Ost) im Jahr bzw. 7.875 € (D West) bzw. 6.720 € (D Ost) im Monat.[33] Die Bezugsgröße wird jeweils durch Verordnung für das Folgejahr neu festgesetzt; die Verordnung ist u. a. abgedruckt im Bundesgesetzblatt und im Bundesarbeitsblatt (i. d. R. Februarheft). Sie entspricht dem Durchschnittsverdienst aller sozialversicherungspflichtig Beschäftigten im vorvergangenen Kalenderjahr (§ 18 Abs. 1 SGB IV).

Für die **Praxis** wird es sich nach wie vor empfehlen, dass der Arbeitgeber dem Mitarbeiter schriftlich mitteilt, wenn er ihn zum Kreis der leitenden Angestellten zählt.

In der Mitteilung liegt keine „**Ernennung**" zum leitenden Angestellten, sondern die Äußerung des Unternehmers darüber, was er für rechtens hält. Eine Ernennung zum leitenden Angestellten ist nicht möglich, denn leitender Angestellter ist man kraft Gesetzes oder man ist es nicht.[34] Alle Betroffenen – leitender Angestellter, Betriebsrat, Sprecherausschuss, im Zusammenhang mit Wahlen auch der Wahlvorstand können die Frage vom Arbeitsgericht nachprüfen lassen.[35] Vor der Mitteilung an den leitenden Angestellten sind Betriebsrat und Sprecherausschuss von der geplanten „Ernennung" zu unterrichten (§ 105 BetrVG, § 31 Abs. 1 SprAuG).[36]

Der Kreis der leitenden Angestellten deckt sich nicht mit dem der **AT-Angestellten.** Der Begriff des leitenden Angestellten stammt aus dem Betriebsverfassungsrecht, der des AT-Angestellten aus dem Tarifrecht. AT-Angestellte sind vom persönlichen Geltungsbereich des Tarifvertrags ausgenommen („außertarifliche Angestellte"); wer dazugehört, bestimmt der einschlägige Tarifvertrag.

Die Zahl der AT-Angestellten ist wesentlich größer als die der leitenden Angestellten. Sie wächst mit zunehmenden Anforderungen an die Qualifikation der Tätigkeiten. Leitende Angestellte sind in aller

Regel AT-Angestellte; umgekehrt gehört nur ein Teil der AT-Angestellten zu den leitenden Angestellten.

b) (Sonstige) Arbeitnehmer

Die (sonstigen) Arbeitnehmer umschreibt § 5 Abs. 1 BetrVG als Arbeiter und Angestellte. Eine Definition der Arbeiter und der Angestellten erübrigt sich, weil es im Betriebsverfassungsrecht ebenso wie im übrigen Recht auf die Unterscheidung nicht mehr ankommt. Zu den (sonstigen) Arbeitnehmern gehören auch die AT-Angestellten, soweit sie nicht leitende Angestellte sind. Gleichgültig ist, ob die Arbeitnehmer im Betrieb, im Außendienst oder in Telearbeit beschäftigt werden (§ 5 Abs. 1 S. 2 BetrVG).

c) Jugendliche und Auszubildende

Jugendliche Arbeitnehmer sind Arbeitnehmer, die das 18. Lebensjahr noch nicht vollendet haben. Ihnen stehen Auszubildende gleich, die das 25. Lebensjahr noch nicht vollendet haben (§ 60 Abs. 1 BetrVG).

3. Betriebsverfassungsorgane

Theoretisch könnte man sich auf jeder Ebene für jede Belegschaftsgruppe je ein Betriebsverfassungsorgan vorstellen und dazu zumindest auf Abteilungs- und Betriebsebene auch noch die unmittelbare Beteiligung der Arbeitnehmer. Im Grundsatz ist der Gesetzgeber auch so vorgegangen. Einen Minderheitenschutz für Arbeiter oder Angestellte gibt es nicht mehr, dafür aber für das Geschlecht, das sich in der Minderheit befindet (§ 15 Abs. 2 BetrVG). Auf Konzernebene sind die Vertretungen freiwillig. Belegschaftsversammlungen finden verständlicherweise grundsätzlich nur auf Betriebs- und Abteilungsebene statt. Ausnahmsweise kennt das Gesetz für leitende Angestellte, die einen Unternehmenssprecherausschuss gewählt haben, auch eine Unternehmensversammlung (§§ 20 Abs. 1, 15 SprAuG). Für die übrigen Arbeitnehmer gibt es auf Unternehmensebene anstelle der technisch kaum durchführbaren Unternehmensversammlung die Betriebsräteversammlung (§ 53 BetrVG).

	Leitende Angestellte		(sonstige) Arbeitnehmer	Jugendliche und Auszubildende
Konzern	(Konzernsprecherausschuss)		(Konzern-betriebsrat)	(Konzern-Jugend- und Auszubilden-denvertretung)
Unter-nehmen	Gesamtspre-cherausschuss	Unternehmens-sprecheraus-schuss	Gesamtbetriebsrat und Wirtschafts-ausschuss *Betriebsräte-versammlung*	Gesamtjugend- und Auszubilden-denvertretung
Betrieb	Sprecher-ausschuss *Versammlung der ltd. An-gestellten*	*(Unternehmens) Versammlung der leitenden Angestellten*	Betriebsrat *Betriebsversamm-lung*	Jugend- und Aus-zubildendenvertre-tung *Jugend- und Aus-zubildendenver-sammlung*
Abteilung			Arbeitsgruppen-sprecher *Abteilungs-versammlung*	Arbeitsgruppen-sprecher *Abteilungs-versammlung*

Einrichtungen in ( ) sind fakultativ; *Einrichtungen zur unmittelbaren Beteiligung der Belegschaft sind kursiv gedruckt.* Zur Entscheidung von Streitigkeiten zwischen Arbeitgeber und Betriebsrat, Gesamtbetriebsrat und Konzernbetriebsrat können bei Bedarf ständige (unüblich) oder ad-hoc-Einigungsstellen gebildet werden. Durch Tarifvertrag – und in Ausnahmefällen durch Betriebsvereinbarung – können die Vertretungsstrukturen für (sonstige) Arbeitnehmer geändert oder zusätzliche Vertretungen geschaffen werden (§ 3 BetrVG).

VI. Freistellung im Rahmen der Betriebs-verfassung

1. Betriebsräte

Unmittelbare Auswirkungen auf Führungskräfte hat die Tätigkeit der Mitglieder von Betriebsverfassungsorganen vor allem wegen der erforderlichen **Freistellungen.** Betriebsratsmitglieder sind von ihrer beruflichen Tätigkeit ohne Minderung des Arbeitsentgelts zu befreien, wenn und soweit es nach Umfang und Art des Betriebs zur ordnungsgemäßen Durchführung ihrer Aufgaben erforderlich ist (§ 37 Abs. 2 BetrVG). In größeren Betrieben, d. h. in Betrieben ab

200 Beschäftigten, sind je nach Größe ein oder mehrere Betriebsratsmitglieder von ihrer beruflichen Tätigkeit ganz für Betriebsratsarbeit freizustellen (§ 38 Abs. 1 BetrVG).

Zur **Betriebsratstätigkeit** zählen vor allem die Teilnahme an Sitzungen des Betriebsrats und seiner Ausschüsse, an Sitzungen des Gesamtbetriebsrats und des Wirtschaftsausschusses, die Teilnahme an Betriebs- und Abteilungsversammlungen sowie an der Betriebsräteversammlung, an Besprechungen mit dem Arbeitgeber, die Durchführung von Sprechstunden und die Unterstützung von Arbeitnehmern im Rahmen der Mitbestimmung und Mitwirkung. Nicht zu den Aufgaben des Betriebsrats gehören die Teilnahme an gewerkschaftlichen Veranstaltungen, die Vertretung von Arbeitnehmern bei Arbeitsstreitigkeiten und die Teilnahme an Tarifverhandlungen. Besprechungen mit Gewerkschaftsvertretern sind dann Betriebsratstätigkeit, wenn es um konkrete betriebliche Fragen geht;[37] dasselbe gilt für die Teilnahme an einem Arbeitsmarktgespräch der Agentur für Arbeit.[38] An Gerichtsverfahren können Betriebsratsmitglieder teilnehmen, wenn der Betriebsrat selbst Beteiligter ist[39] oder wenn er davon ausgehen darf, dass er die dort zu erwartenden Informationen in naher Zukunft für die gezielte Wahrnehmung gesetzlicher oder betriebsverfassungsrechtlicher Aufgaben einsetzen kann.[40]

Die **Erforderlichkeit der Arbeitsbefreiung** richtet sich nach den Umständen des Einzelfalles. Ein Freistellungsbeschluss des Betriebsrats genügt für sich allein nicht.[41] Entscheidend ist vielmehr, ob das Betriebsratsmitglied die Versäumnis bei gewissenhafter Überlegung und bei vernünftiger, ruhiger Würdigung aller Umstände für erforderlich halten durfte, um seinen Aufgaben gerecht zu werden.[42] Dabei kommt es vor allem auf Größe und Art des Betriebs an sowie darauf, welche Aufgaben dem Betriebsratsmitglied im Rahmen der Aufgabenverteilung zugewiesen sind. Es können weder Erfahrungswerte anderer Betriebsräte noch Richtwerte in Anlehnung an die Freistellungsstaffel zugrunde gelegt werden.[43] Nicht freigestellte Betriebsratsmitglieder müssen Arbeitnehmer, die sie in betriebsverfassungsrechtlich bedeutsamen Fragen zu sprechen wünschen, nicht generell auf die Sprechstunde oder auf die

Möglichkeit, ihr Anliegen freigestellten Betriebsratsmitgliedern vorzutragen, verweisen.[44] Der Betriebsrat ist frei in der Entscheidung, welche Mitglieder er mit welchen Aufgaben betraut.[45] Zeitaufwändige Tätigkeiten sind aber in erster Linie freigestellten Mitgliedern zu übertragen.[46]

Am Grundsatz der Erforderlichkeit ist auch zu messen, ob die Begleitung eines Betriebsratsmitglieds zu einem Gespräch mit der Gewerkschaft[47] oder mit einem Anwalt[48] oder zu einer Gerichtsverhandlung durch ein anderes Mitglied gerechtfertigt ist.

Nicht freigestellte Betriebsratsmitglieder müssen sich beim Verlassen des Arbeitsplatzes (und erst recht des Betriebs) wie jeder andere Mitarbeiter abmelden. Dabei haben sie den Ort und die voraussichtliche Dauer der Betriebsratstätigkeit mitzuteilen.[49] Das kann mündlich geschehen und muss nicht persönlich erfolgen.[50] Macht der Vorgesetzte geltend, dass das Betriebsratsmitglied zu diesem Zeitpunkt unabkömmlich sei, so ist zu prüfen, ob eine Verschiebung der Betriebsratstätigkeit möglich ist; verneint der Betriebsrat, muss er stichwortartig die Gründe dafür angeben.[51] Der Betriebsrat braucht den Namen des Arbeitnehmers, den er im Betrieb aufsuchen will, nicht zu nennen;[52] der zuständige Abteilungsleiter ist von dem Besuch zu unterrichten.[53] Einer Zustimmung des Arbeitgebers zur Arbeitsbefreiung bedarf es nicht.[54] Das Abmeldeverfahren und die Person, bei der das Betriebsratsmitglied sich abzumelden hat, bestimmt der Arbeitgeber.[55] Hält ein Betriebsratsmitglied sich nicht an diese Regeln, so kann es abgemahnt werden.[56]

2. Arbeitnehmer

Die Arbeitnehmer sind berechtigt, die Sprechstunde des Betriebsrats zur Erörterung von Angelegenheiten aufzusuchen, die mit ihrer Stellung als Arbeitnehmer im Betrieb zusammenhängen und die in den Aufgabenbereich des Betriebsrats fallen. Soweit erforderlich, können sie den Betriebsrat aber auch außerhalb der Sprechstunden in Anspruch nehmen.[57] Sie haben sich bei ihrem Vorgesetzten ordnungsgemäß ab- und wieder zurückzumelden. Den Grund für den Besuch brauchen sie nicht anzugeben, es sei denn, der Verdacht drängt sich auf, dass die Inanspruchnahme des Betriebsrats nicht erforderlich ist (z. B. Querulant).[58] Sollen arbeitsplatzbezogene Fragen besprochen werden, dann kann ein Betriebsratsmitglied auch zu einer Besprechung am Arbeitsplatz eingeladen werden.

21. Kapitel

Die Gewerkschaften im Betrieb

Der Bruttoorganisationsgrad liegt bei 22%; netto, d. h. ohne Arbeitslose, Rentner usw. dürften es etwa 18% sein. 2003 waren 57% der Mitglieder von DGB-Gewerkschaften Arbeiter, obwohl diese nur noch 35% der abhängig Beschäftigten ausmachten.[1] Beitritt zu und Fernbleiben von einer Gewerkschaft sind rechtlich geschützt, ebenso Gründung, Bestand und Betätigung von Gewerkschaften (Art. 9 Abs. 3 GG). Die Tätigkeit der Gewerkschaften ist auf die Gestaltung der Arbeits- und Wirtschaftsbedingungen gerichtet. Von daher ergibt sich eine Reihe von Berührungspunkten mit dem Betrieb.

I. Werbung

Die Gewerkschaften können **im Betrieb** für ihre Organisation **werben,** soweit dadurch nicht berechtigte betriebliche Belange des Arbeitgebers (Arbeitsablauf, Betriebsfrieden, Geheimhaltungs- und Sicherheitsinteresse) beeinträchtigt werden.[2] Sie können vor oder nach der Arbeitszeit und während der Pausen Werbe- und Informationsmaterial verteilen (lassen),[3] sie dürfen Anschlagtafeln benutzen und sich zu Werbe- und Informationszwecken über die betrieblichen E-Mail-Adressen an die Beschäftigten wenden.[4] Nicht erlaubt ist die **politische Betätigung** im Betrieb, also etwa die Werbung für bestimmte Gesetzgebungsvorhaben[5] oder allgemeine Aufrufe.[6] Kein

Anspruch besteht auf Verteilung von Gewerkschaftszeitungen im Betrieb,[7] die Werbung für Gewerkschaften und ihre Ziele auf Schutzhelmen oder Maschinen des Arbeitgebers,[8] die Wahl von Vertrauensleuten während der Arbeitszeit[9] und die Abhaltung von Vertrauensleutesitzungen im Betrieb. Die Gestattung ist dem Arbeitgeber allerdings nicht verboten; sie kann auch stillschweigend erfolgen.

II. Zugang zum Betrieb

Betriebsfremde Gewerkschaftsfunktionäre, haben **kein allgemeines Zutrittsrecht** zum Betrieb.[10] Sie dürfen beispielsweise nicht Gewerkschaftmitglieder im Betrieb aufsuchen, um mit ihnen Tariffragen zu besprechen oder Arbeitskampfmaßnahmen vorzubereiten. **Einmal im Kalenderhalbjahr** dürfen jedoch Vertreter einer zuständigen Gewerkschaft den Betrieb betreten, um in Pausenzeiten **Werbemaßnahmen** durchzuführen. Der Besuchstermin ist eine angemessene Frist, in der Regel eine Woche vorher anzukündigen.[11]

Unabhängig davon ist Vertretern der im Betrieb vertretenen Gewerkschaften **Zutritt** zum Betrieb zu gewähren **zur Wahrnehmung der im Betriebsverfassungsgesetz vorgesehenen Aufgaben und Befugnisse** (§ 2 Abs. 2 BetrVG). Eine Gewerkschaft ist im Betrieb vertreten, wenn ihr auch nur ein Mitarbeiter angehört.[12] Zu den Aufgaben nach dem Betriebsverfassungsgesetz zählen vor allem Initiativrechte – z. B. die Bildung eines Betriebsrats (§§ 16 Abs. 2, 17 Abs. 3 BetrVG); hier wird die Gewerkschaft Zugang zu einzelnen Arbeitnehmern haben –, aber auch die Unterstützung der Betriebsverfassungsorgane. Gewerkschaftsvertreter können an Betriebs- und Abteilungsversammlungen (§ 46 Abs. 1 BetrVG), Betriebsräteversammlungen (§ 53 Abs. 3 BetrVG) und Jugend- und Auszubildendenversammlungen (§ 71 BetrVG) sowie auf Einladung an Sitzungen des Betriebsrats (§ 31 BetrVG), des Gesamt- (§ 51 Abs. 1 BetrVG) und Konzernbetriebsrats (§ 59 Abs. 1 BetrVG), der Jugend- und Auszubildenden- und der Gesamt- Jugend- und Auszubildendenvertretung (§§ 65 Abs. 1, 73 Abs. 2 BetrVG) sowie des Wirtschaftsausschusses[13] teilnehmen. Vor Betreten des Betriebs ist der

Arbeitgeber zu **unterrichten** (§ 2 Abs. 2 BetrVG). Die Unterrichtung muss so rechtzeitig erfolgen, dass er sich darauf einstellen, also beispielsweise Rechtsrat über das Zutrittsrecht einholen kann.[14] Einen Tag vorher wird im Allgemeinen ausreichend und notwendig sein.[15] Dabei sind dem Arbeitgeber Zeitpunkt und Zweck des Besuchs zu nennen.[16] Die Auswahl des Vertreters liegt bei den Gewerkschaften.[17] Der Arbeitgeber kann ihn zurückweisen, wenn ihm die Ausübung des Zutrittsrechts gerade durch diesen Beauftragten etwa wegen früherer Diffamierung des Arbeitgebers oder wegen konkreter Anhaltspunkte für Störungen des Betriebsfriedens unzumutbar ist.[18] Das Zugangsrecht besteht nicht, wenn ihm unumgängliche Notwendigkeiten des Betriebsablaufs, zwingende Sicherheitsvorschriften oder der Schutz von Betriebsgeheimnissen entgegenstehen (§ 2 Abs. 2 BetrVG).

III. Gewerkschaftliche Vertrauensleute

Die gewerkschaftlichen Vertrauensleute sind der **verlängerte Arm der Gewerkschaften im Betrieb.** Sie werden von den organisierten Arbeitnehmern – in der Regel abteilungsweise – aus ihrer Mitte gewählt. Sie sind **ehrenamtliche Funktionäre** der Gewerkschaft und haben die allgemeine **Aufgabe,** an der Gestaltung und Festigung der Organisation mitzuwirken und die Politik ihrer Gewerkschaft im Betrieb zu vertreten. Zu ihren Aufgaben gehört es, die Mitglieder über die Gewerkschaft und ihre Ziele und umgekehrt die Gewerkschaft über alle wichtigen Vorgänge im Betrieb, die ihre Interessen berühren, zu informieren. Sie haben für die Einhaltung von Gewerkschaftsbeschlüssen zu sorgen, Informationsmaterial zu verteilen, für den Gewerkschaftsbeitritt zu werben und Austritten entgegenzuwirken. Besondere Aufgaben haben sie im Rahmen der Tarifbewegung (Diskussion der Forderungen, Organisation des Arbeitskampfes).

Betriebsverfassungsrechtliche Funktionen stehen ihnen nicht zu. Dennoch ist ihr **Einfluss häufig groß.** Sie stellen die Vorschlagslisten für die Wahlen zu Betriebsrat, Aufsichtsrat und Jugend- und Auszubildendenvertretung auf. Die Vertrauensleute genießen **keine Vorrechte** im Betrieb, vor allem keinen besonderen (Kündigungs)

Schutz wie etwa die Betriebsratsmitglieder; sie dürfen wegen ihrer Tätigkeit aber auch nicht benachteiligt werden. Die Gewerkschaft hat kein Recht darauf, die Vertrauensleutewahlen während der Arbeitszeit und im Betrieb durchzuführen. Dasselbe gilt für die Sitzungen des „Vertrauensleutekörpers".[19]

Nicht zu verwechseln mit den gewerkschaftlichen sind **die betrieblichen Vertrauensleute,** vor allem im Bereich der chemischen Industrie. Sie sind der Unterbau des Betriebsrats und in der Regel zugleich Gesprächspartner des Abteilungsleiters. Gewählt werden sie in den Betrieben von allen Arbeitnehmern mit Ausnahme der leitenden Angestellten; ihre Zusammenkünfte finden unter der Leitung des Betriebsrats während der Arbeitszeit im Betrieb statt. Soweit sie gewerkschaftlich organisiert sind, sind sie nicht selten in Personalunion gewerkschaftliche Vertrauensleute.

IV. Zusammenarbeit mit Belegschafts- vertretungen und Gewerkschaften

Die Kenntnis der gegenseitigen Rechte und Pflichten ist Voraussetzung für eine vertrauensvolle Zusammenarbeit mit Belegschaftsvertretern und Gewerkschaften. Unkenntnis führt zu Unklarheit, und Unklarheit ist die Wurzel von Streit. Kenntnis allein garantiert keine gedeihliche Zusammenarbeit. Rechte und Pflichten sind nicht mehr als eine gesetzliche Auffanglinie. Entscheidend ist der Geist, in dem Zusammenarbeit geschieht, und der wird ganz wesentlich mitgeprägt vom Verständnis für die unterschiedlichen Rollen und Positionen der Beteiligten. Ziel allen Handelns muss das **Wohl von Arbeitnehmern und Betrieb** sein, wie § 2 Abs. 1 BetrVG und § 2 Abs. 1 S. 1 SprAuG sagen. Die gleichberechtigte Betonung von Arbeitnehmern und Betrieb liegt im beiderseitigen wohlverstandenen Interesse. Nur zufriedene, motivierte Arbeitnehmer sind zur notwendigen Leistung bereit, und nur, wenn es dem Betrieb auf Dauer gut geht, kann es auch den Arbeitnehmern gut gehen.

22. Kapitel

Vom Umgang mit den Rechtsquellen oder Hilfe zur Selbsthilfe

Das Buch hat nur einen ersten Überblick geben können. Die Fragen, die im Betriebsalltag auftauchen, sind so vielgestalt, die Regelungen, die der Gesetzgeber getroffen hat, so umfangreich, dass selbst ein dickleibiges Kompendium letztlich lückenhaft bliebe. Aber es ist im Recht wie auch sonst im Leben: Ein verhältnismäßig geringer Prozentsatz des Gesamtwissens reicht aus, um die große Mehrzahl aller Fälle zu lösen. Für Spezialfragen gibt es Spezialisten.

Im Arbeitsrecht ist es schwerer, das Recht zu finden, als in anderen Gebieten. Das hat verschiedene Gründe:

Das Arbeitsrecht ist in einer Vielzahl von Gesetzen geregelt. Es gibt kein Arbeitsgesetzbuch.

Trotz der vielen Gesetze gibt es Lücken, die die Rechtsprechung füllen musste. Mehr als in anderen Rechtsgebieten ist man daher auch auf die Kenntnis der Rechtsprechung angewiesen.

Für Verträge gilt an sich der Grundsatz der Vertragsfreiheit, d. h. die Vertragspartner können entscheiden, ob sie einen Vertrag abschließen, und wenn ja, mit welchem Inhalt. Im Arbeitsrecht gibt es aber besonders viel zwingendes Recht, um den typischerweise schwächeren Arbeitnehmer zu schützen. Außerdem ist praktisch auf jeden Arbeitsvertrag das Recht der Allgemeinen Arbeits(=Geschäfts)bedingungen anzuwenden.

Dem Arbeitnehmer stehen zwei eigene Schutzmächte zur Seite, die Gewerkschaft und der Betriebsrat oder – bei den leitenden Angestellten – der Sprecherausschuss. Beide können mit dem Arbeitgeber, die Gewerkschaften auch mit dem Arbeitgeberverband, Vereinbarungen abschließen: die Gewerkschaften Tarifverträge, die Betriebsräte Betriebsvereinbarungen und die Sprecherausschüsse Sprecherausschussvereinbarungen. Diese Vereinbarungen enthalten genau wie Gesetze Rechte und Pflichten für die Arbeitnehmer. Sie sind zusätzlich zu den Rechten und Pflichten aus Gesetz und Vertrag zu beachten. Daraus ergibt sich die Frage, wie sich Gesetze, Tarifverträge, Betriebs- und Sprecherausschussvereinbarungen und Arbeitsverträge zueinander verhalten.

Bevor das Zusammenspiel dieser sogenannten **Rechtsquellen** geschildert wird, zunächst ein paar Worte dazu, wie man die richtige Gesetzesvorschrift findet, und zu den einzelnen Rechtsquellen selbst.

I. Die richtige Vorschrift finden

Beim Gesetz gibt es zwei Schwierigkeiten: das richtige Gesetz zu finden, und das Gesetz richtig auszulegen. Bei der Suche nach dem richtigen Gesetz muss man beachten, dass es Gesetze unterschiedlichen Ranges gibt und auf jeder Stufe eine mehr oder weniger große Zahl gleichrangiger Gesetze. Auch innerhalb des Gesetzesrechts muss man also die Regeln für das Zusammenwirken kennen.

Übereinander stehen drei Stufen von Recht: das europäische Recht, das bundesdeutsche Recht und das Landesrecht. In allen drei Bereichen steht die Verfassung an oberster Stelle; es folgen das Gesetzesrecht und dann das von der Exekutive gesetzte Recht. Im europäischen Recht steht an oberster Stelle der Vertrag über die Europäische Union, im bundesdeutschen Recht das Grundgesetz und im Landesrecht die Länderverfassungen. Es folgen jeweils die (einfachen) Gesetze. Im Europarecht sind das die sogenannten Verordnungen und die Richtlinien (Art. 249 AEUV). Die Verordnungen sind der Sache nach Gesetze; sie werden aber nicht als Gesetze bezeichnet, weil sie nicht allein vom Europäischen Parlament beschlossen werden. Die Richtlinien unterscheiden sich von den Verordnungen dadurch, dass sie grundsätzlich keine Rechte und

Pflichten für die Unionsbürger begründen. Sie wenden sich an den nationalen Gesetzgeber, der sie erst in nationales Recht umsetzen muss. Vorher haben sie für den Bürger, von wenigen Ausnahmen abgesehen, keine Bedeutung. Unterhalb der Gesetze folgen im bundesdeutschen und im Landesrecht die Verordnungen, die entweder von der Bundes- oder einer Landesregierung oder von einem Bundes- oder einem Landesminister erlassen werden (vgl. Art. 80 GG). Im Überblick sieht das so aus:

EU	BR Deutschland	Land
EU-Vertrag	Grundgesetz	Verfassung
Verordnung/(Richtlinie)	Gesetz	Gesetz
–	Verordnung	Verordnung

Schwieriger ist das Zusammenspiel des Rechts auf der Ebene des Gesetzes. Hier arbeitet der Gesetzgeber mit der **„Klammermethode"**: Er zieht Regeln, die für mehrere Fälle gemeinsam gelten, vor die Klammer. Meistens geschieht das innerhalb eines Gesetzes. Es kann aber auch ein Gesetz die allgemeine Regel für mehrere andere Gesetze enthalten. So wird z. B. in § 121 Abs. 1 S. 1 BGB „unverzüglich" mit „ohne schuldhaftes Zögern" umschrieben. Diese gesetzliche (= Legal)Definition gilt für alle Gesetze.

Mit der Klammermethode hat der Gesetzgeber vor allem im BGB gearbeitet. Hier regelt er eine ganze Reihe von Vertragstypen, darunter auch den Arbeitsvertrag. Den Arbeitsvertrag sieht er als einen Unterfall des **Dienstvertrags** (vgl. § 621 BGB). Dienstverträge sind gegenseitige schuldrechtliche (= vermögensrechtliche) Verträge. Neben den gegenseitigen Verträgen gibt es einseitig und unvollkommen zweiseitig verpflichtende, neben den schuldrechtlichen sachen-, familien- und erbrechtliche Verträge. Schuldrechtliche Beziehungen entstehen nicht nur aus Verträgen, sondern auch aus anderen – einseitigen – Rechtsgeschäften. §§ 320 ff. BGB regeln den **gegenseitigen Vertrag;** hier geht es um die Frage, was aus der Gegenleistung wird, wenn die Leistung schlecht, zu spät oder gar nicht erbracht wird. §§ 311 ff. BGB regeln eine Reihe von Fragen zu **Schuldverhältnissen aus Verträgen,** §§ 241 ff. BGB **generell** zu **Schuldverhältnissen,** vor allem zu Art und Weise der Leistung und Leistungsstörungen. Die gemeinsamen Regeln für alle **Verträge** finden sich in den §§ 145 ff. BGB; diese Regeln betreffen den Vertragsschluss und die Auslegung von Verträgen. Verträge wiederum sind **Rechtsgeschäfte,** und Rechtsgeschäfte enthalten immer mindestens eine **Willenserklärung.** Für Rechtsgeschäfte hat der Gesetzgeber wieder generelle Regeln geschaffen (§§ 104 ff. BGB), und für Willenserklärungen ebenso (§§ 116 ff. BGB). Die §§ 1 ff. BGB enthalten die Vorschriften über die **Rechtsfähigkeit,** die §§ 104 ff. BGB die über die **Geschäftsfähigkeit** und damit über die Voraussetzungen für Rechtsgeschäfte. Insgesamt ergibt sich so vom Allgemeinen zum Besonderen folgende Reihe:

- Rechtsfähigkeit (§§ 1 ff. BGB)
- Geschäftsfähigkeit (§§ 104 ff. BGB)
- Rechtsgeschäft (§§ 104 ff. BGB)
- Willenserklärung (§§ 116 ff. BGB)
- Vertrag (§§ 145 ff. BGB)
- Schuldverhältnisse (§§ 241 ff. BGB)
- Schuldverhältnisse aus Verträgen (§§ 311 ff. BGB)
- gegenseitige Verträge (§§ 320 ff. BGB)
- Dienstvertrag (§§ 611 ff. BGB)
- Arbeitsvertrag (§§ 611 ff. BGB u. Arbeitsrecht).

Ob man bei der Suche nach einer Norm beim Allgemeinen oder beim Besonderen anfängt, ist gleichgültig. Die gesetzliche Regelung ergibt sich aus dem Zusammenspiel. Erschwert wird die Suche dadurch, dass der Gesetzgeber nicht alles geregelt hat, was man zur Lösung braucht, sondern nur Dinge, die er für problematisch gehalten hat. Ohne ein Jurastudium kommt man deshalb in vielen Fällen nicht allzu weit.

Leider ist der Arbeitsvertrag im **BGB** nur bruchstückhaft geregelt. Das BGB enthält weder alle Sachgebiete, in denen Rechtsfragen auftauchen, noch gilt es für alle Arbeitnehmer. Neuerdings hat der Gesetzgeber einige wichtige Fragen, die eigentlich in das BGB oder in ein Arbeitsgesetzbuch gehörten, für alle, auch für nicht gewerbliche Arbeitnehmer, in die **Gewerbeordnung** aufgenommen: das Weisungsrecht, Modalitäten des Arbeitsentgelts, das Zeugnis und das nachvertragliche Wettbewerbsverbot (§§ 6, 105 ff. GewO). Für Handlungsgehilfen, d. h. für die kaufmännischen Angestellten in Unternehmen, stehen die Vorschriften über das Wettbewerbsverbot – wortgleich – im **HGB;** dort finden sich auch noch Bestimmungen über das Wettbewerbsverbot bei bestehendem Arbeitsverhältnis, über die Fürsorgepflicht und über die Gehaltszahlung. Ansonsten pflegt der Gesetzgeber die Vorschriften für ganze **Sachgebiete** jeweils in einem eigenen Gesetz zusammenzufassen, so etwa im Bundesurlaubsgesetz, im Arbeitszeitgesetz, im Entgeltfortzahlungsgesetz und im Kündigungsschutzgesetz. In eigenen Gesetzen findet sich zumeist auch das (Sonder)Recht für **besonders geschützte Personengruppen,** so im MuSchG, im BEEG, im SGB IX für Schwerbehinderte, im BBiG, im JArbSchG usw.

Will man wissen, welche Vorschrift gilt, dann muss man wiederum die Gesamtheit dieser Gesetze betrachten. Voraussetzung für die Anwendung aller arbeitsrechtlichen Vorschriften ist, dass es um einen **Arbeitsvertrag** geht. Zumeist spricht der Gesetzgeber nicht vom Arbeitsvertrag, sondern vom **Arbeitnehmer** („Jeder Arbeitnehmer hat in jedem Kalenderjahr Anspruch auf bezahlten Erholungsurlaub", § 1 BUrlG). Auch hier ist zu prüfen, ob ein Arbeitsvertrag besteht; der Arbeitnehmer ist die eine Vertragspartei. Unterschiedliches Gesetzesrecht für **Arbeiter** und **Angestellte** gibt es nicht mehr. **Leitende Angestellte** haben in der Mitbestimmung eine Sonderstellung; darüber hinaus gibt es einige wenige arbeitsrechtliche Sondervorschriften (vor allem § 14 Abs. 2 KSchG und § 18 Abs. 1 Nr. 1 ArbZG).

Die Gesetze regeln teilweise dieselbe Materie für unterschiedliche Personengruppen, so etwa das Wettbewerbsrecht: §§ 74 ff. HGB für Handlungsgehilfen, § 110 GewO für alle sonstigen Arbeitnehmer.

Zumeist ergänzen sie einander: 24 Werktage Urlaub für alle Arbeitnehmer (§ 3 Abs. 1 BUrlG) plus 5 Arbeitstage Zusatzurlaub für schwerbehinderte Arbeitnehmer (§ 125 SGB IX).

Teilweise enthalten sie Spezialregeln, etwa zur Höchstarbeitszeit für Arbeitnehmer (§§ 1 ff. ArbZG), für Frauen in Mutterschutz (§ 8 MuSchG), für jugendliche Arbeitnehmer (§§ 8 ff. JArbSchG).

Die Prüfung geschieht deshalb in folgender **Reihenfolge:**

(1) Ist N. N. Arbeitnehmer?

(2) Wenn ja, ist er „normaler" Arbeitnehmer oder leitender Angestellter?

(3) Wenn „normaler" Arbeitnehmer, ist er Handlungsgehilfe (= kaufmännischer Angestellter)?

Fragen 2 und 3 braucht man nur zu klären, wenn es zu dem konkreten Problem Sondervorschriften für die betreffende Gruppe gibt.

Die Vorschriften sucht man am besten in folgender Reihenfolge:

(1) BGB, vor allem §§ 611 ff.

(2) GewO (§§ 105 ff.)

(3) HGB (§§ 59 ff.)

(4) Gesetz über ein besonderes Sachgebiet

(5) Gesetz für besonders geschützte Personengruppen.

Während es für den Nichtfachmann außerordentlich schwierig ist, Fragen zu lösen, bei denen mehrere Vorschriften aus dem BGB zusammenspielen, lässt sich die zutreffende arbeitsrechtliche Vorschrift mit einiger Anstrengung finden. Allerdings muss man die Bestimmung dann erst wieder auslegen. Je konkreter sie ist, desto eher kann man sich auf den Wortlaut verlassen. Das gilt insbesondere für Zahlenangaben (z. B. Kündigungsfristen).

BEISPIEL: Versuchen wir, gemeinsam einen Beispielsfall zu lösen: Müller, Personalleiter der Werkzeugmaschinenfabrik Schulz und Co. in Frankfurt am Main mit 350 Beschäftigten, möchte den Arbeitsvertrag mit dem Entwicklungsingenieur Maier kündigen. Maier ist 45 Jahre alt, seit 20 Jahren im Betrieb, schwerbehindert und fehlt seit einer Woche unentschuldigt. Maier hat aus ähnlichem Anlass schon vor zwei Jahren eine Abmahnung erhalten. Müller will wissen,
– ob er Maier kündigen kann
– welche Frist er einhalten muss und
– ob er eine bestimmte Form einzuhalten hat.

Bei der Lösung des Falles wird unterstellt, dass weder der Arbeitsvertrag noch eine Betriebsvereinbarung noch ein Tarifvertrag eine Vorschrift enthält, die hier in Betracht käme. Die Lösung richtet sich also – zunächst einmal – nur nach dem Gesetz. Nach unserem Prüfschema ergibt sich Folgendes:

Arbeitsvertrag (Arbeitnehmer). Maier erbringt in der Entwicklungsabteilung eines Unternehmens Dienstleistungen. Da nichts anderes gesagt ist, kann man vom Normalfall ausgehen, und das heißt, dass er nach den Weisungen von Schulz und Co. tätig wird. Damit ist er Arbeitnehmer.

„Normaler" Arbeitnehmer/leitender Angestellter. Maier ist Entwicklungsingenieur. Anhaltspunkte dafür, dass er leitender Angestellter sein könnte, gibt es nicht.

BGB. Das BGB enthält Vorschriften über Kündigungsfristen und -termine (§ 622) und über die Form der Kündigung (§ 623).

Gewerbeordnung/HGB. Gewerbeordnung und HGB enthalten keine Bestimmungen über Kündigungen.

Sachgebiet. Mit der Kündigung befasst sich außer dem BGB vor allem das Kündigungsschutzgesetz. Das Kündigungsschutzgesetz regelt, wann eine ordentliche Kündigung in einem Betrieb mit mehr als zehn Arbeitnehmern zulässig ist.

Besonders geschützte Personengruppe. Als Schwerbehinderter genießt Maier besonderen Schutz. Das SGB IX enthält einen eigenen Abschnitt über Kündigungen.

Einschlägig sind also das BGB, das SGB IX und das KSchG. Damit können wir an die **Lösung** des Falles gehen.

Für die Kündigung bedarf es eines Grundes, denn Maier genießt Kündigungsschutz. Die Schulz & Co. beschäftigt mehr als zehn Arbeitnehmer (§ 23 Abs. 1 KSchG), und Maier ist länger als sechs Monate im Unternehmen tätig (§ 1 Abs. 1 KSchG). Hier kommt ein Grund im Verhalten in Frage. Unentschuldigtes Fehlen ist an sich ein solcher Grund. Ob im konkreten Fall eine Kündigung gerechtfertigt ist, kommt auf die Umstände an. Vorausgegangen sein muss im Allgemeinen eine Abmahnung (§ 323 Abs. 3 BGB). Diese Voraussetzung ist hier erfüllt. Eine mildere Maßnahme, etwa eine Versetzung, darf nicht ausreichen. Bei der Interessenabwägung sind zugunsten von Maier besonders seine lange Betriebszugehörigkeit, sein Alter und der Grund für das unentschuldigte Fehlen, zugunsten der Schulz & Co. besonders die Auswirkungen auf den Arbeitsablauf und auf die Arbeitsmoral der Belegschaft zu berücksichtigen. Die ordentliche Kündigung ist nicht dadurch ausgeschlossen, dass Maier schwerbehindert ist. Allerdings muss das Integrationsamt zustimmen (§ 85 SGB IX).

Nach § 622 Abs. 1 BGB beträgt die Mindestkündigungsfrist vier Wochen zum 15. oder zum Monatsende. Ist ein Arbeitnehmer länger als 20 Jahre in einem Unternehmen beschäftigt, so erhöht sich die Mindestkündigungsfrist nach § 622 Abs. 2 Nr. 7 BGB auf sieben Monate zum Monatsende. Die Mindestkündigungsfrist nach dem Schwerbehindertenrecht beträgt vier Wochen (§ 86 SGB IX). Sie hat damit praktisch nur Bedeutung für den Fall, dass ein Tarifvertrag kürzere Kündigungsfristen vorsieht. Die Kündigungsfrist für Maier beträgt also sieben Monate zum Monatsende.

Die Kündigung bedarf der Schriftform (§ 623 BGB). Die Urkunde ist eigenhändig von einem Vertreter der Schulz und Co. zu unterschreiben (§ 126 BGB).

Die Fragen von Personalleiter Müller sind damit beantwortet: Maier kann – vorbehaltlich einer genaueren Prüfung der konkreten Umstände – entlassen werden. Die Kündigungsfrist beträgt sieben Monate zum Monatsende. Die Kündigung muss schriftlich „ausgesprochen" werden.

Damit scheint der Fall glatt gelöst. Nicht beantwortet – da nicht gestellt – sind aber andere Fragen, etwa:

- Reicht eine Abmahnung aus, die Schulz & Co. dem Maier einmal wegen Alkoholgenusses während der Arbeitszeit ausgesprochen hat?

- Hat der Betriebsrat bei der Kündigung mitzubestimmen; wenn ja, wie?

- Wie ist die Kündigungsfrist zu berechnen?

■ Wann geht die Kündigungserklärung zu, wenn Schulz & Co. durch Einschreiben kündigt, der Postbote Maier nicht zu Hause antrifft und er ihm deshalb nur einen Benachrichtigungszettel einwirft?

Jeder „Fall" löst eine Vielzahl von Fragen aus. Jede Frage muss für sich anhand von Gesetzen und Rechtsprechung beantwortet werden. Selten gleicht ein Fall völlig dem anderen. Ein kleiner Unterschied kann genau das entgegengesetzte Ergebnis zur Folge haben. Im Zweifel hilft die zuständige Personalabteilung oder der zuständige Verband, die notfalls einen Kommentar oder ein Handbuch zu Rate ziehen.

Leider ist der Fall mit dem Auffinden der einschlägigen Vorschrift und dem Studium der zugehörigen Rechtsprechung zumeist noch nicht gelöst. Häufig enthalten auch die drei anderen Rechtsquellen – Arbeitsvertrag, Betriebsvereinbarung/Sprecherausschussvereinbarung und Tarifvertrag – Bestimmungen zum selben Problemkreis.

Nehmen wir an, im einschlägigen Tarifvertrag heißt es:

„Die Kündigung ist ausgeschlossen, wenn der Arbeitnehmer das 45. Lebensjahr vollendet hat und wenn er dem Unternehmen länger als 15 Jahre angehört"; in der Arbeitsordnung – das ist eine Betriebsvereinbarung –: „Abmahnungen sind nach einem Jahr aus der Personalakte zu entfernen; sie dürfen danach in einem Kündigungsschutzprozess nicht mehr verwertet werden" und im Arbeitsvertrag: „Kündigungen durch den Arbeitgeber erfolgen nur durch eingeschriebenen Brief."

Hier stellen sich zwei Fragen. Erstens: Für wen gelten die vier Rechtsquellen? Gilt z. B. ein Tarifvertrag nur für Gewerkschaftsmitglieder oder auch für Nichtorganisierte oder eine Betriebsvereinbarung auch für leitende Angestellte? Und zweitens: Wie verhalten sich die vier Rechtsquellen zueinander? Welche geht vor, wenn sie unterschiedliche Regelungen treffen, wie etwa hier zur Kündigung?

II. Geltungsbereiche der Rechtsquellen

1. Gesetz

Gesetze gelten für **alle,** die in seinen Geltungsbereich fallen. In räumlicher Hinsicht gelten Gesetze im gesamten „Hoheitsgebiet" des Gesetzgebers, sofern sie keine Einschränkungen enthalten, also EG-Verordnungen in der gesamten EU, bundesdeutsche Gesetze im Bundesgebiet und Landesgesetze in dem betreffenden Land. Landesgesetze gibt es im Arbeitsrecht kaum. Im Wesentlichen handelt es sich um die Bildungsurlaubsgesetze und um die Gesetze über die Feiertage. Den persönlichen Geltungsbereich pflegt der Gesetzgeber im Gesetz selbst anzugeben: „Arbeitnehmer" im Bundesurlaubsgesetz, „Auszubildende" im Berufsbildungsgesetz, „Personen, die noch nicht 18 Jahre alt sind" im Jugendarbeitsschutzgesetz, „leitende Angestellte" im Sprecherausschussgesetz.

2. Tarifvertrag

Der Tarifvertrag gilt mitunter ebenfalls im gesamten Bundesgebiet oder in mehreren Ländern, meistens aber nur in einem Land oder in einem Bezirk (sogenannter räumlicher Geltungsbereich). Er beschränkt sich auf eine Branche (z. B. Metall, Chemie, Banken, Handel, sogenannter sachlicher oder fachlicher Geltungsbereich) und manchmal sogar auf ein Unternehmen (z. B. VW). Vor allem gilt er aber nicht für alle Arbeitnehmer, die in seinem Geltungsbereich arbeiten, sondern nur für die **tarifgebundenen** (§ 4 Abs. 1 TVG). Das sind die Arbeitnehmer, die der vertragsschließenden Gewerkschaft angehören, sofern sie bei einem Arbeitgeber arbeiten, für den der Tarifvertrag ebenfalls gilt, sei es, weil er Mitglied des vertragsschließenden Verbandes ist – Verbandstarifvertrag (heute vielfach Flächentarifvertrag genannt) –, sei es, weil er den Tarifvertrag selbst abgeschlossen hat – Haustarifvertrag (= Firmentarifvertrag = Unternehmenstarifvertrag, § 3 Abs. 1, 2 TVG). Mitunter gilt der Tarifvertrag nicht für alle tarifgebundenen Arbeitnehmer im räumlichen und fachlichen Geltungsbereich, sondern nur für bestimmte Gruppen, z. B. für Auszubildende (sogenannter persönlicher Geltungsbereich). Immer sind die oberen Angestellten, die AT-Angestellten, von seinem (persönlichen) Geltungsbereich ausgenommen (deshalb „außertarifliche Angestellte").

Es gibt zwei Möglichkeiten, den Tarifvertrag auch auf nicht organisierte Arbeitnehmer auszudehnen:

Die eine ist die **Allgemeinverbindlicherklärung.** Sie erfolgt durch den Bundesminister für Arbeit und Soziales im Einvernehmen mit dem Tarifausschuss. Voraussetzung ist, dass die tarifgebundenen Arbeitgeber mindestens 50% der unter den Geltungsbereich des Tarifvertrags fallenden Arbeitnehmer beschäftigen und dass die Allgemeinverbindlicherklärung im öffentlichen Interesse geboten ist (§ 5 TVG). Die meisten allgemeinverbindlichen Tarifverträge gibt es im Baugewerbe und im Handel, d. h. in Branchen mit vielen kleinen, schwer organisierbaren Arbeitgebern, in denen aber aus sozialpolitischen Gründen einheitliche Mindestarbeitsbedingungen erwünscht sind.

Die zweite ist die **Bezugnahme** durch den Arbeitsvertrag. Im Arbeitsvertrag heißt es dann beispielsweise:

„Wir zahlen Ihnen das Tarifgehalt nach der Fachgruppe 4. Im Übrigen gelten die Bestimmungen des Manteltarifvertrags für die Arbeitnehmer in der . . . Industrie in ihrer jeweiligen Fassung."

Damit wird zwar nicht der Geltungsbereich des Tarifvertrags erweitert; die nicht organisierten Arbeitnehmer haben aber aufgrund ihres Arbeitsvertrags Anspruch auf die gleichen (tariflichen) Leistungen wie gewerkschaftlich organisierte Arbeitnehmer.

Der Unterschied zwischen einem tariflichen Anspruch – dazu zählt auch der, der durch Allgemeinverbindlicherklärung entstanden ist – und einem vertraglichen Anspruch auf tarifliche Leistungen zeigt sich bei **Änderungen.** Der tarifliche Anspruch kann nur durch die Tarifvertragsparteien selbst verändert werden, der vertragliche nur durch die Arbeitsvertragsparteien: sei es im Einvernehmen, sei es durch Änderungskündigung, wobei Änderungskündigungen für eine Mehrzahl von Arbeitsverhältnissen sehr schwer durchzuführen sind und bezüglich des Entgelts nur bei erheblichen wirtschaftlichen

Schwierigkeiten des Unternehmens in Betracht kommen (siehe Kapitel 7 V. 3. b). Inhaltlich unterscheiden sich die Rechte und Pflichten, die Tarifvertrag und Arbeitsvertrag begründen, nicht.

3. Betriebsvereinbarung/Sprecherausschussvereinbarung

Die Betriebsvereinbarung gilt, wie der Name sagt, in der Regel für einen Betrieb (= ein Werk, eine Verkaufsniederlassung). In Unternehmen mit mehreren Betrieben werden nicht selten mit dem Gesamtbetriebsrat Betriebsvereinbarungen für das gesamte Unternehmen abgeschlossen, in Konzernen u. U. sogar Konzernvereinbarungen. Erfasst von den Regelungen werden **alle Arbeitnehmer,** die der Betriebsrat vertritt, **auch die AT-Angestellten,** sofern sie nicht zu den leitenden Angestellten gehören (§ 5 Abs. 3 BetrVG). Für die **leitenden Angestellten** kann der Arbeitgeber mit dem Sprecherausschuss (Unternehmens-, Gesamt-, Konzernsprecherausschuss) Sprecherausschussvereinbarungen abschließen, die für leitende Angestellte dieselbe Wirkung haben wie für sonstige Arbeitnehmer die Betriebsvereinbarungen (§ 28 Abs. 2 SprAuG).

So wie Tarifverträge durch Arbeitsvertrag auf Arbeitnehmer ausgedehnt werden können, die ihnen an sich nicht unterfallen, so können auch **Betriebsvereinbarungen** durch Arbeitsvertrag auf leitende Angestellte ausgedehnt werden. Die Formulierung lautet etwa:

„Neben diesem Vertrag gelten die betrieblichen Vereinbarungen, insbesondere unsere Arbeitsordnung, in den jeweils gültigen Fassungen."

Eine solche Ausdehnung spielt vor allem in Unternehmen eine Rolle, in denen es keinen Sprecherausschuss gibt.

4. Arbeitsvertrag

Der Arbeitsvertrag gilt jeweils für den einzelnen Arbeitnehmer.

III. Verhältnis der Rechtsquellen zueinander

Ist dasselbe Problem in mehr als einer Rechtsquelle geregelt, dann stellt sich die Frage, wie die Konkurrenz aufzulösen ist. Hierfür gelten nachfolgende Grundsätze.

Zwischen den Rechtsquellen besteht ein Rangverhältnis:

- Gesetz
- Tarifvertrag
- Betriebsvereinbarung/Sprecherausschussvereinbarung
- Arbeitsvertrag.

Die jeweils ranghöhere Rechtsquelle ist, da von einem stärkeren Normgeber herrührend, zum Schutze des Arbeitnehmers bestandsfester als die rangniedere. Die rangniedere Rechtsquelle kann nur zugunsten des Arbeitnehmers von der ranghöheren abweichen (**Günstigkeitsprinzip**), sofern diese nicht Ausnahmen zulässt (**Öffnungsklausel**). Dabei gibt es für die einzelnen Rechtsquellen eine Reihe von Besonderheiten.

Gesetze enthalten vier Arten von Vorschriften:

- **Zwingende Vorschriften:** Von ihnen kann weder zugunsten noch zuungunsten von Arbeitnehmern abgewichen werden.
- **Einseitig:** nämlich zugunsten der Arbeitnehmer, **zwingende Bestimmungen.** Von ihnen kann nur zugunsten der Arbeitnehmer abgewichen werden. Das ist der häufigste Fall.
- **Tarifdispositive Bestimmungen:** Von ihnen kann durch Tarifvertrag auch zuungunsten der Arbeitnehmer abgewichen werden.
- **Dispositive Bestimmungen:** Von ihnen kann durch Tarifvertrag, Betriebsvereinbarung oder Arbeitsvertrag zugunsten und zuungunsten der Arbeitnehmer abgewichen werden. Eine Abweichung in einem Formulararbeitsvertrag zu Lasten des Arbeitnehmers darf nicht unangemessen sein (§ 307 BGB).

Vom **Tarifvertrag** kann durch Arbeitsvertrag immer zugunsten der Arbeitnehmer abgewichen werden (Günstigkeitsprinzip), zuungunsten nur, wenn der Tarifvertrag das ausdrücklich bestimmt (Öffnungsklausel, § 4 Abs. 3 TVG). Eine Abweichung durch Betriebsvereinbarung kommt grundsätzlich nur in Betracht, wenn der Tarifvertrag das zulässt (Ausnahme: in mitbestimmungspflichtigen Angelegenheiten, wenn der Tarifvertrag nur noch kraft Nachwirkung gilt, §§ 77 Abs. 3, 87 Abs. 1 BetrVG). **„Bündnisse für Arbeit"**, in denen tarifliche Leistungen im Tausch gegen eine Beschäftigungsgarantie durch Betriebsvereinbarung gekürzt werden, sind also unwirksam, sofern der Tarifvertrag keine Öffnungsklausel enthält; die Gewerkschaft kann auf Unterlassung klagen.[1]

Von einer **Betriebsvereinbarung** kann durch Arbeitsvertrag nicht zuungunsten des Arbeitnehmers abgewichen werden. Bei Sozialleistungen, die auf einer für den Arbeitnehmer erkennbaren Kollektivregelung beruhen, erlaubt die Rechtsprechung eine Umstrukturierung; allerdings darf die Summe der Leistungen an alle Arbeitnehmer nicht geringer werden (sogenannter **kollektiver Günstigkeitsvergleich**).[2] Unzeitgemäße Sozialleistungen können damit in zeitgemäßere umgewandelt, Leistungen an nur eine Belegschaftsgruppe auf andere Belegschaftsangehörige umverteilt werden. Gleiches muss für die Sprecherausschussvereinbarung gelten (vgl. § 28 Abs. 2 SprAuG).

Auf gleicher Ebene geht die speziellere Norm der allgemeineren (**Spezialitätsprinzip**), die jüngere der älteren vor (**Ablösungsprinzip**).

Die Prüfung, die sich zuvor nur auf die Gesetzeslage beschränkt hat, setzt sich deshalb folgendermaßen fort:

Tarifvertrag

- Gibt es für den Betrieb, in dem der Arbeitnehmer arbeitet, einen Tarifvertrag, d. h. hat der Unternehmer für den Betrieb einen Tarifvertrag abgeschlossen, oder ist er Mitglied eines Arbeitgeberverbandes, der einen Tarifvertrag abgeschlossen hat, zu dessen räumlichem und fachlichem Geltungsbereich der Betrieb gehört? Wenn nein, ist der Tarifvertrag für allgemeinverbindlich erklärt?

- Ist der Arbeitnehmer Mitglied der tarifschließenden Gewerkschaft? Wenn nein, ist der Tarifvertrag für allgemeinverbindlich erklärt, oder nimmt der Arbeitsvertrag die tarifvertraglichen Regelungen in Bezug?

- Gilt der Tarifvertrag für die Arbeitnehmergruppe, der der Arbeitnehmer angehört (persönlicher Geltungsbereich)?

- Enthält der Tarifvertrag einschlägige Regelungen zum Kündigungsrecht?

- Falls ein Gesetz dieselbe Frage regelt: Dürfen die Tarifvertragsparteien von der genannten Regelung abweichen ? Diese Frage prüfen bereits die Tarifvertragsparteien; sie wird sich also nur stellen, wenn das Gesetz nach Abschluss des Tarifvertrags geändert wurde.

Betriebsvereinbarung/Sprecherausschussvereinbarung

- Wird der Arbeitnehmer vom Betriebsrat vertreten, d. h. ist er kein leitender Angestellter? Wird der Arbeitnehmer vom Sprecherausschuss vertreten, d. h. ist er leitender Angestellter?

- Gibt es eine Betriebsvereinbarung/Sprecherausschussvereinbarung zum Kündigungsrecht?

- Falls ein Gesetz dieselbe Frage regelt: Dürfen die Betriebspartner von der Regelung abweichen?

- Falls der Tarifvertrag einschlägige Regelungen enthält: Hat er eine Öffnungsklausel?

Arbeitsvertrag

- Enthält der Arbeitsvertrag eine Regelung, und ist sie gegebenenfalls günstiger als die nach Gesetz und/oder Tarifvertrag und/oder Betriebsvereinbarung bzw. Sprecherausschussvereinbarung?

BEISPIEL: Zurück zum Beispielsfall: Nach dem Gesetz bedarf die Kündigung des Maier der Schriftform, nach dem Arbeitsvertrag muss sie sogar durch eingeschriebenen Brief erfolgen. Da die Regelung im Arbeitsvertrag für Maier günstiger ist, gilt diese. Die Rechtsprechung geht allerdings davon aus, dass die Vereinbarung von „Einschreiben" nur Beweiszwecken dienen soll und dass eine Kündigung durch einfachen Brief unschädlich ist, wenn der Zugang anderweitig nachgewiesen werden kann.[3] Die Kündigung wird allerdings unwirksam sein, denn auf die Abmahnung kann sich Schulz und Co. nach der Arbeitsordnung nicht mehr berufen. Damit lässt sich nicht prognostizieren, dass Maier auch in Zukunft unentschuldigt fehlen wird. Eine Straftat, die eine Abmahnung eventuell entbehrlich machen könnte – wie Krankfeiern – ist unentschuldigtes Fehlen nicht.

BEISPIEL: Ein weiterer Beispielsfall zum Thema Urlaub: Personalleiter Müller hat Maier am 30. 6. zum Jahresende gekündigt. Maier hat an Ostern zwei Wochen Urlaub genommen. Die restlichen Urlaubstage will er im Sommer nehmen. Maier rechnet sich noch 26 Urlaubstage aus; Müller meint, Maier stünden 20 Tage zu; mit dem Tarifurlaub sei alles abgegolten. Außerdem könne er ihm den Urlaub aus verschiedenen Gründen (dazu unten) im Sommer nicht geben.

In § 3 Abs. 1 BUrlG heißt es:
„Der Urlaub beträgt jährlich mindestens 24 Werktage."
In § 125 SGB IX heißt es:
„Schwerbehinderte Menschen haben Anspruch auf einen bezahlten zusätzlichen Urlaub von 5 Arbeitstagen im Urlaubsjahr . . . "
Im einschlägigen Manteltarifvertrag heißt es:
„Der Urlaubsanspruch beträgt 28 Arbeitstage."
In einer Betriebsvereinbarung der Schulz & Co. heißt es:
„Nach einer Betriebszugehörigkeit von 10 Jahren erhalten unsere Mitarbeiter einen zusätzlichen Urlaubstag, nach 25 Dienstjahren einen weiteren."
Im Arbeitsvertrag des Maier heißt es:
„Der Urlaub beträgt 30 Arbeitstage."
Frage: Wie viel Resturlaub muss Schulz & Co. dem Maier noch geben?
Lösung: Maier hat nach dem Bundesurlaubsgesetz Anspruch auf mindestens (24 Werktage =) 20 Arbeitstage Urlaub. Hinzu kommt der Zusatzurlaub für schwerbehinderte Menschen von 5 Arbeitstagen. Von den Vorschriften über die Urlaubsdauer kann zugunsten der Arbeitnehmer abgewichen werden („. . . mindestens . . ."). Das ist durch den Tarifvertrag geschehen. Die 24 Werktage wurden auf 28 Arbeitstage aufgestockt. Der Zusatzurlaub für schwerbehinderte Menschen wird dadurch nicht berührt.[4] Die Betriebsvereinbarung über den Zusatzurlaub bei längerer Dienstzeit ist wirksam. Zwar ist der Urlaub im Tarifvertrag geregelt, und man könnte meinen, dass eine Betriebsvereinbarung damit nach § 77 Abs. 3 BetrVG „gesperrt" sei. Nach der Rechtsprechung genügt es aber nicht, dass es sich um dieselbe Materie handelt; entscheidend ist zusätzlich, dass

derselbe Zweck verfolgt wird. Sonst könnte es beispielsweise keine Betriebsvereinbarungen über Gratifikationen geben, denn das laufende Entgelt ist im Tarifvertrag geregelt, und alles, was der Arbeitgeber als Gegenleistung für die Arbeit gewährt, ist Entgelt. Hier dient der tarifliche Urlaub ganz allgemein der Erholung, der Zusatzurlaub nach einer bestimmten Betriebszugehörigkeit zumindest auch der Entlohnung für „treue Dienste". Damit hat er einen anderen Zweck, und die Betriebsvereinbarung ist gültig. Dem Urlaubsanspruch von 28 + 5 Arbeitstagen ist also ein weiterer Urlaubstag hinzuzurechnen. Noch günstiger als die gesetzliche und die tarifliche Regelung ist die im Arbeitsvertrag: 30 Arbeitstage. Nach dem Günstigkeitsprinzip geht sie der gesetzlichen und tariflichen vor. Schwerbehindertenurlaub und Zusatzurlaub für Betriebstreue kommen hinzu. Ihr Zweck ist ein anderer als der des Grundurlaubs. Maier hat also insgesamt Anspruch auf 36 Arbeitstage Urlaub. Da er 10 bereits genommen hat (= 12 Werktage = 2 Wochen), bleiben ihm in der Tat noch 26 Arbeitstage.

IV. Faustregeln für die Praxis

Spätestens jetzt werden Sie fragen, ob es sinnvoll ist, dass ein Nichtjurist sich mit Arbeitsrecht befasst. Jede simple Frage scheint sich zu einer Affäre auszuwachsen. Es wird aber nichts so heiß gegessen, wie es gekocht wird. Sicher kann man ein Problem mit Anspruch auf Genauigkeit nur lösen, wenn man alle Rechtsquellen nebeneinanderhält und wenn man außerdem die Rechtsprechung kennt. In der Praxis kann man sich aber mit ein paar Faustregeln helfen.

Die wichtigsten Vorschriften für den betrieblichen Alltag stehen im **Tarifvertrag** und in der **Arbeitsordnung.** Beide sind im Allgemeinen aus sich heraus verständlich. Die Kenntnis dieser Rechtsquellen gehört zum Führungswissen.

Die Zahl der **Betriebs- und Sprecherausschussvereinbarungen** ist wegen der umfangreichen Regelungstätigkeit der Tarifvertragsparteien nicht sehr groß. Dafür haben sie aber häufig einige Bedeutung; das gilt vor allem für die Arbeitsordnung (= Betriebsordnung). Man sollte wenigstens wissen, welche Materien die Vereinbarungen im Betrieb und im Unternehmen regeln, um gegebenenfalls nachschlagen zu können. Im Allgemeinen geht es um Fragen der betrieblichen Ordnung (Zugangskontrollen, Arbeitszeitregelungen usw.) und um betriebliche Sozialleistungen (Gratifikationen, Altersversorgung).

Die **Arbeitsverträge** sind zumeist Einheitsverträge. Wenn man seinen eigenen kennt, kennt man im Allgemeinen die Grundstruktur der anderen. Individuell vereinbart werden vor allem das Entgelt und nicht selten die Kündigungsfristen, insbesondere während der Probezeit. Wichtig für den Vorgesetzten ist es vor allem zu wissen, ob der Arbeitsvertrag eine Versetzungsklausel enthält und wie sie aussieht.

Die genaue Kenntnis der arbeitsrechtlichen Gesetze und vor allem der Rechtsprechung kann man von **Führungskräften** nicht erwarten. Dafür gibt es, wie gesagt, **Spezialisten.** Eine Ausnahme gilt für die Vorschriften, die Tag für Tag im Betrieb anzuwenden sind, wie Jugendarbeitsschutz, Arbeitszeitrecht, das Allgemeine Gleichbehandlungsgesetz, Unfallverhütungsvorschriften und vor allem das Betriebsverfassungsrecht. Zum Führungswissen gehören allerdings arbeitsrechtliche Grundkenntnisse. Eine Führungskraft muss – wie auf anderen Gebieten – wenigstens soweit informiert sein, dass sie erkennt, wann ein Fachmann zu Rate gezogen werden muss.

Anmerkungen

1. Kapitel. Von der Bewerbung bis zur Einstellung

1 Auch auf Stellen, die mit Leiharbeitnehmern besetzt werden sollen, BAG v. 1. 2. 2011, NZA 2011, 703.
2 Zu Vorst. BAG v. 23. 2. 1988, DB 1988, 1452.
3 LAG Berlin-Brandenburg v. 21. 7. 2011, DB 2011, 2326.
4 Weitere Merkmale, die grundsätzlich nicht als Einstellkriterien verwendet werden dürfen: Behinderung, Rasse, ethnische Herkunft, Religion, Weltanschauung, sexuelle Identität, siehe Kapitel 16 – Diskriminierungsverbot.
5 www.arbeitsagentur.de
6 BAG v. 9. 2. 2006, NZA 2006, 500.
7 BAG v. 22. 11. 2007, NZA 2007, 177.
8 IAB-Kurzbericht 7/2008 (repräsentative Befragung von Personalverantwortlichen in 14.500 Betrieben).
9 BAG v. 16. 10. 2007, NZA 2008, 298.
10 Anders allenfalls, wenn Fehlzeiten etwa die Hälfte der Dauer des Arbeitsverhältnisses ausmachen, Sächs. LAG v. 30. 1. 1996, AuA 1996, 428.
11 BAG 12. 8. 2008, NZA 2008,1349.
12 BAG v. 20. 2. 2001, BB 2001, 1957; a. A. bei guter Leistung und Führung LAG Düsseldorf, NZA 2011, 523.
13 BAG v. 26. 6. 2001, NZA 2002, 34.
14 BAG v. 10. 5. 2005, NZA 2005, 1237.
15 OLG München v. 30. 3. 2000, OLGR München, 2000, 337: Bescheinigung äußerster Zuverlässigkeit trotz Veruntreuung eines erheblichen Geldbetrages.
16 BAG v. 29. 7. 1971, BB 1971, 1280.
17 Dazu BAG v. 12. 8. 2008, NZA 2008, 1349.
18 LAG Hamm v. 27. 4. 2000, BB 2000, 1786.
19 LAG Hamm v. 28. 3. 2000, BB 2000, 2578.
20 BAG v. 15. 11. 2011, AuA 2012, 49.
21 Zu Vorst. Weuster, BB 1992, 58.
22 Zu Vorst. BAG v. 14. 10. 2003, NZA 2004, 842.
23 Düwell/Dahl, NZA 2011, 958.
24 LAG Düsseldorf v. 3. 11. 2010, NZA 2011, 523.
25 Hess. LAG v. 17. 6. 1999, FA 2000, 124; a. A. LAG Köln v. 2. 7. 1999, FA 2000, 97; LAG Berlin v. 10. 12. 1998, BB 1999, 851.
26 KG Berlin v. 6. 11. 1978, BB 1979, 988; Schleßmann, BB 1988, 1320; Weuster, BB 1992, 58; anders ArbG Bremen v. 11. 2. 1992, NZA 1992, 800.
27 BAG v. 20. 2. 2001, BB 2001, 1957.
28 LAG Köln v. 29. 11. 1990, LAGE § 630 BGB Nr. 11.
29 BAG v. 3. 3. 1993, DB 1993, 1624; v. 20. 2. 2001, BB 2001, 1957.
30 BAG v. 3. 3. 1993, DB 1993, 1624.
31 BAG v. 21. 9. 1999, NZA 2000, 257.
32 BAG v. 25. 10. 1957, DB 1958, 659; v. 5. 8. 1976, BB 1977, 297.
33 BAG v. 18. 12. 1984, NZA 1985, 811.
34 BAG v. 18. 12. 1984, NZA 1985, 811.
35 BGH v. 10. 7. 1959, DB 1959, 979.
36 Zum biografischen Fragebogen Hunold, DB 1993, 224 ff.
37 Zum strukturierten Interview Jetter, Personalführung 1993, 514 ff.
38 BAG v. 1. 8. 1985, DB 1986, 2238.
39 BAG v. 1. 8. 1985, DB 1986, 2238.

40 BAG v. 5. 10. 1995, DB 1996, 580.
41 BAG v. 27. 3. 1991, DB 1991, 2144.
42 LAG Frankfurt/M. v. 7. 8. 1986, NZA 1987, 352.
43 EuGH v. 4. 10. 2001, BB 2001, 2478, Ziff. 31; v. 27. 2. 2003, NZA 2003, 373, Ziff. 40 ff.
44 BVerfG v. 15. 12. 1983, BVerfGE 65, 1.
45 BVerfG v. 31. 1. 1973, BVerfGE 34, 239.
46 BAG v. 19. 5. 1983, DB 1984, 298.
47 Ehrich, DB 2000, 421 (426); Hunold, AuA 2001, 260, 261.
48 BAG v. 7. 6. 1984, DB 1984, 2706.
49 Ausf. dazu BAG v. 22. 3. 1995, DB 1995, 1714.
50 BAG v. 6. 2. 2003, NZA 2003, 848.
51 OVG Münster v. 20. 5. 1969, ZfBR 1970, 56.
52 Arbeitsrechtslexikon/Bengelsdorf, Personenbedingte Kündigung, 285 VIII 5 a.
53 BAG v. 5. 12. 1957, AP Nr. 2 zu § 123 BGB.
54 BAG v. 20. 5. 1999, DB 1999, 1859.
55 Vgl. BAG v. 15. 10. 1992, DB 1993, 435.
56 BVerwG v. 20. 12. 1963, NJW 1964, 604.
57 BAG v. 16. 9. 1982, DB 1983, 2780.
58 LAG Baden-Württemberg (Freiburg) v. 26. 1. 1972, NJW 1976, 310.
59 LAG Berlin v. 16. 7. 1990, DB 1990, 2223.
60 LAG Berlin v. 6. 7. 1973, DB 1974, 99.
61 BAG v. 15. 5. 1974, DB 1974, 2060.
62 BAG v. 6. 6. 1984, DB 1984, 2626.
63 BAG v. 29. 6. 1988, NZA 1989, 468.
64 LAG Düsseldorf v. 18. 5. 1956, BB 1956, 817.
65 LAG München v. 30. 5. 1985, LAGE § 670 BGB Nr. 4.
66 BAG v. 7. 8. 1990, DB 1991, 46.
67 BAG v. 25. 1. 2005, NZA 2005, 945.
68 BAG v. 27. 6. 1985, DB 1986, 332; LAG Frankfurt/M. v. 28. 11. 1989, DB 1990, 1728.
69 BAG v. 3. 12. 1985, DB 1986, 917.
70 LAG Hamburg v. 30. 4. 1975, BB 1975, 1015.
71 BAG v. 18. 7. 1978, DB 1978, 2320.
72 BAG v. 6. 4. 1973, DB 1973, 778 (st. Rspr.).
73 BAG v. 18. 12. 1990, DB 1991, 969.
74 BAG v. 19. 7. 1978, DB 1978, 2417.
75 BAG v. 14. 3. 1989, DB 1989, 1523; v. 3. 10. 1989, DB 1990, 995; v. 18. 6. 1991, DB 1991, 2086.
76 BAG v. 28. 4. 1992, DB 1992, 2144.
77 Telefax genügt, BAG v. 11. 6. 2002, DB 2003, 160.
78 BAG v. 28. 6. 1994, DB 1995, 326.
79 BAG v. 14. 11. 1989, DB 1990, 636.
80 BAG v. 28. 1. 1992, DB 1992, 1049, str.
81 BAG v. 28. 3. 2000, BB 2000, 2311.
82 BAG v. 20. 6. 1978, DB 1978, 2033; v. 16. 7. 1985, DB 1986, 124.
83 ArbG Berlin v. 28. 11. 1973, DB 1974, 341.
84 BAG v. 14. 10. 1986, DB 1987, 2657.
85 ArbG Offenbach v. 24. 6. 1981, DB 1981, 2033.
86 BAG v. 6. 10. 1978, DB 1979, 311.
87 BAG v. 23. 2. 1988, DB 1988, 1452.
88 BAG v. 18. 11. 1980, DB 1981, 274.
89 HSWG/Schlochauer, § 99 BetrVG Rn. 133.
90 HSWG/Schlochauer, § 99 BetrVG Rn. 135.
91 BAG v. 28. 4. 1992, DB 1992, 2144.

92 LAG Berlin v. 27. 9. 1982, DB 1983, 776.
93 ArbG Essen v. 2. 3. 1972, DB 1972, 977.
94 Zu den Einzelheiten der Vertragsgestaltung vgl. Hromadka/Schmitt-Rolfes, Der unbefristete Arbeitsvertrag, 2006; Preis, Der Arbeitsvertrag, 3. Aufl. 2009.
95 BAG v. 9. 2. 2006, NZA 2006, 1207.

2. Kapitel. Der „richtige" Vertrag

1 BAG v. 9. 11. 1994, AP Nr. 18 zu § 1 AÜG.
2 BAG v. 21. 7. 1993, DB 1993, 2536.
3 BAG v. 27. 3. 1991, DB 1991, 2668; v. 9. 6. 2010, NZA 2010, 877.
4 BAG v. 20. 9. 2000, BB 2001, 48.
5 BAG v. 26. 9. 2007, NZA 2007, 1422.
6 BAG v. 2. 10. 2007, NZA 2008, 244.
7 BAG v. 13. 3. 2001, BB 2001, 2586; v. 11. 9. 2001, SAE 2002, 202.
8 BAG v. 15. 12. 1998, DB 1999, 910.
9 BAG v. 30. 1. 1991, DB 1991, 2342.
10 Teil-DA zu § 1 AÜG der Bundesanstalt für Arbeit, NZA 1986, 778.
11 Teil-DA zu § 1 AÜG der Bundesanstalt für Arbeit, NZA 1986, 780.
12 BAG v. 28. 11. 1989, DB 1990, 1139.
13 BAG v. 14. 8. 1985, NZA 1987, 128.
14 BAG v. 25. 6. 2002, NZA 2002, 1086.
15 Aus: Einsatz von Arbeitnehmern fremder Firmen im Betrieb, Rechtliche und praktische Hinweise für den Unternehmer, Anlage 3: Merkblatt für betriebliche Vorgesetzte, Gesamtmetall, 1990.
16 BAG v. 31. 1. 1989, DB 1989, 982.
17 LAG Baden-Württemberg v. 19. 4. 1985, DB 1985, 2256.
18 Vgl. § 16 Abs. 1 Nr. 1 a, Abs. 2 AÜG; §§ 9, 17 Abs. 2, 130 OWiG.
19 § 149 Abs. 2 S. 1 Nr. 3 GewO.
20 BAG v. 2. 6. 1976, DB 1976, 2310.
21 BAG v. 9. 2. 1989, DB 1989, 1424; v. 11. 12. 2001, BB 2002, 2447.
22 BAG v. 2. 12. 1992, DB 1993, 586.
23 BAG v. 18. 11. 1988, NZA 1989, 389.
24 BAG v. 3. 6. 2003, NZA 2003, 1155.
25 BAG v. 25. 7. 1996, NZA 1997, 774; für Bereitschaftsdienst BAG v. 21. 11. 1991, DB 1992, 1091.
26 BAG v. 12. 2. 1992, DB 1992, 1632.
27 BAG v. 14. 2. 1991, DB 1991, 1987.
28 S. dazu Schaub/Linck, § 44 Rn. 2 ff.
29 BAG v. 18. 6. 1991, DB 1991, 2140.
30 LAG Hamm v. 21. 3. 1990, DB 1990, 1469.
31 BAG v. 8. 12. 1999, DB 2000, 228.
32 BAG v. 15. 8. 2006, NZA 2007, 255; v. 16. 10. 2007, NZA 2008, 289; v. 24. 6. 2008, NZA 2008, 1309.
33 BAG 23. 11. 2004, NZA 2005, 770.
34 Verletzt der Arbeitgeber diese Obliegenheit, dann kann er dem Arbeitnehmer keine Einwendungen entgegenhalten, die in der Verhandlung hätten ausgeräumt werden können, BAG, Urt. v. 18. 2. 2003, NZA 2003, 911, 913.
35 BAG v. 27. 4. 2004, NZA 2004, 1225; v. 21. 6. 2005, NZA 2006, 316.
36 BAG v. 21. 6. 2005, NZA 2006, 316.
37 BAG v. 18. 5. 2004, NZA 2005, 108.
38 BAG v. 27. 4. 2004, NZA 2004, 1225.
39 BAG v. 14. 1. 2003, NZA 2004, 973; v. 23. 12. 2004, NZA 2005, 769.
40 BAG v. 14. 1. 2003, NZA 2004, 973; v. 27. 4. 2004, NZA 2004, 1225.
41 BAG v. 21. 6. 2005, NZA 2006, 316.

42 BAG v. 30. 9. 2003, NZA 2004, 382.
43 BAG v. 15. 12. 2009, NZA 2010, 447.
44 LAG Berlin v. 26. 9. 2002, SPA 2/2003, S. 4.
45 BAG v. 21. 6. 2005, NZA 2006, 316.
46 BAG v. 13. 10. 2009, NZA 2010, 339.
47 ArbG Freiburg v. 4. 9. 2001, NZA 2002, 216.
48 LAG Niedersachsen v. 18. 11. 2002, LAGE § 8 TzBfG Nr. 11.
49 LAG Düsseldorf v. 19. 4. 2002, EzA-SD 15/2002 S. 9.
50 BAG v. 21. 6. 2005, NZA 2006, 316.
51 BAG v. 23. 11. 2004, NZA 2005, 769.
52 BAG v. 16. 12. 2008, NZA 2009, 566; v. 18. 8. 2009, NZA 2009, 1208.
53 BAG v. 24. 6. 2008, NZA 2008, 1289.
54 BAG v. 16. 9. 2008, NZA 2008, 1285.
55 BAG v. 13. 2. 2007, NZA 2007, 807; v. 8. 5. 2007, NZA 2007, 1349.
56 BAG v. 21. 6. 2011, DB 2011, 2441.
57 BAG v. 28. 3. 1992, DB 1992, 1049.
58 Begr., BT-Drs. 14/4625, Zu Art. 1 § 9, S. 24.
59 BAG v. 13. 10. 1987, DB 1988, 341.
60 BAG v. 28. 9. 1988, DB 1989, 1033.
61 BAG v. 13. 10. 1987, DB 1988, 341.
62 BAG v. 16. 7. 1991, DB 1991, 2492.
63 BAG v. 29. 1. 1992, DB 1992, 1429.
64 BAG v. 20. 2. 2008, NZA 2008, 883 (Streichung der Kündbarkeit).
65 BAG v. 23. 8. 2006, NZA 2007, 204; BAG v. 16. 1. 2008, NZA 2008, 701.
66 BAG v. 13. 8. 2008, NZA 2008, 27.
67 Begr., BT-Drs. 14/4374, Zu Art. 1 § 14 Abs. 1, S. 19.
68 BAG v. 7. 11. 2007, NZA 2008, 467.
69 BAG v. 11. 2. 2004, NZA 2004, 978; BAG v. 17. 3. 2010, NZA 2010, 633.
70 BAG v. 10. 10. 2007, NZA 2008, 295.
71 BAG v. 15. 2. 2006, NZA 2006, 781.
72 BAG v. 25. 8. 2004, NZA 2005, 472.
73 BAG v. 25. 3. 2009, NZA 2010, 34.
74 Zur Zulässigkeit dieser Kombination BAG v. 29. 6. 2011, DB 2011, 2921.
75 BAG v. 2. 6. 2010, NZA 2010, 1293.
76 BAG v. 23. 6. 2004, NZA 2004, 1333.
77 BAG v. 7. 7. 1999, DB 2000, 50.
78 BAG v. 6. 11. 1996, DB 1997, 1927.
79 BAG v. 21. 1. 2009, NZA 2009, 727.
80 BAG v. 2. 9. 2009, NZA 2009, 1257: Bloßer KW-Vermerk genügt nicht.
81 BAG v. 13. 10. 2004, NZA 2005, 401; v. 16. 3. 2005, NZA 2005, 923.
82 BAG v. 2. 6. 2010, NZA 2010, 1172.
83 Begr., BT-Drs. 14/4374, Zu Art. 1 § 14, S. 18; BAG v. 19. 1. 2005, NZA 2005, 973.
84 BAG v. 4. 6. 2003, NZA 2003, 1143.
85 BAG v. 22. 4. 2009, NZA 2009, 1099.
86 BAG v. 6. 4. 2011, NZA 2011, 905.
87 LAG Ns. v. 4. 7. 2003, NZA-RR 2004, 13.
88 BAG v. 19. 10. 2005, NZA 2006, 154.
89 Begr., BT-Drs. 14/4374, S. 14.
90 BAG v. 16. 3. 2005, NZA 2005, 923.
91 BAG v. 22. 10. 2003, NZA 2004, 1275.
92 BAG v. 21. 12. 2005, NZA 2006, 321.
93 BAG v. 1. 12. 2004, NZA 2005, 575.
94 BAG v. 16. 4. 2008, NZA 2008.1184.
95 BAG v. 23. 4. 2009, NZA 2009, 1260.

 96 BAG v. 14. 5. 1998, NZA 1999, 482.
 97 BAG v. 16. 7. 1985, DB 1986, 124.
 98 BAG v. 12. 10. 1976, DB 1977, 356.
 99 BAG v. 7. 8. 1990, DB 1991, 46.
100 Zu Einzelheiten Oetker, NZA 2003, 937.
101 BAG v. 7. 12. 2005, NZA 2006, 423.
102 BAG v. 16. 4. 2003, NZA 2004, 40.
103 LAG Hamburg v. 2. 12. 1987, DB 1988, 970.
104 BAG v. 16. 4. 2003, NZA 2004, 40, 42.
105 BAG v. 28. 4. 1992, DB 1992, 2144.
106 Preis, Die Zukunft der Medien hat schon begonnen – Rechtlicher Rahmen und neue
    Teledienste im Digitalzeitalter, 1998, S. 75, 80 ff.
107 Muster eines Telearbeitsvertrags bei Wank, AuA 1998, 192, 193; Muster einer Betriebs-
    vereinbarung bei Wank, Telearbeit, 1997, Rn. 718 ff.
108 Schaub/Vogelsang, § 164 Rn. 31.
109 Zu Vorst. Preis, Die Zukunft der Medien hat schon begonnen – Rechtlicher Rahmen
    und neue Teledienste im Digitalzeitalter, 1998, S. 75, 104 ff.

3. Kapitel. Ein „Neuer" kommt

 1 Zu Vorst. Fitting, § 81 BetrVG Rn. 3–6.
 2 Fitting, § 81 BetrVG Rn. 9–12.
 3 BAG v. 24. 1. 2008, NZA 2008, 521.
 4 BAG v. 17. 2. 1966, AP Nr. 30 zu § 133 BGB.
 5 BAG v. 2. 6. 2010, DB 2010, 2809.
 6 Zu Vorst. BAG v. 7. 3. 2002, DB 2002, 1997.
 7 LAG Sachsen v. 17. 3. 2005, Az. 4 Sa 11/05.
 8 BAG v. 28. 11. 1963, DB 1964, 225.
 9 BAG v. 7. 8. 1990, DB 1991, 46.

4. Kapitel. Weisungsrecht

 1 BAG v. 23. 10. 1984, DB 1985, 495; v. 14. 1. 1986, DB 1986, 1025, 1573.
 2 BAG v. 25. 4. 2007, NZA 2007, 1108.
 3 BAG v. 29. 8. 1991, DB 1992, 147.
 4 LAG Hamm v. 22. 10. 1991, DB 1992, 280.
 5 So bereits BAG v. 14. 12. 1961, DB 1962, 375.
 6 BAG v. 25. 10. 1989, DB 1990, 2026.
 7 BAG v. 3. 6. 2003, NZA 2003, 1155.
 8 BAG v. 7. 12. 2000, AP Nr. 61 zu § 611 BGB Direktionsrecht.
 9 BAG v. 2. 3. 2006, NZA 2006, 1350.
10 BAG v. 27. 3. 1980, DB 1980, 1603; v. 20. 12. 1984, DB 1985, 2689.
11 BAG v. 11. 2. 1998, BB 1998, 1368; v. 7. 12. 2000, NZA 2001, 780.
12 LAG Köln v. 26. 10. 1984, NZA 1985, 258.
13 LAG Rheinland-Pfalz v. 13. 10. 1987, NZA 1988, 471.
14 LAG Schleswig-Holstein v. 3. 12. 1992, DB 1993, 284.
15 BAG v. 10. 11. 1992, DB 1993, 1726.
16 BAG v. 23. 6. 1992, DB 1993, 788.
17 BAG v. 12. 2. 1992, NZA 1992, 661.
18 BAG v. 27. 3. 1980, DB 1980, 1603.
19 BAG v. 14. 1. 1986, DB 1986, 1025.
20 BAG v. 10. 11. 1992, DB 1993, 1726.
21 BAG v. 16. 1. 1991, DB 1991, 1285.
22 Vgl. die Einzelfälle bei MünchArbR/Blomeyer, § 48 Rn. 50 ff.
23 BAG v. 23. 6. 2009, NZA 2009, 1011.
24 BAG v. 22. 7. 2008, NZA 2008, 1248.

25 St. Rspr., BAG v. 11. 6. 2002, BB 2003, 50.
26 BAG v. 26. 5. 1988, DB 1988, 2055.
27 Vgl. die Nachw. bei Fitting, § 87 BetrVG Rn. 16.
28 BAG v. 10. 4. 1984, DB 1984, 2097.
29 GK/Wiese, BetrVG, § 87 Rn. 173.
30 LAG Düsseldorf v. 17. 1. 1975, DB 1975, 556.
31 BAG v. 26. 3. 1991, DB 1991, 1834.
32 Vgl. BAG v. 16. 12. 1986, DB 1987, 791.
33 BAG v. 8. 11. 1994, AP Nr. 24 zu § 87 BetrVG 1972 Ordnung des Betriebes.
34 BAG v. 25. 1. 2000, DB 2000, 1128.
35 BAG v. 11. 6. 2002, BB 2003, 50.
36 BAG v. 16. 3. 1966, DB 1966, 1056; LAG Nürnberg v. 29. 1. 1987, NZA 1987, 572.
37 Weitere Beispiele bei Fitting, § 87 BetrVG Rn. 71.

5. Kapitel. Arbeits- und Beschäftigungspflicht

 1 BAG v. 27. 3. 1980, DB 1980, 1603; v. 2. 3. 2006, NZA 2006, 1350.
 2 BAG v. 14. 12. 1961, DB 1962, 375; v. 8. 10. 1962, DB 1962, 1704; v. 14. 7. 1965, DB 1965, 1446.
 3 BAG v. 14. 12. 1961, DB 1962, 375.
 4 Ausführlich dazu Schaub/Linck, § 45 Rn. 31 m. N.
 5 BAG v. 21. 2. 1990, AP Nr. 7 zu §§ 22, 23 BAT Krankenkassen.
 6 Vgl. Richardi/Dörner/Kersten, § 76 PersVG Rn. 40, 45, 53.
 7 BAG v. 30. 7. 1985, DB 1986, 647.
 8 BAG v. 16. 9. 2004, NZA 2005, 635.
 9 BAG v. 18. 5. 2006, NZA 2006, 1092.
10 BAG v. 23. 6. 2005, NZA 2006, 92.
11 BAG v. 12. 8. 2010, NZA 2011, 460.
12 BAG v. 20. 3. 1969, DB 1969, 1154.
13 BAG v. 11. 12. 2003, NZA 2004, 784.
14 BAG v. 14. 1. 1986, DB 1986, 1025, 1573.
15 BAG v. 17. 1. 2008, NZA 2008, 693.
16 MünchArbR/Reichold, § 36 Rn. 42.
17 So Maschmann, RdA 1996, 24 ff.; zweifelnd Preis, II D 30 Rn. 264 ff.
18 So implizit BAG v. 23. 11. 2004, NZA 2005, 931.
19 BAG v. 10. 11. 1955, BB 1956, 176.
20 BAG v. 11. 4. 2006, NZA 2006, 1149.
21 Schaub/Linck, § 45 Rn. 21.
22 BAG v. 19. 5. 2010, NZA 2010, 1119.
23 BAG v. 13. 6. 2006, NZA 2007, 91.
24 BAG v. 10. 5. 2005, NZA 2006, 156.
25 BAG v. 26. 5. 1988, DB 1988, 2158.
26 BAG v. 10. 4. 1984, DB 1984, 2198.
27 LAG Düsseldorf v. 28. 1. 1987, DB 1987, 1439.
28 BAG v. 27. 3. 1980, DB 1980, 1603.
29 BAG v. 18. 10. 1988, DB 1989, 732.
301 BAG v. 14. 11. 1989, DB 1990, 1093.
31 BAG v. 26. 1. 1993, DB 1993, 1475.
32 BAG v. 18. 2. 1986, DB 1986, 1523.
33 LAG Frankfurt/M. v. 14. 6. 1988, DB 1989, 332.
34 LAG Schleswig-Holstein v. 13. 3. 1985, DB 1985, 1799.
35 BAG v. 19. 2. 1991, DB 1991, 1469.
36 Zu Vorst. HSWG/Schlochauer, § 99 BetrVG Rn. 52.
37 BAG v. 18. 10. 1988, DB 1989, 732.
38 BAG v. 8. 8. 1989, DB 1990, 537.

39 BAG v. 3. 12. 1985, DB 1986, 915.
40 BAG v. 18. 2. 1986, DB 1986, 1523.
41 BAG v. 20. 9. 1990, DB 1991, 335.
42 BAG v. 15. 9. 1987, DB 1988, 128.
43 BAG v. 26. 1. 1988, DB 1988, 1167.

6. Kapitel. Arbeitszeit

1 ErfK/Preis, § 611 BGB Rn. 653.
2 Vgl. BAG GS v. 7. 11. 1989, DB 1989, 2336.
3 Z. B. BAG v. 23. 6. 2001, NZA 2002, 331.
4 BAG v. 7. 12. 2005, NZA 2006, 423.
5 BAG v. 12. 12. 1990, DB 1991, 865.
6 Zur Wirksamkeit BAG v. 3. 6. 2003, NZA 2003, 1155.
7 § 6 Ziff. 2 Manteltarifvertrag für Beschäftigte in der Metall- und Elektroindustrie des Landes Hessen v. 20. 7. 2005.
8 BAG v. 3. 12. 2002, NZA 2004, 1219.
9 BAG v. 7. 11. 2002, NZA 2003, 1139.
10 BAG v. 19. 6. 1985, DB 1986, 132; v. 23. 6. 1992, DB 1993, 788.
11 BAG v. 15. 9. 2009, NZA 2009, 1333.
12 LAG Berlin v. 29. 4. 1991, DB 1991, 2193.
13 BAG v. 23. 6. 1992, DB 1993, 788.
14 BAG v. 23. 6. 1992, DB 1993, 788; v. 10. 11. 1992, DB 1993, 1726.
15 ErfK/Wank, § 2 Rn. 16.
16 BAG v. 18. 1. 1990, DB 1990, 2607.
17 Beispiel von Schaub/Vogelsang, § 156 Rn. 25.
18 Schaub/Vogelsang, § 156 Rn. 33.
19 „Wache Achtsamkeit im Zustand der Entspannung", RAG v. 22. 7. 1939, ARS 36, 345, 348.
20 Hromadka, DB 1992, 1042.
21 BAG v. 16. 12. 2009, NZA 2010, 506.
22 LAG Niedersachsen v. 9. 10. 1991, ZTR 1992, 251.
23 BAG 16. 12. 2009, NZA 2010, 506.
24 BAG 22. 1. 2009, NZA 2009, 733.
25 BAG v. 31. 1. 2002, NZA 2002, 281.
26 BAG v. 22. 7. 2010, NZA 2010, 1194.
27 FAZ v. 23. 12. 2011.
28 BAG v. 5. 7. 1976, DB 1976, 1868.
29 Zur Auslegung der Begriffe „regelmäßig" und „in erheblichem Umfang" s. ErfK/Wank, § 7 ArbZG Rn. 4, 6.
30 BAG v. 5. 9. 2002, NZA 2003, 563.
31 BAG v. 31. 8. 2005, NZA 2006, 324.
32 Neumann/Biebl, § 10 ArbZG Rn. 6.
33 BT-Drs. 12/6990, S. 40.
34 BT-Drs. 12/5888, S. 29.
35 Zu Vorst. Baeck/Deutsch, § 14 Rn. 6 ff.
36 Dazu BAG v. 28. 2. 1958, DB 1958, 575.
37 Neumann/Biebl, § 14 ArbZG Rn. 5.
38 BR-Drs. 507/93, S. 89.
39 H. L.: bis zu vier Monate nach der Entbindung; Buchner/Becker, § 6 Rn. 49.
40 BAG v. 22. 4. 1998, DB 1998, 1920; v. 21. 4. 1999, DB 1999, 1962; v. 15. 11. 2000, AP Nr. 7 zu § 4 MuSchG 1968.
41 BAG v. 16. 1. 1965, DB 1965, 1918.
42 So MTV Chemie in § 3 Abs. 4.
43 So MTV Energie in § 6 Abs. 5.

44 BAG v. 1. 9. 2010, NZA 2011, 575.
45 BAG v. 28. 1. 2004, NZA 2004, 656.
46 LAG Stuttgart v. 30. 1. 1959, BB 1959, 525.
47 In dem erwähnten MTV Metall/Hessen z. B. 1.–6. Stunde je Woche 25%, 7. und 8. Stunde 40%, ab der 9. Stunde 50% (§ 7 Ziff. 1 a).
48 BAG v. 13. 10. 1987, DB 1988, 341; v. 28. 9. 1988, DB 1989, 1033.
49 BAG v. 21. 12. 1982, DB 1983, 47.
50 BAG v. 28. 10. 1986, DB 1987, 692.
51 LAG Köln v. 29. 2. 1988, NZA 1989, 73.
52 BAG v. 27. 6. 1989, DB 1989, 2386.
53 BAG v. 28. 7. 1981, DB 1982, 386; BVerfG v. 18. 12. 1985, DB 1986, 486.
54 LAG Düsseldorf v. 23. 8. 1983, BB 1983, 2052.
55 BAG v. 27. 11. 1990, DB 1991, 706.
56 BAG v. 18. 4. 1989, DB 1989, 1676.
57 BAG v. 10. 6. 1986, DB 1986, 2391.
58 BAG v. 16. 7. 1991, DB 1991, 2492; v. 10. 6. 1986, DB 1986, 2391; vgl. auch die Darstellung bei HSWG/Worzalla, § 87 BetrVG Rn. 17 ff.
59 BAG v. 18. 11. 1980, DB 1981, 946.
60 BAG v. 8. 6. 1982, AP Nr. 7 zu § 87 BetrVG 1972 Arbeitszeit.
61 BAG v. 21. 12. 1982, DB 1983, 611.
62 BAG v. 27. 11. 1990, DB 1991, 706.
63 BAG v. 11. 11. 1986, DB 1987, 336.
64 BAG v. 24. 4. 2007, NZA 2007, 818.
65 BAG v. 25. 10. 1977, DB 1978, 403.
66 BAG v. 19. 2. 1991, DB 1991, 2043.
67 Allg. M., vgl. HSWG/Worzalla, § 87 BetrVG Rn. 35.
68 BAG v. 2. 3. 1982, DB 1982, 1115.
69 BAG v. 17. 11. 1998, AP Nr. 79 zu § 87 BetrVG 1972 Arbeitszeit.

7. Kapitel. Entgelt

1 BAG v. 21. 7. 2009, NZA 2009, 1213; BAG v. 17. 3. 2010, NZA 2010, 881 (auch bei einer Schwarzgeldabrede).
2 Zu Vorst. MünchArbR/Krause, § 67 Rn. 18 ff.
3 BAG v. 6. 2. 1985, DB 1985, 1481.
4 Zu Ausnahmen § 4 Abs. 3 S. 2 MuSchG.
5 BGBl. I 1976, S. 3046.
6 LAG Hamm v. 16. 10. 1989, ZIP 1990, 880; Schaub/Vogelsang, § 75 Rn. 7.
7 BAG v. 12. 4. 2011, Az. 1 AZR 412/09.
8 Zu Vorst. MünchArbR/Krause, § 57 Rn. 40.
9 BAG v. 12. 12. 2007, NZA 2008, 409.
10 BAG v. 10. 12. 2008, NZA 2008, 256.
11 MünchArbR/Krause, § 57 Rn. 46.
12 BAG v. 14. 3. 1984, DB 1984, 1732.
13 BAG v. 22. 4. 1987, NZA 1987, 858.
14 BAG v. 15. 2. 1990, BB 1990, 1275; v. 27. 7. 1994, BB 1994, 2418.
15 Ausnahmen § 6 Abs. 5 ArbZG und § 17 BBiG.
16 Vom 11. 1. 1952, BGBl. I, S. 17, zuletzt geändert durch G. v. 22. 4. 2009, BGBl. I, S. 818.
17 Gesetz über zwingende Arbeitsbedingungen für grenzüberschreitend entsandte und für regelmäßig im Inland beschäftigte Arbeitnehmer und Arbeitnehmerinnen v. 20. 4. 2009, BGBl. I, S. 799.
18 Gesetz zur Regelung der gewerbsmäßigen Arbeitnehmerüberlassung v. 3. 5. 1995, BGBl. I, S. 158, zuletzt geändert durch G. v. 24. 10. 2010, BGBl. I, S. 1417.

19 Anders bei den Ausbildungsvergütungen wegen § 17 Abs. 1 S. 1 BBiG: hier ist deshalb eine Unterschreitung des Tarifentgelts um mehr als 20% nicht zulässig, so BAG v. 10. 4. 1991, DB 1991, 1524.

20 BAG v. 22. 4. 2009, NZA 2009, 837; siehe auch BGHSt v. 22. 4. 1997, NZA 1997, 1167.

21 LAG Baden-Württemberg v. 8. 2. 2008, NZA 2008, 768 (375 €).

22 BAG v. 24. 3. 2004, NZA 2004, 971.

23 BAG v. 1. 3. 2006, NZA 2006, 688.

24 BAG v. 27. 8. 2008, NZA 2008, 49.

25 BAG v. 22. 9. 1992, DB 1993, 380.

26 BAG v. 4. 9. 1985, DB 1986, 1627; v. 22. 9. 1992, DB 1993, 380.

27 BAG v. 18. 3. 1992, DB 1992, 1297.

28 BAG v. 15. 4. 2008, NZA 2008, 888.

29 BAG v. 4. 9. 1985, DB 1986, 1627.

30 BAG v. 1. 12. 2004, NZA 2005, 290 m. N.; siehe auch BAG v. 23. 2. 2011, NZA 2011, 693.

31 Vgl. auch BAG v. 21. 4. 2010, NZA 2010, 808 (Bonuszusage durch „Individualübung").

32 BAG v. 6. 3. 1956, DB 1956, 402.

33 BAG v. 5. 3. 1980, DB 1980, 1650.

34 Zu Ausnahme BAG v. 12. 10. 2005, NZA 2005, 1418.

35 BAG v. 11. 9. 1974, DB 1975, 551.

36 BAG v. 29. 8. 1979, DB 1979, 2375.

37 BAG v. 25. 4. 1991, DB 1991, 1575.

38 LAG Frankfurt/M. v. 21. 11. 1974, NJW 1976, 79.

39 BAG v. 27. 10. 1978, DB 1979, 506.

40 BAG v. 25. 4. 1991, DB 1991, 1575; v. 25. 4. 1991, DB 1991, 1574.

41 BAG v. 28. 4. 2004, NZA 2004, 924.

42 BAG v. 21. 5. 2003, NZA 2003, 1032.

43 BAG v. 12. 12. 1962, BB 1962, 1435, DB 1963, 454.

44 BAG v. 26. 4. 1990, DB 1990, 1871; v. 21. 8. 1990, DB 1991, 232.

45 BAG GS v. 16. 9. 1986, DB 1986, 2027.

46 BAG v. 30. 7. 2008, DB 2008, 2194.

47 BAG v. 30. 7. 2008, DB 2008, 2194.

48 BAG v. 12. 1. 2005, NZA 2005, 465; v. 11. 10. 2006, NZA 2007, 87.

49 BAG v. 13. 5. 1987, DB 1988, 183; v. 29. 8. 1991, DB 1992, 147.

50 BAG v. 8. 10. 2009, NZA 2010, 465.

51 BAG v. 13. 12. 2006, NZA 2007, 325.

52 BAG v. 20. 5. 2008, NZA 2008, 1233.

53 BAG v. 8. 7. 1960, DB 1960, 1070.

54 BAG v. 12. 1. 2006, NZA 2006, 587; v. 26. 6. 2008, NZA 2008, 1182.

55 BAG v. 1. 3. 2007, NZA 2007, 1445.

56 BAG v. 27. 3. 2003, NZA 2003, 1029.

57 BAG v. 3. 4. 2008, NZA 2008, 812.

58 BAG GS v. 16. 9. 1986, DB 1986, 2027.

59 Zu Vorst. Hromadka, NZA 1987, Beil. 3, 2 ff.

60 BAG v. 26. 4. 1990, DB 1990, 1871.

61 BAG v. 9. 12. 1980, DB 1981, 996.

62 BAG v. 10. 6. 1986, DB 1986, 2340.

63 BAG v. 10. 6. 1986, DB 1986, 2340.

64 BAG v. 22. 10. 1985, DB 1986, 384.

65 BAG v. 12. 6. 1975, DB 1975, 1559; v. 24. 1. 2006, NZA 2007, 278.

66 BAG v. 8. 12. 1981, DB 1982, 184.

67 BAG v. 10. 1. 1979, 1 ABR 23/76, n. v.

68 BAG v. 29. 3. 1977, DB 1977, 1415; v. 10. 2. 1988, DB 1988, 1223.

69 BAG v. 6. 12. 1988, DB 1989, 984.

70 Fitting, § 87 BetrVG Rn. 412 ff. m. w. Nachw.
71 ErfK/Kania, § 87 BetrVG Rn.100.
72 BAG v. 29. 3. 1977, DB 1977, 1415.
73 BAG v. 22. 12. 1981, DB 1982, 1274.
74 BAG v. 17. 12. 1985, DB 1986, 914.
75 BAG v. 31. 1. 1984, DB 1984, 1351; v. 17. 12. 1985, DB 1986, 914.
76 BAG v. 22. 9. 1992, DB 1993, 382.
77 BAG v. 6. 2. 1985, DB 1985, 1481.
78 BAG v. 13. 9. 1983, DB 1983, 2470.
79 BAG v. 22. 1. 1980, DB 1980, 1895.
80 BAG v. 13. 3. 1984, DB 1984, 2145; v. 21. 8. 1990, NZA 1991, 434.
81 BAG v. 22. 12. 1981, DB 1982, 1274; v. 21. 8. 1990, NZA 1991, 434.
82 BAG v. 21. 8. 1990, NZA 1991, 434; v. 27. 10. 1992, DB 1993, 1143.
83 BAG GS v. 3. 12. 1991, DB 1992, 1579.
84 BAG v. 22. 9. 1992, DB 1993, 380.
85 BAG v. 27. 10. 1992, DB 1993, 1143.
86 BAG v. 22. 9. 1992, DB 1993, 384 (problematisch).
87 BAG v. 22. 9. 1992, DB 1993, 385.
88 Zu Vorst. BAG v. 27. 10. 1992, DB 1993, 1143.
89 BAG v. 23. 3. 1993, DB 1993, 1931.
90 BAG v. 13. 9. 1983, DB 1983, 2470.
91 BAG v. 26. 7. 1988, DB 1989, 384.
92 ErfK/Kania, § 87 BetrVG Rn. 121.
93 BAG v. 25. 5. 1982, DB 1982, 2467.

8. Kapitel. Dienstreisen

1 Im Steuerrecht ist unter Dienstreise ein Ortswechsel einschließlich der Hin- und Rückfahrt aus Anlass einer vorübergehenden Auswärtstätigkeit zu verstehen (Abschn. 37 Abs. 3 LStR 2001).
2 BAG v. 29. 8. 1991, DB 1992, 147.
3 Vgl. § 3 Nr. 16 EStG u. Abschn. 40 I–III LStR.
4 BAG v. 11. 4. 2006, NZA 2006, 1090.
5 BAG v. 30. 4. 1992, DB 1992, 2555; jetzt beträgt die Pauschale 0,30 € je Entfernungs-kilometer.
6 Zu Vorst. Loritz, NZA 1997, 1188, 1194 f.
7 BAG v. 11. 7. 2006, NZA 2007, 155.
8 Hunold, NZA Beil. 1/2006, 38, 40; offen gelassen in BAG v. 11. 7. 2006, NZA 2007, 155.
9 Die Anordnung kann jedoch, vor allem wenn keine betriebliche Notwendigkeit für die Reise an einem Sonn- oder Feiertag besteht oder wenn derartige Reisen regelmäßig verlangt werden, gegen die Fürsorgepflicht verstoßen; vgl. Hunold, NZA Beil. 1/2006, 38, 40.
10 Loritz/Koch, BB 1987, 1102, 1108.
11 Allg. M., vgl. nur Hunold, NZA Beil. 1/2006, 38, 40.
12 Loritz/Koch, BB 1987, 1102, 1104.
13 Ähnlich Hunold, NZA Beil. 1/2006, 38, 40.
14 BAG v. 3. 9. 1997, NZA 1998, 540. Das BAG spricht von Arbeitnehmern „in gehobener und nicht erst in leitender Stellung".
15 Loritz/Koch, BB 1987, 1102, 1108.
16 BAG v. 3. 9. 1997, NZA 1998, 540.
17 BAG v. 14. 11. 2006, NZA 2007, 458.
18 BAG v. 23. 7. 1996, DB 1997, 380.
19 BAG v. 18. 4. 1989, DB 1989, 1978.
20 BAG v. 21. 9. 1999, DB 2000, 928.

9. Kapitel. Kurzarbeit

1 BAG v. 29. 11. 1978, DB 1979, 995.
2 BAG v. 11. 7. 1990, DB 1991, 392.
3 BT-Drs. 5/2291 S. 70.
4 BSG v. 17. 5. 1983, SozR 4100 § 63 Nr. 2.
5 Niesel/Brand/Krodel, § 170 SGB III Rn. 4; gegen die Möglichkeit einer Überschreitung der 24-Monats-Frist KUG-Sammelerlass DA 2. 6. Abs. 1.
6 Niesel/Brand/Krodel, § 170 SGB III Rn. 25.
7 KUG-Sammelerlass DA 2. 10. 1.
8 Niesel/Brand/Krodel, § 173 SGB III Rn. 3.
9 Vgl. Niesel/Brand/Krodel, § 177 SGB III Rn. 3.
10 VO v. 1. 12. 2010, BGBl. I, S. 1823.
11 Niesel/Brand/Krodel, § 179 SGB III Rn. 12.
12 Ausnahme: Kurzarbeit Null. Hier ist schon festgelegter Urlaub nachzugewähren, BAG v. 16. 12. 2008, NZA 2009, 689.
13 BAG v. 5. 7. 1979, DB 1979, 2232.
14 Niesel/Brand/Krodel, § 179 SGB III Rn. 17.
15 Zu Vorst. Niesel/Brand/Krodel, § 172 SGB III Rn. 12 f.
16 BAG v. 4. 3. 1986, DB 1986, 1395.
17 Meisel, Rn. 329.
18 LAG Köln v. 14. 6. 1989, NZA 1989, 939; Meisel, Rn. 329.
19 BAG v. 21. 11. 1978, DB 1979, 655.
20 BAG v. 14. 2. 1991, DB 1991, 1990.

10. Kapitel. Urlaub, persönliche Arbeitsverhinderung, Elternzeit, Pflegezeit, Familienpflegezeit

1 BAG v. 4. 5. 2010, NZA 2010, 1011.
2 BAG v. 24. 10. 2006, NZA 2007, 330.
3 Vgl. zur Berechnung auch BAG v. 22. 10. 1991, DB 1991, 841.
4 BAG v. 11. 1. 1966, DB 1966, 427.
5 BAG v. 29. 7. 1965, DB 1965, 1184.
6 BAG v. 7. 11. 1985, DB 1986, 973.
7 LAG Berlin v. 16. 3. 1962, DB 1962, 1444.
8 BAG v. 7. 11. 1985, DB 1986, 757.
9 BAG v. 24. 3. 2009, NZA 2009, 539.
10 LAG Düsseldorf v. 8. 5. 1970, DB 1970, 1136.
11 BAG v. 28. 7. 1981, DB 1981, 2621.
12 BAG v. 24. 3. 2009, NZA 2009, 539.
13 Zu Vorst. Neumann/Fenski, § 7 BUrlG Rn. 12 f.
14 Neumann/Fenski, § 7 BUrlG Rn. 16 f.
15 BAG v. 19. 5. 2009, NZA 2009, 1211.
16 BAG v. 28. 7. 1981, DB 1981, 2621.
17 So war es im entschiedenen Fall.
18 Neumann/Fenski, § 7 BUrlG Rn. 34.
19 BAG v. 16. 3. 1972, DB 1972, 782.
20 BAG v. 19. 12. 1991, RzK I 6 a Nr. 82.
21 BAG v. 20. 6. 2000, NZA 2001, 100.
22 LAG Frankfurt/M. v. 5. 4. 1956, DB 1956, 647.
23 Neumann/Fenski, § 7 BUrlG Rn. 37, 39.
24 Neumann/Fenski, § 7 BUrlG Rn. 70.
25 BAG v. 29. 9. 1996, AP Nr. 18 zu § 7 BUrlG Übertragung.
26 BAG v. 24. 3. 2009, NZA 2009, 538.
27 Neumann/Fenski, § 6 BUrlG Rn. 4.
28 BAG v. 29. 7. 2003, NZA 2004, 385.

29 BAG v. 10. 3. 1966, DB 1966, 788.
30 BAG v. 26. 1. 1989, DB 1989, 2129.
31 BAG v. 22. 10. 1991, DB 1992, 1632.
32 LAG Düsseldorf v. 25. 11. 1955, BB 1956, 339.
33 ErfK/Dörner/Gallner, § 5 BUrlG Rn. 11 f.
34 BAG v. 11. 9. 2000, DB 2000, 1769.
35 BAG v. 25. 2. 1988, BB 1988, 2246.
36 BAG v. 24. 3. 2009, NZA 2009, 538; s. auch EuGH v. 22. 11. 2011, DB 2011, 2723.
37 BAG v. 23. 3. 2010, NZA 2010, 810; BAG v. 4. 5. 2010, NZA 2010, 1011.
38 ArbG Reutlingen, Urt. v. 18. 2. 1992, NZA 1993, 457.
39 BGH v. 3. 12. 1962, DB 1963, 138.
40 BAG v. 25. 4. 1960, DB 1960, 699; v. 25. 10. 1973, DB 1974, 343.
41 Schaub/Linck, § 97 Rn. 20 f. m. w. Bsp. u. Nachw.
42 BAG GS v. 18. 12. 1959, DB 1960, 357.
43 BAG v. 19. 7. 1961, DB 1961, 1230.
44 Zur Frage, für welche Kinder Elternzeit gewährt wird, s. § 15 Abs. 1 S. 1 Nr. 1, Abs. 2 S. 1, 3 BEEG.
45 Zu weiteren Anspruchsberechtigten s. § 15 Abs. 1 Nr. 1 b, c BEEG.
46 BAG v. 10. 5. 1989, DB 1989, 2127.
47 BAG v. 31. 5. 1989, DB 1990, 793.
48 BAG v. 19. 4. 2005, NZA 2005, 1354.
49 BAG v. 26. 6. 1997, DB 1997, 2128.
50 Preis/Nehring, NZA 2008, 729 ff.
51 Vgl. ErfK/Gallner, § 2 PflegeZG Rn. 4.
52 BAG v. 18. 6. 1974, DB 1974, 2263.
53 BAG v. 28. 7. 1981, DB 1981, 2621.

11. Kapitel. Krankheit und Krankfeiern

1 Zum Vorst. Argumente, IW, 1/2006, bezogen auf die BKK-Pflichtmitglieder.
2 Hamer, BddW v. 12. 11. 1991.
3 Vgl. BAG v. 29. 2. 1984, DB 1984, 1687; v. 26. 7. 1989, DB 1990, 229.
4 BAG v. 28. 2. 1979, DB 1979, 1803.
5 BAG v. 23. 11. 1971, DB 1972, 395.
6 Schaub/Linck, § 98 Rn. 39.
7 BAG v. 7. 10. 1981, NJW 1982, 1014.
8 BAG v. 11. 3. 1987, DB 1987, 1495.
9 LAG Düsseldorf v. 1. 6. 1966, DB 1966, 1484.
10 BAG v. 26. 5. 1999, DB 1999, 2268.
11 BAG v. 10. 12. 2009, NZA 2010, 639.
12 BAG v. 30. 9. 2010, NZA 2011, 39.
13 BAG v. 12. 7. 2007, NZA 2008, 173; BAG v. 10. 12. 2009, NZA 2010, 398.
14 BAG v. 25. 1. 2000, DB 2000, 1128.
15 BAG v. 12. 4. 2002, NZA 2003, 1081.
16 BAG v. 30. 1. 1976, DB 1976, 1067.
17 BAG v. 31. 8. 1989, DB 1990, 790; v. 26. 8. 1993, DB 1993, 2534.
18 BAG v. 20. 1. 1998, NZA 1998, 816.
19 BAG v. 29. 1. 1992, NZA 1992, 643.
20 LAG Hamm v. 20. 7. 1988, NZA 1989, 600.
21 BAG v. 17. 2. 1998, BB 1998, 2477.
22 BAG v. 13. 5. 2004, NZA 2004, 1271.
23 BAG v. 29. 10. 1998, DB 1999, 805.
24 LAG Düsseldorf v. 17. 7. 2003, NZA-RR 2004, 65.
25 Vgl. § 8 der Richtlinien des Gemeinsamen Bundesausschusses der Ärzte und Kran-kenkassen nebst Anl. i. d. F. v. 11. 12. 2003, BAnz. 2004, 6501.

26 BAG v. 29. 1. 1992, DB 1992, 1478.
27 Hamer, BddW v. 12. 11. 1991.
28 Zur Beurteilung der Arbeitsunfähigkeit schreibt § 27 BMTV Ärzte vor: (1) Die Beurteilung der Arbeitsunfähigkeit und ihrer voraussichtlichen Dauer sowie die Ausstellung der Bescheinigung darf nur aufgrund einer ärztlichen Untersuchung erfolgen. (3) Die Arbeitsunfähigkeit soll für eine vor der ersten Inanspruchnahme des Arztes liegende Zeit grundsätzlich nicht bescheinigt werden. Eine Rückdatierung des Beginns der Arbeitsunfähigkeit auf einen vor dem Behandlungsbeginn liegenden Tag ist nur ausnahmsweise und in der Regel nur bis zu zwei Tagen zulässig. Dasselbe gilt für eine rückwirkende Bescheinigung über die Fortdauer der Arbeitsunfähigkeit.
29 BAG v. 26. 8. 1993, DB 1993, 2534.
30 LAG München v. 5. 4. 1991, NZA 1991, 899.
31 BAG v. 20. 3. 1985, DB 1985, 2694.
32 BAG v. 17. 6. 2003, NZA 2004, 564.
33 BAG v. 3. 10. 1972, BB 1973, 88.
34 EuGH v. 3. 6. 1992, DB 1992, 1577; LAG Berlin v. 27. 11. 1989, DB 1990, 1621.
35 Dütz, „Krankfeiern" in: Hromadka, Krankheit im Arbeitsverhältnis, 1993, S. 84.
36 BAG v. 26. 8. 1993, DB 1993, 2534.
37 BAG v. 17. 6. 2003, NZA 2004, 564.
38 BAG v. 12. 3. 2009, NZA 2009, 779.

12. Kapitel. Alkohol, Rauchen

1 Schanz/Gretz/Hanisch/Justus, S. 146.
2 Zu Vorst. Alkohol und Arbeitswelt, BKK Landesverband NW in Zusammenarbeit mit dem Bundesverband, 1999, S. 8 f.
3 Spieker, AuA 2001, 256; Arbeitsrechtslexikon/Bengelsdorf, Alkohol, I.
4 Zu Vorst. Spieker, AuA 2001, 256; Arbeitsrechtslexikon/Bengelsdorf, Alkohol, I.
5 LAG Sachsen v. 26. 5. 2000, NZA-RR 2001, 472.
6 BAG v. 3. 11. 1977, 7 AZR 400/76, n. v.
7 Über Möglichkeiten der Vorbeugung informieren beispielsweise die Betriebskrankenkassen in der Broschüre „Sucht und Betrieb", der auch die vorstehenden Angaben entnommen sind; sehr gut auch die Broschüren „Suchtprobleme im Betrieb" der BG und „Alkohol und Medikamente am Arbeitsplatz" der DAK von Herbert Ziegler, 1996. Eine Betriebsvereinbarung über die Bekämpfung des Suchtmissbrauchs, die als Muster dienen kann, findet sich in RdA 1989, 182.
8 BAG v. 26. 1. 1995, NZA 1995, 517.
9 Beispiele von Bengelsdorf, NZA 1999, 1304, 1305.
10 Berufsgenossenschaftliche Vorschriften, Grundsätze der Prävention.
11 § 5 BGV C 7.
12 § 8 Abs. 3, 5 VO über den Betrieb von Kraftfahrunternehmen im Personenverkehr.
13 § 16 Abs. 2 VBG 81.
14 Nach BAG v. 23. 9. 1986, DB 1987, 337 ist der Genuss eines Glases 48-prozentigen Schnapses erlaubt, wenn dadurch die Fahrtüchtigkeit nicht beeinträchtigt wird.
15 BGH v. 17. 7. 1986, BGHSt 34, 133; LG Verden v. 21. 2. 1992, NZV 1992, 293; BayObLG v. 28. 2. 1992, NJW 1992, 1906.
16 BAG v. 10. 11. 1987, DB 1988, 611.
17 Zu den Schwierigkeiten der Kontrolle Bengelsdorf, NZA 1999, 1304, 1305.
18 BAG v. 26. 1. 1995, BB 1995, 1089.
19 BAG v. 12. 8. 1999, DB 1999, 2369; zur rechtlichen Zulässigkeit von Drogentests Diller/Powietzka, NZA 2001, 1227 ff.
20 LAG Hamm v. 11. 11. 1996, LAGE § 1 KSchG Verhaltensbedingte Kündigung Nr. 56.
21 LAG Schleswig-Holstein v. 28. 11. 1988, DB 1989, 630; LAG Hamm v. 11. 11. 1996, LAGE § 1 KSchG Verhaltensbedingte Kündigung Nr. 56; BAG v. 26. 1. 1995, DB 1995, 1028.

22 BAG v. 16. 9. 1999, BB 2000, 206.
23 Ebenso die Durchführungsanweisung zu § 38 Abs. 1 BGV A 1: „. . . bei der Beurteilung einer Gefährdung [sind] strenge Maßstäbe anzulegen."
24 BAG v. 26. 1. 1995, DB 1995, 1028.
25 BAG v. 11. 3. 1987, DB 1987, 1495.
26 BAG v. 7. 8. 1991, DB 1991, 2488.
27 Künzl, BB 1993, 1584.
28 Bengelsdorf, NZA 1999, 1304, 1307.
29 Zur verhaltensbedingten Kündigung wegen Alkoholkonsums Bengelsdorf, NZA 2001, 993 ff.
30 ErfK/Müller-Glöge, § 626 BGB Rn. 137.
31 BAG v. 9. 4. 1987, BB 1987, 1815; v. 16. 9. 1999, BB 2000, 206.
32 BAG v. 12. 8. 1999, BB 1999, 2564.
33 LAG Düsseldorf v. 6. 3. 1986, NZA 1986, 431; zur personenbedingten Kündigung wegen Alkoholkonsums Bengelsdorf, NZA-RR 2002, 56 ff.
34 BAG v. 17. 6. 1999, AP Nr. 37 zu § 1 KSchG 1969 Krankheit.
35 BAG v. 9. 4. 1987, DB 1987, 2156.
36 LAG München v. 29. 10. 1987, DB 1988, 506.
37 BAG v. 30. 9. 1993, EzA § 626 BGB n. F. Nr. 152.
38 BAG v. 7.12.1989, AiB 1991, 271.
39 BAG v. 26. 1. 1995, DB 1995, 1028.
40 Dazu näher Bengelsdorf, NZA 1999, 1304, 1306.
41 Arbeitsstättenverordnung v. 12. 8. 2004, BGBl. I, S. 2179, zuletzt geändert durch VO v. 19. 7. 2010, BGBl. I, S. 960.
42 Deutsches Krebsforschungszentrum, Pressemitteilung Nr. 71 v. 7. 12. 2005, http://www.dkfz.de/de/presse.
43 Nachweise bei Bergwitz, NZA-RR 2004, 169.
44 ErfK/Wank, § 618 BGB Rn. 17.
45 Bejahend LAG BE v. 18. 3. 2005, Az. 6 Sa 2585/04, zit bei Münch/Reichold, § 49 Fn. 104; demgegenüber die h.L.: „Da, wo er seine Arbeitspflicht zu erfüllen hat, muss er Tabakrauch in keiner sinnlich wahrnehmbaren Form hinnehmen, sollte ihn also weder sehen noch schmecken noch riechen", Münch/Reichold, § 49 Rn. 27 m. Nw.
46 Zu Vorst. BAG v. 19. 1. 1999, DB 1999, 962.
47 BAG v. 19. 5. 2009, NZA 2009, 775.
48 BAG v. 8. 5. 1996, NZA 1996, 927. Umgekehrt hat eine Stewardess keinen Anspruch auf Gestattung des Rauchens, wenn die Fluggesellschaft nur noch Nichtraucherflüge anbietet, s. LAG Frankfurt, Urt. v. 11. 8. 2000, NZA-RR 2001, 77.
49 Vgl. BAG v. 17. 2. 1998, DB 1998, 2068.
50 ArbG Hamburg v. 14. 4. 1989, DB 1989, 1142.

13. Kapitel. Mitarbeiterkontrolle

1 Zitiert bei Maschmann, in: FS Hromadka, 2008, 233, 234 f.
2 Dölling/Dölling, Handbuch der Korruptionsbekämpfung, 2007, Kap. 1 Rn. 40 ff. (für Korruptionsdelikte).
3 S. im Einzelnen Maschmann, in: FS Hromadka, 2008, 233, 235 f.
4 Dölling/Maschmann, 3. Kap. Rn. 97.
5 BAG v. 1. 3. 1973, AP Nr. 1 zu § 611 BGB Persönlichkeitsrecht.
6 BGH v. 8. 10. 1993, NJW 1994, 596.
7 ZumVorst. Dölling/Maschmann, 3. Kap. Rn. 100.
8 Vgl. BAG v. 31. 5. 2007, NZA 2007, 922, 924.
9 Waltermann, NZA 2007, 529, 530 f.
10 Zu Vorst. Dölling/Maschmann, 3. Kap. Rn. 104 ff.
11 Dölling/Maschmnn, 3. Kap. Rn. 109.
12 Zu Vorst. Maschmann, in: FS Hromadka 2008, 252 f.

13 LAG Niedersachsen v. 31. 5. 2010, NZA-RR 2010, 406.
14 LAG Berlin-Brandenburg v. 16. 2. 2011 – 4 Sa 2132/10.
15 Ausf. dazu BAG v. 26. 8. 2008, NZA 2008, 1187.
16 BAG v. 27. 3. 2003, AP Nr. 36 zu § 87 BetrVG 1972 Überwachung.
17 BAG v. 7. 10. 1987, AP Nr. 15 zu § 611 BGB Persönlichkeitsrecht.
18 Zu Vorst. BAG v. 27. 3. 2003, 29. 6. 2004, AP Nrn. 36, 41 zu § 87 BetrVG 1972 Überwachung.
19 Dölling/Maschmann, 3. Kap. Rn. 120.
20 BAG v. 28. 5. 2009, NZA 2009, 1300.
21 BAG v. 26. 3. 1991, AP Nr. 21 zu § 87 BetrVG 1972 Überwachung.
22 BAG v. 18. 11. 1999, AP Nr. 32 zu § 626 BGB Verdacht strafbarer Handlung.
23 Zu Vorst. Dölling/Maschmann, 3. Kap. Rn. 116 f.
24 BAG v. 16. 12. 2010, NZA 2011, 571.
25 BAG v. 23. 4. 2009, NZA 2009, 974.
26 BAG v. 13. 12. 2007, NZA 2008, 1008.

14. Kapitel. Mobbing

1 Frankfurter Rundschau v. 27. 2. 2001, S. 25; Groeblinghoff, AuA 1999, 162, 163.
2 Kerst-Würkner, AuR 2001, 251, 254; MünchArbR/Reichold, § 49 Rn. 41.
3 Leymann, Mobbing – Psychoterror am Arbeitsplatz und wie man sich dagegen wehren kann, 1993, S. 47.
4 BAG v. 16. 5. 2007, NZA 2007, 1154; v. 25. 10. 2007, NZA 2008, 223.
5 LAG Thüringen v. 10. 4. 2001, DB 2001, 1204; MünchArbR/Blomeyer, § 53 Rn. 28; vgl. auch die Übersicht über 45 verschiedene Handlungsweisen bei Leymann, Mobbing – Psychoterror am Arbeitsplatz und wie man sich dagegen wehren kann, 1993, S. 33 f.
6 LAG Thüringen v. 10. 4. 2001, DB 2001, 1204.
7 LAG Thüringen v. 15. 2. 2001, DB 2001, 1783; v. 10. 4. 2001, DB 2001, 1204; LAG Rheinland-Pfalz v. 16. 8. 2001, NZA-RR 2002, 121; LAG Schleswig-Holstein v. 19. 3. 2002, NZA-RR 2002, 457; LAG Hamm v. 25. 6. 2002, NZA-RR 2003, 8.
8 LAG Thüringen v. 15. 2. 2001, DB 2001, 1783; v. 10. 4. 2001, DB 2001, 1204.
9 BAG v. 16. 5. 2007, NZA 2007, 1154.
10 BAG v. 25. 10. 2007, NZA 2007, 223.
11 BAG v. 16. 5. 2007, NZA 2007, 1154.
12 BAG v. 25. 10. 2007, NZA 2007, 2008.
13 BAG v. 16. 5. 2007, NZA 2007, 1154.
14 Abgedr. in AuR 1996, 443.

15. Kapitel. Disziplinarmaßnahmen

1 BAG v. 30. 6. 1983, NJW 1984, 1917; BAG v. 27. 11. 2008, NZA 2008, 842.
2 BAG v. 9. 3. 1995, NZA 1996, 875.
3 BAG v. 17. 10. 1990, DB 1990, 483.
4 BAG v. 27. 11. 2008, NZA 2009, 842.
5 BAG v. 7. 11. 1979, DB 1980, 550.
6 BAG v. 18. 11. 1986, DB 1987, 1303.
7 BAG v. 16. 9. 2004, NZA 2005, 459.
8 BAG v. 15. 11. 2001, DB 2002, 689.
9 Zu Vorst. BAG v. 18. 1. 1980, DB 1980, 1351.
10 BAG v. 10. 6. 2010, NZA 2010, 1227.
11 BAG v. 18. 1. 1980, DB 1980, 1351; v. 26. 8. 1993, DB 1993, 2534.
12 BAG v. 30. 10. 1985, DB 1986, 2188.
13 BAG v. 23. 6. 2009, NZA 2009, 1198.
14 BAG v. 23. 4. 2009, NZA 2009, 1260.
15 LAG Hamm v. 21. 10. 1997, NZA-RR 1999, 76; LAG Köln v. 6. 8. 1999, NZA-RR 2000, 24.

16 LAG Köln v. 28. 3. 1988, DB 1988, 1170.
17 LAG Nürnberg, Az. 6 Sa 367/05.
18 BAG v. 13. 12. 2007, NZA 2008, 403.
19 BAG v. 26. 11. 2009, NZA 2010, 823.
20 BAG v. 27. 11. 2008, NZA 2008, 842.
21 BAG v. 13. 3. 1991, DB 1991, 1527; LAG Köln v. 4. 7. 1988, DB 1989, 636; Überkleben strittiger Passagen in der Personalakte reicht nicht aus.
22 BAG v. 13. 3. 1987, DB 1987, 1494.
23 BAG v. 18. 11. 1986, DB 1987, 1303; v. 21. 5. 1987, DB 1987, 2367; eine Abmahnung verliert auch nach 3,5 Jahren nicht zwingend ihre Wirkung, BAG v. 10. 10. 2002, NZA 2003, 1295.
24 LAG Hamm, v. 14. 5. 1986, DB 1986, 1628.
25 BAG v. 17. 10. 1989, DB 1990, 483.
26 BAG v. 17. 10. 1989, DB 1990, 483.
27 BAG v. 5. 2. 1986, DB 1986, 1979.
28 BAG v. 30. 1. 1979, DB 1979, 1511.
29 Muster einer Betriebsbußordnung bei Arbeitsrechtslexikon/Malter, Betriebsbußen, III.
30 Zu Vorst. BAG v. 17. 10. 1989, DB 1990, 483.
31 BAG v. 12. 9. 1967, DB 1968, 45.
32 Siehe unten V. Schadensersatz.
33 BAG v. 5. 12. 1975, DB 1976, 583; v. 17. 10. 1989, DB 1990, 483.
34 BAG v. 13. 11. 1991, DB 1992, 843.
35 BAG v. 7. 10. 1982, DB 1983, 1368, 1369.
36 BAG v. 22. 10. 1985, DB 1986, 384, 386.
37 BAG v. 21. 4. 2005, NZA 2005, 1053, 1055 f.
38 BAG v. 22. 7. 1982, DB 1983, 180.
39 BAG v. 26. 11. 1981, DB 1982, 757.
40 Siehe Kapitel 19 IV.
41 Zu den Voraussetzungen einer solchen Vereinbarung Hromadka/Schmitt-Rolfes, § 25 Rn. 2.
42 BAG v. 4. 6. 1964, AP Nr. 13 zu § 626 BGB Verdacht strafbarer Handlung.
43 BAG v. 28. 3. 2000, DB 2000, 2176.

16. Kapitel. Diskriminierungsverbot

1 EuGH v. 17. 7. 2008, NZA 2008, 932.
2 BAG v. 22. 6. 2011, DB 2011, 2438.
3 BAG v. 9. 6. 2011, DB 2011, 2609.
4 EuGH v. 12. 10. 2010, NZA 2010, 1167; BAG v. 18. 6. 2008, NZA 2008, 1302.
5 BAG v. 26. 5. 2009, NZA 2009, 849.
6 Zu Vorst. BAG v. 6. 11. 2008, NZA 2008, 361.
7 BAG v. 22. 10. 2009, NZA 2010, 280.
8 BAG v. 22. 1. 2009, NZA 2009, 945.
9 BVerfG v. 21. 9. 2006, NZA 2007, 195; BAG v. 19. 8. 2010, NZA 2010, 1412 („eine(n) junge(n), engagierte(n) Volljuristin/Volljuristen“).
10 BAG v. 17. 9. 2009, NZA 2010, 383; nach EuGH genügt es, wenn der Arbeitgeber sich irgendwann öffentlich diskriminierend äußert, v. 10. 7. 2008, NZA 2008, 929.
11 BAG v. 12. 9. 2006, NZA 2007, 507; v. 27. 1. 2011, NZA 2011, 737. Ein öffentlicher Arbeitgeber muss einen schwerbehinderten Arbeitnehmer, der, gemessen an dem Anforderungsprofil der Stelle, nicht offensichtlich ungeeignet ist (BAG v. 21.7.2009, NZA 2009, 1087), sogar zu einem Vorstellungsgespräch einladen (§ 82 S. 2, 3 SGB IX). Die Pflichten aus §§ 81 ff. SGB IX gelten allerdings nur gegenüber Schwerbehinderten und ihnen Gleichgestellten, nicht gegenüber sonstigen Behinderten, BAG v. 27. 1. 2011, NZA 2011, 737.
12 BAG v. 16. 9. 2008, NZA 2009, 79.

13 BAG v. 27. 1. 2011, NZA 2011, 689.
14 BAG v. 22. 7. 2010, NZA 2011, 93; BAG v. 27. 1. 2011, NZA 2011, 689.

17. Kapitel. Haftung für Schäden
1 Lauterbach/Fröde, UV-SGB VII, § 209 Rn. 13.
2 Lauterbach/Fröde, UV-SGB VII, § 209 Rn. 25.
3 Zu Vorst. Lauterbach/Eiermann, UV-SGB VII, § 15 Rn. 12.
4 Lauterbach/Eiermann, UV-SGB VII, § 15 Rn. 23.
5 Grundlegend BAG GS v. 27. 9. 1994, DB 1994, 2237.
6 Palandt/Grüneberg, Vor § 249 Rn. 15.
7 BGH v. 9. 10. 1997, NJW 1998, 138.
8 St. Rspr., Palandt/Grüneberg , Vor § 249 Rn. 29 ff.
9 Grundlegend BAG GS v. 27. 9. 1994, DB 1994, 2237.
10 BAG v. 22. 4. 2004, NZA 2005, 163.
11 BAG v. 18. 4. 2002, NZA 2003, 37; v. 22. 4. 2004, NZA 2005, 163.
12 BAG v. 25. 9. 1997, DB 1998, 476.
13 BAG v. 18. 1. 2007, NZA 2007, 1230.
14 BAG GS v. 27. 9. 1994, BB 1994, 2205; v. 18. 4. 2002, NZA 2003, 37.
15 BAG v. 5. 2. 2004, NZA 2004, 649.
16 BAG v. 11. 1. 1966, DB 1966, 707.
17 BAG v. 25. 9. 1997, DB 1998, 476.
18 BAG v. 23. 1. 1997, NZA 1998, 140.
19 BGH v. 19. 9. 1989, BB 1989, 2252.
20 BAG GS v. 25. 9. 1957, DB 1958, 25; BAG v. 23. 6. 1988, DB 1989, 280.
21 BAG v. 18. 1. 1966, DB 1966, 825.
22 BGH v. 19. 9. 1989, BB 1989, 2252.
23 BGH v. 21. 12. 1993, DB 1994, 634.
24 BSG v. 26. 9. 1961, BSGE 15, 112; v. 28. 1. 1966, BSGE 24, 216, 219. Das Merkmal dient der Abgrenzung von Arbeitsunfall und Berufskrankheit.
25 BSG v. 28. 7. 1978, SozR 2200 § 550 Nr. 35.
26 ErfK/Rolfs, § 8 SGB VII Rn. 1.
27 BSG v. 11. 5. 1995, EzA § 548 RVO Nr. 1.
28 BSG v. 30. 1. 1970, BSGE 30, 278, 281.
29 Zum Begriff Lauterbach/Schwerdtfeger, UV-SGB VII, § 8 Rn. 214 m. Bsp.
30 Sonstige Trunkenheit schließt den Unfall nur aus, wenn sie die rechtlich wesentliche Ursache des Unfalls war; dazu müssen neben einer erhöhten Blutalkoholkonzentration weitere beweiskräftige Umstände für ein alkoholtypisches Fehlverhalten vorliegen, vgl. BSG, Urt. v. 30. 4. 1991, SozR 3–2200 § 548 Nr. 9.
31 BAG v. 22. 4. 2004, NZA 2005, 164: anders, wenn ein „Schubsen vor die Brust" eines Kollegen (auch) zu vertragsgemäßem Verhalten anhalten soll.
32 BSG v. 5. 7. 2005, NZS 2006, 375.
33 BAG v. 9. 8. 1966, DB 1966, 1276, 1895.
34 Lauterbach/Dahm, § 105 SGB VII Rn. 10.
35 BAG v. 14. 3. 1974, BB 1974, 839; v. 14. 12. 2000, BB 2001, 595.
36 BAG v. 9. 8. 1966, DB 1966, 1276, 1895; KG v. 13. 11. 1969, BB 1970, 83; OLG München, Urt. v. 29. 10. 1976, VersR 1977, 328.
37 ErfK/Rolfs, § 104 SGB VII Rn. 15.
38 BVerfG v. 7. 11. 1972, BB 1973, 429.
39 BGH v. 11. 5. 1953, BGHZ 10, 14 (17); BGH v. 21. 4. 1970, VersR 1970, 568.
40 BGH v. 21. 4. 1970, VersR 1970, 568; v. 1. 2. 1977, VersR 1977, 619: Einnicken am Steuer, wenn Fahrer sich über von ihm erkannte deutliche Anzeichen der Ermüdung bewusst hinweggesetzt hat. BAG v. 8. 5. 1984, NZA 1984, 205.
41 OLG Köln v. 23. 10. 1998, EWiR, § 110 SGB VII 1/99.
42 BGH v. 28. 9. 1971, VersR 1971, 1167; v. 18. 10. 1977, BB 1978, 380.

43 BAG v. 17. 9. 1998, NZA 1999, 141.
44 BAG v. 27. 2. 1970, AP Nr. 54 zu § 611 BGB Haftung des Arbeitnehmers.
45 Zu Vorst. BAG v. 17. 9. 1999, NZA 1999, 141; v. 2. 12. 1999, NZA 2000, 715.
46 BAG v. 22. 6. 2011, DB 2011, 2382.
47 BAG v. 23. 11. 2006, NZA 2007, 870.
48 BAG v. 17. 7. 1997, DB 1998, 1238.
49 BAG v. 25. 1. 2001, NZA 2001, 653.
50 Beispiele: § 22 ArbZG, § 21 MuSchG, § 58 JArbSchG, § 16 AÜG, § 5 AEntG, § 25 ArbSchG, § 209 SGB VII.
51 BGH v. 4. 7. 1989, MDR 1990, 41.
52 Schönke/Schröder/Perron, § 14 StGB Rn. 31.
53 Göhler, § 9 OWiG Rn. 19.
54 OLG Düsseldorf v. 24. 4. 1991, wistra 1991, 275; KK-OWiG/Rogall, § 9 OWiG Rn. 77; Göhler, § 9 OWiG Rn. 20.
55 Schönke/Schröder/Perron, § 14 StGB Anm. 32.
56 KK-OWiG/Rogall, § 9 OWiG Rn. 80.
57 Wilrich, DB 2009, 1294.
58 KK-OWiG/Rogall, § 9 OWiG Rn. 79 m. w. Nw.
59 Zum Vorst. Spinnarke, Sicherheitstechnik, Arbeitsmedizin, Arbeitsplatzgestaltung, S. 37.
60 Gerhard, AuA 1998, 236.
61 Str., wie hier Fischer, § 14 StGB Rn. 13; Göhler, § 9 OWiG Rn. 32; a. A. Schönke/Schröder//Perron, § 14 StGB Rn. 36; LK/Schünemann, § 14 StGB Rn. 40: tatsächliche Übernahme genügt, aber evtl. keine Verantwortlichkeit.
62 Göhler, § 9 OWiG Rn. 25.
63 Gerhard, AuA 1998, 236, 237.
64 Krause/Pillat/Zander/Peter, Arbeitssicherheit, Gruppe 3, Verantwortung, S. 47 f.
65 Vgl. Amtl. Begründung, BT-Drs. 13/3540, S. 19.
66 Gerhard, AuA 1998, 236, 237.
67 Spinnarke, Arbeitssicherheit, Arbeitsmedizin, Arbeitsplatzgestaltung, S. 37.
68 Krause/Pillat/Zander/Peter, Arbeitssicherheit, Gr. 3, Verantwortung, S. 48.
69 Krause/Pillat/Zander/Peter, Arbeitssicherheit, Gr. 3, Verantwortung, S. 42 ff.
70 § 209 Abs. 1 Nr. 1 SGB VII, § 130 OWiG; Lauterbach/Eiermann, UV-SGB VII, § 15 Rn. 44.
71 KK-OWiG/Rogall, § 130 OWiG Rn. 55 ff.
72 Gerhard, AuA 1998, 236, 239.

18. Kapitel. Beendigung von Arbeitsverhältnissen

1 BAG v. 12. 2. 1970, BB 1970, 883; BAG v. 28. 3. 1974, DB 1984, 1531.
2 BAG v. 8. 6. 1955, DB 1955, 667; v. 6. 10. 1962, DB 1962, 1700; v. 22. 9. 1961, DB 1961, 1522.
3 BAG v. 7. 6. 1984, DB 1984, 2706.
4 OLG Hamm v. 9. 1. 1990, NJW-RR 1990, 523.
5 BAG v. 18. 9. 1987, NZA 1988, 731.
6 EuGH v. 13. 9. 2011, NZA 2011, 1039.
7 Weitere Unterfälle sind der Abwicklungsvertrag sowie Klageverzichtsvereinbarungen im unmittelbaren zeitlichen und sachlichen Zusammenhang mit dem Ausspruch einer Kündigung, BAG v. 27. 11. 2003, NZA 2004, 597.
8 BAG v. 22. 10. 2008, NZA 2009, 139; v. 19. 11. 2008, NZA 2009, 318; v. 19. 1. 2011, NZA 2011, 1159.
9 BAG v. 14. 2. 1996, NZA 1996, 811.
10 BAG v. 16. 11. 2004, NZA 2005, 416.
11 BAG v. 6. 2. 1992, DB 1992, 1529; v. 16. 2. 1983, DB 1983, 1663.
12 BAG v. 16. 2. 1983, DB 1983, 1663.
13 BAG v. 14. 2. 1996, NZA 1996, 811.

14 BAG v. 10. 3. 1988, DB 1988, 2006.
15 BAG v. 21. 3. 1996, DB 1996, 1879.
16 BAG v. 24. 1. 1985, DB 1985, 1485; v. 30. 1. 1986, NZA 1987, 91.
17 BAG v. 10. 3. 1988, DB 1988, 2006; v. 14. 2. 1996, NZA 1996, 811.
18 BAG v. 29. 9. 2005, NZA 2005, 1406.
19 BSG v. 12. 7. 2006, NZA 2006, 1359.
20 BSG v. 18. 12. 2003, NZA 2004, 661.
21 BAG v. 23. 2. 2010, NZA 2010, 1123.
22 BAG v. 26. 3. 2009, NZA 2009, 679.
23 Zum früheren Recht BAG v. 13. 6. 1985, DB 1986, 1827.
24 LAG Baden-Württemberg v. 15. 10. 1990, DB 1991, 918.
25 BAG v. 7. 5. 1987, DB 1988, 450.
26 BAG v. 25. 10. 1968, DB 1969, 267.

19. Kapitel. Kündigung

 1 BAG v. 25. 3. 2004, NZA 2004, 1089.
 2 BAG v. 13. 8. 1992, DB 1993, 1424.
 3 Ausf. hierzu Ascheid/Preis/Schmidt Grundlagen J Rn. 4 ff.
 4 Übersicht über die zuständigen Behörden bei Buchner/Becker, § 9 MuSchG Rn. 235.
 5 Zu Ausnahmen BAG v. 26. 6. 2008, NZA 2008, 1241.
 6 BAG v. 2. 2. 2006, NZA 2006, 678.
 7 S. dazu die allgemeinen Verwaltungsvorschriften zum Kündigungsschutz bei Erzie-hungsurlaub, BAnz. v. 3. 1. 1986, S. 4. Die für den Arbeitsschutz zuständige Landes-behörde lässt eine Kündigung insbesondere dann zu, wenn die Abteilung oder der Be-trieb stillgelegt wird und der Arbeitnehmer nach seiner Rückkehr nicht in einer ande-ren Abteilung oder in einem anderen Betrieb des Unternehmens beschäftigt werden kann.
 8 Zu den Voraussetzungen BAG v. 7. 3. 2006, NZA 2006, 1108.
 9 Gemeint ist die Kündigung, nicht die tatsächliche Beendigung des Arbeitsverhältnis-ses, EuGH v. 27. 1. 2005, NZA 2005, 213; BAG v. 23. 3. 2006, NZA 2006, 971.
10 S. dazu BAnz. v. 3. 1. 1986, S. 4.
11 Bis zum 31. 12. 2003 lag die Grenze bei fünf Arbeitnehmern. Arbeitnehmer, die in Betrieben mit sechs bis zehn Arbeitnehmern vor dem 1. 1. 2004 einen Arbeitsvertrag abschlossen, behalten ihren Kündigungsschutz, solange mindestens fünf „Alt-Arbeit-nehmer" beschäftigt sind, BAG v. 21. 9. 2006, NZA 2007, 438; v. 17. 1. 2008, NZA 2008, 944.
12 BAG v. 14. 4. 2011, DB 2011, 2496.
13 BAG v. 6. 11. 2003, NZA 2003, 218.
14 BAG v. 23. 4. 2009, NZA 2009, 959.
15 BAG v. 5. 4. 2001, NZA 2001, 890.
16 BAG v. 21. 2. 2001, NZA 2001, 833; v. 6. 2. 2003, NZA 2003, 717.
17 BAG v. 28. 6. 2007, NZA 2007, 1049.
18 BAG v. 22. 7. 1982, DB 1983, 180.
19 Vgl. BAG v. 17. 5. 1984, DB 1984, 2702.
20 BAG v. 12. 5. 2010, NZA 2010, 1348.
21 BAG v. 16. 2. 1989, DB 1989, 2075.
22 Zu quantitativen Leistungsmängeln BAG v. 11. 12. 2003, NZA 2004, 784, zu qualitati-ven Leistungsmängeln BAG v. 17. 1. 2008, NZA 2008, 693.
23 BAG v. 6. 9. 1989, DB 1990, 429.
24 BAG v. 5. 7. 1990, DB 1990, 2274.
25 BAG v. 6. 9. 1989, DB 1990, 429.
26 BAG v. 29. 3. 1990, DB 1991, 173.
27 BAG v. 10. 3. 1977, DB 1977, 1463.
28 BAG v. 7. 12. 2006, NZA 2007, 617.

29 BAG v. 16. 2. 1989, DB 1989, 2075.
30 BAG v. 20. 1. 2000, DB 2000, 1079.
31 BAG v. 28. 2. 1990, DB 1990, 2430.
32 BAG v. 21. 5. 1992, DB 1993, 1292.
33 BAG v. 16. 2. 1989, DB 1989, 2075.
34 Vgl. BAG v. 17. 1. 1991, DB 1991, 1226.
35 BAG v. 21. 1. 1999, DB 1999, 806.
36 BAG v. 13. 12. 2007, NZA 2007, 589.
37 LAG Berlin v. 18. 1. 1988, DB 1988, 866.
38 BAG v. 27. 2. 1985, RzK I 1 Nr. 5.
39 BAG v. 17. 1. 1991, DB 1991, 1226.
40 Hess. LAG v. 19. 7. 1998, 3 Sa 988/97.
41 BAG v. 17. 1. 1991, DB 1991, 1226.
42 BAG v. 17. 1. 1991, DB 1991, 1226; v. 21. 5. 1992, DB 1992, 2446.
43 BAG v. 7. 7. 2005, NZA 2006, 266.
44 BAG v. 30. 4. 1987, DB 1987, 2207.
45 Unsachlich: Ausgliederung eines Unternehmensteils mit dem Ziel, dem Arbeitnehmer den Kündigungsschutz zu nehmen, BAG v. 26. 9. 2002, ZIP 2003, 733.
46 BAG v. 30. 5. 1985, DB 1986, 232.
47 BAG v. 17. 6. 1999, DB 1999, 1910.
48 BAG v. 15. 6. 1989, DB 1989, 2384.
49 Urt. v. 17. 6. 1999, DB 1999, 1910.
50 BAG v. 16. 12. 2010, NZA 2011, 505.
51 BAG v. 26. 9. 1996, DB 1997, 178; v. 13. 3. 2008, NZA 2008, 878.
52 BAG v. 10. 7. 2008, NZA 2008, 312.
53 BAG v. 15. 7. 2004, NZA 2005, 523; BAG v. 23. 2. 2010, NZA 2010, 944.
54 BAG v. 19. 6. 1991, DB 1991, 2442.
55 BAG v. 7. 12. 1978, DB 1979, 650; v. 17. 10. 1980, DB 1981, 747.
56 Dazu Wahlig/Jeschke, NZA 2010, 697.
57 BAG v. 11. 9. 1986, BB 1987, 1882.
58 LAG Hamm, Urt. v. 15. 12. 1982, DB 1983, 506.
59 BAG v. 29. 3. 1990, DB 1991, 173.
60 BAG v. 23. 4. 2008, NZA 2008, 939.
61 BAG v. 5. 6. 2008, NZA 2008, 1180.
62 BAG v. 21. 4. 2005, NZA 2005, 1289.
63 BAG v. 30. 4. 1987, DB 1987, 2207.
64 BAG v. 24. 2. 2005, NZA 2005, 867.
65 BAG v. 28. 10. 2004, NZA 2005, 285.
66 BAG v. 15. 12. 2005, NZA 2006, 590: auch nicht bei unternehmensweiter Versetzungs-klausel.
67 BAG v. 25. 4. 1985, DB 1985, 2205.
68 BAG v. 29. 3. 1990, DB 1991, 173.
69 BAG v. 7. 2. 1985, DB 1986, 436.
70 Zu Vorst. BAG v. 2. 3. 2006, NZA 2006, 1350.
71 BAG v. 22. 4. 2004, NZA 2004, 1389.
72 BAG v. 10. 6. 2010, NZA 2010, 1352.
73 BAG v. 20. 10. 1983, DB 1984, 563.
74 BAG v. 5. 6. 2008, NZA 2008, 1121.
75 BAG v. 24. 3. 1983, DB 1983, 1822.
76 BAG v. 6. 11. 2008, NZA 2009, 361; v. 12. 3. 2009, NZA 2009, 1027.
77 Anders in der Insolvenz, § 125 Abs. 1 S. 1 Nr. 2 InsO.
78 BAG v. 18. 1. 1990, DB 1990, 1335.
79 Zur europarechtlichen Zulässigkeit des Kriteriums BAG v. 12. 3. 2009, NZA 2009 1023; v. 18. 3. 2010, NZA 2010, 1059.

80 BAG v. 12. 8. 2010, Az. 2 AZR 945/08.
81 BAG v. 18. 10. 1984, DB 1985, 1083; v. 15. 6. 1989, DB 1990, 380.
82 BAG v. 26. 7. 2005, NZA 2005, 1372.
83 BAG v. 5. 6. 2008, NZA 2008, 1120; v. 18. 3. 2010, NZA 2010, 1059.
84 BAG v. 6. 9. 2007, NZA 2008, 633.
85 BAG v. 20. 8. 2009, NZA 2009, 1197.
86 BAG v. 10. 7. 2008, NZA 2008, 1292.
87 BSG v. 18. 12. 2003, NZA 2004, 661.
88 BAG v. 21. 1. 1999, DB 1999, 806: ausnahmsweise auch schuldlosen.
89 BAG v. 8. 4. 2003, NZA 2003, 856; v. 26. 11. 2009, NZA 2010, 628.
90 BAG v. 10. 6. 2010, NZA 2010, 1227.
91 BAG v. 29. 1. 1997, DB 1997, 1039.
92 BAG v. 11. 3. 1999, DB 1999, 1324.
93 BAG v. 10. 11. 2005, NZA 2006, 491; v. 27. 4. 2006, NZA 2006, 1033.
94 BAG v. 17. 9. 1998, DB 1999, 154.
95 BAG v. 22. 7. 1992, EzA § 626 BGB n. F. Nr. 141.
96 BAG, Urt. v. 5. 2. 1998, DB 1998, 1035.
97 BAG, Urt. v. 4. 2. 1993, EzA § 626 BGB n. F. Nr. 144.
98 BAG v. 11. 3. 1999, AP Nr. 150 zu § 626 BGB.
99 BAG v. 17. 4. 1956, BB 1956, 400; v. 6. 11. 1956, BB 1957, 39; v. 8. 8. 1963, BB 1963, 1298.
100 BAG v. 22. 11. 1973, DB 1974, 879.
101 BAG v. 5. 11. 2009, NZA 2010, 277.
102 LAG München v. 29. 11. 1974, DB 1975, 1129.
103 LAG Stuttgart v. 30. 9. 1970, DB 1970, 2325.
104 BAG v. 24. 9. 1987, AP Nr. 19 zu § 1 KSchG 1969 Verhaltensbedingte Kündigung.
105 Zu Vorst. BAG v. 17. 6. 1999, NZA 1999, 1328.
106 BAG v. 20. 12. 1984, DB 1986, 281; v. 19. 9. 1985, DB 1986, 281.
107 BAG v. 3. 7. 2003, NZA 2004, 427.
108 Keine Kündigung bei Zeugenaussage gegen den Arbeitgeber, BVerfG v. 2. 7. 2001, NZA 2001, 888.
109 BAG v. 7. 2. 1990, NZA 1991, 341.
110 LAG Düsseldorf v. 2. 12. 1952, DB 1953, 108.
111 BAG v. 12. 1. 1956, DB 1956, 187; LAG Düsseldorf v. 23. 5. 1967, BB 1967, 922.
112 Die Weigerung, regelmäßig anfallende Überstunden zu leisten, wiegt weniger schwer als ein Verstoß gegen die Regelarbeitszeit, LAG Köln v. 27. 4. 1999, NZA 2000, 39.
113 BAG v. 5. 11. 1992, DB 1993, 486; v. 12. 3. 2009, NZA 2009, 779.
114 BAG v. 10. 9. 2009, NZA 2010, 220; BAG v. 28. 10. 2010, 112.
115 BAG v. 20. 9. 1984, DB 1985, 655.
116 LAG Frankfurt/M v. 13. 2. 1984, NZA 1984, 200.
117 BAG v. 10. 12. 2009, NZA 2010, 698.
118 Vgl. BAG v. 24. 6. 2004, NZA 2004, 1268.
119 BAG v. 26. 5. 1977, DB 1977, 2192; v. 9. 12. 1982, DB 1983, 2578; LAG Düsseldorf v. 14. 6. 1984, DB 1985, 135.
120 BAG v. 10. 6. 2010, NZA 2010, 1227 („Emmely").
121 BAG v. 12. 8. 1999, NZA 2000, 421 m. Bsp.: ein Stück Bienenstich durch Verkäuferin, drei Kiwis, ein Lippenstift, ein Liter Sahne.
122 BAG v. 13. 12. 1984, DB 1985, 1244.
123 BAG v. 29. 7. 1976, DB 1976, 2356.
124 BAG v. 24. 5. 1989, DB 1989, 2538.
125 BAG v. 7. 7. 2005, NZA 2006, 98; v. 27. 4. 2006, NZA 2006, 977; v. 12. 1. 2006, NZA 2006, 980.
126 Vgl. § 60 HGB; BAG v. 16. 6. 1976, DB 1977, 307.
127 BAG v. 26. 6. 2008, NZA 2008, 1415.

128 LAG Hamm v. 29. 1. 1997, NZA 1999, 656.
129 BAG v. 21. 4. 2005, NZA 2005, 991; v. 24. 11. 2005, NZA 2006, 484.
130 BAG v. 10. 11. 2005, NZA 2006, 655.
131 Vgl. die Angaben bei Bauer/Röder, § 5.3 b (1); BAG v. 23. 9. 1992, 2 AZR 63/92, n. v.: 20–30% der Jahresarbeitszeit von ca. 220 Tagen.
132 Zu Vorst. BAG v. 10. 11. 2005, NZA 2006, 655.
133 BAG v. 2. 11. 1983, DB 1984, 831; v. 7. 11. 1985, DB 1986, 863.
134 BAG v. 22. 2. 1980, DB 1980, 1446; v. 23. 6. 1983, DB 1983, 2524.
135 BAG v. 6. 9. 1990, DB 1990, 429.
136 BAG v. 5. 7. 1990, DB 1990, 2274.
137 BAG v. 8. 11. 2007, NZA 2008, 593.
138 BAG v. 29. 4. 1999, DB 1999, 1861.
139 BAG v. 21. 5. 1992, DB 1993, 1292.
140 BAG v. 15. 8. 1984, DB 1985, 976.
141 BAG v. 25. 11. 1982, DB 1983, 1047.
142 BAG v. 29. 1. 1997, DB 1997, 1039.
143 BAG v. 25. 11. 1982, DB 1983, 1047.
144 BAG v. 10. 6. 1969, DB 1969, 1608.
145 BAG v. 30. 9. 2010, NZA 2011, 39.
146 BAG v. 9. 9. 1992, NZA 1993, 598.
147 BAG v. 26. 8. 1993, DB 1993, 2534.
148 LAG Hamm v. 11. 5. 1982, DB 1983, 235.
149 Nach Ansicht des LAG Hamm v. 28. 5. 1998, MDR 1999, 355, nicht erforderlich.
150 BAG v. 31. 8. 1989, DB 1990, 790; v. 16. 8. 1991, DB 1992, 1479.
151 BAG v. 15. 1. 1986, DB 1986, 2443.
152 Zu den Voraussetzungen einer Kündigung wegen Minderleistung BAG v. 17. 1. 2008, NZA 2008, 693.
153 BAG v. 4. 11. 1981, DB 1982, 498; v. 15. 10. 1992, EzA § 1 KSchG Verhaltensbedingte Kündigung Nr. 45.
154 BAG v. 28. 8. 2008, NZA 2009, 193; v. 12. 5. 2010, NZA 2010, 1349.
155 LAG Düsseldorf. v. 22. 3. 1966, DB 1966, 947.
156 BAG v. 17. 8. 1972, DB 1973, 481.
157 BAG v. 25. 3. 2004, NZA 2004, 1214; v. 9. 6. 2011, DB 2011, 2609.
158 BAG v. 6. 9. 2007, NZA 2008, 636.
159 LAG Nürnberg v. 28. 3. 2003, EzA-SD 2003, Nr. 13, 7; a. A. OLG Köln v. 4. 11. 2002, NJW-RR 2003, 398.
160 BAG v. 5. 12. 2002, NZA 2003, 1005; v. 6. 10. 2005, NZA 2006, 431.
161 BAG v. 4. 3. 2004, NZA 2004, 717.
162 BAG v. 12. 8. 1999, DB 1999, 2574: Gleitzeitmanipulation um 1/2 Stunde.
163 LAG Düsseldorf v. 15. 3. 1967, DB 1967, 1227.
164 BAG v. 17. 3. 1988, DB 1989, 329.
165 BAG v. 22. 1. 1998, DB 1998, 1290.
166 LAG Schleswig-Holstein v. 9. 2. 1988, DB 1988, 1659.
167 BAG v. 10. 2. 2005, NZA 2005, 1056.
168 BAG v. 27. 11. 2008, NZA 2009, 604.
169 LAG Hamm v. 29. 1. 1997, NZA 1999, 656.
170 BAG v. 12. 5. 2010, NZA 2010, 1348.
171 EuGH v. 21. 7. 2011, NZA 2011, 1269.
172 BAG v. 6. 3. 2003, NZA 2003, 1388.
173 BAG v. 15. 8. 2002, NZA 2003, 795.
174 BAG v. 1. 2. 2007, NZA 2007, 744.
175 LAG Frankfurt/M. v. 10. 12. 1979, DB 1980, 1079.
176 BAG v. 10. 6. 1988, DB 1989, 282.
177 LAG Frankfurt/M. v. 10. 12. 1979, DB 1980, 1079.

178 BAG v. 17. 3. 2005, NZA 2006, 101.
179 BAG v. 27. 1. 2011, NZA 2011, 798.
180 BAG v. 18. 11. 1999, NZA 2000, 381.
181 BAG v. 22. 1. 1998, DB 1998, 1290; v. 17. 9. 1998, DB 1999, 154.
182 BAG v. 22. 1. 1998, DB 1998, 1290.
183 BAG v. 28. 10. 1971, DB 1972, 147.
184 BAG v. 5. 5. 1977, DB 1978, 353.
185 BAG v. 28. 10. 1971, DB 1972, 147; v. 6. 7. 1972, DB 1972, 2119.
186 BAG v. 20. 9. 1984, DB 1985, 237.
187 BAG v. 9. 3. 1978, DB 1978, 1405.
188 BAG v. 11. 9. 1979, DB 1980, 355.
189 ArbG Passau v. 19. 10. 1987, BB 1987, 2375.
190 BAG v. 18. 8. 1977, DB 1978, 109; v. 24. 10. 1996, DB 1997, 1285.
191 Schaub/Linck, § 127 Rn. 36.
192 Vgl. § 626 Abs. 2 S. 3 BGB.
193 BAG v. 30. 4. 1987, DB 1987, 1998.
194 BAG v. 13. 11. 1975, DB 1976, 969.
195 BAG v. 28. 2. 1974, DB 1974, 1294.
196 BAG v. 29. 1. 1986, DB 1986, 2549.
197 BAG v. 2. 11. 1983, DB 1984, 407.
198 BAG v. 13. 7. 1978, DB 1979, 314; v. 28. 9. 1978, DB 1979, 1135.
199 BAG v. 18. 5. 1994, NZA 1995, 24.
200 BAG v. 6. 2. 1997, DB 1997, 1284.
201 BAG v. 24. 11. 1983, DB 1984, 1149.
202 BAG v. 30. 1. 1986, NZA 1987, 555.
203 BAG v. 29. 3. 1984, DB 1984, 1990.
204 BAG v. 8. 9. 1988, DB 1989, 1575.
205 BAG v. 10. 11. 2005, NZA 2006, 655.
206 BAG v. 23. 4. 2009, NZA 2009, 959.
207 BAG v. 10. 11. 2005, NZA 2006, 491; v. 3. 4. 2008, NZA 2008, 807.
208 BAG v. 8. 9. 1988, DB 1989, 1575.
209 BAG v. 16. 3. 1978, DB 1978, 1454.
210 BAG v. 18. 12. 1980, DB 1981, 1624; v. 11. 4. 1985, DB 1986, 1726.
211 BAG v. 11. 4. 1985, DB 1986, 1726.
212 BAG v. 26. 5. 1977, DB 1977, 2455.
213 BAG v. 2. 4. 1976, DB 1976, 1063.
214 LAG Düsseldorf v. 15. 3. 1978, DB 1978, 1282.
215 BAG v. 12. 9. 1985, DB 1986, 752.
216 BAG v. 24. 6. 2004, NZA 2004, 1330.
217 Vgl. BAG v. 18. 12. 1980, NJW 1981, 2374.
218 BAG v. 11. 7. 1991, DB 1992, 895; v. 20. 8. 1997, BB 1998, 539.
219 BAG v. 14. 4. 2011, NZA 2011, 683.
220 BAG v. 12. 3. 2009, NZA 2009, 840.
221 BAG v. 20. 9. 1979, DB 1980, 547.
222 BAG v. 4. 11. 2004, NZA 2005, 513.
223 Vgl. hierzu BAG v. 8. 12. 1983, DB 1984, 1202; LAG Berlin, v. 7. 5. 1999, 65 Sa 166/
     99: nicht mehr am späteren Nachmittag.
224 Schaub/Linck, § 123 Rn. 38.
225 LAG Düsseldorf v. 7. 12. 1995, LAGE § 130 BGB Nr. 20; Schaub/Linck, § 123 Rn. 37.
226 BAG v. 11. 11. 1992, DB 1993, 487.
227 BAG v. 7. 11. 2002, NZA 2003, 719.
228 BAG v. 16. 3. 1988, DB 1988, 2415.
229 BAG v. 24. 6. 2004, NZA 2004, 1330.
230 LAG Hamm v. 25. 2. 1988, DB 1988, 1123.

231 BAG v. 16. 3. 1988, DB 1988, 2415.
232 Stahlhacke/Preis/Vossen, Rn. 125.
233 BAG v. 14. 7. 1960, NJW 1961, 2132.
234 Stahlhacke/Preis/Vossen Rn. 134 f.
235 BAG v. 12. 3. 2009, NZA 2009, 840.
236 BAG v. 2. 6. 2005, NZA 2005, 1176.
237 Zu Vorst. Schaub/Linck, § 124 Rn. 25.
238 BAG v. 20. 9. 1957, AP Nr. 34 zu § 1 KSchG.
239 BAG v. 1. 9. 2010, NZA 2010, 1409.
240 BAG GS v. 27. 2. 1985, DB 1985, 55; zu den vielfältigen Rechtsfragen bei einer Frei-
    stellung ausführlich Bauer, NZA 2007, 408.
241 BAG v. 14. 8. 2007, NZA 2007, 473.
242 Knorr/Bichlmeier/Kremhelmer, S. 67 Rn. 43 ff.
243 Knorr/Bichlmeier/Kremhelmer, S. 70 Rn. 50.
244 Stahlhacke/Preis/Vossen, Rn. 29.
245 BAG v. 10. 1. 1974, DB 1974, 1023.
246 BAG v. 26. 10. 1956, DB 1957, 240.
247 Neumann/Fenski, § 7 Rn. 47.
248 LAG Baden-Württemberg v. 9. 5. 1974, BB 1974, 1300.
249 BAG v. 19. 5. 2009, NZA 2009, 1211.
250 BAG v. 17. 5. 2011, Az. 9 AZR 189/10.
251 BAG v. 28. 2. 1991, DB 1991, 1987.
252 LAG Düsseldorf v. 11. 1. 1973, DB 1973, 676.
253 ErfK/Müller-Glöge, § 629 BGB Rn. 3.
254 ErfK/Müller-Glöge, § 629 BGB Rn. 8.
255 BAG GS v. 27. 2. 1985, DB 1985, 2197; LAG Niedersachsen v. 7. 2. 1986, DB 1986,
    1126.
256 BAG GS v. 27. 2. 1985, DB 1985, 2197.
257 BAG v. 29. 4. 1999, DB 1999, 1861.
258 BAG v. 4. 12. 1997, DB 1998, 1087.
259 BAG v. 27. 2. 1997, DB 1997, 1414.
260 BAG v. 4. 12. 1997, DB 1998, 1087.
261 Boewer, NZA 1999, 1121, 1130; LAG Berlin v. 18. 6. 2002, NZA 2003, 66.
262 BAG v. 20. 8. 1997, NZA 1997, 1340.
263 BAG v. 17. 6. 1999, NZA 1999, 1328.
264 BAG v. 27. 2. 1997, DB 1997, 1414; v. 27. 6. 2001, NZA 2001, 1135.
265 BAG v. 13. 11. 1997, DB 1998, 316.
266 BAG v. 6. 8. 1997, DB 1998, 423.
267 BAG v. 26. 5. 1983, DB 1983, 2690.
268 Zu Vorst. Boewer, NZA 1999, 1177, 1181 f.

20. Kapitel. Beteiligung von Betriebsrat und Sprecherausschuss

 1 BAG v. 11. 12. 1991, DB 1992, 1732.
 2 BAG v. 23. 8. 1984, DB 1985, 554.
 3 Vgl. die ausführliche Darstellung bei Fitting, § 27 BetrVG Rn. 67 ff.
 4 BAG v. 23. 3. 2010, NZA 2011, 811.
 5 BAG v. 14. 11. 1974, DB 1975, 647.
 6 Zu den Voraussetzungen BAG v. 10. 2. 2009, NZA 2009, 970.
 7 BAG GS v. 7. 11. 1989, DB 1989, 2336.
 8 Für Betriebsvereinbarungen BAG GS v. 16. 9. 1986, DB 1987, 383.
 9 BAG GS v. 16. 9. 1986, DB 1987, 383.
10 BAG v. 20. 11. 1987, DB 1988, 1501.
11 BAG GS v. 7. 11. 1989, DB 1990, 1724.
12 BAG GS v. 3. 12. 1991, DB 1992, 1579.

13 BAG v. 21. 8. 1990, DB 1991, 394.
14 BAG v. 4. 3. 1986, DB 1986, 1395.
15 BAG v. 19. 2. 1991, DB 1991, 2043.
16 Allg. M.; vgl. HSWG/Worzalla, § 87 BetrVG Rn. 35.
17 BAG v. 2. 3. 1982, DB 1982, 1115.
18 BAG v. 3. 6. 2003, NZA 2003, 1155.
19 BAG v. 26. 4. 1988, DB 1988, 2411.
20 BAG v. 3. 5. 1994, DB 1994, 2450; v. 19. 7. 1995, DB 1996, 431.
21 BAG v. 18. 3. 1964, DB 1964, 993.
22 Fitting/Auffarth/Kaiser/Heither, 18. Aufl 1992, § 90 BetrVG Rn. 1, insbes. Rn. 4 a.
23 Ausf. dazu Hromadka/Sieg, § 31 Rn. 2 ff.
24 BAG v. 29. 1. 1992, DB 1992, 1429.
25 BAG v. 13. 9. 1984, DB 1985, 711.
26 BAG v. 11. 2. 2004, NZA 2004, 618.
27 BAG v. 23. 1. 1986, DB 1986, 1131.
28 BAG v. 11. 1. 1995, DB 1995, 1333.
29 BAG v. 25. 3. 2009, NZA 2009, 1296.
30 BAG v. 23. 1. 1986, DB 1986, 1131.
31 BAG v. 8. 2. 1977, DB 1977, 1146.
32 LAG Hamm v. 16. 12. 1977, DB 1978, 400.
33 VO über maßgebende Rechengrößen der Sozialversicherung für 2012.
34 BAG v. 19. 8. 1975, DB 1975, 2138.
35 BAG v. 23. 1. 1986, DB 1986, 1983.
36 BAG v. 26. 1. 1956, DB 1956, 211.
37 Löwisch/Kaiser, § 37 BetrVG Rn. 5.
38 BAG v. 23. 9. 1982, DB 1983, 182.
39 LAG Düsseldorf v. 3. 1. 1975, DB 1975, 651.
40 BAG v. 31. 8. 1994, DB 1995, 1235.
41 BAG v. 6. 8. 1981, AP Nr. 39 zu § 37 BetrVG 1972.
42 BAG v. 7. 6. 1989, DB 1990, 230.
43 BAG v. 21. 11. 1978, DB 1979, 899.
44 BAG v. 23. 6. 1983, DB 1983, 2419.
45 BAG v. 1. 3. 1963, DB 1963, 869.
46 Löwisch/Kaiser, § 37 BetrVG Rn. 13.
47 BAG v. 6. 8. 1981, AP Nr. 39 zu § 37 BetrVG
48 LAG Hamm v. 8. 10. 1986, DB 1987, 282.
49 BAG v. 15. 3. 1995, DB 1995, 1514.
50 BAG v. 13. 5. 1997, DB 1997, 2131.
51 Fitting, § 37 BetrVG Rn. 51.
52 BAG v. 23. 6. 1983, DB 1983, 2419.
53 LAG Nürnberg v. 18. 10. 1993, DB 1994, 52; LAG Köln, LAGE § 2 BetrVG 1972 Nr. 9.
54 BAG v. 6. 8. 1981, AP Nr. 39 zu § 37 BetrVG 1972.
55 LAG Hamm v. 28. 10. 1981, DB 1982, 1173.
56 BAG v. 15. 7. 1992, DB 1993, 438.
57 BAG v. 23. 6. 1983, DB 1983, 2419.
58 Fitting, § 39 BetrVG Rn. 29.

21. Kapitel. Die Gewerkschaften im Betrieb

1 Unternehmen und Gesellschaft, 2005, S. 17.
2 BAG v. 28. 2. 2006, NZA 2006, 798.
3 BAG v. 26. 1. 1982, DB 1982, 1327.
4 BAG v. 20. 1. 2009, NZA 2009, 615.
5 LAG Köln v. 6. 11. 1986, DB 1987, 54.
6 BVerfG v. 28. 4. 1976, DB 1976, 1485.

7 BAG v. 23. 2. 1979, DB 1979, 1185.
8 BAG v. 23. 2. 1979, DB 1979, 1187.
9 BAG v. 8. 12. 1978, DB 1979, 1043.
10 BAG v. 26. 6. 1973, DB 1973, 1304, 2146.
11 BAG v. 22. 6. 2010, NZA 2010, 1365.
12 BAG v. 4. 11. 1960, DB 1961, 208.
13 BAG v. 18. 11. 1980, DB 1981, 1240.
14 LAG München v. 18. 10. 1979, 8 TaBV 22/79.
15 LAG Niedersachsen v. 2. 4. 1980, 4 TaBV 3/79.
16 LAG Hamm v. 9. 3. 1972, DB 1972, 777.
17 BAG v. 14. 2. 1978, DB 1978, 892.
18 LAG Hamm v. 30. 9. 1977, DB 1978, 844.
19 BAG v. 8. 12. 1978, DB 1979, 1043.

22. Kapitel. Vom Umgang mit den Rechtsquellen oder Hilfe zur Selbsthilfe

1 BAG v. 20. 4. 1999, DB 1999, 1555.
2 BAG GS v. 16. 9. 1986, DB 1987, 383.
3 BAG v. 20. 9. 1979, DB 1980, 547.
4 BAG v. 24. 10. 2006, NZA 2007, 330.

Sachverzeichnis

Buchanzeigen

Beruf und Karriere

Femppel/Zander
Praxis der Personalführung
Was Sie tun und lassen sollten.
Wirtschaftsberater
2. Aufl. 2008. 162 S.
€ 10,–. dtv 50841
Das Was und Wie der Personal-
führung, 99 Tipps, Fallbeispiele,
Führungsgrundsätze.

Hugo-Becker/Becker
**Psychologisches
Konfliktmanagement**
Menschenkenntnis · Konflikt-
fähigkeit · Kooperation.
Wirtschaftsberater
4. Aufl. 2004. 418 S.
€ 13,–. dtv 5829

Drzyzga
**Personalgespräche
richtig führen**
Ein Kommunikationsleitfaden.
Wirtschaftsberater
2. Aufl. 2011. 164 S.
€ 12,90. dtv 50840
Gibt Führungs- und Nach-
wuchsführungskräften wichtige
Hinweise für zielgerichtete und
erfolgreiche Kommunikation
mit Mitarbeitern.

Weisbach/Sonne-Neubacher
**Professionelle
Gesprächsführung**
Ein praxisnahes Lese- und
Übungsbuch.
Wirtschaftsberater `Toptitel`
7. Aufl. 2008. 451 S.
€ 12,90. dtv 5845
Wie das Gespräch als Mittel
der Führung zweckmäßig, ziel-
orientiert und rationell genutzt
werden kann.

Weisbach/Sonne-Neubacher
**Leadership in
Professional Conversation**
Translation of »Professionelle
Gesprächsführung«
Wirtschaftsberater
1. Aufl. 2005. 420 S.
€ 14,–. dtv 50879

Weisbach
**Wie Sie andere für sich
gewinnen**
Die Kunst der Gesprächs-
führung.
Wirtschaftsberater
1. Aufl. 2007. 164 S.
€ 9,50. dtv 50916
Wie man die Beziehung zum
Gesprächspartner so gestaltet,
dass beide gewinnen.

Bühring-Uhle/Eidenmüller/Nelle
Verhandlungsmanagement
Analyse · Werkzeuge · Strategien.
Beck im dtv
1. Aufl. 2009. 232 S.
€ 18,90. dtv 50640
Agieren Sie zielgerichtet und
erfolgreich.

Stender-Monhemius
Schlüsselqualifikationen
Zielplanung, Zeitmanagement,
Kommunikation, Kreativität.
Beck im dtv
1. Aufl. 2006. 163 S.
€ 9,50. dtv 50910

Mentzel
Personalentwicklung
Erfolgreich motivieren,
fördern und weiterbilden.
Wirtschaftsberater
3. Aufl. 2008. 318 S.
€ 12,90. dtv 50854

Bedarfsfeststellung, Planung
und Durchführung der Förder-
und Bildungsmaßnahmen,
Kosten- und Erfolgskontrolle.

Diekmann/Fang
China Knigge
Business und Interkulturelle
Kommunikation.
Wirtschaftsberater
1. Aufl. 2008. 201 S.
€ 14,–. dtv 50915

Ein Überblick über die Band-
breite chinesischer Verhaltens-
traditionen im Alltags- und
Geschäftsleben.

Mentzel
Rhetorik
Wirkungsvoll sprechen –
überzeugend auftreten.
Wirtschaftsberater
2. Aufl. 2009. 238 S.
€ 9,90. dtv 50845

Bausteinsystem für die Vorbereitung und Durchführung
eines Vortrags. Mit zahlreichen
Übungen.

Weisbach
Gekonnt kontern
Wie Sie verbale Angriffe souve-
rän entschärfen.
Wirtschaftsberater
1. Aufl. 2004. 197 S.
€ 9,–. dtv 50885

Gekonnt kontern ist weniger
eine Frage der Spontaneität als
vielmehr der Ausdruck guter
Vorbereitung. Die wichtigsten
Tipps finden Sie hier.

Nückles/Gurlitt/Pabst/Renkl
Mind Maps und Concept Maps
Visualisieren · Organisieren ·
Kommunizieren.
Wirtschaftsberater
1. Aufl. 2004. 162 S.
€ 9,50. dtv 50877

Mit Lern- und Arbeitstechniken
das individuelle und koopera-
tive Wissensmanagement auf
einfache wie effektive Weise
unterstützen.

Haberzettl/Birkhahn
Moderation und Training
Ein praxisorientiertes Handbuch.
Wirtschaftsberater
2. Aufl. 2012. 324 S.
€ 17,90. dtv 50866

Das Buch zeigt eine Auswahl
hocheffektiver Methoden des
NLP und anderer Verfahren so,
dass sie unmittelbar anwendbar
und sofort umsetzbar sind.

Klotzki
So halte ich eine gute Rede
In 7 Schritten zum Publikums-
erfolg.
Wirtschaftsberater **Neu**
2. Aufl. 2012. 131 S.
Ca. € 9,90. dtv 50873
Neu im Juni 2012

Mentzel
Kommunikation
Rede, Präsentation, Gespräch,
Verhandlung, Moderation.
Beck im dtv
1. Aufl. 2007. 301 S.
€ 10,–. dtv 50869

Grundlagen der Kommunika-
tion: Mit anderen sprechen –
Gespräch, Verhandlung, Moderation, Smalltalk. Vor anderen
sprechen – Sachvortrag, Präsentation, Gelegenheitsrede. Visua-
lisierung – Der Körper spricht
immer mit.

Baumert
Professionell texten
Grundlagen, Tipps und Techniken.
Wirtschaftsberater `Toptitel`
3. Aufl. 2011. 256 S.
€ 12,90. dtv 50868

Wie schreibt man so, dass der
Leser versteht und der Text
sein Ziel erreicht? Viele Regeln
und Empfehlungen, die Profis
in der Ausbildung lernen,
konzentriert dieses Buch auf
das Wichtigste.

Barth
Telefonieren mit Erfolg
Die Kunst des richtigen Telefon-
marketing.
Wirtschaftsberater
2. Aufl. 2005. 137 S.
€ 7,50. dtv 50846

Bewährte Methoden und Tricks
werden ebenso vorgestellt wie
kluge Fragetechniken.

Schäfer
Business English
Wirtschaftswörterbuch Englisch–
Deutsch/Deutsch–Englisch.
Wirtschaftsberater
1. Aufl. 2006. 859 S.
€ 19,50. dtv 50893

Mit rund 36000 Stichwörtern
alle wichtigen grundlegenden
Begriffe der englischen und
deutschen Wirtschaftssprache.

Kunz
**Vom Mitarbeiter zur
Führungskraft**
Die erste Führungsaufgabe
erfolgreich übernehmen.
Wirtschaftsberater
1. Aufl. 2007. 330 S.
€ 12,50. dtv 50913

Hinweise, Tipps und praktische
Hilfen zeigen, wie man sich auf
die neue Rolle als Teamleiter
vorbereiten kann – im Zeitraum von der Entscheidung
bis zur ersten Ausübung der
neuen Führungsaufgabe und
den »ersten 100 Tagen« im
neuen Job.

Kunz
Neu in der Führungsrolle
So behaupten Sie sich und
setzen gezielt Akzente.
Wirtschaftsberater `Neu`
1. Aufl. 2012. 179 S.
€ 12,90. dtv 50930
Neu im Mai 2012

Ein Ratgeber für junge Führungskräfte, die ihre ersten
Erfahrungen in einer Leitungs-
funktion sammeln.

Arbeitsrecht

ArbG · Arbeitsgesetze

Textausgabe **Toptitel**
80. Aufl. 2012. 932 S. **Neu**
€ 8,90. dtv 5006
Neu im April 2012

Mit den wichtigsten Bestimmungen zum Arbeitsverhältnis, KündigungsR, ArbeitsschutzR, BerufsbildungsR, SozialversicherungsR, TarifR, BetriebsverfassungsR, GleichbehandlungsR und VerfahrensR.

EU-Arbeitsrecht

Textausgabe
4. Aufl. 2011. 600 S.
€ 15,90. dtv 5751

Richtlinien und Verordnungen der Europäischen Union dominieren in zunehmendem Maße das nationale Arbeitsrecht. Dieser Band enthält alle einschlägigen Vorschriften mit Querverweisen auf die Textausgabe »ArbG«, dtv 5006.

Schaub/Koch
Arbeitsrecht von A–Z

Rund 650 Stichwörter zum aktuellen Recht.
Rechtsberater
18. Aufl. 2009. 866 S.
€ 19,90. dtv 5041

Allgemeines Gleichbehandlungsgesetz, Aussperrung, Befristung von Arbeitsverträgen, Betriebsrat, Elternzeit, Gewerkschaften, Jugendarbeitsschutz, Kündigung, Mitbestimmung, Pflegezeit, Ruhegeld, Streik, Tarifvertrag, Teilzeitarbeit, Zeugnis u.a.m.

Hromadka
Arbeitsrecht für Vorgesetzte

Rechte und Pflichten bei der Mitarbeiterführung.
Rechtsberater **Toptitel**
3. Aufl. 2012. 440 S. **Neu**
Ca. € 19,90. dtv 50648
Neu im Juni 2012

Der umfassende Leitfaden für den Arbeitsalltag.

Notter/Obenaus/Ruf
Arbeitsrecht in Frage und Antwort

Bewertung, Vertrag, Krankheit, Entgeltfortzahlung, Urlaub, Kündigungsschutz, Abfindung, Zeugnis.
Rechtsberater
2. Aufl. 2009. 355 S.
€ 9,90. dtv 50629

Fragen und Antworten rund um das Arbeitsverhältnis.

Wetter
Der richtige Arbeitsvertrag

Rechtsfragen bei Vertragsabschluss und späteren Änderungen.
Rechtsberater
4. Aufl. 2008. 115 S.
€ 7,50. dtv 50607

Mit Vertragsmustern und weiteren Tipps im Anhang.

Schulz
Alles über Arbeitszeugnisse

Form und Inhalt · Zeugnissprache. Mit Beispielen und Zeugnismustern.
Rechtsberater
8. Aufl. 2009. 185 S.
€ 11,90. dtv 5280